国菁教育调研书系

田慧生◎主编　曾天山◎副主编

小学生家庭教育现状调查

张敬培 等 著

教育科学出版社
·北京·

丛书编委会

主　　编：田慧生
副 主 编：曾天山
编委会成员（按姓氏笔画排序）：

于发友	马晓强	王　素	王　燕	田慧生	刘　芳
刘占兰	刘明堂	刘建丰	刘贵华	刘俊贵	刘晓楠
孙　诚	孙智昌	李　东	李晓强	杨润勇	吴　键
吴　霓	张男星	张敬培	陈如平	所广一	单志艳
孟万金	郝志军	姚宏杰	高宝立	彭霞光	葛　都
曾天山	赖　立				

[丛书总序]

为打造具有国家水准、国际视野的教育科研成果，更好地服务于办好人民满意的教育，服务于全面建成小康社会，在中央级公益性科研院所基本科研业务费专项基金的支持下，我院开展了对国内外重大教育理论与现实问题的系统研究，形成了"国情、国视、国菁、国际"四大书系。

"国情"教育研究书系以年度发展报告的形式，全面反映我国各级各类教育的成就、经验和挑战，对全国各省（自治区、直辖市）教育发展和政策进行区域比较，对我国各级各类教育的发展水平进行国际比较，力求对我国教育的规模、结构、质量和效益做出科学判断。

"国视"教育研究书系聚焦社会关注的教育热点难点，着眼于基础性、长远性、前瞻性问题，以了解事实、回应关切、提供政策建议为主要目的，探索教育发展规律。

"国菁"教育调研书系专门研究大中小学生的学习生活状态，涉及学校生活、家庭生活、社会生活、网络生活等，通过调查研究，了解当代学生的思想情感和行为特点，为研究如何促进学生的身心健康发展提供科学依据。

"国际"教育研究书系分为著作和译作两类，主要反映国际教育改革发展动态，回顾国际教育的历史进程，跟踪国际教育的改革动态，把握国际教育的发展趋势。

四大书系既各自独立又相互联系，在保持各书系特点的同时，力求做到：

一、"从事实切入"。"事实"是"事件真实的情形"，是在过去和现在被验证且中立的信息。在科学研究中，事实是指可证明的概念，是研究的起点。客观的事实是逻辑的基础和内容，逻辑是事实的理论再现。从实际对象出发，从实际情况出发，能够提高研究问题的针对性和实效性。

二、"用数据说话"。数据是研究和决策的基础。四大书系力图建立在数据和事实的基础之上，通过对数据的搜集、提炼、整合和分析，发现问题，探索规律。

三、"做比较分析"。没有比较就没有鉴别。四大书系力求通过国别比较、区域比较、类型比较、结构比较，找到差距，发现真知，提供卓见。

四、"搞协同创新"。协同创新是提高创新效率和创新水平的战略要求。四大书系研究调动院内外、系统内外、国内外资源，注重人员交叉、学科交叉、方法交叉，力求有所创新、有所突破。

五、"靠政策影响"。建言献策是智库研究的最终目的。四大书系以教育公共政策为研究对象，以影响政府决策为研究目标，以公共利益为研究导向，以社会责任为研究准则，建可信之言，献可行之策。

四大书系的编辑出版是我院全面提高教育科研水平的一项整体努力，也是建设国家一流教育智库的客观要求。在研究和编写过程中，书系得到了相关机构和同仁，特别是教育部相关司局及有关部委的大力支持，前期成果也受到了广大读者的欢迎，在此一并致谢！我们将以此为起点，不懈努力，加快中国特色新型智库建设，为推动中国教育事业科学发展发挥不可替代的重要作用。

中国教育科学研究院
2014 年 11 月

目 录
CONTENTS

前　言 / 001

第一章　引论 / 003
　　一、问题的提出 / 003
　　二、研究目的及意义 / 009
　　三、研究内容 / 011
　　四、研究思路与方法 / 014

第二章　小学生家庭教育现状 / 021
　　一、家庭基本情况 / 021
　　二、家庭教育环境 / 030
　　三、家长教育素养 / 052
　　四、家庭教育的需求 / 094
　　五、3—6 岁儿童与小学生家庭教育现状比较 / 103

第三章　家长背景性因素对家庭教育的影响 / 122
　　一、家长性别对家庭教育的影响 / 123
　　二、家长受教育程度对家庭教育的影响 / 131
　　三、家长职业对家庭教育的影响 / 158

第四章　学生背景性因素对家庭教育的影响 / 167

　　一、性别差异 / 167

　　二、年级差异 / 180

　　三、学业水平差异 / 195

第五章　热点与讨论 / 209

　　一、家庭中"显性"和"隐性"学业支持并重 / 209

　　二、家庭教育在城市化进程中面临新的挑战 / 226

　　三、家庭教育与学校教育的"错位" / 243

　　四、"父性教育"趋向弱化 / 249

　　五、男孩教育 / 258

　　六、"上学问题"仍然困扰小学生家长 / 275

第六章　结论与建议 / 280

　　一、基本结论 / 280

　　二、主要建议 / 293

附录Ⅰ　小学生家庭教育现状调查问卷（家长版） / 302

附录Ⅱ　小学生家庭教育现状调查问卷（学生版） / 308

后　记 / 313

[前　言]

本书是《小学生家庭教育现状调查》的研究报告，是《3—6岁儿童家庭教育现状调查》的续篇。

小学阶段的学生明显不同于学龄前儿童，具有鲜明的特点，其家庭教育亦有着特殊的重要性和复杂性。因此，对小学生家庭教育现状进行综合性研究，具有重要的理论意义和现实意义。

本研究旨在立足于社会转型、家庭结构转型与教育变革的大背景，通过呈现小学生家庭教育现状，了解社会诸因素对家庭教育的影响，探寻亲子双方在家庭教育中的互动机理，洞察时下备受关注的家庭教育的热点，并在此基础上提出家庭教育的相关建议。概括地说就是，反映现实，明晰关系，发现问题，提供建议。

从研究的视角与思路看，本研究的基本取向和主要特点有三项：一是基于大规模样本的综合性实证研究，而非专题性研究；二是着眼于系统生态视角的研究，而不是对影响家庭教育各要素的孤立、割裂的研究；三是以3—6岁儿童家庭教育调查为参照，而不是孤立地探讨小学生的家庭教育问题，既注重不同阶段学生家庭教育的前后承续，也关注各自的特点与变化，突出研究的系列性。

本研究在方法上的一个突出特点是，把亲子双方的调查数据进行"配对"研究，而非基于家长或学生一方的数据。所谓"配对"，是指家长和学生问卷配对设计，两份问卷配对装订、编码和录入，两组数据配对分析。配对研究有助于我们从家长和学生两个角度进行考查分析、相互印证，深入挖掘两者之间的相互影响。

在研究内容上，着眼于小学阶段学生的身心发展、所处环境、社会期望等方面的特点及其变化，讨论了如下三个方面。

第一，对我国小学生家庭教育一般现状进行了多视角的综合性考查与描述，以期反映我国小学生在家庭环境、家长素养、学生期望、家庭教育需求等方面呈现的新面貌、新变化和新特点。

第二，着重分析了影响小学生家庭教育的内外因素及其相互关系，如家长性别、受教育水平、职业、学生性别、学业水平、年龄，家庭所处地域等方面的差异对家庭教育的影响，小学生家庭亲子互动的特点及其与家庭教育取向和水平的关系，等等。

第三，本研究选取了6个小学生家庭教育的热点问题，以实证数据为基础进行了专题讨论。如男孩教育问题、家校合作问题、学生学业支持问题等，以期更加全面、立体地呈现当代小学生家庭教育的现状，回应社会关切，提高研究的现实针对性。

第四，基于分析结论我们提出了一系列建议。如从科研角度，进一步加强教育科研的跨学科研究，促进与教育实践的对接；从政府角度，大力推进家庭教育指导体系的建立和完善，加强对弱势群体的家庭教育帮扶指导；从社会角度，鼓励社会力量积极参与家庭教育相关工作，鼓励新媒体技术在家庭教育中的应用等。这些建议为制定更具针对性、有效性的小学生家庭教育指导模式提供建议和实践方案，为小学生家长、家庭教育相关人员和小学教育工作者提供了相应的参考。

第一章 引论

一、问题的提出

从现代教育体制看，小学是儿童发展过程中承上启下的阶段。就总体而言，这一阶段儿童，无论是身心发展方面，还是社会生活方面，都与3—6岁的幼儿有着明显的不同。相应地，家庭、社会对他们的期望和要求也都发生了很大的变化。由此，这一阶段儿童的家庭教育，也必然产生诸多重要的改变，呈现出其独特的现状、特定的问题和自身的规律。与同系列《3—6岁儿童家庭教育现状调查》的研究相比，小学生家庭教育无论从外部环境还是内部因素，都具有一定的复杂性。一方面，由于置身社会转型的大背景之下，小学生家庭教育中的核心要素，如家庭教育环境、家长教育素养和需求受到社会政治、经济和文化发展的影响更为明显和深入；另一方面，由于小学阶段学生跨越了儿童期的不同阶段，因而势必导致小学生家庭教育呈现出复杂和多样的特点。

可以说，与此前课题组进行的3—6岁儿童家庭教育现状调查相比，小学生家庭教育现状调查的难度更大。

（一）理论层面

自 2010 年国务院审议并通过了《国家中长期教育改革和发展规划纲要（2010—2020 年）》以来，"家庭教育与学校教育和社会教育三者紧密结合，互为合力共同构建社会主义终身教育体系"的观念逐渐深入人心。相应地，家庭教育的研究也更加全面、深入，研究的专业化水平也有所提高，出现了不少关于小学生家庭教育的调查研究。但从总体看，这类现状调查研究仍存在不足。

1. 小学生家庭教育现状调查成果虽有丰富性，但系统性不足

通过文献分析我们发现，近年来有关小学生家庭教育的调查研究成果不少，且具有多视角、多侧面的特点。其中既有对小学生家庭教育某一侧面的调查研究（如陈敏丽的《中小学生亲子沟通方式调查研究》、罗京滨的《低年级段小学生家庭性教育现状的调查与对策》），也有关于小学生家庭教育的地域性调查（如李乾夫的《云南大理地区白族家庭教育调查研究》、蔡笑岳的《城市中小学生家庭心理健康教育调查研究——以广州市为例》），还有对某一特定群体的家庭教育调查研究（如魏亦军的《农民工子女心理健康与家庭教育调查研究》、石晋阳的《关于低龄儿童与电脑游戏的家长调查报告》），等等。诸如此类的调查研究，一方面丰富和深化了我们对小学生家庭教育某一方面或问题的认识；另一方面，目前的成果从总体看，大多具有"一次性"单面研究的特点，而那种以总体方法论框架为基础、具有一贯连续性、分阶段的系统调查研究却十分鲜见。

我们知道，新生一代的成长和发展具有鲜明的阶段性和连续性。小学生的家庭教育只是新生一代家庭教育总体中的一个阶段性"断面"，而小学生家庭教育的研究，则只是家庭教育历时性研究的一个逻辑环节。因此，要想更深入地认识小学生家庭教育的特点，就需要在统一的总体研究框架下，以其他阶段的家庭教育研究为参照；要想完整地把握家庭教育的总体脉络，同样也需要在统一的总体研究框架下，对不同的阶段性"断面"进行连续性的系统研究。唯其如此，才能更加明晰家庭教育在新生一代的各个发展阶段所承载的意义和产生的影响，才能更加深刻地挖掘出家

庭教育的内在涵义。

本研究设计中的阶段连续性取向,正是基于这一考虑,以期对上述问题稍作弥补。

2. 小学生家庭教育现状调查需要"聚焦",也需要"全面"

近年来,小学生家庭教育调查研究的另一个特点是,"问题聚焦式"研究成果丰富,而全面观照下的整体性研究不足。例如,相当多的研究者,从公共政策的视角出发,立足于回应教育公平的社会关切,越来越多地把小学生的特殊群体和特殊家庭的教育问题作为关注的焦点,尤其是对社会弱势群体的家庭教育调查研究,更是当下小学生家庭教育现状调查的"重头戏"。根据我们的统计,仅中国知网收录的小学留守儿童家庭教育的调研报告就多达104篇。此外,一些社会舆论比较关注的话题,如隔代教育、父亲教育、亲子冲突等,也成为研究者的关注焦点,且成果不少。

显然,小学生家庭教育研究中的这些专题性视角、对特殊议题或现象的问题式聚焦,有助于深化我们对家庭教育的理解和认识,启发人们对相关问题的关注。但是,如果在研究成果的总体中缺少整体性研究,就极易产生某种遮蔽效应,使我们难以把握这些"点式问题"在总体脉络之中的"分量",也容易放大、凸显某些问题而遮蔽、忽视另一些问题,或者看到更多的支流而忽略主流,影响我们对小学生家庭教育的全面认识和总体判断。

此外,一些"问题聚焦式研究"本身,往往有"问题先定"的内在倾向。如对"父亲教育"问题的探讨,很多立足于"父性缺失"的先定意识,研究思路也倾向于"证实"或凸显这一问题的严重性。而事实上,如果没有研究的整体视角,不能把"父性教育"这一问题放在家庭教育的总体背景中加以考查,我们就很难对其复杂性做出中肯的分析和恰如其分的判断与评价。在农村儿童尤其留守儿童家庭教育的不少研究中,也同样存在着类似的问题。

总之,我们认为,对小学生家庭教育问题的聚焦式研究是必要的,却是不充分的;脱离整体背景考查"点式问题",易失于偏颇。本研究的整体性设计取向,在一定程度上正是基于这种考虑;本研究以生态系统观作为方法论原则，强调对舆论焦点问题的总体考查和全面观照，也是基于这种考虑。

3. 小学生家庭教育现状调查需要立足实践，也需要理论先行

和3—6岁儿童家庭教育调查研究情况类似的是，在多数小学生家庭教育调查中，大量一线的教育工作者、妇联和计生工作者、政府决策部门工作人员均加入其中。这部分研究者均是从"工作本位"出发，通过对调查结果的统计、分析，获得指导实践工作的依据。不可否认的是，这使得小学生家庭教育相关工作的"科研化"水平大大提高，加强了相关行业和部门的工作质量，但与此同时，由于这些研究者本身的工作角色、服务对象和自身理论修养所限，其调查多停留在表面的数据统计、整合，其成果也多为工作总结、工作规划，理论性显得不足，难以真正挖掘数据背后更多的意义。

因此，要想更加明晰小学生家庭教育在当前社会中所具有的时代性特点，为家庭教育的长足发展把脉、为国家决策服务，除了需要一线实践工作者的参与，教育及相关领域的理论工作者也责无旁贷，充分运用科学的研究方法和系统的研究思路对小学生家庭教育进行扎实而深入的调查、分析，并用以指导实践。

（二）现实层面

小学阶段是儿童发展过程中跨度最大、持续时间最长的阶段，也是其变化最大、家长面临挑战最多的阶段之一。同时，作为学校教育的重要阶段，小学教育历来受到社会和政府的广泛关注，因此，立足小学生及家庭自身特点，进行一次全面、深入的小学生家庭教育现状调查具有重要的实践价值和现实意义。

1. 小学生家庭教育在教育体系中的目标和职责需进一步明确

在现代教育体系中，学校教育、家庭教育和社会教育三者相互联系、相互影响，只有三者形成合力才能共同促进学生全面、长足的进步与发展，也只有这种三位一体的构架才能称为真正意义上的现代教育体系。《中国教育改革和发展纲要》中就明确指出"全社会关心和保护青少年的

健康成长，形成社会教育、家庭教育同学校教育密切结合的局面，进一步提高社会主义物质文明和精神文明的建设，提高全民族的思想道德素质和科学文化素质"。正是在这样的政策引领下，家庭教育开始作为一个重要的独特变量，融入公共政策的视野，受到广泛的社会关注。尽管在研究中人们早已将学校教育和家庭教育的教育目标、职责都做了相应的划分，但在现实中，家庭教育的独特功能和重要作用并未得到应有的关注和深入的探讨，在家庭教育的具体实践中，家庭教育"越位"和"失职"的现象较为突出。所谓"越位"，就是过分关注学生的学校教育，把学生的学业发展作为家庭教育的第一要务。所谓"失职"，就是家庭教育本应为学生提供"安全、舒适的生活环境，温暖、可靠的情感依托，持续、积极的道德引导"等，但这些本职责任却被忽视、挤占，导致学生在家庭中的情感获得、性格塑造、道德养成等难以得到积极、有效的引导。因此，需要我们在深入研究的基础上，进一步厘清小学生家庭教育的"本位目标"和独特功能职责，才能促进教育合力的形成。

2. 小学生家庭教育相关政策正逐步完善，落实还需有可靠的现实依据

自《国家中长期教育改革和发展规划纲要（2010—2020年）》和《中国儿童发展纲要（2011—2020年）》颁布以来，中央和地方政府对家庭教育的重视程度超过以往任何时期。2010年以来，各级政府和相关职能部门颁布了一系列关于家庭教育的法规政策和指导意见，如：2011年国务院颁布的《中国儿童发展纲要（2011—2020年）》中，明确规定了未来十年中国儿童发展的总目标，为家庭教育的发展明确了方向；2010年由全国妇联编制，联合教育部、中央文明办等七部委联合发布的《全国家庭教育指导大纲》是第一份科学、系统、全面的家庭教育指导性文件，明确了从孕期到18岁的不同阶段儿童的家庭教育职责和目标，以及家庭教育指导重点。另外，在具体落实方面，仅2013年在北京召开的全国家庭教育工作会议中，全国妇联、教育部、中央文明办就联合命名了1000个全国家庭教育工作示范单位，包括300个全国示范家长学校（家庭教育指导中心），300个全国家庭教育工作示范社区（村），100个全国家庭教育工作示范县（市、区），300个全国基层示范家长学校、儿童之家。

可见，与"纲要"颁布前相比，政府对小学生家庭教育的关注不再仅停留于政策层面，而是加大了落实力度。但通过对一些研究资料和媒体报道的分析，我们发现，尽管各级政府已经把小学生家庭教育纳入了政府工作计划，也开始实施相关的家庭教育指导工作，但许多家庭教育指导还流于表面，存在"只挂牌，不办事""只宣传，不落实"等情况，尤其是大量分布在小学的家长学校和纳入社区工作的社区家庭教育指导中心（站）多承担的是家庭教育知识的普及和宣传工作，对家长教育实践的帮助和指导十分有限。其中的原因之一就是，缺乏对当前小学生家庭教育现状，尤其是本校、本社区家庭教育现状的调查、研究，缺乏对当前小学生家庭教育特点的深入把握，因而工作难以深入开展。这一现状进一步表明了"理论先行"的重要性和必要性。

3. 当前小学生家庭教育呈现的新特点、新趋势需要进一步探究

家庭教育作为一种重要的教育实践形式，不仅以细微复杂的方式存在于各个家庭和家庭活动之中，而且根植于宏观的社会历史和文化之中。因而，从宏观、系统的角度审视"家庭教育"及其现状是十分必要的。当前，我国正处于社会转型期，经济、文化和政治等各个层面都呈现出显著的变化和转型期的特点。在这一背景下，小学生家庭教育在其原初特点和基本内核上，必然带有这一时代的新特点，出现与之相适应的新趋势。在家庭教育环境方面，家庭外部环境对小学生家庭教育的浸入性越来越强，影响越来越大；在家庭教育观念方面，家长一方面更容易接受各种新兴的教育理念，同时也更具备家庭教育观念"个性化"的能力；在家庭教育方法上，受到多元家庭教育观念的影响，传统"家长制"格局被打破，家长的绝对权威地位受到挑战，其教育行为更加注重子女的反馈；在家庭教育需求方面，也更加多元化、个性化和两极化。事实上，小学生家庭教育的这些新特点、新趋势在很大程度上还隐含于日常的家长教育行为、学生与家庭成员的日常互动之中，需要我们通过系统调查和深入挖掘使其逐渐明晰化、理论化。

第一章 引　论

二、研究目的及意义

（一）研究目的

本研究作为家庭教育系列调查的第二份报告，着眼于社会转型、家庭转型与教育变革的大背景，力求通过大规模的实证数据和焦点问题的深度访谈成果，勾画我国小学生家庭教育的总体现状及特点，了解社会诸多因素及其变化对家庭教育的影响，探寻亲子双方在家庭教育中的互动机理，洞察时下备受关注的家庭教育的热点，并以此为基础提出家庭教育的相关建议。

1. 反映现实

本研究与其他家庭教育调查的最大区别就在于除了需要全面了解小学生家庭教育最一般的、普适性的状况外，更重要的任务是要反映"现状"，即当下小学生家庭教育呈现的"新面貌"和"新变化"，力图把调查置于社会背景之下，通过与现实的紧密结合，发现和梳理小学生家庭教育的"新特点""新内涵"。

2. 明晰关系

对家庭教育现状的调查与研究归根结底就是一种关系的研究，其中包括微观层面家庭成员间，尤其是亲子间的关系；中观层面家庭教育和学校教育的关系；以及宏观层面家庭教育和社会与文化发展、政治变革的关系。通过对家庭教育中具体行为、观念等的调查弄清楚这三个层次关系的应然和实然的状态。

3. 发现问题

本研究力图以家庭教育的主流价值和被广泛认同的研究成果为依据，对调查结果做出分析和判断，探讨当前小学生家庭教育中存在的各种问题和误区，如教育投入是否盲目、家长教育理念是否存在偏差、教育行为是否科学、教育需求是否合理等，并结合前述分析探求其原因。

4. 提供建议

本研究力求基于上述的分析和结论为家庭教育指导提供更具理论性和引领性的参考，为制定更具针对性、有效性的小学生家庭教育指导模式提供建议和实践方案。

（二）研究意义

家庭教育作为一个教育问题，在很多时候被纳入社会学、心理学和人口学探讨的范畴，因而在以往的研究中，对于家庭教育的本质性问题更多的是从其他学科的角度予以阐释。因此，将家庭教育回归"教育本位"，用教育学的方法和思维来理解、发掘，具有重要的理论意义和现实意义。

1. 为家庭教育理论研究提供新思路

在以往的家庭教育研究中，尽管多数学者对"家长和学生在家庭教育中互为主体"的观点表示认同，但从众多研究成果来看，不少学者还是自觉或不自觉地将家长作为家庭教育的第一主体加以研究、分析。而对于学生，以及学生在家庭教育中的作用、对家长教育观念和行为的反作用却鲜有论述。本研究主张家长和学生在家庭教育中为"彼此相倚"的关系，二者均为家庭教育研究的主体，必须进行同一个层级的调查和配对分析，这种研究方法在目前的家庭教育调查中具有一定的创新性。

另外，为了体现家庭教育研究的人文性，又不失社会调查的科学性和客观性，我们还将定性研究和定量研究相互结合，采用以定量研究为主、定性研究为辅的方式开展调查，使得调查结果更丰富，调查依据更加充分。

2. 为家庭教育实践提供基础和依据

家庭教育作为一个实践性很强的教育领域，其研究需要借助科学、系统的数据资料，翔实、可靠的文本资料，本研究通过对大量问卷数据的统计分析、部分访谈资料的搜集、整理，得到了较为系统、完整的小学生家庭教育现状数据，这无疑为家庭教育相关从业人员、教师提供了一定的依据和参考，为制订家庭教育相关工作方案、促进家校协作提供依据。同时，也帮助家长把握家庭教育整体状况，了解小学阶段家庭教育特点，促进家庭教育个性化。

3. 为家庭教育决策提供参考和建议

理论研究的重要目的之一便是为相关决策提供建议。在通过对小学生及家庭进行大量问卷调查和访谈后，我们得出了一系列结论，并在此基础上提出了相关建议，这些建议多是立足于家庭教育现实，对相关部门家庭教育政策、法规的制定具有一定的参考价值。

三、研究内容

（一）概念界定

1. 家庭教育的内涵

家庭教育的内涵即"家庭教育是什么"，是家庭教育的首要问题，也是最基本问题。美国学者田纳特把家庭教育称作家庭生活教育，他认为："家庭生活教育，就是专注于增进成人日常生活技能的效能，包括与他人的关系、因应生活事件以及了解个人的潜能"。"全美家人关系会议"描述的家庭教育的内涵为：①家庭如何运作；②家庭与社会的相互关系；③人类生命全程的生长与发展；④人类性之生理与心理；⑤金钱与时间的管理；⑥亲职教育的价值；⑦政策与立法对于家庭的影响；⑧专业人员行为的伦理；⑨指导家庭生活教育人员的课程设计。[1] 苏联著名的教育家苏霍姆林斯基从马克思主义和辩证主义观出发，认为"儿童的教育，是我们生活中最重要的一个方面。我们的孩子，是我们国家未来的公民，也是世界未来的公民"。这一见解使家庭教育的重要性突破了个人、家庭的范围，被提到国家和未来的高度，"儿童不仅起着延续家庭的作用，而且在家庭中履行着十分明确的、有社会意义的职能"[2]。

---

[1] 许美瑞. 家庭生活教育 [M]. 台北：师大书苑有限公司，2002：10.
[2] 扬科娃，罗金斯卡娅，夏伯铭. 苏联少年儿童的家庭教育问题 [J]. 国外社会科学文摘，1984（3）.

我国大陆对家庭教育内涵的探讨也十分丰富，赵忠心将家庭教育分为广义和狭义两个层面。狭义的家庭教育是"在家庭生活中，由家长，即由家庭里的长者（其中主要是父母）对其子女及其他年幼者实施的教育和影响"。广义的家庭教育则是"家庭成员之间相互实施的一种教育。在家庭里，不论是父母对子女，子女对父母，还是长者对幼者，幼者对长者，一切有目的、有意识施加的影响，都是家庭教育"[①]。缪建东亦认为"家庭教育是人类的一种教育实践，是在家庭互动过程中父母对子女的生长发展所产生的教育影响。广义的家庭教育既包括家长对子女的教育，又包括子女对家长的教育，甚至包括双亲之间、子女与子女之间、子女与祖辈之间相互产生的教育影响"[②]。马和民等则从教育社会学的角度指出："家庭教育既指在家庭中进行的教育，又指家庭环境因素所产生的教育功能。前者指的是受教育者在家庭中所受到的由其家庭成员（不论长幼，但主要是指父母）施予的自觉或非自觉的、经验性的或有意识的、有形的或无形的等多种水平上的影响；后者则指家庭诸环境因素（包括家庭的社会背景和生活方式）对受教育者产生的'隐性'影响。"[③]

综上可见，首先，家庭教育的本位在家庭，核心是家庭及家庭生活诸因素对新生一代的教育性影响，亦包括家庭成员的"互育性"影响；这种影响既包括有意识、有目的、自觉的教育行为，也包括不自觉的、无意识的影响。其次，家庭教育以其独特的方式，承担着促进新生一代个体发展与成长的职能，不仅具有家庭意义，而且具有社会意义。再次，家庭教育作为一种社会的组织形式，根植于特定的社会之中，进而家庭教育也必然能动地反映并适应着特定社会的文化、经济和政治生活，因此，不能孤立地讨论家庭教育。最后，家庭内部包含两个最基本的关系，即夫妻关系和亲子关系，家庭的各种教育影响深深地嵌于其中，因此，只有从不同关系成员出发，展开调查研究，才能够将研究做得充分而客观。

总之，本调查中的家庭教育是指在家庭生活中，以夫妻关系为基础，

---

① 赵忠心. 家庭教育学——教育子女的科学与艺术 [M]. 北京：人民教育出版社，2001：4.
② 缪建东. 家庭教育社会学 [M]. 南京：南京师范大学出版社，1999：2.
③ 马和民，高旭平. 教育社会学研究 [M]. 上海：上海教育出版社，2001：4.

以亲子关系为中心，在人的社会化过程中，由父母或其他年长者对年幼者进行的教育和教养活动。它通过家庭成员之间自觉的或非自觉的、经验的或意识的、有形的或无形的形式展开，以促进年幼子女的全面成长。它既受到家庭内部系统的影响，同时也受到其他教育系统以及经济发展、文化进步和社会变革等外部因素的影响。

2. 家庭教育现状的内涵

家庭教育现状主要指由于受到社会、经济和文化发展的影响，构成家庭教育的诸因素，如家庭结构、家庭环境（包括经济投入、物质环境和心理精神环境）、家长的教育观念和方法、家长的家庭教育需求等，在特定时期内所呈现的现实状况与特征。

（二）研究内容

家庭教育的最根本目的是达成儿童的自我生成与发展，那么探讨小学生家庭教育就应从这个根本目的出发，即什么因素共同构成并最终实现了这一目的，综合各种研究成果我们发现可分为三个方面，即父母、环境、儿童。父母主要包括其家庭教育观念、方式及需求；环境则包含主观（精神）、客观（物质）两方面家庭教育环境；儿童则包含儿童在家庭教育中的行为方式和思想态度。这些便构成了本次调查的主要研究内容。

1. 家庭教育环境及其对学生的影响

家庭环境即家庭中父母及其他年长者教育活动以外自发影响未成年人个体发展的各种因素，这些因素可概括为家庭教育支出情况、家庭氛围、亲子关系和家庭精神文化娱乐活动四个维度。而不同的家庭环境对于学生行为、观念和亲子互动方式都存在不同程度的影响。

2. 家长教育素养及其对学生的影响

家长的教育素养通常是指家长所具有的教育知识，以及长期形成的教育子女的教育态度、教育理念、教育期望以及方式方法。

家长的教育素养正是通过其教育态度和理念、方式方法、期望等这些具体的方面作用于子女的成长，从而影响其心理发展、学业成绩、个性品质、习惯养成等。家长的教育素养除受自身背景影响外，很大程度上也与学生对家长的反馈、学生的背景性因素相关联。

3. 学生对家庭教育的影响

家庭教育是亲子双方的互动过程。学生在日常生活中的态度、行为等均对家长的家庭教育产生着影响。而对学生的态度、行为又因为其背景性因素，如性别、学业水平、年龄等的差异，使得其家庭教育呈现出不同特点。

4. 亲子双方的家庭教育需求

亲子双方的家庭教育需求既包括家长的教育需求也包括学生的教育需求。家长教育需求指家长为了实现自己养育或者教育子女的目的，在子女成长的过程中为提升家庭教育效果而产生的需要。学生的教育需求指学生对家长教育行为的愿景，对自己家庭生活和个人发展的构想等。

四、研究思路与方法

（一）研究视角与思路

1. 小学生家庭教育综合性调查的研究定位

本研究着眼于对小学生家庭教育现状的总体把握，因而不同于针对家庭中个别问题的专题性调查，是一种综合性调查。进行此次综合性调查主要基于以下两方面。

第一，小学生家庭教育作为一个由家庭成员共同参与、与社会发展息息相关、同学校教育相互配合的有机的系统，任何个别问题的探讨都应根植于小学生家庭教育的整体把握和系统认知。也只有这样，我们才能以更加宏观、全面的视角来挖掘小学生家庭教育的时代特性、洞察当前小学生家庭教育中存在的问题、把握小学生家庭教育发展的方向。

第二，在对个别问题进行专题讨论时，需以全面、系统的调查为基础，再以此进行相关问题的探讨，从而使研究的视野更为开阔、分析更加明晰、洞察更加深入。本次调查便是从这一定位出发，从家庭教育环境、家长教育素养和家庭教育需求三个方面展开综合性调查分析，然后再对其中的部分问题进行深入的专题探讨。

2. 亲子双方数据匹配的研究方法

调查以往的研究发现，对家庭教育的研究大多以家长本位为基本取向，这种调查取得的数据主要来自家长，子女在家庭教育中的感受和观点多被忽略。

本调查认为，首先，家长与儿童在家庭教育中的地位均是作为主体而存在，是平等并相互独立的；其次，家庭教育活动既包含家长将自身的价值观传递给小学生，并引领小学生完成自我建构，也包含家长受小学生的观念、行为影响从而推动家庭教育观念、行为的自我完善与生成；最后，小学生是一个不断发展变化的个体，因此家庭教育调查的任务之一就是时刻观照这种"变化"。

正是基于以上价值判断，本调查采取了学生和家长问卷同步调查，两组数据相互匹配的分析方式，力求最大限度地避免已有部分家庭教育调查中存在的"价值观与方法论相矛盾"的问题，即承认儿童在家庭教育中的主体地位，但在研究时却自觉或不自觉地将其"客体化"。

所谓"配对"，可以从三个方面体现出来：一是将两份问卷的题目进行配对，具体来讲，先从概念上将家庭教育划分为教育环境、教育素养、教育需求三个基本要素，并设置了三级指标体系，进而根据指标体系设计家长问卷的题目，而后对照此份家长问卷设计了学生问卷。二是在问卷发放上严格遵守配对原则，具体采取家长与学生分别填写，且学生先填写，家长后填写的方式，避免家长对学生的干扰。问卷回收后，将家长和学生问卷进行一对一匹配装订、编码和录入。三是在撰写报告时进行配对分析，整体上我们侧重的是"关系"研究，即针对某一个问题或话题，从家长和学生两个角度进行考查分析，以期能够相互印证，并从更深层次挖掘这二者之间的相互影响关系。

3. 家庭教育生态系统的研究视角

美国心理学家布朗芬布鲁纳的生态系统理论，把发展看作是不断变化的人与环境互动的产物。强调个体镶套于相互影响的一系列环境系统之中，在这些系统中，系统与个体相互作用并影响着个体的发展。但它作为一种典型的"系统分析框架"，为我们分析和理解家庭教育提供了更为接近实际的、整体性的视角。家庭作为一个有机的整体，存在相互依赖的成分和层级结构。将家庭视为系统的观点，突出了家庭是一个"复杂、综合整体"的思想。

遵循这一思想原则，我们将家庭看成是一个具有层级结构的有机系统，它由较小的微系统构成（如父母、亲子和兄弟等），又存在于学校、社区和家庭相互作用的中系统，同时，还受到外部，如父母职业环境等外系统的影响，更是置身于大的宏观系统（社会、经济、文化、政治等）之中。

在本研究中，外部系统如父母职业环境在家庭教育中更多的是内化的形式影响着家长的教育观念、行为，亲子间的关系、家庭环境等，因此将其纳入家庭中的微系统一并考查。这样一来，我们便可以把整个家庭教育的分析视角分为三个系统层级：微观系统层，包括家庭成员自身素养和背景，家庭成员间的互动；中观系统层，包括家庭与学校、社区所共同构建的社会教育体系；宏观系统层，包括影响家庭的宏观背景及社会、经济和文化。

基于此，本调查对小学生家庭教育具体问题的探讨，多从以上三个视角中的1—2个方面加以分析和阐释。

4. 与3—6岁儿童家庭教育相承接的研究体系

家庭教育是孩子从出生一直持续到成人的教育。在整个过程中，家庭教育既有一脉相承的连续性，也有顺时而变演进的特点。一方面，无论孩子处于哪个年龄阶段，家庭教育中基本的儿童观、教育观，家长应把握的基本教育原则，家庭教育显现的最一般特质均是带有极强的稳定性；另一方面，随着儿童生理和心理的不断发展、进步，其生活和学习环境的改变，亲子间的互动模式、家长教育观念与方式等又呈现出了阶段性的差异。因此，要想全面、深入地解析家庭教育必须同时把握以上两个方面。正是基于这样的思路，课题组将家庭教育现状的调查"系列化"，即对家庭教育现状的调查从幼儿期一直贯穿到高中，乃至大学阶段。在我们第一阶段的研究中,我们对3—6岁儿童家庭教育现状展开了较为全面、翔实的调查。本次调查则是在此基础上,沿袭了前一阶段对家庭教育分析的基本框架(即包括家庭教育环境、家长教育素养和家庭教育需求)展开的。与此同时,我们还将3—6岁和小学两个阶段进行了整体的比较分析,从而进一步凸显了小学生家庭教育的新变化和新特征。

(二) 研究方法

1. 问卷调查

(1) 调查对象

义务教育阶段小学1—6年级学生和家长。

(2) 问卷的设计

采用自行编制的调查问卷。本次调查包括家长问卷和学生问卷两部分,分别由家长和学生填写。问卷编制之初先需要确立问卷的指标体系。本次调查问卷(家长卷)的大体框架仍延续《3—6岁儿童家庭教育现状调查》的思路,将家庭教育划分为:家庭教育环境、家长教育素养(包括家庭教育观念和家庭教育方式)、家庭教育需求三个维度,并在此基础上对二级概念进行了进一步分解,最终确定了家长问卷的指标体系。接下来,通过对家长问卷的指标体系与小学生日常行为、态度和家庭教育需求关系的分析,并依据上述三个维度,将小学生问卷的一级指标确立为:小学生对家庭教育的态度和看法、小学生在家庭教育影响下的日常行为、小学生家庭教育需求。

随后的问卷编制过程则通过浸入式观察、深度访谈深入了解小学生家庭教育的现状,力图抓住现实生活中的微小现象和有意义的数据,为定量研究中编制问卷做好探索性的理论和实践准备。

问卷题目的编写包括题目主干和答案两个部分。在题目主干的编写过程中,我们遵循了以下原则:①与研究目标直接相关:题目的编写直接对应三级指标体系,因此,以保证题目与研究目标的直接相关。②题目要具有普遍性,无论家长或学生的问卷中涉及的情景均是家庭教育中普遍出现的,而非个例。③题目表述要直接明确:题目中所叙述的问题不但要清楚，还要直接明确，尽量避免家长的主观判断。④题目要有匹配度，针对部分题目需要了解家长和学生不同的态度和行为，因此两份问卷在题干描述和答案设置上尽量保持一致性和对应性。

答案作为题目编写的组成部分，它的设置与题目之间必须形成合理的关系。为此，我们在设置答案选项时遵循以下原则：①答案与题目的内容逻辑衔接。②答案选项成分单一。③多选题兼具代表性和覆盖面，即所列出的答案选项应该是出现频率最高、可选择性最多的一些实际活动，所给出的答案选项一定要覆盖绝大多数情况。

为了使调查问题贴近现实生活，调查结果真实客观，我们在题目编写前和编写过程中，首先进行了小范围的深入访谈，通过访谈确定问卷的维度，把从访谈中提炼出共性问题作为问卷题目的素材，并借此对已经设定好的题目做进一步修订和验证。

（3）预测和问卷的形成

在上述工作的基础上，我们从所编写的题目中，筛选出学生问卷31道题，家长问卷35道题，共同构成《小学生家庭教育现状调查问卷》，经过专家审议后进入预测阶段。为了取样的整体性，预测时对四川省成都市某小学3（1）班进行了整群抽样，分别发放家长和学生问卷37份，回收32份，回收率为86.48%。通过预测的数据分析，我们对答案中选择区分度较低、弃选率较高的题目进行了删减，与此同时，也对那些题目选项间选择比例严重失衡的答案进行了调整，以避免家长和学生的先验性价值判断。考虑到小学生家庭教育现状调查应考查家长对一些热门教育论点所持的态度，故加入了9道是非判断题，最终构成了《小学生家庭教育现状调查问卷》（学生版和家长版）。

（4）问卷调查的实施和统计

本次问卷的抽样采取了整群随机抽样的方法，由于此次问卷数量较大，问卷发放和回收的组织工作难度较大，为了能在研究经费的预算内按时完成调查任务，我们不得不放弃了较为严苛的抽样方法，直接选取了北京、山东、江西和黑龙江四个省市作为问卷发放的目标地区。在上述省市中，我们分别选取了省会城市（北京的选中心城区）和一个县级地区（北京的选远郊县）。然后由当地教育部门根据小学校教育水平，所处区域的差异，选择了1—2所小学参与调查。为了最大限度地保持调查对象填表过程的一致性，我们撰写并印发了《填表说明》，并对样本学校老师进行相关培训。调查的实施主要利用了学生课堂时间和家长会等家长集中的时间进行，由教师或课题组派人监督整个问卷填写过程。为了保证问卷调查的真实性和有效性，避免家长对学生问卷填写的干预，本调查采取了家长与学生分别填写，且学生先填写，家长后填写的方式，提高了学生问卷的客观性。问卷回收后，将家长和学生问卷进行一对一匹配装订、编码和录入，并在此基础上开展数据的统计和分析工作。

本次调查共发放小学生家庭教育问卷家长版和学生版各20000份，回收家长问卷18472份，有效回收率为92.36%；回收学生问卷16815份，有效回收率为84.08%。问卷回收后，首先将所有问卷进行编码、录入，然后运用SPSS19.0.0软件对相关数据进行分析。

2. 访谈调查

（1）调查对象

本调查的访谈对象为小学1—6年级学生家长。在访谈对象的选择中，我们做了综合考量，如学生年级、家长文化程度、家长性别、家长职业等几方面因素。最终确定受访谈的家长共15名。访谈对象情况如下：

学生年级：1—2年级、3—4年级、5—6年级各5名。

家长文化程度：高中、中专及以下4名；大专4名；本科4名；研究生及以上3名。

家长性别：父亲7名，母亲8名。

家长职业：公务员3名，企业职员3名，专业技术人员3名，工人/农民3名，服务业人员3名。

（2）访谈方式

本调查共对15名家长开展了半结构性的一对一访谈。

（3）访谈提纲撰写

本次访谈采用半结构性访谈，主要是通过访谈为定量研究提供更深入、翔实的依据。因此，本次访谈提纲沿用了家长问卷的三个维度即家庭教育环境、家长教育素养和家庭教育需求作为访谈的大体框架。

（4）访谈实施和资料整理

访谈地点多选择在受访者家中进行，以保证足够的隐秘性，减少受访者的不适。在访谈的准备阶段，首先向家长就访谈目的和知情同意书的内容进行了介绍，同时获得家长的录音许可和访谈同意书。正式访谈分为开放式探索和结构化两个调查阶段。开放式探索阶段的主要目的是激发被访者自由连贯地表达自己的想法，激发表达的愿望，因而避免了过多的提问式交流。在访谈中为了保证资料的完整性，除录音外，对于一些细节也进行了笔录，并对受访家长典型的非语言行为加以记录。在结构化调查阶段，针对之前在开放式探索阶段中所谈到的家庭教育三个维度中所涉及的问题作了进一步追问，对没有涉及的问题加以补充，并最终完成整个访谈。访谈后将访谈资料进行录入、编码，并最终形成调查分析的第一手资料。

第二章
小学生家庭教育现状

通过近2万份家长问卷和2万份学生问卷的发放、回收和处理,对全国四省市不同行政级别的市、区、县的调查,我们在家庭基本情况、家庭教育环境、家长教育素养、家庭教育需求四个方面,获得四个省(市、区)的第一手调查数据,这些数据为总体把握我国小学生家庭教育现状提供了基础。

一、家庭基本情况

(一) 总体情况

本次调查问卷分家长卷和学生卷,分别发放近20000份,其中收回家长卷有效问卷18472份,学生卷收回16815份。需要说明的是,在本次调查中,部分题目存在极少数填表人漏答现象,在数据中显示为"未选择"。为了数据分析的清晰和表达的简洁,本报告统一将文中出现的"未选择"部分作为忽略项处理,结果并不影响整体分析与结论。

1. 家长基本情况

家庭结构:以核心家庭为主,占被调查总数的64.66%。此外,主干家庭占29.92%，单亲家庭占3.02%，再婚家庭占1.17%，其他占1.23%。

填表人：填表人为母亲的占66.02%，父亲的占30.50%，母亲的参与度是父亲的两倍多；祖父母/外祖父母及其他比例比较小，分别为2.39%和1.09%。

家长受教育程度：参与调查的家长半数以上受教育程度为高中、中专及以下。其中，父亲受教育程度为高中、中专及以下的占59.01%，大学专科和本科的分别占18.42%和17.65%，研究生及以上的仅占4.92%；母亲受教育程度为高中、中专及以下的占62.06%，大学专科和本科的分别占17.53%和16.65%，研究生及以上的仅占3.76%。

家长职业：本次调查的家长的职业中，个体职业者、企业职员所占比例较多。从父亲职业情况来看，个体职业者、企业职员及工人/农民所占比例相对较高，分别是28.11%、19.22%和15.17%；此外，专业技术人员占11.48%；公务员、军人/警察及服务业人员所占比例较低，分别是7.12%、2.16%、3.96%。从母亲职业情况看，个体职业者、企业职员所占比例最高，分别是24.09%和16.77%；其次是专业技术人员及工人/农民，分别占12.90%和12.49%；所占比例较少的是服务业人员和军人/警察，分别是3.96%和2.16%。

家庭收入水平：多数家庭在当地属于中等收入水平，占77.33%，除此，在当地收入水平较低的占19.58%，收入较高的占3.09%。

主要教育者：在家庭中教育孩子的责任主要由母亲承担的比例为51.98%，夫妻共同教育的占32.67%，父亲为主要教育者的仅占10.57%，祖父母/外祖父母和保姆/其他比例较少，分别占4.09%和0.69%。

2. 学生基本情况

男女生比例：被调查的学生中，男女生比例基本相当。男生占52.00%，女生占48.00%。

学生年级分布：一年级学生占15.09%，二年级学生占13.79%，三年级学生占15.8%，四年级学生占20.22%，五年级学生占19.56%，六年级学生占15.51%。

学业成绩：家长填写的学生的学业水平情况中，学生学业成绩为

"良"的比例最高，占 37.23%；"中"和"优"的比例相当，分别是 28.67%和 29.39%，学业成绩为"差"的仅占 4.71%。

上学前班的情况：80.34%的学生上过学前班，没有上过学前班的学生仅占 19.66%。

（二）各省市情况

各省市问卷回收数量，北京市 4796 份，黑龙江省 4839 份，山东省 4058 份，江西省 4779 份。在采样上，分两个级别，即省会城市和县城。具体省会城市和县城的取样数量如表 2-1-1 所示。

表 2-1-1 各省市参与调查的人数

区域	北京市		黑龙江省		山东省		江西省	
省会	北京市区	3652	哈尔滨市	3512	济南市	1225	南昌市	3517
县城	北京郊县	1144	勃利县	1327	莘县	2833	新干县	1262
合计	4796		4839		4058		4779	

1. 各省市家长基本情况

家庭结构情况：本调查将家庭结构分为核心家庭、主干家庭、单亲家庭、再婚家庭及其他，四省市家庭结构分布情况基本一致，具体数据如表 2-1-2 所示。

表 2-1-2 各省市家庭结构情况

家庭结构类型		北京市	黑龙江省	山东省	江西省
核心家庭	计数	2922	3328	2800	2689
	比例（%）	61.40	69.28	69.46	56.55
主干家庭	计数	1518	1123	1091	1700
	比例（%）	31.90	23.38	27.07	35.75
单亲家庭	计数	136	195	60	158
	比例（%）	2.86	4.06	1.49	3.32

续表

家庭结构类型		北京市	黑龙江省	山东省	江西省
再婚家庭	计数	59	68	26	59
	比例（%）	1.24	1.42	0.65	1.24
其他	计数	55	60	22	87
	比例（%）	1.16	1.25	0.55	1.83

各省市填表人情况：四省市中，母亲作为填表人的比例均高于父亲，其中黑龙江省相差比例最高。如表2-1-3所示。

表2-1-3 各省市填表人情况

填表人		北京市	黑龙江省	山东省	江西省
父亲	计数	1352	1034	1300	1539
	比例（%）	28.41	21.52	32.25	32.37
母亲	计数	3006	3286	2442	2576
	比例（%）	63.16	68.39	60.58	54.17
祖父母/外祖父母	计数	99	135	36	139
	比例（%）	2.08	2.81	0.89	2.92
其他	计数	45	32	29	80
	比例（%）	0.95	0.67	0.72	1.68

各省市家长受教育程度：在本调查中，父亲和母亲的受教育程度基本相当，北京市、黑龙江省两地家长的受教育程度略高于山东省和江西省的家长。其中，北京市和黑龙江省父母的受教育程度在大专以上的占五成有余，而山东省的父母受教育程度在大专以上的占四成左右，江西省仅占三成左右。如表2-1-4所示。

表 2-1-4（1）　各省市家长受教育程度（父亲）

父亲受教育程度		北京市	黑龙江省	山东省	江西省
高中、中专及以下	计数	2346	2385	2307	3354
	比例（%）	49.30	49.64	57.23	70.54
大学专科	计数	835	861	858	691
	比例（%）	17.55	17.92	21.29	14.53
大学本科	计数	911	1058	682	457
	比例（%）	19.14	22.02	16.92	9.61
研究生及以上	计数	418	295	48	106
	比例（%）	8.78	8.78	1.19	2.23

表 2-1-4（2）　各省市家长受教育程度（母亲）

母亲受教育程度		北京市	黑龙江省	山东省	江西省
高中、中专及以下	计数	2312	2380	2655	3534
	比例（%）	48.58	49.53	65.86	74.32
大学专科	计数	872	923	712	566
	比例（%）	18.32	19.21	17.66	11.90
大学本科	计数	956	1063	508	393
	比例（%）	20.09	22.12	12.60	8.26
研究生及以上	计数	337	226	17	79
	比例（%）	7.08	4.70	0.42	1.66

各省市家长职业状况：参照 2011 年全国人口普查的分类，我们将职业划分为公务员、企业职员、专业技术人员（包括教师、医生、工程师、律师等）、工人/农民、军人/警察、服务业人员、个体职业者和其他类。接受本次调查的家长中个体职业者、企业职员、工人/农民和专业技术人员这四类职业的所占比例较大。四省市家长职业分布情况如表 2-1-5 所示。

表 2-1-5（1）　　各省市家长职业（父亲）

父亲职业		北京市	黑龙江省	山东省	江西省
公务员	计数	281	444	377	145
	比例（%）	5.91	9.24	9.35	3.05
企业职员	计数	1161	749	845	609
	比例（%）	24.42	15.59	20.96	12.81
专业技术人员	计数	520	594	524	372
	比例（%）	10.94	12.36	13.00	7.82
工人/农民	计数	589	767	432	868
	比例（%）	12.39	15.97	10.72	18.25
军人/警察	计数	89	160	75	54
	比例（%）	1.87	3.33	1.86	1.14
服务业人员	计数	274	97	101	221
	比例（%）	5.76	2.02	2.51	4.65
个体职业者	计数	935	1229	1297	1459
	比例（%）	19.67	25.58	32.18	30.68
其他	计数	610	543	242	842
	比例（%）	12.83	11.30	6.00	17.71

表 2-1-5（2）　　各省市家长职业（母亲）

母亲职业		北京市	黑龙江省	山东省	江西省
公务员	计数	136	220	182	58
	比例（%）	2.86	4.58	4.52	1.22
企业职员	计数	1081	664	644	530
	比例（%）	22.75	13.82	15.98	11.15
专业技术人员	计数	603	758	556	328
	比例（%）	12.69	15.78	13.79	6.90
工人/农民	计数	483	518	497	676
	比例（%）	10.16	10.78	12.33	14.22

续表

母亲职业		北京市	黑龙江省	山东省	江西省
军人/警察	计数	14	27	13	6
	比例（%）	0.29	0.56	0.32	0.13
服务业人员	计数	487	291	254	544
	比例（%）	10.25	6.06	6.30	11.44
个体职业者	计数	768	1104	1177	1143
	比例（%）	16.16	22.98	29.20	24.04
其他	计数	864	980	557	1240
	比例（%）	18.18	20.40	13.82	26.08

各省市家庭经济水平：由于各省市的经济发展水平不同，消费水平也就不同，而家庭月收入不能很好地对各省市家庭的经济情况进行对比，所以，我们以被调查者的主观感受（即"你家的经济状况在当地属于_____水平"）来确定被调查家庭在当地属于何种经济水平。如表2-1-6所示，被调查的家庭大部分属于中等收入水平，其中山东省中等收入水平最多，占81.07%，江西省最低，占71.00%；经济收入较高的家庭，北京市最多，占3.76%；江西省经济水平较低的家庭所占比例最多，占24.69%。

表2-1-6 各省市家庭在当地的收入水平情况

收入水平		北京市	黑龙江省	山东省	江西省
较低	计数	853	880	649	1174
	比例（%）	17.92	18.32	16.10	24.69
中等	计数	3655	3743	3268	3376
	比例（%）	76.80	77.91	81.07	71.00
较高	计数	179	154	94	134
	比例（%）	3.76	3.21	2.33	2.82

各省市家庭中的主要教育者：母亲作为家庭的主要教育者是一个普遍现象，所占比例均在五成左右；父亲作为家庭中主要教育者所占的比例远低于母亲，其中黑龙江省和山东省比例均不足一成。如表2-1-7所示。

表 2-1-7　四省市主要教育者情况

主要教育者		北京市	黑龙江省	山东省	江西省
父亲	计数	513	357	391	582
	比例（%）	10.78	7.43	9.70	12.24
母亲	计数	2227	2632	2007	2196
	比例（%）	46.80	54.79	49.79	46.18
祖父母/外祖父母	计数	156	225	77	255
	比例（%）	3.28	4.68	1.91	5.36
夫妻共同教育	计数	1534	1348	1378	1436
	比例（%）	32.23	28.06	34.19	30.20
保姆/其他	计数	20	37	18	46
	比例（%）	0.42	0.77	0.45	0.97

2. 各省市学生基本情况

各省小学生的性别比例：本调查学生性别的数据显示，四省市男生比例均略多于女生。具体数据如表 2-1-8 所示。

表 2-1-8　各省市男女生比例

性别		北京市	黑龙江省	山东省	江西省
男生	计数	2400	2430	2028	1498
	比例（%）	50.17	50.53	50.17	49.82
女生	计数	2215	2219	1919	1360
	比例（%）	46.30	46.14	47.48	45.23

各省市学生年级构成：调查共分 1—6 个年级，各省市学生年级构成如表 2-1-9 所示：

第二章 小学生家庭教育现状

表 2-1-9 各省市学生年级构成

年级		北京市	黑龙江省	山东省	江西省
一年级	计数	1066	951	278	491
	比例（%）	22.23	19.65	6.85	10.28
二年级	计数	694	855	522	475
	比例（%）	14.47	17.67	12.86	9.95
三年级	计数	749	1010	709	450
	比例（%）	15.62	20.87	17.47	9.42
四年级	计数	820	1040	874	1000
	比例（%）	17.10	21.49	21.54	20.94
五年级	计数	699	719	822	1378
	比例（%）	14.57	14.86	20.26	28.85
六年级	计数	768	264	853	980
	比例（%）	16.01	5.46	21.02	20.52

各省市学生学习情况：四省市数据显示，除北京市外，其他三省市父母多数认为自己孩子学习"良"，而北京市的父母认为自己孩子学习"优"的比例最高，占 39.31%，其次是山东省，占 29.65%，具体数据如表 2-1-10 所示：

表 2-1-10 各省市小学生学习情况

学习情况		北京市	黑龙江省	山东省	江西省
优	计数	1871	1245	1195	925
	比例（%）	39.31	25.92	29.65	19.45
良	计数	1558	1706	1563	1806
	比例（%）	32.74	35.51	38.77	37.98
中	计数	1013	1508	1038	1548
	比例（%）	21.29	31.39	25.75	32.56
差	计数	155	220	153	312
	比例（%）	3.26	4.58	3.80	6.56

各省市上学前班情况：上过学前班的学生中比例最高的是山东省，占88.74%；最低的是北京市，占65.58%，具体数据如表2-1-11所示：

表2-1-11 小学生上学前班情况

是否上过学前班		北京市	黑龙江省	山东省	江西省
上过	计数	3121	3829	3577	4058
	比例（%）	65.58	79.70	88.74	85.34
没上过	计数	1577	933	429	631
	比例（%）	33.14	19.42	10.64	13.27

二、家庭教育环境

家庭教育环境是指在一定经济生活基础上所形成的家庭人际关系和文化心理状态。本研究着眼于家庭教育支出、家庭氛围、亲子关系和家庭精神文化娱乐活动。分析表明，当前小学生家庭教育投资欠理性、负担过重；家庭氛围较为民主，但亲子情绪互动的有效性不高；家长注重建立良好的亲子关系，但亲子沟通技巧缺乏；"人机时间"过多，家庭文化娱乐氛围不足。

（一）家庭教育支出

家庭教育支出水平是衡量家庭教育物质基础的核心指标，它直接影响儿童能否获得丰富、优质的教育资源。近年的相关研究表明家庭教育支出是家庭支出的一个重要内容，且有逐年升高的趋势，直接反映出家长对家庭教育的重视程度，同时也反映出家长在教育中承受的压力。因此，在本次调查中，我们侧重对家庭教育的支出情况和家长对此的主观感受两方面来考查家庭教育的物质投入情况。

1. 近三成小学生家庭教育支出负担过重

按照曾满超提出的教育负担标准"在义务教育阶段，若家庭教育支出大于家庭总支出的20%，则家庭教育负担过重"①。一般说来，家庭总支出小于等于家庭总收入，那么当家庭教育支出占家庭总收入的20%以上时，就意味着占家庭总支出的20%以上，甚至更多。本次调查中（如图2-2-1所示）小学生近一年的教育花费仅占家庭总收入5%以下的家庭只有12.42%，占家庭总收入5%—10%的为31.40%，占10%—20%的为28.78%，占20%—30%的为15.76%，占30%以上的为11.64%。因此，本次调查有近三成小学生家庭（20%—30%为15.76%，30%以上为11.64%，二者共计27.40%）都存在教育花费负担过重的现象。

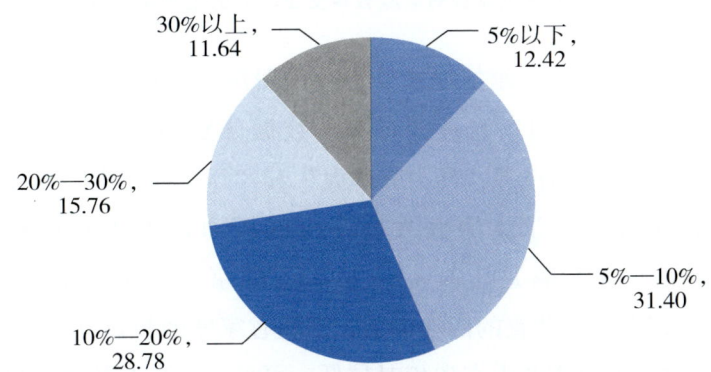

图2-2-1　小学生教育花费占家庭年收入的比例情况（%）

2. 逾五成小学生家庭仅"刚好能承受"教育支出压力

在了解家庭对子女教育支出的承受能力时，如图2-2-2所示，其中完全没有压力的家庭仅占所调查人数的27.85%；而"刚好能承受"、"压力有些大"和"压力非常大"的比例分别为52.90%、16.74%和2.51%。后两项之和为19.25%，说明近两成小学生的教育支出让其家庭倍感重压。虽然在调查中，有五成多家庭选择了"刚好能承受"，据此，有理由推论此种教育支出的现状，显然对家庭的其他造成了"挤占效应"，使得家庭的整体生活水平和质量受到负面影响。

从区域分布看，家长对相应问题的选项表现出较大差异，结果如图

---

① 曾满超. 教育政策的经济分析［M］. 北京：人民教育出版社，2000：96.

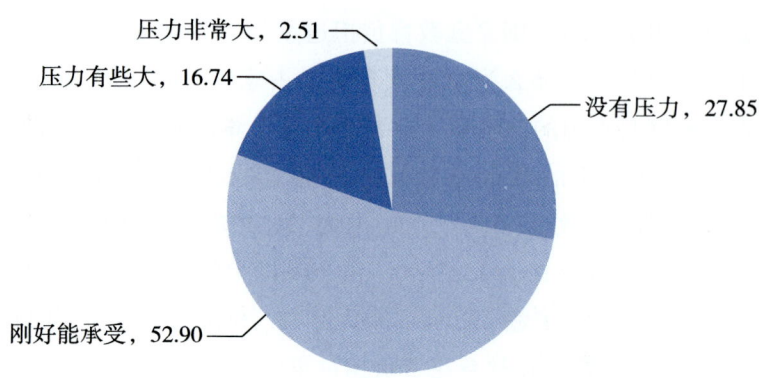

图 2-2-2　小学生家长对家庭教育支出压力的主观感受（%）

2-2-3所示，家长选择"刚好能承受教育消费压力"的比例，从江西省、黑龙江省、北京市和山东省逐渐递减，数据分别为 55.11%、54.77%、50.81%和49.75%；而选择"压力有些大"和"压力非常大"两项之和的比例来看，江西省小学生家庭教育支出的压力远大于其他省市，为26.77%，然后依次为黑龙江省（22.70%）、北京市（16.66%），山东省（10.38%）。以上参与调查的四省市中，江西省家庭的教育支出压力最大，黑龙江省次之，北京市和山东省相对较低。可见，家长对教育支出压力的主观感受与其所处地区的社会文化经济发展水平相适应并直接关联。

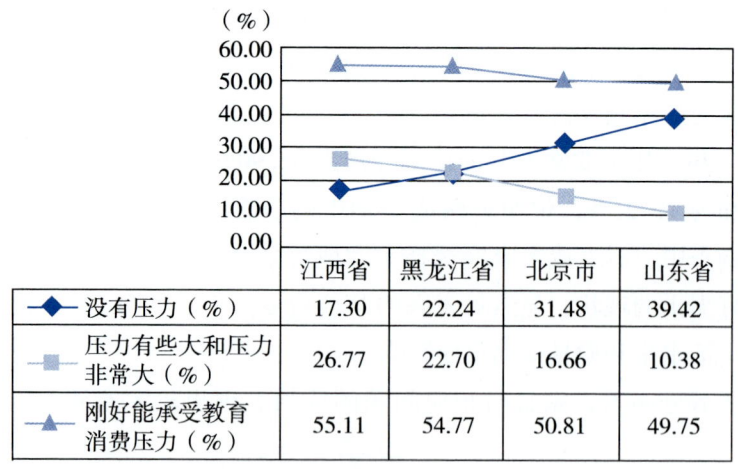

图 2-2-3　四省市小学生教育支出的压力情况（%）

3. 教育支出压力呈现出随年级升高递增的趋势，且小学五年级的教育压力最大

对不同年级小学生家庭教育支出压力进行考查，将"压力有些大"和"压力非常大"之和进行年级比较后发现，随年级升高，家庭教育支出压力越来越大。如图2-2-4所示，小学一年级至三年级家庭的教育支出压力呈现出直线上升的趋势，分别为一年级15.48%，二年级17.66%，三年级19.68%；四年级的教育支出压力与三年级相当，五年级的家庭教育支出压力最大为22.17%，到六年级时略微回落，为21.13%。

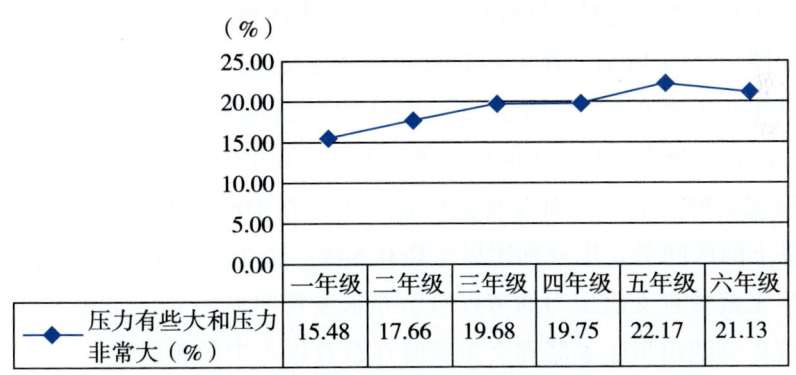

图2-2-4　不同年级小学生家庭教育支出的压力情况（%）

不同年级小学生家庭教育支出压力的差异，至少与三个方面的因素有关。

其一，以儿童学习心理学来解释，小学四、五年级学生获得的家庭学习支持较高。因为该阶段学习内容已经偏向概括化和抽象化，而此时儿童正处于具体形象思维向抽象逻辑思维的过渡时期，很容易产生学习上的困难，故家长会尽其所能地提供学习支持（包括让孩子参加辅导班、请家庭教师等）。而随着过渡阶段的结束，小学生学习压力减少，和六年级学生自我意识、叛逆心理的加强，均导致家庭对子女学业投入支出的减少。

其二，从教育教学规律来看，小学五年级是孩子升学考试的准备和冲刺阶段。以北京市为例，通过访谈了解到，从今年及以往的北京市政策来

看,北京市小学生五年级有一次重要的统考,据部分家长说,此次成绩会计入升学成绩,比小学毕业考试还重要。因此,学校和家长对五年级的统考都非常重视,其重视程度超过小学毕业考试,而家长一般在此阶段倾向于让孩子参加一些补习课程,为升学查缺补漏或者提高其学习能力。

其三,小学六年级进入小升初的过渡阶段,因学习效果有滞后性特点,因此家长在子女进入五年级时即加大对学习各方面的投入也是自然而然的。

4. 小学生家长对男女生的教育投入相当

当考查小学家庭对不同性别学生的教育支出情况时,并未发现显著差异,如图 2-2-5 所示,在家庭教育花费占家庭收入的 5% 以下的区间里,男生仅比女生多 0.63%;在花费 5%—10% 的区间里,男生也仅比女生多 1.42%;而在花费 10% 以上的区间里,家庭对女生的花费反而比男生略大,不仅呈现出男女平等,而且女生反超男生。在 10%—20%、20%—30%、30% 以上的区间里女生分别比男生高 0.54%、1.19% 和 0.5%;此外,对男女生家庭教育支出压力的考查所示亦未发现明显差异,如图 2-2-6 所示,这也反映出男生家庭和女生家庭在教育投入中的相似性。

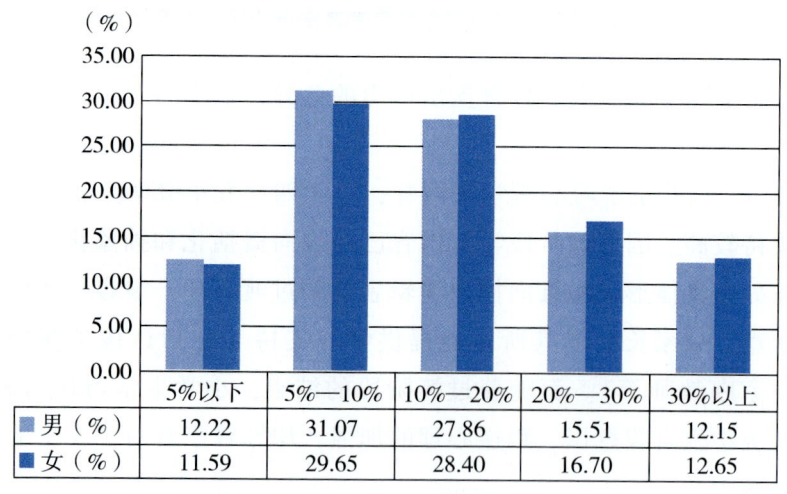

图 2-2-5 不同性别小学生的教育支出比例(%)

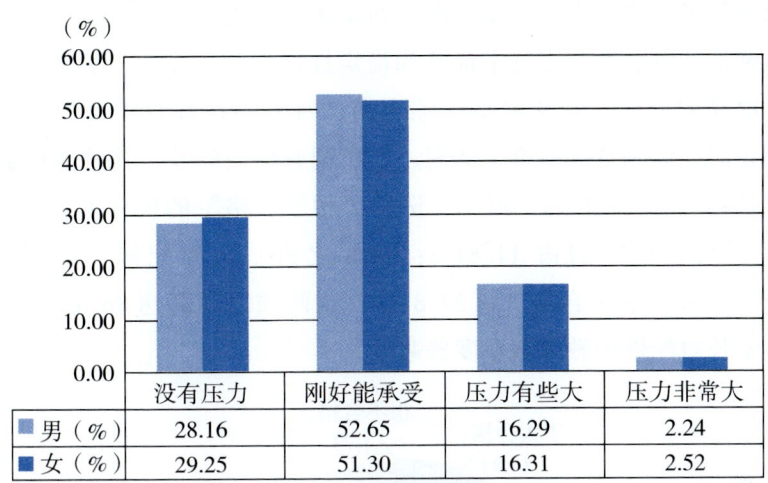

图 2-2-6　对不同性别小学生的教育支出压力对比情况（%）

上述结果表明，在小学阶段，学生性别对家庭教育支出水平的影响不大，家长对不同性别子女的教育支出是"一视同仁"的。

（二）家庭氛围

从广义上讲，家庭氛围是指家庭成员在日常生活的相互联系中所形成的稳定的心理和行为环境，它诉诸人的内在情绪和感受，对人起着潜移默化的感染作用。多项研究表明：家庭氛围会从不同角度直接影响儿童的心理健康水平与个性、人格的形成，且对子女的学业水平产生根本性影响。

本调查主要从对配偶的满意度、夫妻关系、家庭情绪互动三个方面考查小学生家庭氛围的现状。

1. 近九成家长对配偶的家庭教育满意度较高

影响家庭氛围的最重要因素就是夫妻关系。夫妻关系"不只是男女之间的两性关系，而且是共同向儿女负责的合作关系。"[1] 夫妻关系如何，对配偶的满意度高低，不仅关系到婚姻是否稳定，还关系到为孩子创造怎样

---

[1] 费孝通. 生育制度 [M]. 天津：天津人民出版社，1998：56.

一个家庭氛围，也在很大程度上影响到家庭教育方式及效果。

对配偶的满意度与家庭幸福感和稳定性有直接关系，一般来说，对配偶满意度高的家庭，其家庭幸福感也高。对配偶在教育子女方面的满意度，则是对配偶满意度的重要体现。本次调查中当问及"您认为配偶是合格的家长吗"，如图2-2-7所示，选择"很不合格"的仅有1.73%，对其评价"不太合格"的占11.81%；除此之外，认为配偶"比较合格"（58.65%）和"非常合格"（27.81%）这两项之和高达86.46%，可见，小学生家长对配偶的教育满意度普遍较高。

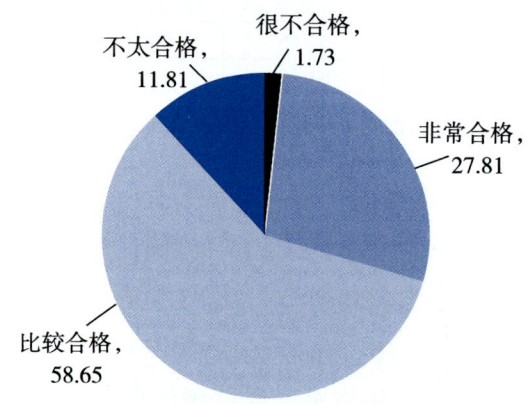

图2-2-7　家长对配偶的家庭教育满意度情况（%）

2. 六成以上家庭的夫妻关系都较为平等和谐

当问及"家里的重要事情通常是怎么决定的"，选择"只是夫妻双方协商"的比例达62.82%；夫妻关系中有一方绝对强势的，如"总是父亲说了算"或"总是母亲说了算"的比例均为3.40%，如图2-2-8所示。

除此之外，夫妻出现分歧与争吵时的解决办法，是进一步考查家庭氛围、夫妻关系与家庭教育氛围的重要方面。当问及"您与配偶教育子女的方法不一致时"，家长所采用的解决办法，如图2-2-9所示，有高达73.44%的家长选择了"私下再商量"这种比较温和、民主的方式，既懂得沟通中达成共识，又兼顾为子女塑造和谐的家庭氛围。

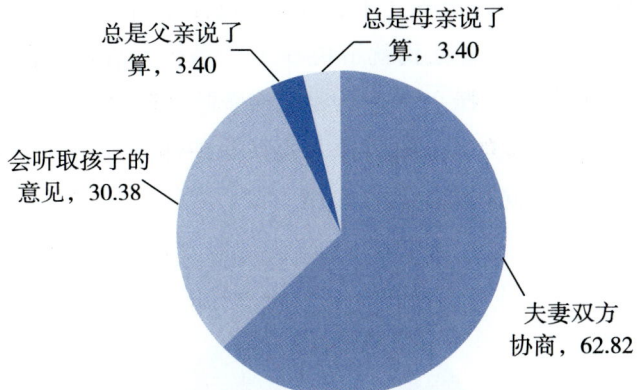

图 2-2-8　小学生家庭中如何决定重要事情的情况（%）

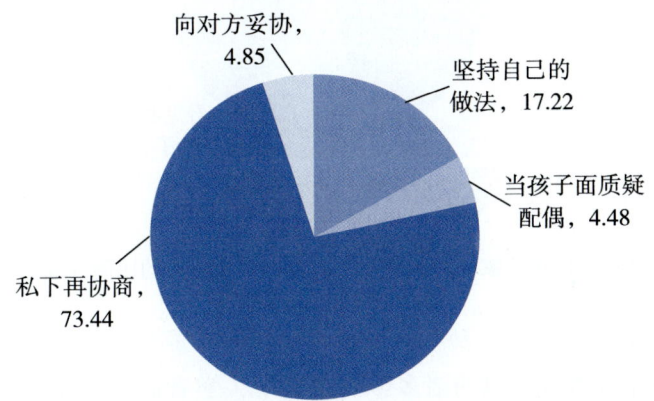

图 2-2-9　与配偶的教育方法不一致时的处理情况（%）

现实生活中，能完全做到不吵架的夫妻为数不多，而吵架对夫妻关系或者孩子的教育来说也并非都是消极作用，主要看家长的对待和处理方式。

在本次调查中，以"父母吵架时你正好在场，他们会怎么做"来考查小学生眼中父母吵架的处理情况时，如图 2-2-10 所示，小学生选择"很少见他们吵架"的占了几乎半数，为 46.03%；选择"看见我就不再吵了"的比例为 12.53%，看来此部分家长对自我有较高要求，懂得努力维护家庭良好氛围；选择"停止争吵，并向我解释原因"的占 12.13%，此部分家长能更加理性对待家庭矛盾，并不向子女遮掩矛盾。其中，"停止争吵，并向我解释原因"和"看见我就不再吵了"是较为理性、恰当的处理方式，共计24.66%。而选择"不理会我，接着吵"和"连我一起骂"的比例分别为22.80%和6.51%，此两种方式是非理性处理争吵的方式，对子女的成长可能起到不同程度的消极作用。

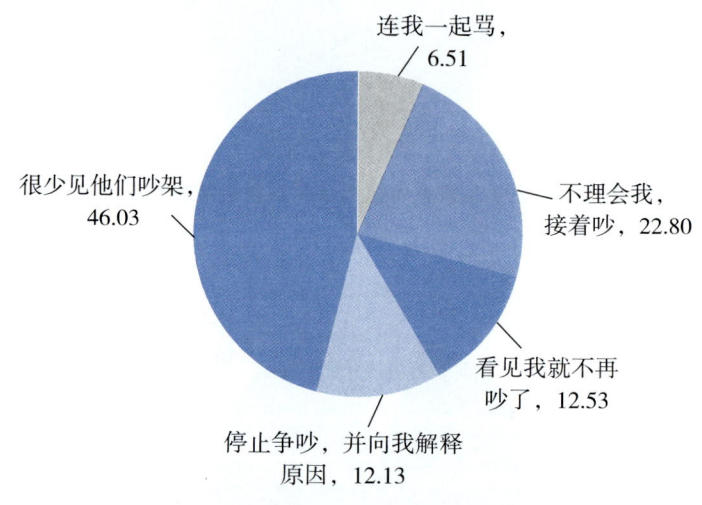

图2-2-10　家长对夫妻双方吵架的处理方法的比例（%）

3. 近七成家庭情绪互动良好，但亲子双方对家人关爱的感受力有差异

在考查家庭教育环境的诸多影响因素中，学者们多关注家长或者学生单方面的情绪反应，而对家庭中亲子双方的情绪互动情况调查得较少。本研究即通过家长和学生问卷中对应问题的考查，来呈现亲子情绪互动关系的情况。

当问及家长"心情不好时，您常常觉得如何"，如图2-2-11所示，回答"能感受到家人的支持和关心"的为68.36%；而家庭情绪互动较弱的三项，"家人不会注意到"占8.00%，"说了他们也不能理解"占7.65%，"说了更闹心，不如不说"占16.14%，此三项和为31.79%。

针对同一问题，在学生问卷中考查"你心情不好时，父母通常会察觉吗"，如图2-2-12所示，选择"偶尔"的占34.10%，选择"从不"的占8.38%。以上两项和为42.48%，如此大的比例，说明家长对子女

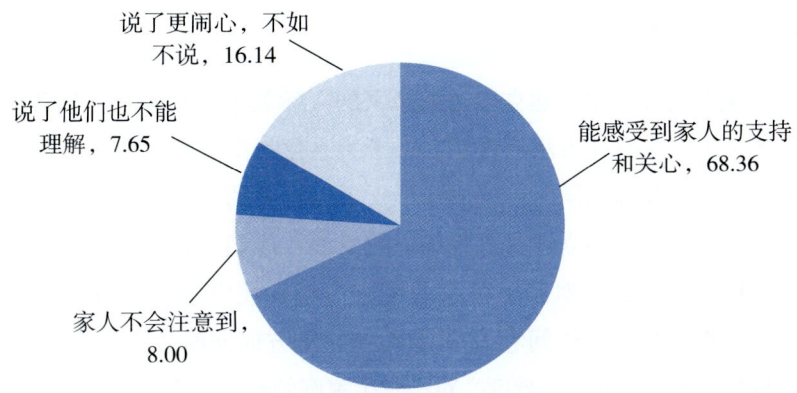

图 2-2-11　家长心情不好时，对来自家人关爱的感受（%）

的情绪变化的敏感度远远不够；而选择能"常常"关注到子女情绪变化的家长占 57.52%。由此看来，在感受家人关爱的体验上，学生不及家长。探其原因，这也许是因为年龄的缘故，小学生对社会情绪的认知能力不强，也许是因为家长所表达的关爱或情绪反馈的方式对子女的情绪理解还有一定的差距。因此，即使孩子已经进入小学，家长也仍然应该注意对子女表达关爱的有效性和直接性，以提升小学生对家庭的信心和安全感。

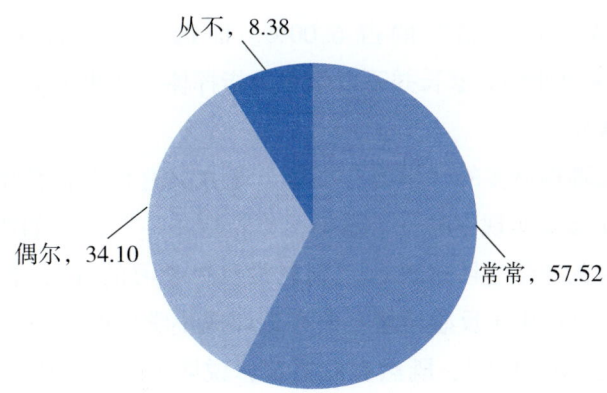

图 2-2-12　家长察觉小学生不良心情的情况（%）

（三）亲子关系

亲子关系是儿童最早建立也是最亲密的人际关系，它是家庭教育的中心问题，比任何一个具体方法都重要。亲子关系是一个互动过程，在父母行为影响未成年子女发展的同时，未成年子女也以自身的特点接受并影响着父母的行为。随着小学生独立性、自我意识的发展，他们在亲子关系中的主体作用也日渐增强。因此，对亲子关系的考查应特别注重亲子"双主体"的关系。本次调查就是以家长问卷及学生问卷两个方面同时入手，从亲子沟通、亲子了解和亲子依恋这三个维度，对小学生家庭的亲子关系现状进行考查的。

1. 半数家长仅以"学习"为亲子沟通的主要内容，缺乏有效的沟通技巧和方法

亲子沟通主要是指家长与子女的有关语言或非语言的交流过程与形式。从社会心理学的角度讲，包括两种途径：言语式的，包括口头语言、书面语言、电话交流等；非言语类的，包括手势、表情、体态、肢体接触等。在本次调查中，我们主要考查了第一层面言语沟通的方面。

当问及学生"关于你的话题，父母聊得最多的是什么"时，如图2-2-13所示，几乎半数的学生都选择是"我的学习"，看来此部分家长的确把学习作为家庭教育的"第一要务"。其次，选择"学校的事"占9.24%，选择"很少聊我的事情"的占6.00%。而选择"什么都聊"的仅占35.27%，反映出此部分家长并不以学习为指挥棒，而更为关注孩子的综合发展和综合素质。

对于家长聊得最多的"学习"话题，子女又有什么感受呢？当问到小学生"假如父母要实现你的一个愿望，你希望……"时，如图2-2-14所示，有6.35%的小学生明确表示"别老跟我提学习的事"，看来此部分小学生对此话题已产生了反感情绪；还有近四成小学生的愿望是"爸爸妈妈抽时间听我说说心里话"，既然有此愿望，说明家长在倾听孩子方面做得还很不够。调查中发现，生活中亲子沟通的话题半数都为"（我的）学习"。两组数据对比显示，小学生亲子沟通中双方关注点和兴趣点并不一致，这显然会导致沟通中的低效和阻抗。

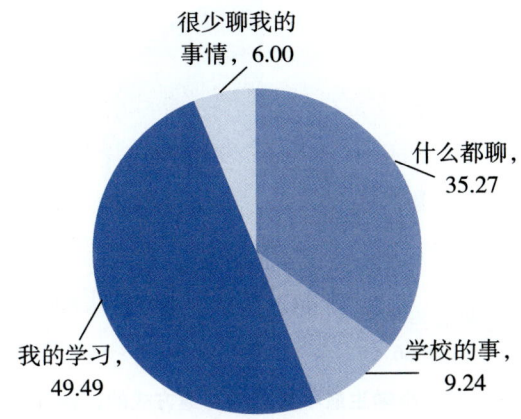

图 2-2-13　亲子间聊得最多的话题比例（%）

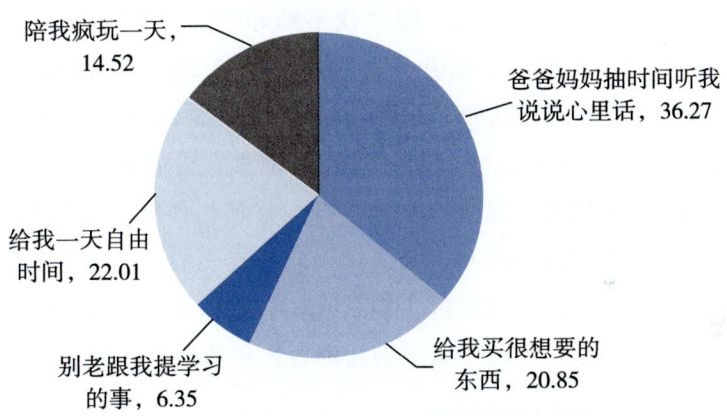

图 2-2-14　小学生最想让家长帮忙实现的一个愿望（%）

当问及小学生"你最不喜欢的沟通方式"时，如图 2-2-15 所示，从高到低的排序分别为："总把大人的想法强加给我"（28.43%），"不认真听我说话"与之相差无几（28.22%），"总随意打断我"（24.69%），最后为"总把我当小孩"（18.66%）。如此看来，自尊心与自我意识正快速增长的小学生，最为在乎沟通中平等地位的感受，对于他们来说，获得家长的尊重是他们沟通中最重要的。但现实生活中，亲子间沟通存在的以上问题，显然会造成一定程度上的沟通障碍。

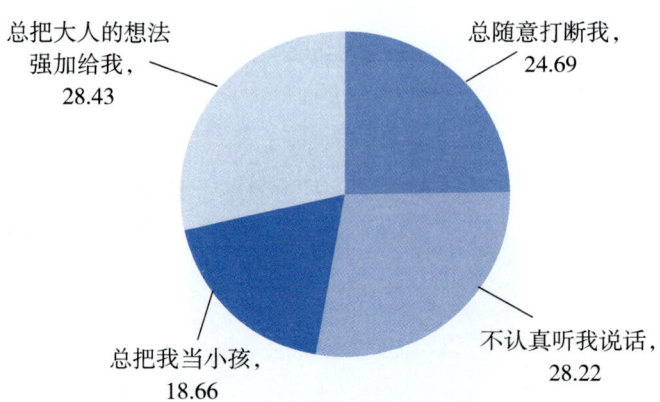

图 2-2-15 小学生最不喜欢的沟通方式的比例（%）

本次调查发现，有近六成家庭存在亲子沟通困难。如图 2-2-16 所示，其中缺乏亲子沟通方法技巧的，即"找不到好的沟通方法"的比例最大，为 28.51%，"孩子不愿对父母说心里话"的占 12.25%，"没有时间沟通"的占 8.78%，"找不到共同的兴趣话题"的占 5.75%。但让人感到较为欣慰的是有 44.71% 的家长反映无亲子沟通的困难。造成亲子沟通困难的以上原因，均是可以通过家庭教育指导进行调整和改善的。在此方面，美国心理学家用了三年时间对两万名未成年人的调查表明，能常将日常生活中的事向父母倾诉的人，出现吸毒、酗酒或学业成绩欠佳等现象的可能性较小。由此说明，小学生家庭中亲子沟通的方式和效果十分重要。

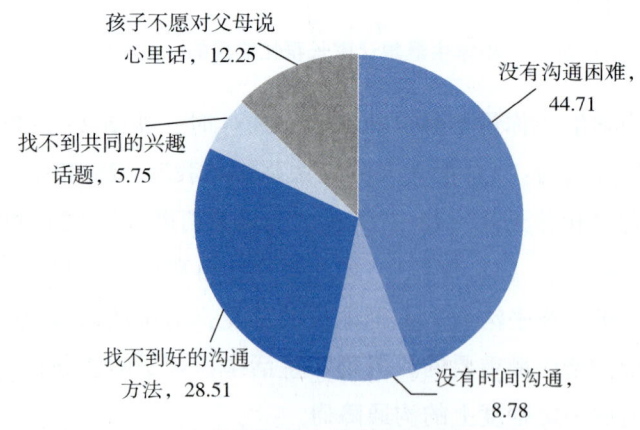

图 2-2-16 亲子间最大的沟通困难的比例（%）

当考查小学生如何通过亲子沟通缓解生活、学习中来自家长和家庭内部的压力时，如图 2-2-17 所示，采用"和父母沟通，寻求理解"的小学生占 41.79%，能"向同学倾诉"或"求助老师或其他长辈"的分别仅占 5.78% 和 3.00%；相反，采用"忍耐"这种暗自蓄积不满方式的高达 43.61%；而更有 5.82% 的小学生采用"向父母反抗"的方式发泄不满情绪。而忍耐和反抗并非是积极顺利地化解亲子间问题的有效方法，反而容易造成更大的亲子冲突与误会。

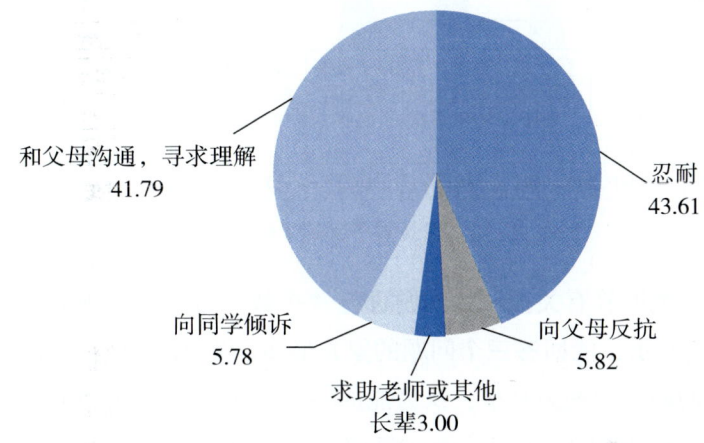

图 2-2-17　小学生应对"家长要求过高"而带来的压力的方式（%）

2. 家长对子女的了解不够深入，子女对母亲的了解更多

对亲子了解程度的考查，我们设置了外显和内隐两部分问题，测查学生与家长间相互了解的情况。当问及家长对子女的了解程度时，请家长回答七个有关子女的问题，如图 2-2-18 所示，绝大多数家长对子女容易表露和外显的喜好比较了解，如有 76.91% 的家长都知道三个以上子女好朋友的名字，62.60% 的家长知道子女最喜欢的老师，48.76% 的家长知道子女最喜欢和最不喜欢的课。而家长对需要进一步仔细观察才能发现的内容、需要和子女进一步沟通交流的话题及子女心灵深处的一些想法等，如"近期最大的愿望"（44.23%）、"孩子近期着迷的书"（44.08%）、"孩子最不愿提的缺点和糗事"（40.98%）、"孩子最喜欢父母为他做的事"（39.53%）等的选择比例都是逐渐降低的，尤其对于小学生内心深处或精

神追求层面的内容关注得更少,如"孩子最崇拜的人"在八个选项中选择比例最少,仅为24.21%。

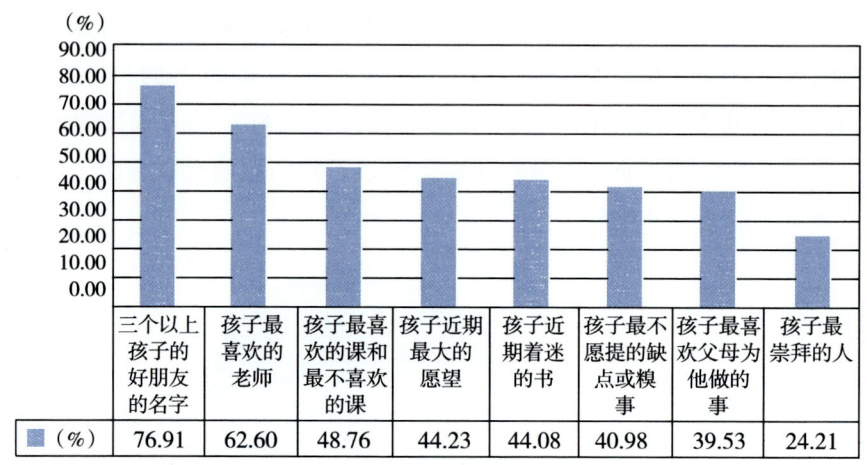

图2-2-18 家长对子女的了解情况(%)

将家长能回答有关孩子的问题进行"个数"统计,发现如下趋势,如图2-2-19所示,能回答三个问题的家长最多,为21.87%;我们以能回答有关孩子的四个问题为基准,认为能回答四个及以上问题的家长对孩子的了解更多,有49.14%的家长能回答四个到八个提问;能回答四个以下提问的家长高达50.86%,其中一道问题都无法回答的家长占2.81%。可见,逾半数家长对孩子的了解不够深入,会在一定程度上限制亲子间亲密关系的形成。

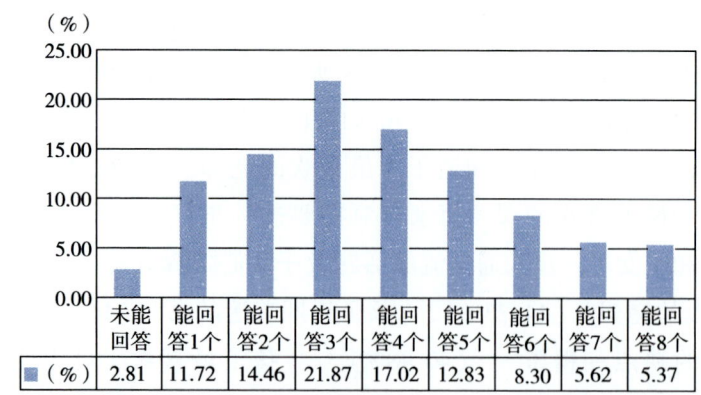

图2-2-19 家长对子女喜好的了解情况——家长能回答题目的个数(%)

第二章 小学生家庭教育现状

调查了家长对小学生的了解情况，那么小学生对家长的了解程度又如何呢？当问及关于你爸爸和妈妈的问题，你能回答哪些时，如图2-2-20所示，小学生除了对（爸爸）"最好的朋友"知道得最少（51.59%）外，其他六项了解程度均达到60%以上。对照来看，小学生对父亲的了解，比父亲对小学生的了解更多。

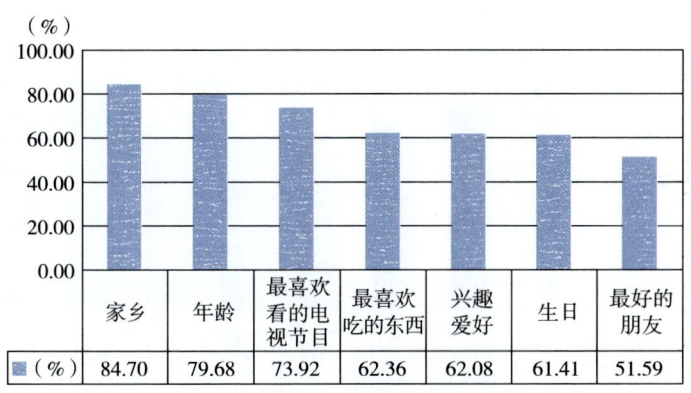

图2-2-20 小学生对家长的了解情况（父亲）（%）

同样，在统计小学生对爸爸的了解项目的个数上，我们认为能4项以上的孩子，对爸爸的了解相对较多。如图2-2-21所示，选4项的小学生比例为15.32%，选5项的为17.49%，选6项的为16.11%，选7项的为17.78%，此四项之和高达66.70%；而选3项及以下的情况为：选择3项的为10.94%，选2项的为5.92%，选1项的为4.52%，一项都没选的为11.91%，此四项总和为33.29%，相比家长对孩子的了解情况，相差17.57%。再次证明小学生对家长的了解更多。

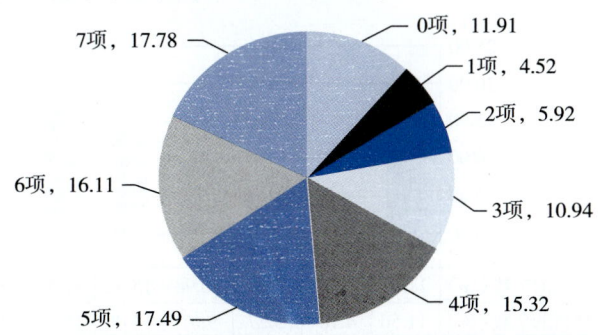

图2-2-21 小学生对家长情况的了解程度（父亲）

小学生对母亲的了解是否比对父亲更多呢？能回答四个及以上有关妈妈的问题的比例是否更大？如图2-2-22所示，在最喜欢吃的东西、最好的朋友、（爸爸或者妈妈的）生日、年龄上，小学生对母亲的了解更多些。尤其在"（爸爸或者妈妈）最好的朋友"选项上，小学生对母亲好朋友的知晓程度比对父亲的高近一成。

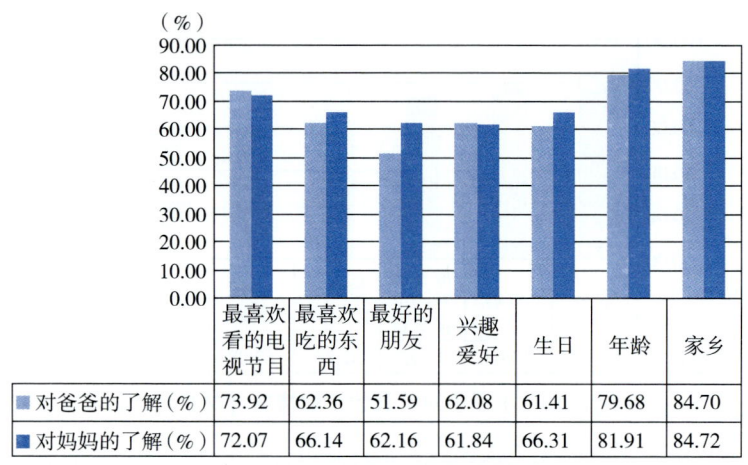

图 2-2-22　小学生对不同性别家长的了解情况的比较（%）

在关于小学生对父母了解情况的考查上，如图2-2-23所示，有一点需要注意，在未回答项目一直到能回答五项的这个区间里，都是对爸爸的数值稍微高些，从能回答六项有关家长的项目开始，对妈妈的了解项目的个数开始高于对爸爸的了解，尤其是能回答有关妈妈的全部7个的项目的比例比爸爸的高4.54%。

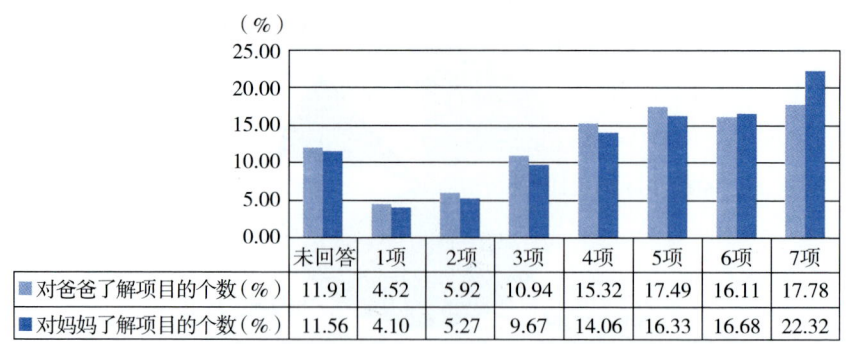

图 2-2-23　小学生对不同性别家长的了解情况，其项目统计个数的比较（%）

综上所述，如图 2-2-24 所示，小学生对家长的了解相对更多也更深入些，且小学生对母亲的了解比对父亲的了解又更多。探其原因，考虑调查中的其他数据，可能是因为家长更多的关注点都放在子女的学习上，对子女心灵深处的更多需求关注不到；而小学生们却以他们细腻的观察与感受时刻发现着爸爸和妈妈。除此，母亲照管子女的时间和内容都多于父亲，即母子间相处时间多于父子，故子女对母亲的了解也自然会多些。

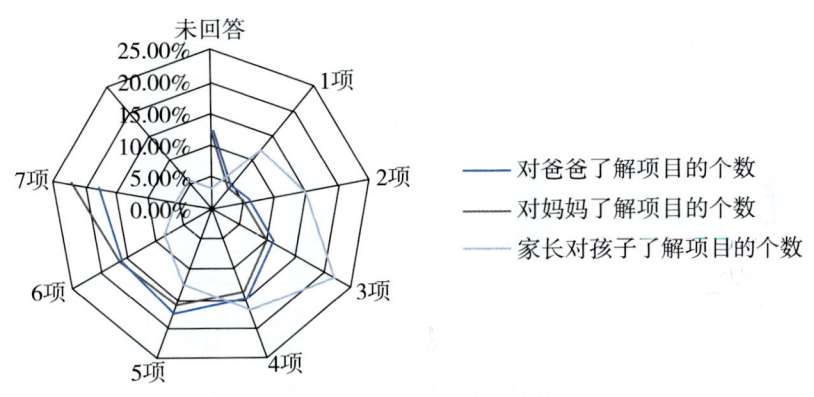

图 2-2-24　亲子间相互了解的情况（%）

3. 小学生亲子依恋的主体仍是母亲，且最渴望得到家长的鼓励与支持

亲子依恋一词多见于婴幼儿心理学内容中，常常指孩子在婴幼儿时期与母亲或者主要抚养人之间建立的一种特殊的情感联结纽带。但是，Bowlby 把亲子依恋解释为一个终生建构的过程，也就是说儿童会在整个童年期继续维持依恋联结，直至成人期发展起其他依恋关系（如配偶、恋人之间、朋友之间的依恋）。[①] 故在本次调查中，我们主要考查小学生对家长的依恋情况。

当问及小学生"你通常从哪些方面感受父母的爱"时发现，如图 2-2-25 所示，小学生并非以家长外显的动作、表情或者语言的传递来感受父母的爱，因为选择"与我拥抱、亲吻、击掌等"的为 38.59%，选择"给我买喜欢的东西"为 35.58%、选择"直接告诉我"的为 28.40%；而对于

[①] 于海琴，周宗奎. 小学高年级儿童亲子依恋的发展及其与同伴交往的关系 [J]. 心理发展与教育，2001（4）.

更多心理层面的需求，如"给我鼓励和支持"与"给我细心的照顾"反而高达 74.74% 和 66.33%。而调查中觉得父母不够爱我的仅占 3.18%。可见，小学生虽然仍处在儿童期，但是在现今物质极大丰富的年代，他们已经将相对表层的物质需求提升到了更高层次的精神需求，这跟家长对自己童年的记忆和对孩子需求的普遍认知产生了明显的矛盾。

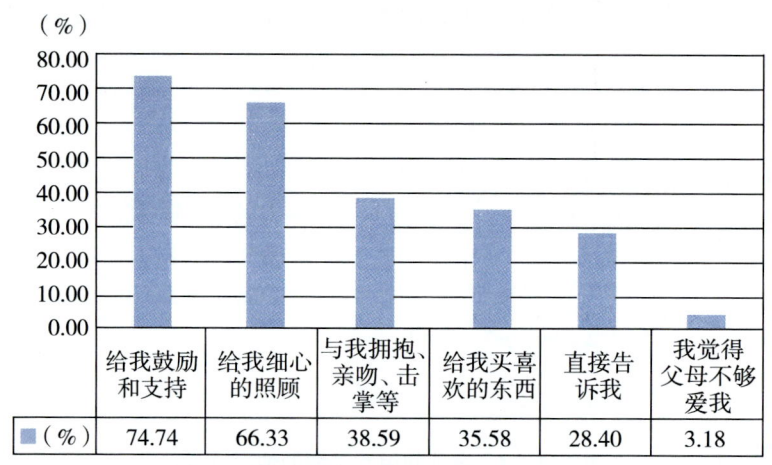

图 2-2-25 小学生通常从哪些方面感受家长的爱（%）

学生对于不同性别家长的情感依恋是不同的。当调查遇到一些特殊情况，小学生是找爸爸还是找妈妈的问题时，如图 2-2-26 所示，除了"尝试新鲜事物时"、"在学校被欺负时"找爸爸的比例分别比找妈妈的比例高出 5.39% 和 4.51%；此外，其他八项找妈妈的比例均高于爸爸。尤其在"被老师请家长时"、"分享秘密时"和"受委屈时"三项，比例相差较大，分别差 36.91%、40.83% 和 37.50%。数据表明，小学生在力量型和冒险性方面的活动对父亲的依恋稍显偏多；而对母亲的依恋是在生活学习的各个方面，尤其在心理和精神层面更加需要母亲的理解、支持和包容。这较为符合家庭性别分工而带来的家庭教养方式的差异，也再次证明，家庭教育中父亲或母亲角色不能替代，不可缺位。

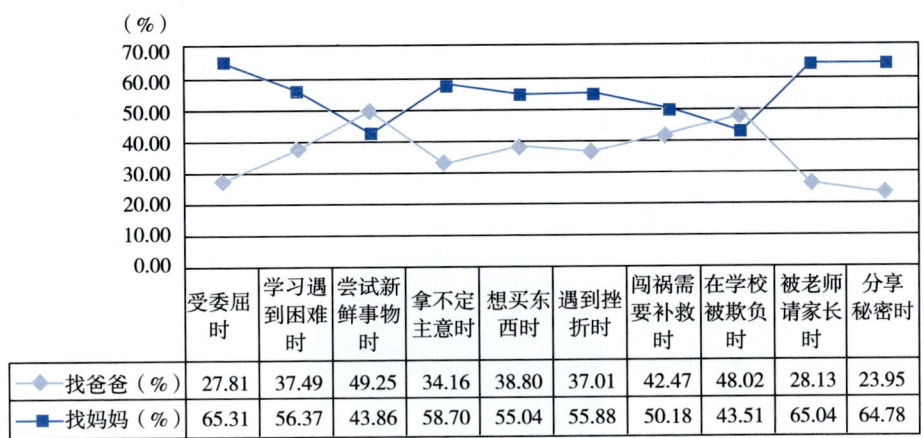

图 2-2-26 遇到不同情况时，小学生对父亲或母亲的依恋情况（%）

（四）文化娱乐活动

家庭文化是所有家庭成员在一起生活学习、娱乐以及家人交往中共同建立和创造的精神财富和物质财富的总和，它是家庭环境中隐性的教育资源，对小学生的身心发展起着潜移默化的作用。本次调查从家庭文化氛围和家庭娱乐活动两个维度进行。

1. 近五成家长的闲暇时光为"人机时间"，家庭文化氛围不足

家长平时的休闲文化活动是家庭文化环境创设的重要方面。那么，家长在休闲时间都做些什么呢？如图 2-2-27 所示，"看电视、玩电脑或手机"的几乎占了半数，高达 45.63%；平时能经常读书看报的家长占 26.84%；其他休息睡觉、健身或美容、朋友聚会、打牌娱乐和锻炼的分别占 17.17%、7.10% 和 3.26%。近年来，大众媒体和教育界频频发出"智能手机抢占亲子时间"、"'人际关系'变'人机关系'"的警告。在此次调查中，此现象较为突出，值得我们关注。

在家庭阅读氛围方面，家长读书看报的"榜样"不到三成，小学生课外阅读的时间也并不充足。如图 2-2-28 所示，"几乎没有（阅读时间）"的小学生占 17.81%，仅"半小时以内"的占 40.43%，两者之和占了被调查人数的近六成。而教育部颁发的《全日制义务教育语文课程标准》（以

下简称新《语文课程标准》),对课外阅读总量提出了明确的规定:小学阶段课外阅读总量应在145万字以上。有学者计算过,根据小学生平均阅读速度计算,完成阅读量,大约每天阅读时间应该在一小时左右。如此看来,只有不到四成小学生的课外阅读时间勉强合格。

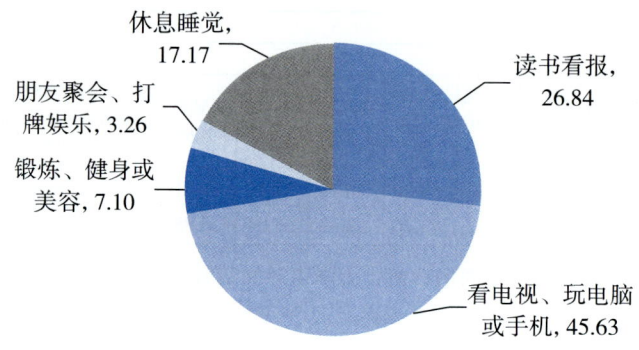

图 2-2-27 休息时,家长最爱做的事(%)

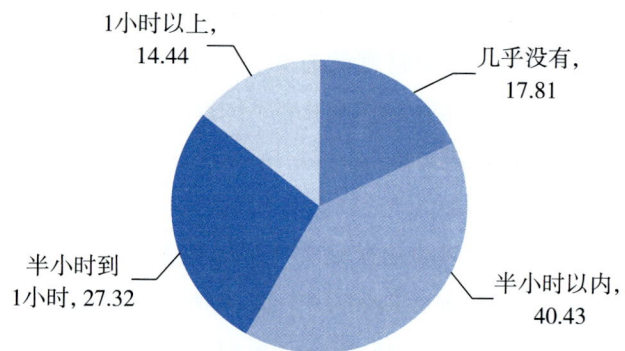

图 2-2-28 小学生课外阅读时间的比例(%)

除了关注家长和小学生的阅读情况和时间外,我们还调查了家庭图书的购买情况,如图2-2-29所示,在小学生家庭里,家长普遍重视给孩子塑造一个良好的读书氛围,创造丰富的阅读条件,购买儿童类读物的家庭所占比例最大,为30.34%;家长也注重购买教育类书籍提高自己的家庭教育素养,其比例为18.55%。需要指出的是,家长除了购买上面两类图书外,购买其他类书籍,如生活类、文学艺术类、经管励志类、人文社科类和科学技术类书籍的都比较少,均不到10%。而"几乎不买书"的比例还在此类之上，达到了 12.55%。

其实，在对家长的访谈中我们发现，对于家庭的阅读情况一直存在两个问题：第一，有书不见得就读书；第二，读了书，不见得就读了适合的书。所以从整体上看，家长和孩子的阅读情况都令人担忧，家庭阅读氛围还需进一步提升。

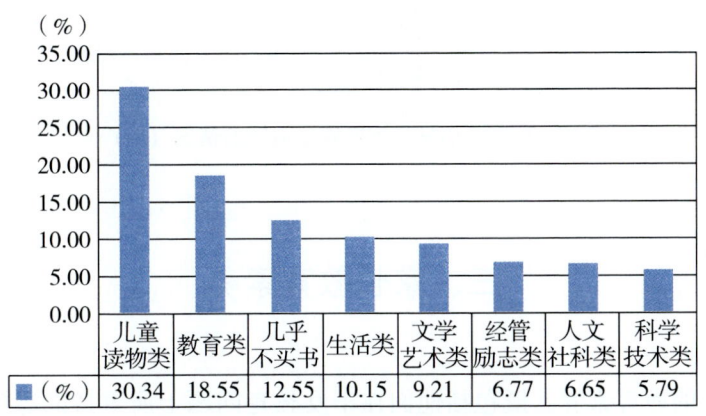

图 2-2-29　家长最爱购买的图书种类

2. 逾七成小学生家庭仅"偶尔"组织家庭活动

有调查显示，家庭娱乐活动不仅能拓展我们的业余生活，根据调查，娱乐活动还兼具缓解学习、工作压力，修复受挫感情，健全身心等作用，它构筑了家庭教育环境的大部分。

此次调查中，如图 2-2-30 所示，经常组织家庭娱乐活动的家庭占 17.91%，从来不组织的占 8.52%，偶尔组织的高达 73.57%。那么，家庭娱乐活动时间都去哪儿了？此次调查发现，只有 13.63% 的小学生"还没上"任何兴趣班，那么说明有高达 86.37% 的小学生正在或多或少地参加各种不同类型的兴趣班。可以推测，在课外闲暇时间里（周末及假期），小学生参与兴趣班从一定程度上挤占了他们参与娱乐活动的时间和机会，导致家庭只能"偶尔"组织家庭娱乐活动。经过家长访谈印证了以上推断，家长认为小学生所上的兴趣班和补习班占用了较大部分的课外时间，是影响其开展家庭亲子娱乐活动的重要原因之一。除此，家长工作太忙、太累和经济压力等都是影响家庭开展娱乐活动的主观原因。

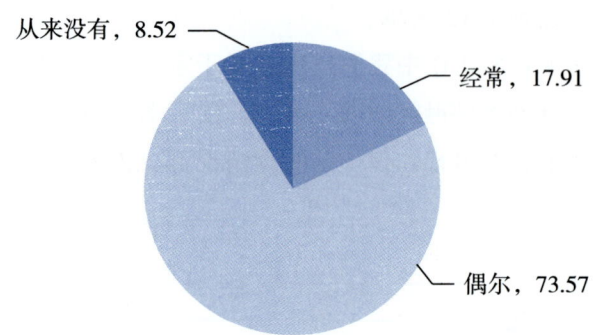

图 2-2-30　小学生家庭娱乐活动的情况（%）

三、家长教育素养

家长的教育素养，既包括他们在子女教育问题上所秉持的态度、遵从的理念、抱有的期望，也包括他们在对子女施加教育性影响中，所具有的知识、方法和技巧。它综合地反映着家长"教育"子女的能力和价值取向，并直接表现在他们的日常教育行为之中。家长教育素养是影响家庭教育成效、水准的至关重要的因素。

考查分析家长教育素养的现状，可以使我们较为全面地把握我国家长教育素养的总体水平，有助于我们发现其间的各种差异，并分析形成这种差异的成因，帮助我们深入了解家长教育素养与家庭教育成效之间的关系，进而提出有针对性的家庭教育指导。本调查着重从家长的教育态度和教育方式两方面对家长的教育素养加以分析。

（一）教育态度

教育态度一般指家长在教育过程中对儿童的发展、教育方式和途径以及儿童可塑性等问题所持有的态度或看法，也是家长教育观念和情感的反映。

本调查主要通过对小学生家庭教育中一些常见议题和典型情境来把握

家长的教育态度现状,主要包括做家务、性教育、惩罚方式、家长对一些热点问题的看法及教育关注点等。

1. 逾八成家长注重通过家务劳动培养子女的家庭责任感和义务感

对小学生而言,参与家务劳动不仅是满足家庭需要、参与家庭生活的形式,也是形成"公共责任"的典型实践,对他们的个性发展意义重大。有研究表明:爱干家务的孩子和不爱干家务的孩子,成年之后的就业率为15∶1,犯罪率是1∶10。还有专家指出,在孩子的成长过程中,家务劳动与孩子的动作技能、认知能力的发展以及责任感的培养有着密不可分的关系。因而,"做家务"被视为家庭教育的重要议题。家长对这一问题的关注及态度,往往折射着其教育素养的重要侧面和价值取向。

在本调查中,问及家长对子女做家务的态度,如图2-3-1所示,83.40%的家长选择"孩子应该做些家务"外,有8.12%的家长认为子女"年龄太小,不用做家务";选择"只要学习好,做不做都行"的仅占6.00%;认为"学习忙,做家务浪费时间"和"做家务是女孩的事"的家长分别为2.09%和0.39%。可见,大多数家长都有通过家务劳动培养子女责任感和义务感的意识,并且在观念上也不再认同做家务只是女孩的事儿,这也反映出家长在教育观念上的一种进步。

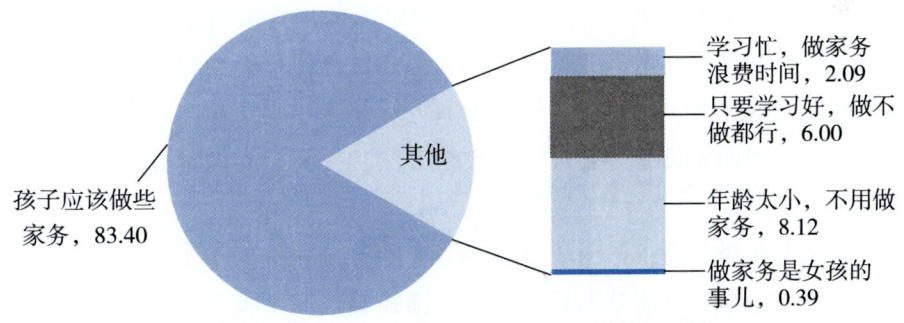

图2-3-1 家长对子女做家务的态度(%)

与此同时,如图2-3-2所示,不同年级家长对于子女做家务的态度具有较高的一致性,即不论年级高低,均有八成左右家长选择"孩子应该做些家务",低年级家长由于考虑到孩子年龄较小,认为不用做家务的比例略高，而高年级家长选择"只要学习好，做不做都行"的比例略高于低年级家长。

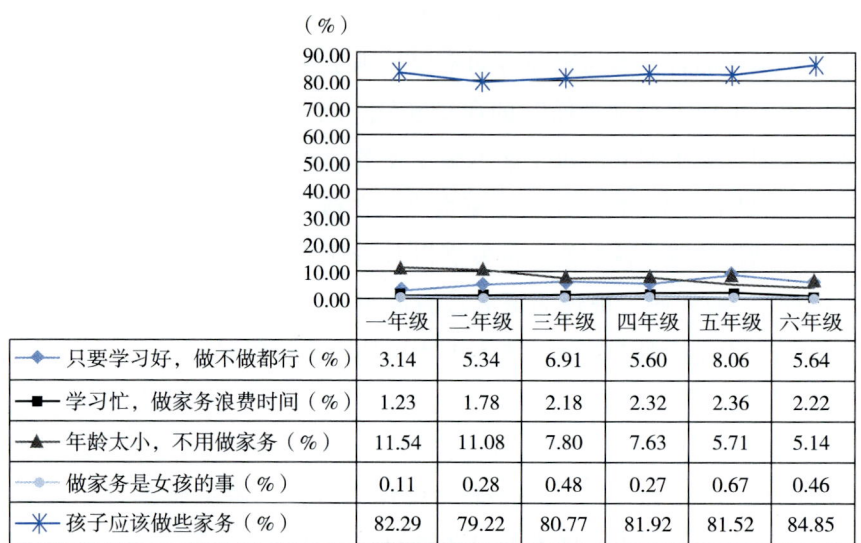

图 2-3-2　不同年级家长对子女做家务的态度

为考查家长对于做家务的教育意图是否自觉，需先了解他们安排子女做家务的稳定性与规则化程度。数据显示，仅33.73%的学生有固定的一两项家务，其余66.27%的学生都没有固定家务，这说明多数家长在日常生活中对于安排子女做家务具有较大的随意性，即可能会根据需要随机给学生分派一些家务，这使得学生在做家务时缺乏主动意识，不利于其责任感的培养。因而家长有必要进一步改善方法，提高子女做家务的积极性和主动性。

但随着年级升高，如图2-3-3所示，有固定家务的学生比例还是呈现上升趋势，一方面可能是家长因其能力增强对较高年级学生做家务有更高的要求，另一方面可能是较高年级学生对于做家务的自觉意识更高。

学生参与家务劳动的类型也从一定程度上反映出家长的教育意识。具体来看学生经常做哪些家务活（如图2-3-4所示），按照选择比例从高到低依次为扫地、擦桌子（53.26%），整理书桌或书柜（52.60%），倒垃圾（45.78%），收拾、准备餐具（42.92%），铺床、叠被子（40.83%），洗碗（35.29%），洗简单衣物（28.26%），修理简单的东西（24.06%），做简单的饭菜（18.18%），而几乎不做家务的仅占 7.10%。可见超过九成的小学生都不同程度地参与了家务劳动。

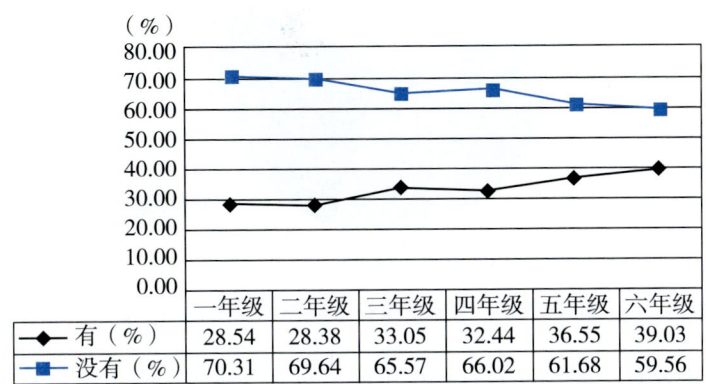

图 2-3-3　不同年级学生是否有固定家务

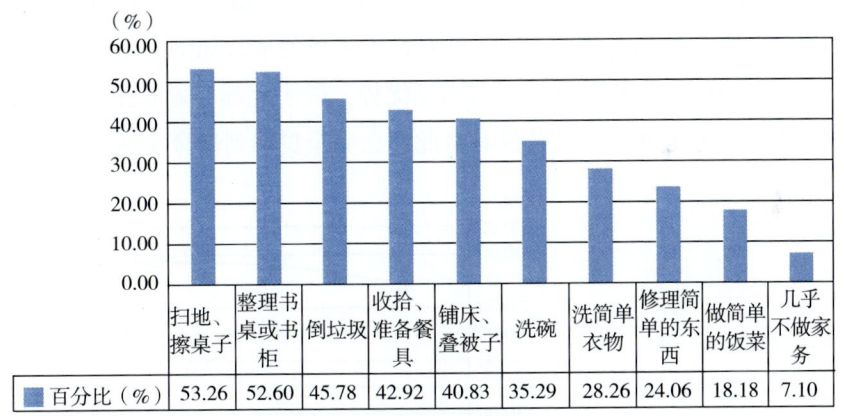

图 2-3-4　学生做家务活的情况

从参与家务劳动的项数上来看，如图 2-3-5 所示，学生经常做家务活达到 5 项的占 18.45%，达到 6 项的占 17.29%，达到 7 项的为 18.91%，即学生经常做 5 项及以上家务活的比例总计为 54.65%，可见学生做家务的状况并非如以往部分媒体所报道的那样令人担忧，这或许与小学生家长教育观念的转变有关。

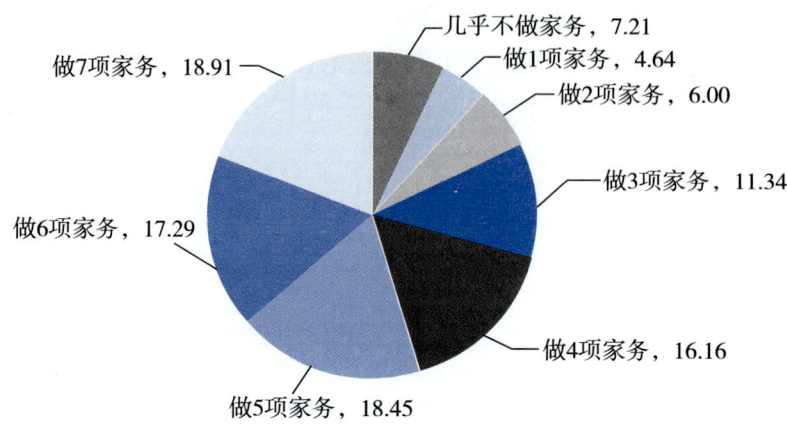

图 2-3-5　学生经常参与家务活的项数（%）

调查中发现，家长受教育程度不同，对于学生做家务的态度存在较大差异，如图 2-3-6 所示，随着家长受教育程度提高，认为"孩子应该做些家务"的比例随之上升，而认为"只要学习好，做不做都行"的比例随之下降。但是考查学生是否有固定家务及经常做家务的项数如图 2-3-7 所示，受教育程度较高的家长并没有呈现出明显优势，说明此部分家长虽然在教育意识上更重视家务劳动，但是并没有将此理念完全贯彻到教育实践中。

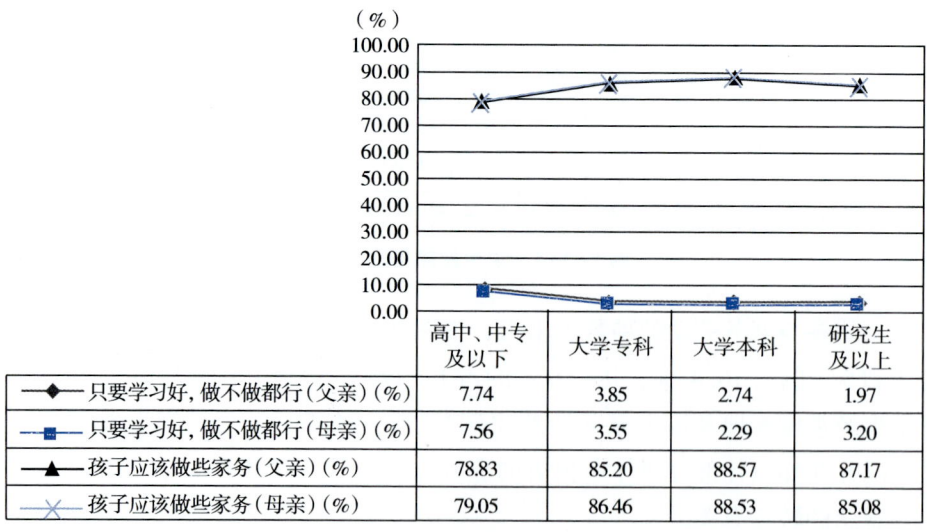

图 2-3-6　不同受教育程度家长对子女做家务的态度

第二章 小学生家庭教育现状

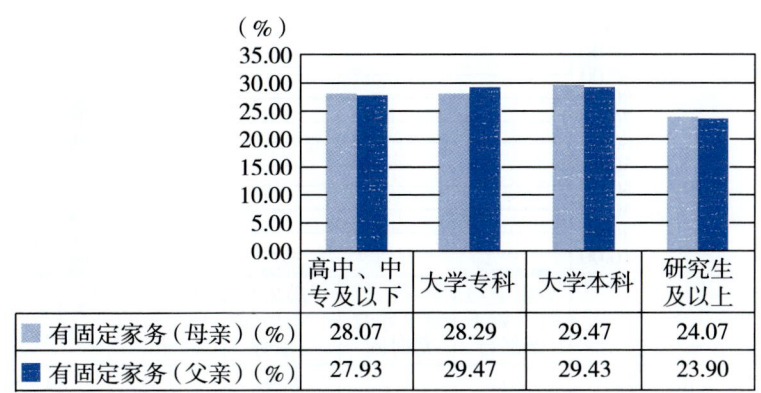

图 2-3-7 不同受教育程度家长的子女有固定家务的情况

从取样的四省市来看，北京市和山东省学生有固定负责的一两项家务活情况，如图 2-3-8 所示，好于黑龙江省和江西省，其中北京市比例最高，为 38.76%，江西省比例最低，为 27.13%。在对待子女做家务的态度上，如图 2-3-9 所示，选择"孩子应该做些家务"一项比例较高的仍是北京市和山东省，在对做家务持消极态度的两个选项（"只要学习好，做不做都行"和"年龄太小，不用做家务"）上，北京市和山东省选择该两项的比例又分别低于另外两省。综合来看，北京市和山东省两地的家长对于孩子做家务持更积极的态度。

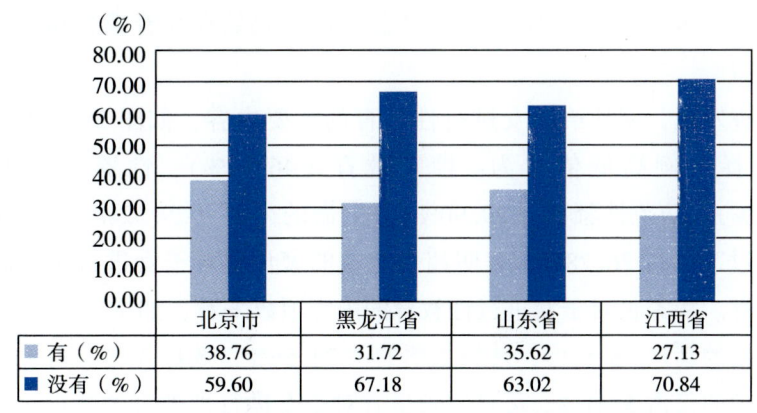

图 2-3-8 四省市学生是否有固定一两项家务的情况

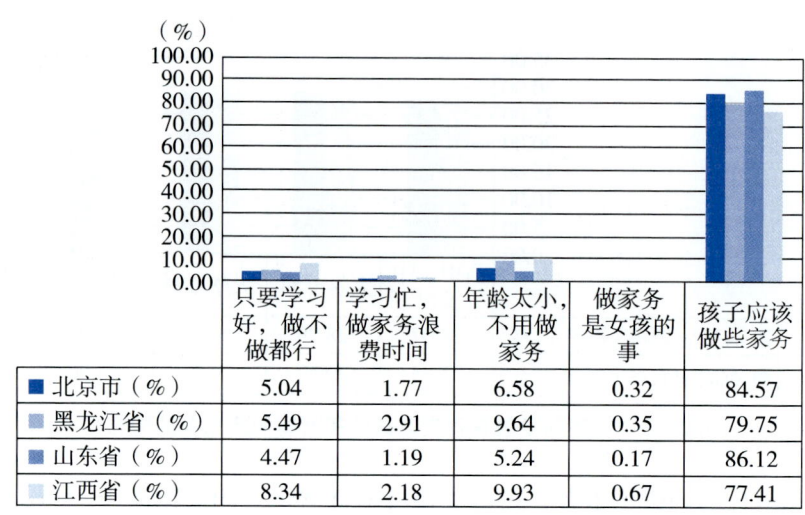

图 2-3-9 四省市家长对子女做家务的态度

2. 超七成家长对子女进行过不同程度的性教育，但在教育观念和能力上仍存阻碍

性教育是青少年早期生理和心理发展到一定年龄的需要，适时、适度的性教育对其身心发展有着非常重要的意义。但在中国的文化语境中，有关"性"的讨论历来是一个令人尴尬的话题，尤其在亲子之间，更存在一定的沟通障碍。当下尽管涉"性"话题有所"开放"，但家长对子女进行性教育时"说什么"、"如何说"、"怎么说"仍然存在着观念和能力上的多重阻碍。

调查发现，家长给子女进行性教育的主要内容，如图 2-3-10 所示，按照选择比例高低依次为：性别教育（46.79%）、性器官卫生保健（31.02%）、防范性骚扰（29.90%）、生命的来源（29.52%），选择"几乎没教过"的占 26.78%，表明超过七成的家长曾对子女进行过不同内容的性教育。从家长对子女进行性教育的内容项数来看，如图 2-3-11 所示，选择 1 项的高达 58.51%，选择 2 项的占 24.56%，选择 3 项的占 11.52%，选择 4 项的仅占 5.41%。可见家长虽有对子女进行性教育的意识，但性教育的内容并不全面，说明其对儿童性教育的内涵了解还不深入，这也直接暴露出家长性教育能力的欠缺。

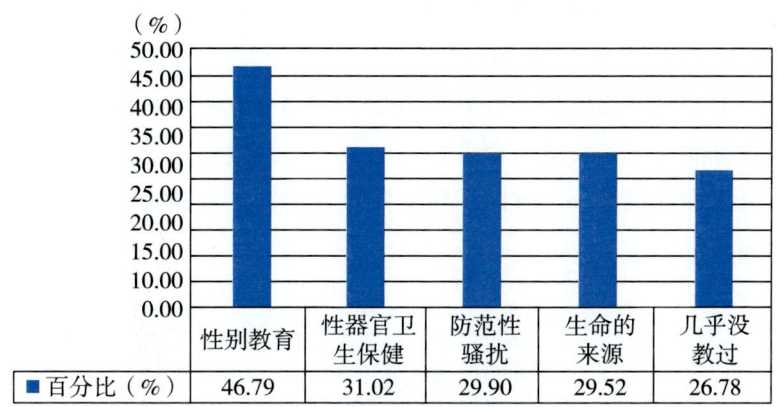

图 2-3-10　家长对子女进行性教育的主要内容

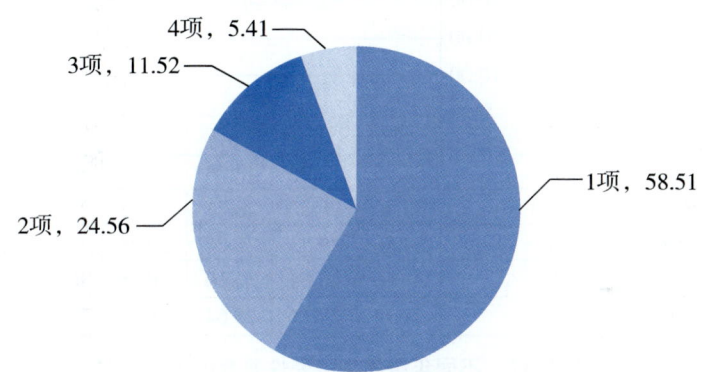

图 2-3-11　家长对子女进行性教育的内容项数（%）

从不同年级小学生的家庭性教育的情况来看，如图 2-3-12 所示，除一年级之外，其余五个年级学生未接受过性教育的比例基本相当，均接近三成。其中，低年级（包括一、二年级）学生家长更重视性别教育和生命来源教育，六年级家长相对更重视性器官卫生保健教育。

当问及家长"阻碍您进行性教育的主要原因"时，如图 2-3-13 所示，仅有 23.04% 的家长认为没什么阻碍，本调查以"不知道怎么教"和"不知道教什么"这两项来考查家长的性教育能力，选择比例分别为 39.32% 和 11.28%，合计为 50.60%；我们以"孩子还小，没必要教"和"不好意思说"这两项来考查家长的性教育态度，选择比例分别为 22.21% 和

4.15%,合计为 26.36%。可见,阻碍家庭性教育的主要原因一方面是家长的性教育能力不足(占 50.60%),对性教育的教授内容和方法均缺乏认知;另一方面则与态度保守有关(占 26.36%)。这从侧面反映出家长对子女的性教育能力与子女受教育需要不完全符合,进而也为提升小学生家长的性教育素养提供了一个方向,即从性教育内容、性教育方法和性教育观念三方面入手。

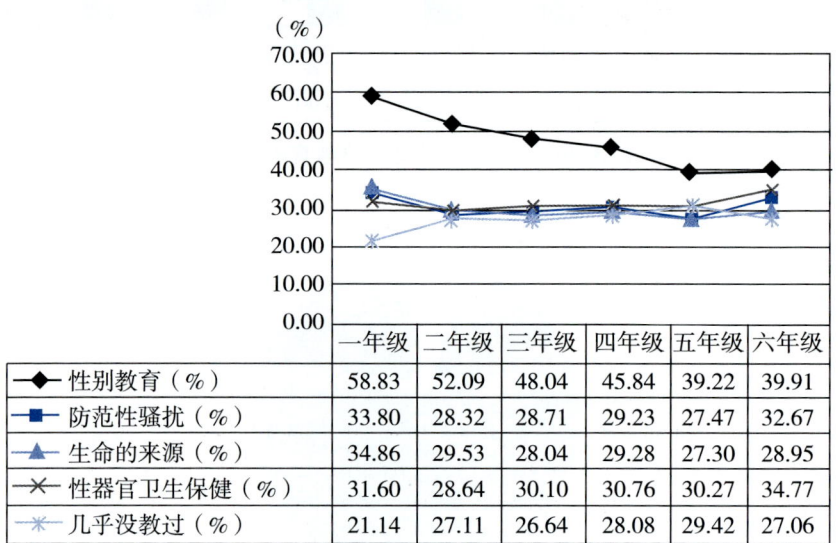

图 2-3-12　不同年级学生接受性教育的主要内容

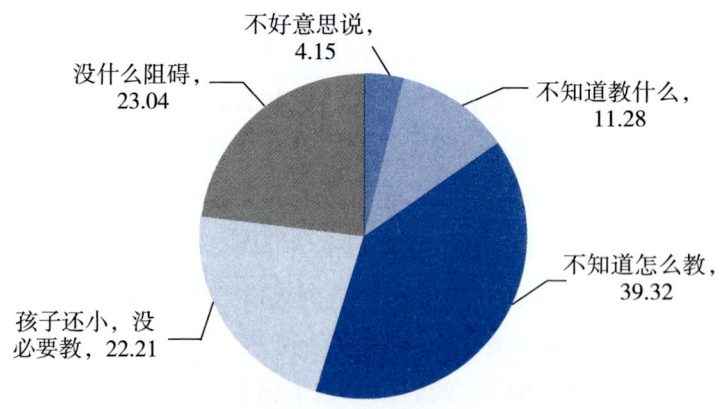

图 2-3-13　阻碍家长进行性教育的主要原因(%)

调查发现,家长的性教育素养与其受教育程度密切关系。如图2-3-14所示,问及家长对子女进行性教育的主要内容时,不论父亲还是母亲,选择"几乎没教过"的比例随着受教育程度的提高而呈现递减趋势。此外,从阻碍家长进行性教育的主要原因来看,如图2-3-15所示,不论父亲还是母亲,选择"没什么阻碍"的比例都随着受教育程度的提高而呈现递增趋势,而反映家长性教育能力和性教育态度的四个选项所占比例则随受教育程度的提高呈现降低的趋势。这些数据表明,受教育程度高的家长对性教育的认知更为深入,对子女进行性教育的能力更强,因此其教育意识更强,进行性教育的阻碍更小。

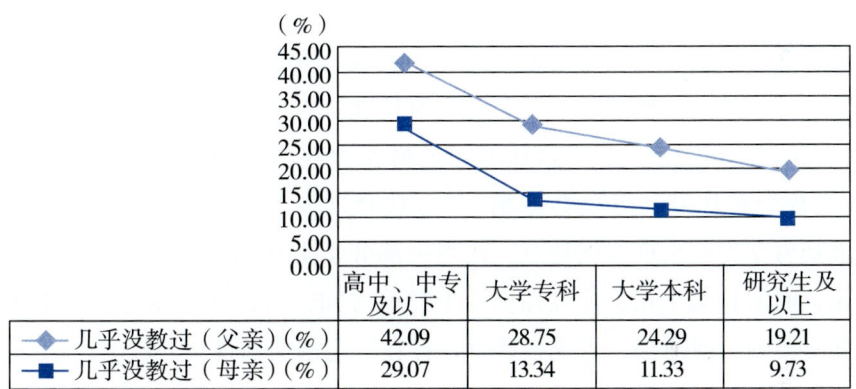

图2-3-14 不同受教育程度家长"几乎没教过"子女性知识的比例

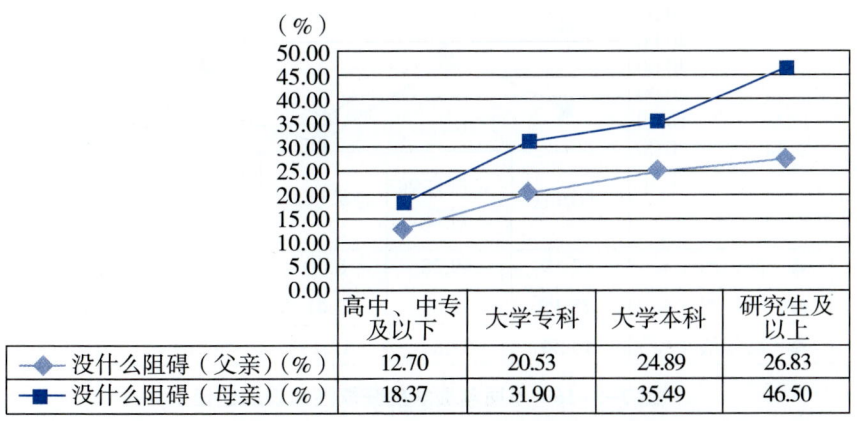

图2-3-15 不同受教育程度家长认为性教育没什么阻碍的比例

为进一步了解学生对相应年龄阶段性知识的了解情况及获取性教育的途径，我们将小学六个年级分为低（一、二年级）、中（三、四年级）、高（五、六年级）三个阶段，并分别设置问题进行提问，其中对低年级学生考查"身体的某些部位是不能被别人看或者碰的，你知道吗"，对中年级学生考查"你知不知道再长大些你的身体会发生一些变化（如女孩会来月经，男孩会遗精）"，对高年级学生则是考查"假如遇到性侵犯时，你知道怎么自助或求助吗"等调查结果显示（如图2-3-16所示），不论低、中、高年级，学生获取性知识的主要渠道是家长，而非老师、同学、书或电视等媒介，可见家长在子女的性教育中扮演着关键角色，提高家长的性教育素养对改观当前的小学生性教育现状至关重要。值得关注的是，随着年级升高，学生自己从书或电视等媒介获取性知识的比例呈上升趋势，因而更需要家长的积极引导，以免学生对性知识产生错误的认知和理解。此外，在问及中年级学生"你知不知道再长大些你的身体会发生一些变化（如女孩会来月经，男孩会遗精）"，选择"不知道"的比例接近半数，考虑到男女生的生理发展特点，相当一部分学生在高年级会迎来这些生理变化，而家长对于相关的性知识并未提前告知，帮助子女做好心理准备或掌握必要的应对方法，可见性教育还存在一定的滞后性。

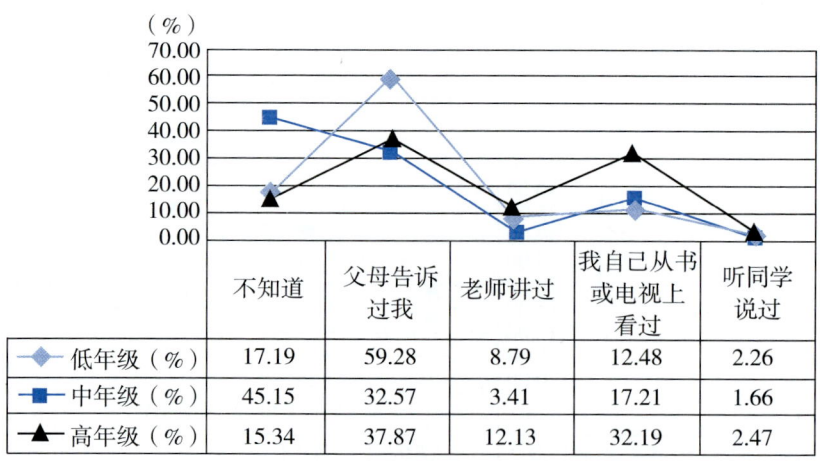

图2-3-16　不同年级学生获取性知识的途径

从家庭性教育的性别差异来看，则呈现出两大特点。首先，母亲在家庭性教育中比父亲起更为重要的作用。如图 2-3-17 所示，母亲几乎未对子女进行过性教育的比例（占 21.86%）低于父亲（占 35.36%），而认为进行性教育没什么阻碍的母亲（占 25.28%）所占比例又高于父亲（占 16.93%）；此外，母亲对子女进行过两项及以上性教育内容的比例（占 46.84%）也高于父亲（占 33.11%）。可见，母亲在性教育方面比父亲做得更好。但由于性别角色不同，父亲与母亲对儿子与女儿进行性教育的效果势必存在差异，因此，父亲在家庭性教育中的作用也不容忽视；而且，女生比男生接受家庭性教育的机会更多。调查显示，几乎未接受过性教育的男生（占 28.57%）比例要高于女生（占 22.74%），家长对于女生"防范性骚扰"尤为重视；从接受性教育内容的项数来看，如图 2-3-18 所示，仅接受过 1 项性教育内容的男生多于女生，而接受过 2 项、3 项、4 项性教育内容的女生比例均高于男生，无论从接受性教育的广度还是深度来看，女生都比男生更具优势。尽管从性生理发育看，女生比男生先进入青春期，但男生的性心理发育早于女生，因而对于男生的心理卫生教育、道德伦理教育也是不容忽视的重要问题，这对男生形成正确的性角色和生理、心理健康都有重要的意义。

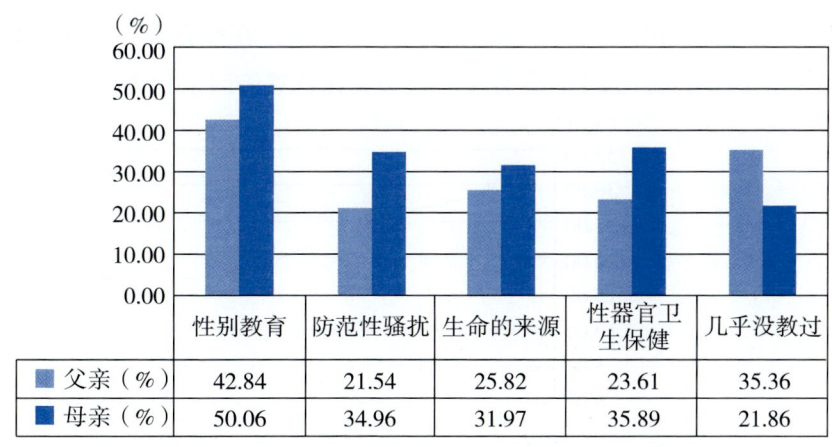

图 2-3-17　父亲/母亲对子女进行性教育的主要内容

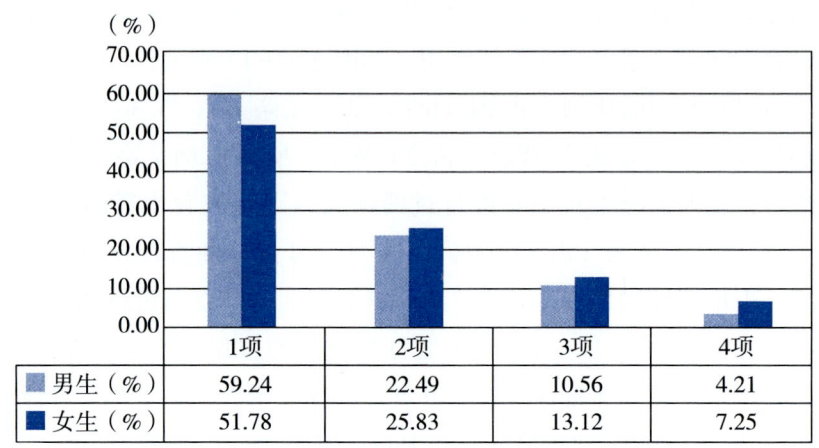

图 2-3-18　家长对不同性别子女进行性教育的项目数

比较不同地域之间家长进行性教育的情况（如图 2-3-19 所示），我们选取了"几乎没教过"和"没什么阻碍"两个指标作为参考。调查发现，北京市和黑龙江省两地家长几乎未对子女进行过性教育的比例低于山东省和江西省，北京市和黑龙江省家长选择"没什么阻碍"的比例要高于山东省和江西省。可见，北京市和黑龙江省两地家长在性教育方面做得相对更好。比较"市"和"县"两级行政区域的差异（如图 2-3-20 所示），城市家庭的性教育情况要好于县城家庭，即城市家长在性教育方面做得相对更好，这可能与家长的受教育程度、社会文化背景等因素相关。

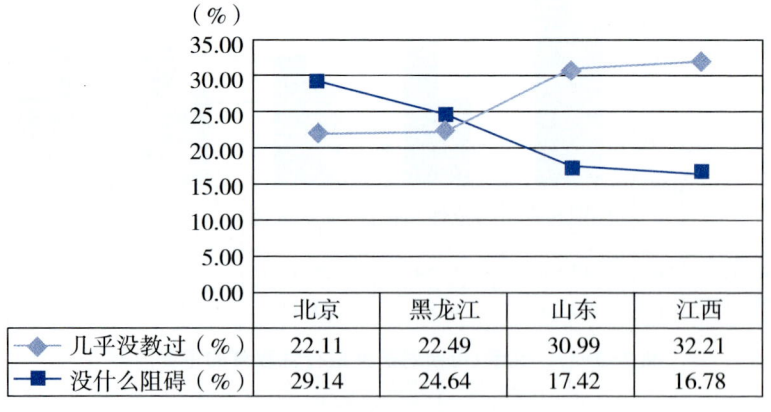

图 2-3-19　四省市家庭性教育概况对比

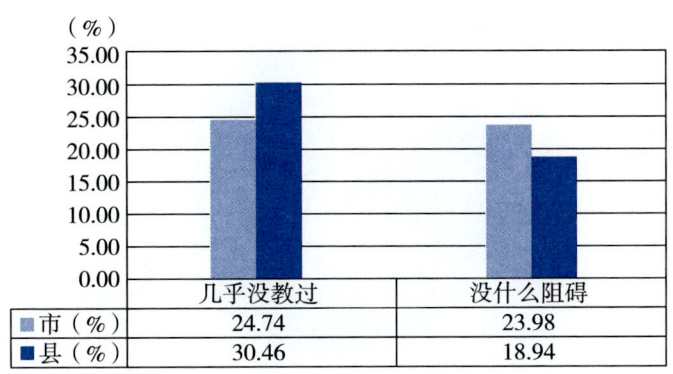

图 2-3-20　市和县家庭性教育概况对比

3. 亲子双方对惩罚的认知不一，家长未能根据子女年级变化调整惩罚方式

惩罚教育是以尊重爱护子女为出发点，以帮助子女为最终目的的一种教育方法，通过使其承担过错，达到认识错误、改正错误的目标。虽然惩罚作为一种教育手段和方法，曾一度被倡导赏识教育的人士所诟病，认为应当杜绝一切惩戒性的教育。但作为以主张尊重儿童而著称的现代教育思想的代表人物杜威认为："儿童是一个人，他必须或者像一个整体统一的人那样过他的生活，或者忍受失败和引起摩擦；儿童必须接受有关领导能力的教育，也必须接受有关服从的教育。"苏联著名的教育学家马卡连柯也曾指出："合理的惩罚制度不仅是合法的，而且是必要的。这种合理的惩罚制度有助于形成学生的坚强性格，能培养学生抵抗引诱和战胜引诱的能力。"

本调查中问及家长"您认为对孩子最严厉的惩罚是什么"时，如图 2-3-21 所示，47.71%的家长选择"没收他喜爱的东西或取消他喜欢的活动"，选择"体罚"的家长占 20.37%，选择"一段时间不搭理他"的占 17.18%，还有 14.74%的家长选择"训斥挖苦"。如果对惩罚方式进行归类，可基本分为身体惩罚、剥夺惩罚和心理惩罚。总体来看，接近半数的家长认为剥夺惩罚（即没收他喜爱的东西或取消他喜欢的活动）是最严厉的惩罚，而非体罚或心理惩罚（包含"一段时间不搭理他"或"训斥挖苦"），说明家长认为对子女的剥夺惩罚会更严厉有效一些。

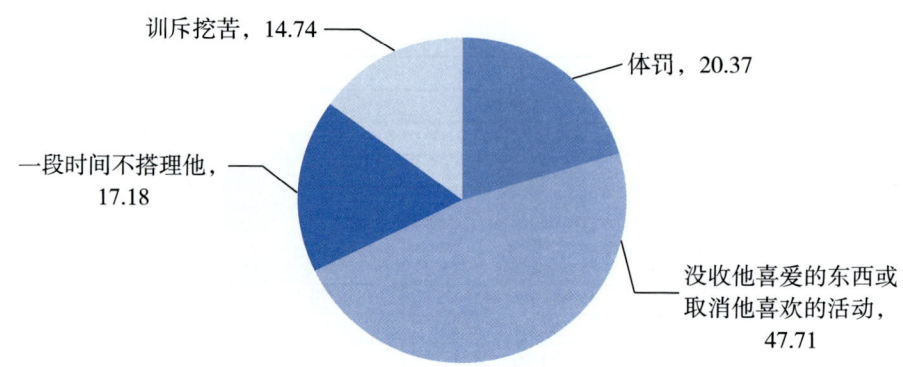

图 2-3-21　家长认为对子女最严厉的惩罚方式（%）

反观学生对于家长惩罚的态度，如图 2-3-22 所示，37.54% 的学生认为体罚（"打我"）是最严厉的惩罚，24.19% 的学生认为最严厉的惩罚是剥夺惩罚（"没收他喜爱的东西或取消他喜欢的活动"），认为最严厉的是"不搭理我"（20.07%）和"训斥挖苦"（18.20%）等心理惩罚（合计 38.27%）。可见对于学生来说，体罚和心理惩罚都比剥夺惩罚更为严厉，与家长对惩罚的认知有着明显的差异。这也从侧面反映出家长对于学生心理尚缺乏足够的了解，在教育子女时应结合其年龄特点、心理发展特点灵活运用更适宜的方式方法。

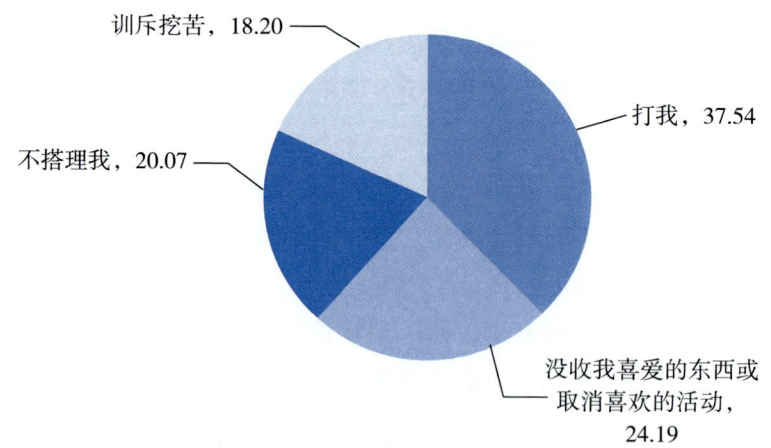

图 2-3-22　学生认为家长对自己最严厉的惩罚方式（%）

第二章 小学生家庭教育现状

对于惩罚方式的认知，除了家长与子女之间的差异，还存在着家长与学生性别上的差异。从家长角度来看，认为体罚是最严厉惩罚的父亲（23.75%）要多于母亲（18.20%），而选择"一段时间不搭理他"作为最严厉惩罚的母亲（18.56%）要多于父亲（11.83%）；从子女角度来看，认为"打我"是最严厉惩罚的男生（40.45%）多于女生（31.68%），而认为"不搭理我"是最严厉惩罚的女生（23.22%）要多于男生（15.92%）。不难发现，学生与家长的数据呈现出一个共同特点：即男性通常比女性更认为体罚是最严厉的惩罚，而对于女性来说，则更多会把"被冷落"（"不搭理我"）看作最严厉的惩罚，反映出男性和女性对于惩罚方式的理解和心理感受不同，这也提示我们在教育子女时需要因性施教。

比较不同年级学生认为哪种惩罚方式最为严厉，如图2-3-23所示，随着年级升高，认为"打我"和"不搭理我"是最严厉惩罚的比例呈现下降趋势，选择"训斥挖苦"和"没收我喜爱的东西或取消喜欢的活动"的比例呈现增长趋势。这可能是因为随着小学生年龄增长，他们自我意识进一步发展，对自尊和自我权利有着更强烈的需求，训斥挖苦和没收喜爱的东西更容易使其产生受惩罚的体验。

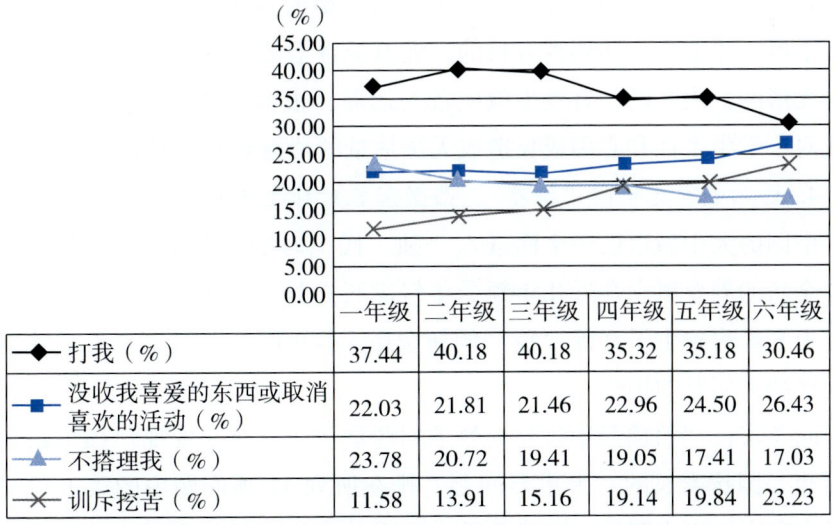

图 2-3-23　不同年级学生认为最严厉的惩罚方式

而从不同年级家长的数据来看,如图 2-3-24 所示,仅"训斥挖苦"一项呈增长趋势,其他几项无明显变化趋势,这从侧面显示出家长对于子女的心理发展特点缺乏充分的认知,因而在家庭教育中还需不断提升自己的教育素养。

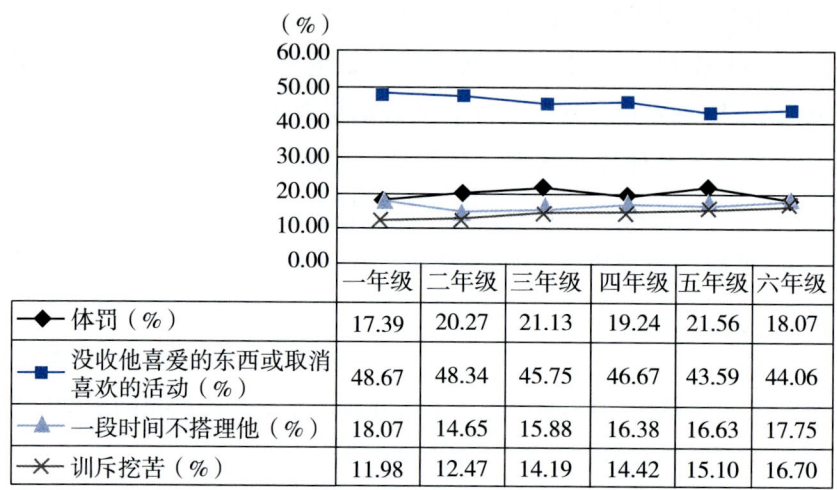

	一年级	二年级	三年级	四年级	五年级	六年级
体罚(%)	17.39	20.27	21.13	19.24	21.56	18.07
没收他喜爱的东西或取消喜欢的活动(%)	48.67	48.34	45.75	46.67	43.59	44.06
一段时间不搭理他(%)	18.07	14.65	15.88	16.38	16.63	17.75
训斥挖苦(%)	11.98	12.47	14.19	14.42	15.10	16.70

图 2-3-24 不同年级学生家长认为最严厉的惩罚方式

总之,惩罚既是一种教育手段,也是一门微妙的家教艺术。家长在家庭教育中要避免把惩罚子女当作一种个人情绪的宣泄手段,而是作为一种教育手段,才能真正达到教育目的。尤其应注意心理惩罚对子女的伤害大多是无形的、内隐的,且发生效应较为迟滞,很容易被家长所忽视,但它往往对小学生个性和心理成长造成无法估量的消极影响,因此需慎用。

4. 近七成家庭赞同"拼养",凸显家长对独生子女同伴交往的担忧

中国的大中城市已经全面进入"独二代"时期,因此,"拼养"作为一个全新的养育概念在近几年颇受年轻家长追捧。不可否认,"拼养"已然成为家长为独生子女抗"独"的新选择。这也同时凸显出家长对独生子女同伴缺失问题的担忧。

问及家长"目前最困扰您的教子问题是什么"时,发现"孩子缺少同伴"也是困扰家长的一个重要问题,排在所列 11 项问题中的第五位,其中城市家庭中更为明显。同伴关系一方面是学生满足社交需要的源泉,另一方面同伴交往经验有利于学生人格的发展。因此，有学者明确提出，同伴强化和以群治独是帮助独生子女建立良好同伴关系的有效途径。所谓"以群治独"，是指以群体生活来改变独生子女因特殊家庭生活环境而形成的各种心理及人格上的缺陷。这也恰好诠释了为何在大城市中"拼养"更为流行。

关于"拼养"的形式，一般多是三五个家庭把孩子都"拼"在一户人家，由该户家长照顾。本调查认为，小学生之间相互到同伴家里过夜，也属于"拼养"的一种形式，并且更为常见。调查中，问及家长"您是否愿意让孩子在同学家小住几天，或请同学来家小住"（如图2-3-25所示），45.86%的家长愿意尝试，13.47%的家长表示来自己家行，去别人家不妥，还有12.57%的家长表示已经有过这种经历，选择"不愿意"的家长仅占28.10%。排除"不愿意"一项，其余接近七成的家长对于"拼养"孩子持赞成的态度。这一方面可能是缘于相当多家长已经意识到独生子女养育过程中存在的弊端，另一方面，平日工作繁忙的家长也能利用"拼养"孩子的机会使自己得到放松，此外，还有的家长可能是出于对子女意愿的尊重。

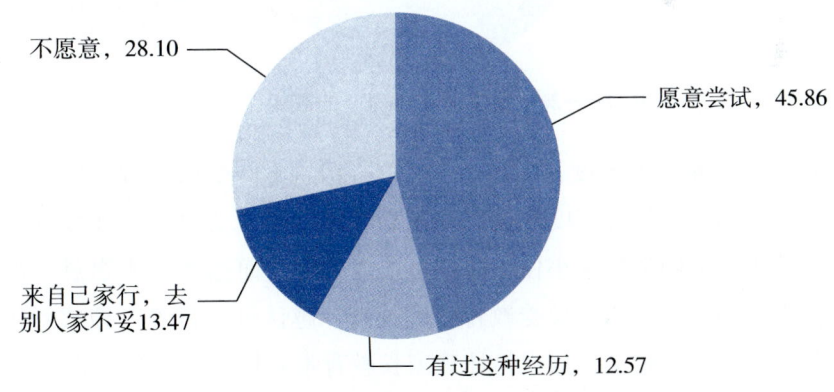

图2-3-25 家长对于"拼养"的态度（%）

问及学生"你是否愿意去同学家住几天，或请同学来家住"时，如图2-3-26所示，27.03%的学生表示"我愿意，父母也支持"，30.38%的学生选择"我愿意，家长肯定不同意"，13.16%的学生已经有过这种经历，选择"我不愿意"的占 29.43%。可见接近七成的学生也都有"拼养"意愿，这恰恰反映出学生对于同伴交往的一种渴望，皮亚杰特别强调同伴间的讨论和争论是儿童道德判断能力发展所必需的，没有与同伴平等交往的机会，儿童将不能学习有效的交往技能，不能获得控制攻击行为所需要的能力，也不利于性别社会化和道德价值的形成。儿童之间的社会生活对儿童精神的健康发展是必不可少的重要因素，儿童只有加入小伙伴们的社会生活，才能够健全地发展和成长。而选择"不愿意"的那部分学生，有可能是缘于对自身交往和自理能力的不自信，还有可能是受家长态度的影响，此外，也不排除有的独生子女已经"独"惯了，不愿意同外界接触，这类学生更应引起家长的重视，否则将不利于其社会性和人格发展。

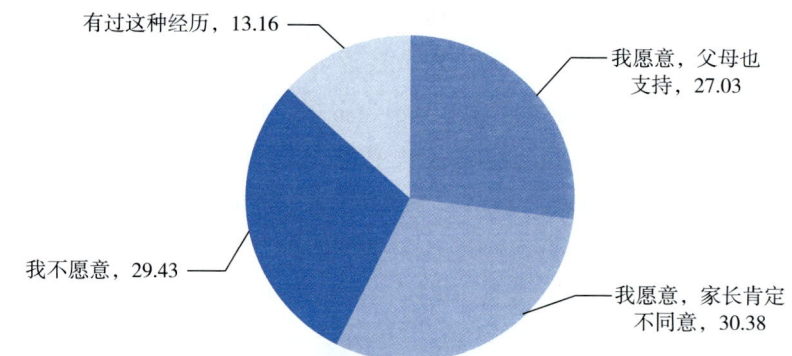

图 2-3-26 学生对"拼养"的态度（%）

对于"拼养"的态度，如图 2-3-27 所示，不同受教育程度家长对此看法不同，随着受教育程度的提高，家长选择"愿意尝试"让子女在同学家小住几天或请同学来小住的比例呈上升趋势，而选择"不愿意"的比例则呈下降趋势。说明家长受教育程度越高，越认可"拼养"模式对于子女成长具有重要的意义，这也是体现家长教育素养较高的一个方面。

对独生子女问题的研究已经有一个多世纪的历史。而有关独生子女的争论，大多集中于人格发展方面，尤其是独生子女的自我中心问题，在已有文献中多有提及。美国学者博汉农在《家庭中的独生子女》一文中指出：独生子女的社交性极差。我国的教育工作者近年来也一直呼吁：独生子女教育问题亟待改善。可见，独生子女的同伴缺失已成为一个普遍的问题，并引起了社会及家长的广泛关注。

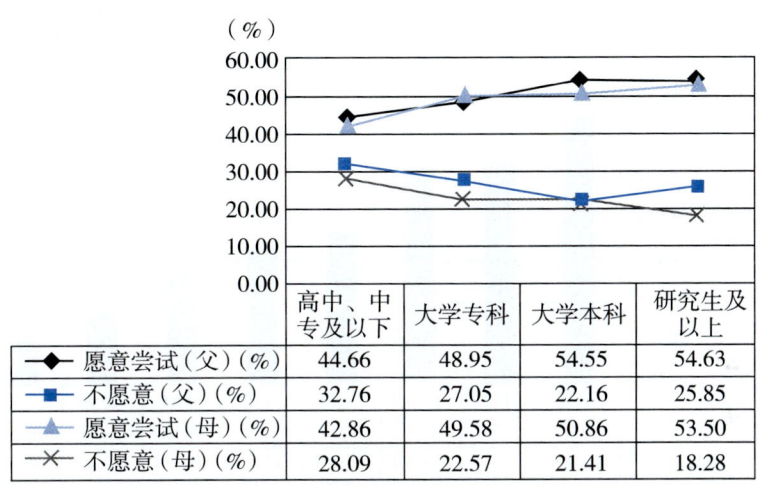

图 2-3-27　不同受教育程度家长对"拼养"的态度

5. 家长优先关注子女的现实性因素，对发展性因素的关注度较低

家长平时最关心孩子的主要方面，直接体现出他们在日常家庭教育中的重点，因而反映着他们的教育态度和教育期望，同时也在一定程度体现出家长的教育素养。

调查发现，家长现阶段最关心孩子的重要方面从高到低依次为（如图 2-3-28 所示）：健康安全（65.95%）、习惯养成（55.47%）、日常学习（53.58%）、人际交往（37.89%）、自理能力（33.75%）、性格养成（28.09%）、兴趣爱好（19.47%）、情绪情感（11.93%）。综合来看，健康安全、日常学习都属于现实性因素，家长对这两个因素的关注分别排在第一位和第三位。一方面，由于独生子女居多和社会环境的复杂所致，家长对于子女的健康安全格外重视；另一方面，学业成绩关乎子女未来的升学与就业，家长对此关注度较高也符合我们以往的认知。与此同时，除了习惯养成排在第二位之外，家长对于人际交往、自理能力、性格养成、兴趣爱好、情绪情感这些关乎子女未来成长的发展性因素关注度较低，这与家长的教育素养有着密切的关系。值得注意的是，家长对子女情绪情感的关注排在末位。调查小学生"假如父母要实现你的一个愿望,你希望",选择比例最高的一项是"爸爸妈妈抽时间听我说说心里话",占36.27%,这一对比更加凸显出小学生心理健康普遍被家长所忽视的问题。

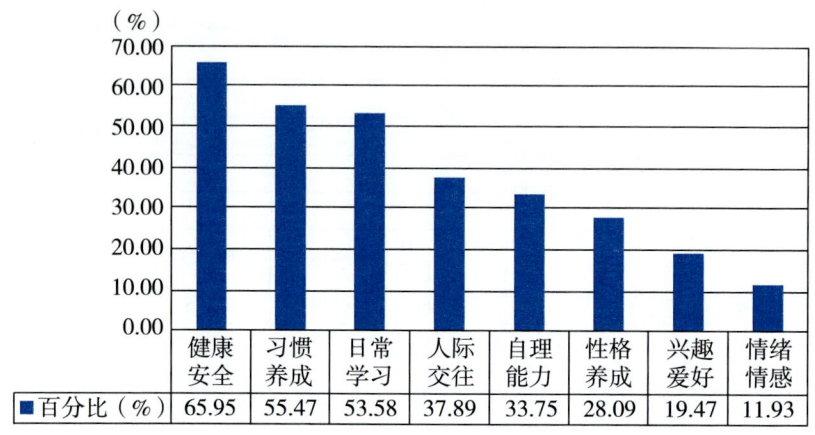

图 2-3-28　家长最关心子女哪些方面

我们同时也调查了学生认为目前家长最关心自己哪些方面,按照比例从高到低依次为(如图2-3-29所示):学习(79.75%)、健康不生病(53.62%)、安全问题(42.21%)、养成好习惯(41.93%)、生活自理(15.12%)、思想品德(14.18%)、会交朋友(11.74%)、兴趣爱好(10.89%)。对比家长的选择,高达八成的学生认为家长最关心自己的学习,其次是健康和安全问题,而像习惯养成、生活自理、人际交往和兴趣爱好这些发展性因素,学生的选择比例均低于家长,可见在学生心目中,家长对自己的关注突出集中在学习上,这一方面与现实的竞争压力有关,另一方面,也与家长的教育观念密切相关。

邹强在《中国当代家庭教育变迁研究》中提到:要分析家庭教育观念必须将其置于家庭文化之中来加以审视。中国特有的家庭文化造就了中国特有的家庭教育观念。缪建东将中国家庭文化的特征概括为:"终极关怀"的家庭观,强烈的家庭意识使家庭成为中国人的"生命之根";"统治关系"的家庭人际关系范型,统治关系最集中的体现就是"家长意识",它渗透于家庭各种关系层面;"支配与顺从"、"规矩与控制"的家庭行为模式。这种特有的中国家庭文化，孕育了中国特有的家庭教育观念：以家庭利益为主要价值取向的教育价值观；以家长意识为主要取向的教育主体观；以学习为重的教育目的观。①

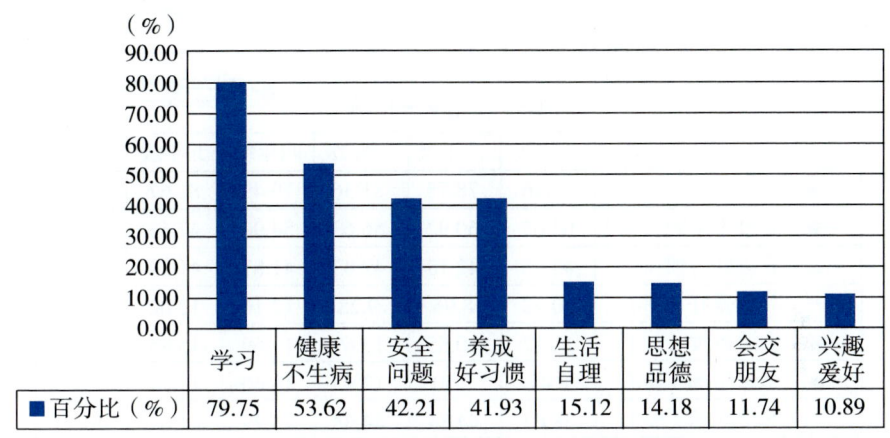

图 2-3-29　学生认为家长最关心自己哪些方面

由此，我们不难理解诸如教育期望过高、教育行为急功近利等一些扭曲现象的普遍存在。但从另一个角度来看，也要求家长能跳出藩篱，不断更新自己的教育观念，既要注重儿童生理、心理发展的共性，也应重视儿童生理、心理发展的个性，不能只关注学习成绩，更应关注子女的兴趣与爱好、需求与感受、个性与发展。

从不同年级家长对学生最关心的方面来看，如图 2-3-30 所示，随着年级增高，家长对子女的人际交往和日常学习关注度呈增长趋势，而对习惯养成和性格养成的关注度呈下降趋势，其余几项的关注度变化基本不大。

从学生角度来看，如图 2-3-31 所示，随着年级增高，家长对自己学习、生活自理和思想品德方面的关注呈增长趋势，而对健康方面的关注度降低。结合家长自身对子女关注情况来看，随着年级增高，家长对其学习关注度呈增长趋势，这与小升初的升学压力不无关系，但也提示家长不能忽视对子女心理健康、道德品质方面的关注，这更关乎学生的长远发展。

---

① 邹强．中国当代家庭教育变迁研究［D］．武汉：华中师范大学，2008：121.

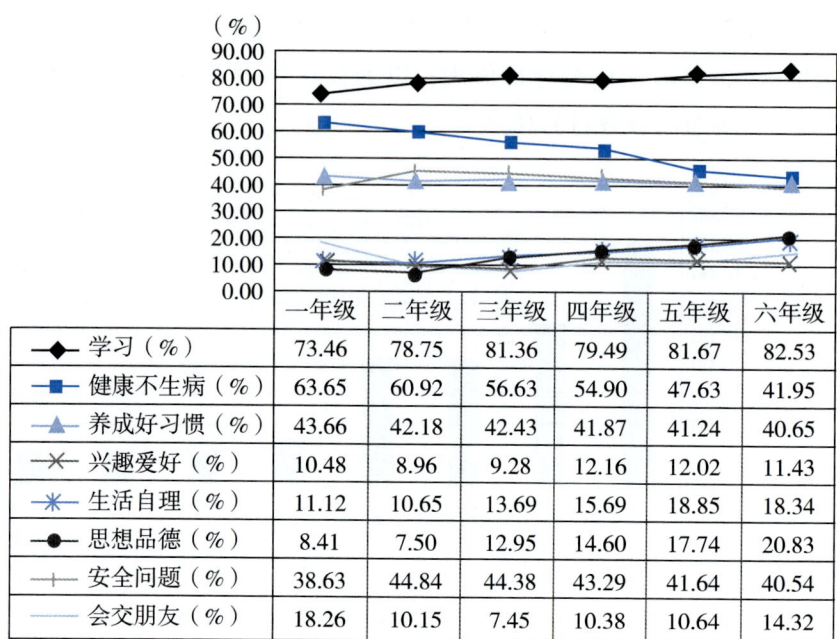

图 2-3-30　不同年级家长最关心子女的主要方面

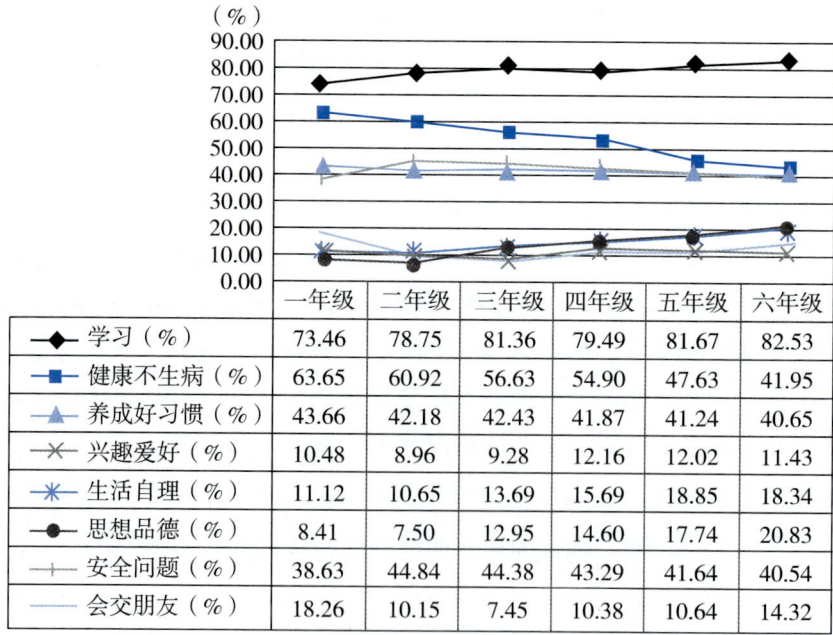

图 2-3-31　不同年级学生认为家长关心自己的主要方面

从不同地区的数据来看（如图 2-3-32 所示），4 省市家长对于子女"健康安全"的关注均居于首位；在关注"日常学习"方面，北京市的家长选择比例最低，为 46.26%，山东省和江西省家长较高，分别为 57.65% 和 58.51%；除此之外，北京市的家长在"人际交往"、"兴趣爱好"、"情绪情感"、"性格养成"几个方面的关注度均高于其他三个省。可见，作为首都，北京市的家长接受现代教育理念的机会较多，教育素养普遍高于其他三个省的家长，也更加关注发展性因素的培养。

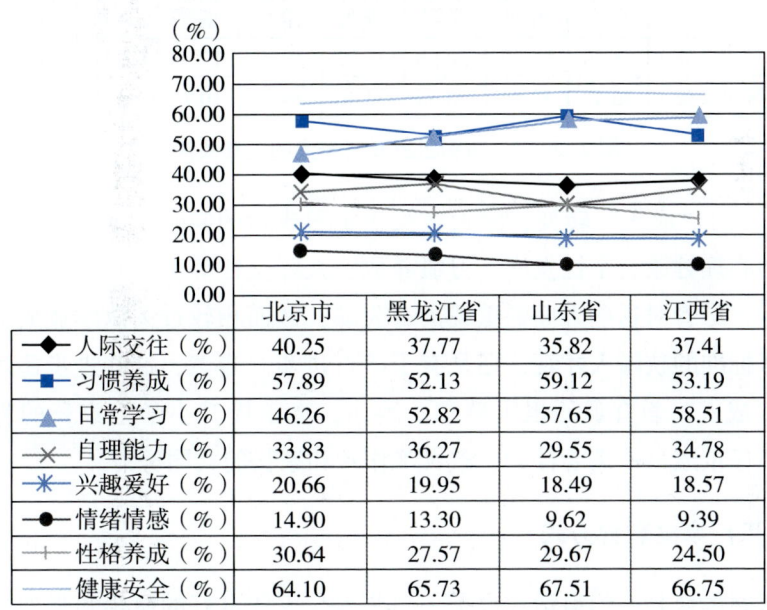

图 2-3-32　4 省市家长对子女的主要关注点

从市和县的比较来看（如图 2-3-33 所示），受经济发展水平和人们的观念差异的影响，县城家长对于子女"日常学习"和"健康安全"等现实性因素的关注度高于城市，而城市家长对于"习惯养成"、"情绪情感"、"人际交往"、"性格养成"等发展性因素的关注度略高于县城。

通过调查家长对这些典型事件和问题的态度，我们发现，当今小学生家长的教育态度既保留着中国传统家庭教育观念的特征，也具有一定的时代感。突出表现在两个方面：一是以往"养教分离"的现象得以改善，家长对子女的教育意识增强，既重养育，也重教育；二是家长的教育观由

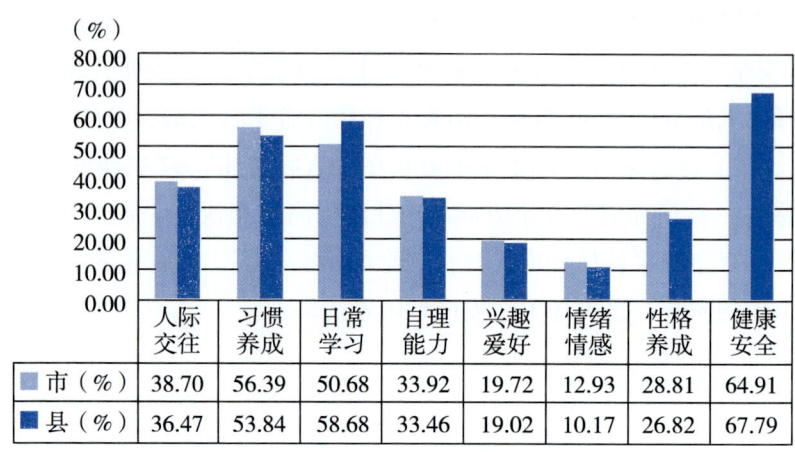

图 2-3-33　市和县家长对子女的主要关注点

"成才"向"成人"转变，家长在关注学习成绩的同时，也逐渐开始重视子女的心理健康、个性发展、习惯养成、人际交往等关乎其未来发展的重要因素，尽管对这些方面的重视仍有欠缺，然而相较过去以学业成绩为主要参考标准的狭隘人才观，还是有了些许进步。当然，这些进步还远远达不到"成人"教育观的根本要求。因而，真正提升小学生家长的教育素养，还任重道远，需要社会、教育工作者和家长的共同努力。

（二）家庭教育方式

家庭教育是一门科学，也是一门艺术，仅凭良好的愿望和强烈的动机并不能达到预期的教育效果，还需科学、适宜的教育方式。家庭教育方式，通常是指家长对子女实施教育所采取的具体措施和手段，它是父母价值取向、教育理念和教育行为的集合体，体现着家长的教育素养和水平。

一般而言，教育方式通常隐藏于日常的教育行为中，因此，本研究主要选取学生学习、生活、情绪三个方面的教育情境，考查家长教育方式的现状及特点。

通过调查全国四个省市，我们发现，当今多数家长教育方式趋于民主性，但在原则性问题上又能坚持权威性。同时在学习和生活方面家长教育行为又各有侧重，比如家长会主动管理子女的学习，并懂得运用生活契机进行教育。具体表现在以下几个方面。

1. 逾七成家长的教育方式较为民主

小学生生活、学习中的事情如何决定？或是参与商讨，或是能够自主，或是家长独断，都直接体现着家长不同的教育方式。本调查从学习和生活两个方面，选取学生兴趣班的选择和家中重要事情的决定两个情境进行考查。

兴趣班是小学生课外学习中常见的类型，当问及学生"你上的兴趣班是怎么选的"时，如图2-3-34所示，有49.59%学生表示"父母和我商量的"，这表明有近五成的家长会尊重子女的想法，听取他们的意愿，跟子女协商选报哪类或哪些兴趣班，还有23.10%的学生表示"我自己选的"，在这部分家庭中，家长不但尊重子女的意愿，还给予其独立选择的自由和权利，两项数据合并，可以看出，逾七成家长在此问题上并不独断专行，而是乐于跟子女沟通，听取和采纳子女的意见，体现出民主的教育方式。还有23.08%的学生选择兴趣班的情况属于"父母决定的"，说明这部分家长会独自决定兴趣班的选择，不给子女对自己事情的发言权，对子女更多的是支配与要求，表明有超两成家长在此问题上的教育方式较为专制，而这种教育方式易使学生形成服从、懦弱、胆小等性格。另有2.28%的学生选择"老师建议的"，1.95%的学生选择"同学上，我也上"，可以看出，老师和同学的建议或行为对学生兴趣班选报影响不大，报班的决定性因素主要还是来自于家长和学生的意愿。

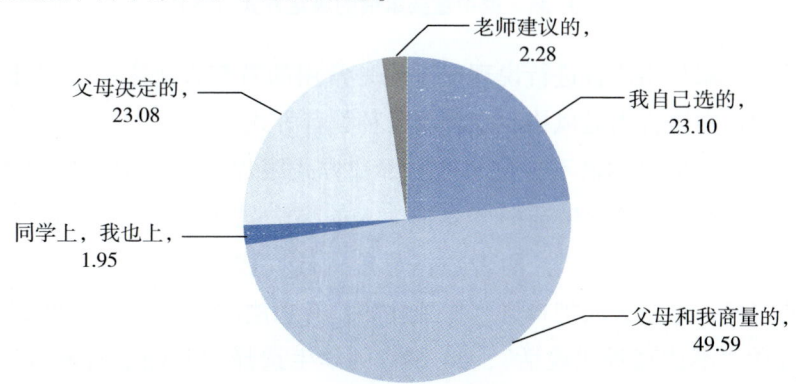

图2-3-34　学生兴趣班的选择情况（%）

对于"您家里的重要事情通常是怎么决定的?"这样的问题,我们发现,如图2-3-35所示,各有3.40%的家庭分别是"总是父亲说了算"和"总是母亲说了算",两者数据合并显示,只有6.80%的家庭中为父亲或母亲一方对家中事务较为独断;有62.82%的家庭"只是夫妻双方协商",另有30.38%的家庭"会听取孩子的意见",表现出对子女的尊重。鉴于这两项都表现出了民主的家庭关系,将两项相加,有超九成的家庭中对于重要事情的决定,会尊重家庭成员的意愿和权利,听取家人的意见,由于这里侧重的是家中的重要事情,加之小学生因年龄、生活经验所限,家长不可能每件大事都与子女商量,但即使面临这样的情况,仍有三成家庭会鼓励子女参与协商,倾听他的想法和建议。这种家庭成员间共同参与、共同讨论、共同决定家庭事务的特点也正是民主型家庭教育方式体现。

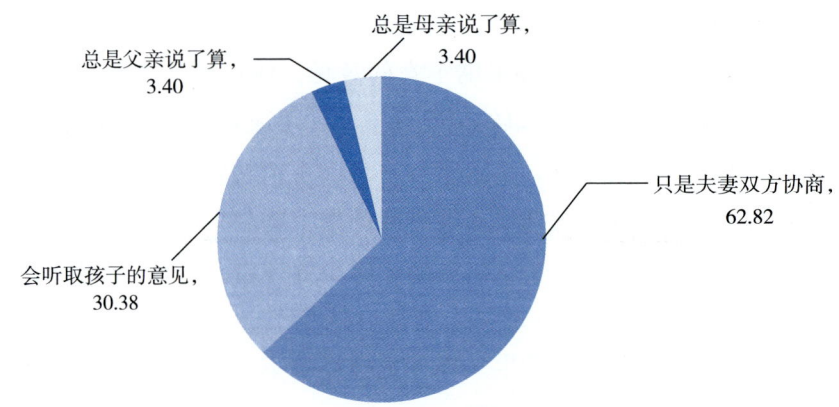

图2-3-35　家中重要事情的决定方式(%)

此外,家长用语言进行说理引导也是常用的教育方法之一,因此,亲子之间的日常语言沟通风格也隐含着某种教育方式。

当问及学生"你最不喜欢父母用哪种方式跟你说话"时,如图2-3-36所示有28.43%的学生选择"总把大人的想法强加给我",18.66%的学生选择"总把我当小孩",两者数据显示,近五成学生不喜欢家长专制、强硬的言辞,希望大人把自己当作独立的、有想法的人来看待。28.23%的学生选择"不认真听我说话",24.69%的学生选择"总随意打断我",两者数据合并说明,有超五成的学生希望沟通中家长能重视自己,不喜欢被忽视或被干涉的沟通方式。由此可见，小学生随着独立意识的逐渐增强，希望获得自由空间和被尊重感，与家长沟通时，更愿接受民主型的教育方式。

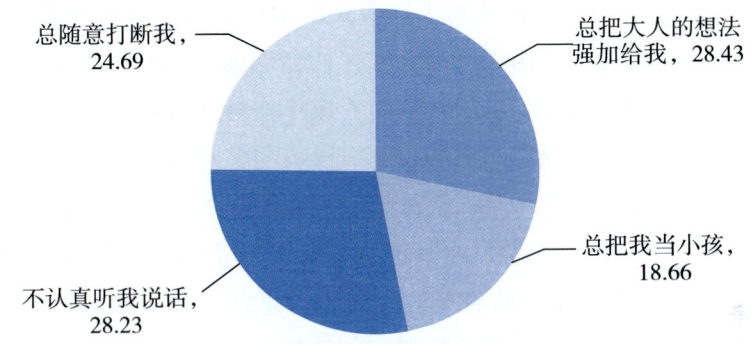

图 2-3-36　学生不喜欢的亲子沟通方式（%）

将小学生不喜欢的沟通方式进行年级比较后发现，如图 2-3-37 所示，随着年级的升高，小学生选择"总把大人的想法强加给我"的比例呈上升趋势，两头数据相差接近一倍。可以看出，小学生随着年龄的增长，自我意识也在不断发展，更加不喜欢被大人强迫。有研究表明，小学中年级后，学生的抽象思维逻辑逐渐发展起来，其辩证思维也初步发展起来，这就促使学生的自我意识更加深刻。他们不仅摆脱对外部控制的依赖，逐渐发展了内化的行为准则来监督、调节、控制自己的行为，而且开始从对自

图 2-3-37　小学生不喜欢的沟通方式年级比较（%）

己的表面行为的认识、评价转向对自己内部品质的更深入的评价,到五、六年级,小学生自我意识又处于第二个上升期。① 也可以说,随着年级的增高,家长以尊重、平等的态度和方式与子女交流,更易于被他们接受。

由此可见,民主型的教育方式是当代小学生家庭教育现状特点之一,因为在传统家庭教育中,由于三纲五常在社会道德价值体系和伦理秩序中的核心地位,家庭教育中要求子女从小养成不违背父母意愿,服从父母绝对权威的习惯,即子女只有听话的权利,没有与父母对话的自由;而现代家庭的亲子关系已经从"听话"转变到"对话"的模式,可以说教育方式由以往的专制型转向民主型。究其原因,随着社会的发展,人文思潮中"平等、民主、自由"思想的涌入,传统的封建宗法制度和家长制土崩瓦解,亲子关系也发生了根本性的改变,一种符合时代精神的民主、平等的儿童观开始在家庭教育中占据主导地位,体现在教育方式上,即家长以亲子人格平等为基础,尊重子女的意愿和选择,也会根据其能力水平或特点提出要求。

2. 七成家长应对子女情绪问题倾向于采取较为温和的方式

关注子女的情绪、心理是家长有效进行家庭教育的前提,因为情绪是学生性格形成的核心要素,而性格又会影响学生的一生。同时,对学生来讲,发脾气也是一种自然的情绪宣泄,也是一个重要的交流手段,而家长如何对待,既显示出某种教育方式,也体现出家长的教育水平。本调查中对这一问题的考查主要从家长察觉子女心情变化的敏感度和应对其发脾气的方式两个方面进行。

问及学生"你心情不好时,父母通常会察觉吗"时,如图 2-3-38 所示,57.52%的学生选择"常常",可见有超五成的家长在生活中会关注到子女心情的好坏,34.10%的学生选择"偶尔",表明超三成家长有时候会体察到子女情绪的变化,仅有 8.38%的家长从不会留意到子女的心情状态。将前两项数据合并,表明九成家长对子女的关照已不只是停留在衣食住行等外部层面,还会有意了解其内部心理的变化,这也为其后家长采用

---

① 王耘,叶忠根,林崇德. 小学生心理学 [M]. 杭州:浙江教育出版社,1993:262.

适宜的教育方式提供了前提和基础。

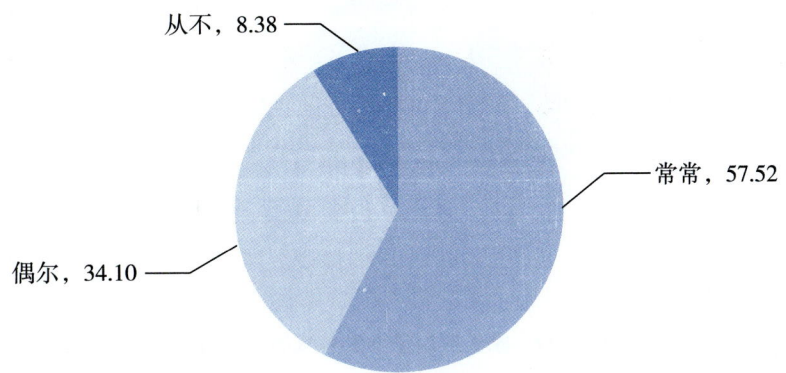

图 2-3-38　家长对子女心情变化的察觉情况（%）

当问及家长"孩子发脾气时，您通常怎么应对"时，如图 2-3-39 所示，53.50%的家长会对子女"耐心询问"，表明有超五成家长会认真、冷静地询问子女缘由，倾听对方诉说心中的不满甚至愤怒，以温和的方式面对他的脾气或任性，这也利于其逐步释放心中怒气。21.03%的家长会对子女"训斥"，7.97%的家长则会"忍不住动手"。这两项数据合并显示，有三成家长面对子女的不稳定情绪，易大发雷霆，用强制的手段让子女听命于家长，表现出较为严厉或粗暴的教育方式。而此方式以大人的权威凌驾于子女之上，很容易激起子女的反抗，从而引发新一轮亲子冲突。因此，这也是一种不恰当的处理方式。另有 17.50%的家长会对此进行"冷处理"，一般来说，当子女无缘无故发脾气或者提出无理要求时，家长对其进行冷处理，不失为一种可行的办法，这能让子女明白，发泄情绪不是解决问题的办法，不合理的要求也不会被随意满足。而当孩子不能或不会表达内心真实感受时，家长对子女进行冷处理，则有失妥当，这会让子女感觉父母不能理解自己，在需要安慰的时候感受不到来自家庭的体贴关爱，因此，也需要家长能根据实际情境恰当运用"冷处理"这种方式。

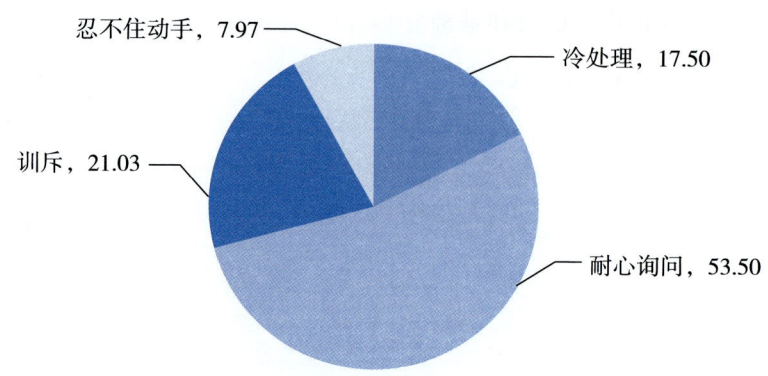

图 2-3-39 家长应对子女发脾气的方式（%）

从学生的性别来看，如图 2-3-40 所示，男生家长选择"训斥"和"忍不住动手"的比例高于女生家长，而选择"冷处理"和"耐心询问"的比例低于女生家长。这里可以看出，面对子女发脾气时，家长对女生较为温和，对男生更加严厉。从某种角度看，这种应对态度跟社会性别角色相关，一般而言，家长都希望培养男生具有坚强、隐忍、担当等男人气质，因此普遍认为对其批评或动粗都不为过分；而女生在家长眼中通常比较乖巧、懂事，应加倍呵护，因此常耐心询问。

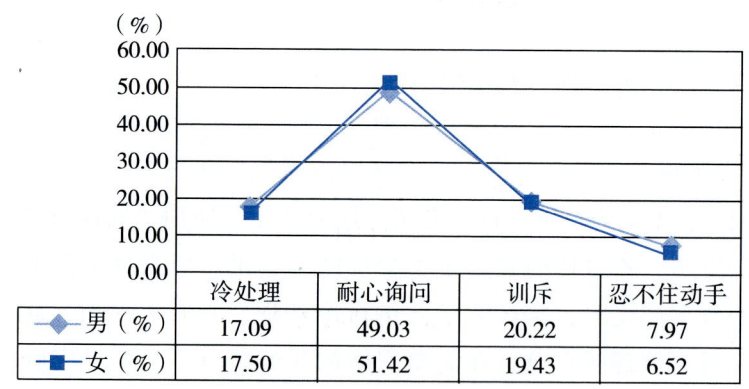

图 2-3-40 家长应对男生、女生发脾气的比较

研究表明，言语能力较好的小学生使用情绪词汇、处理负性情绪以及情绪讨论的能力都较强。这些和情绪有关的技能，可让小学生操纵情绪并

有效应用到社会交往上。① 而在性别差异中,男生相对不擅沟通,也不擅表达情绪。这个特点一方面会使男生由发怒而产生激烈行为,继而引发家长采用呵斥的方法,另一方面也易增加男生被误解的机会。可见,上述情况值得关注,家长在面对男生的脾气时,更需付出耐心,鼓励和引导他说出自己的想法和感受。

从不同城市的数据来看,如图 2-3-41 所示,在"训斥"和"忍不住动手"两个选项上,虽然四省市数据相差不大,但北京市在这两项上的选择比例均低于其他地区,体现出北京市家长相对较少运用粗暴的教育方式。这也有着一定的原因,北京市作为首都,常住人群的学历普遍较高,加之他们的视野宽广,更重视科学的教育方式给子女带来正向的影响。

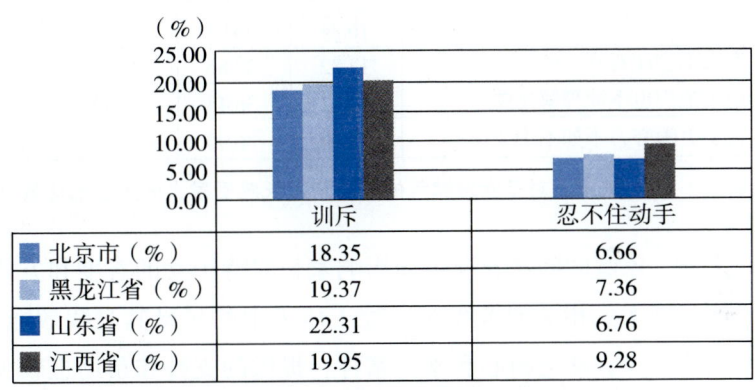

	训斥	忍不住动手
北京市(%)	18.35	6.66
黑龙江省(%)	19.37	7.36
山东省(%)	22.31	6.76
江西省(%)	19.95	9.28

图 2-3-41 家长应对子女发脾气的四省市比较

家长应对子女发脾气问题的处理方式,也与自身所处家庭氛围密切相关。有研究发现,家庭情绪表现、家庭情绪表露与情绪表现规则的理解有密切关系。父母关于情绪的讨论和直接指向他们的情绪反应,均可能对小学生的情绪认知产生重要影响。② 父母对于情绪的认知也影响他们对待子女情绪的方式,将上题与家长心情不好时感受到的家庭关注情况交叉发

---

①② 黄寒英. 小学生情绪认知能力的发展及其影响因素[J]. 教学与管理:理论版,2010(11).

现，如图 2-3-42 所示，当子女心情不好发脾气时，选择"能感受到家人的支持和关心"的家长选择"耐心询问"的比例远高于其他选项的家长，而选择"训斥"和"忍不住动手"的比例都低于其他选项的家长。可以看出，家人间如能相互体察彼此间的情感变化，家长自身能从和睦的家庭氛围中感受到关注或支持，也会使得他在面对子女发脾气时，以耐心的态度更平和地对待，并及时给予其关爱和帮助。

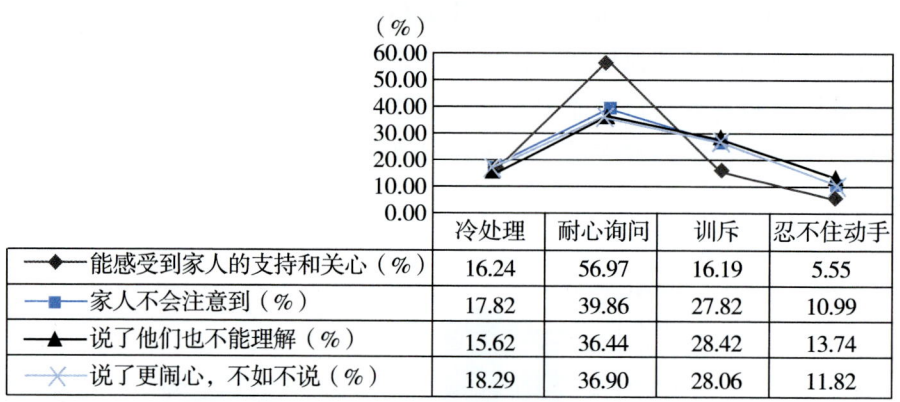

图 2-3-42　家长应对子女发脾气的方式与家长感受家人间关注的比较

除此之外，家庭的经济状况也会影响家长对待子女的态度和方式，尤其是在情绪问题上。相关研究发现，处于压力中的父母其自我效能感差，对儿童的温情较少，缺乏耐心和参与精神，提供的支持和帮助也较少，消极性的控制较多，容易受到激惹。

本次调查数据再次印证了这个说法，如图 2-3-43 所示，就"冷处理"和"耐心询问"两个选项看，对教育花费感到没有压力或能承受压力的家庭选择比例明显高于压力大的家庭，表明教育花费压力小的家长自身状态更平和，对待子女的情绪问题也更有耐心；就"训斥"和"忍不住动手"两个选项看，对教育花费感到没有压力或能承受的家庭比例低于生活压力大的家庭，表明压力大的家长因经济情况易产生焦虑感，当子女发脾气时，自身也很容易一触即发，继而采取呵斥、动手等较为粗暴的方式。

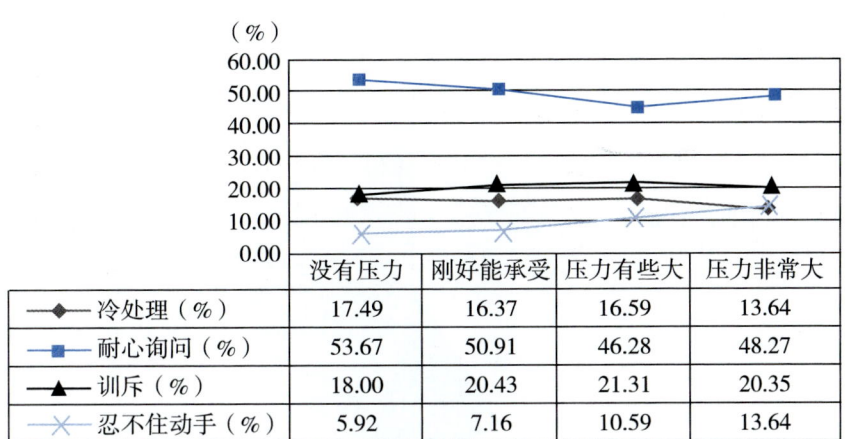

图 2-3-43 不同家庭花费压力的家长应对子女发脾气的情况

3. 四成家长在原则性问题上持权威性方式

在家庭教育中,自由与规则绝不是一对矛盾,而是一种相互的支持关系。教育过程需要顺应学生的天性,尊重他的选择,但并非对其放弃规则,没有任何约束的自由必将演变为宠溺,尤其是在对待某些原则性问题上,家长的教育方式决定着子女良好性格和行为习惯的养成。小学生正处于身心快速发展阶段,正是了解社会与自我、树立正确的人生观与价值观的起始点,因此父母处理家庭教育中原则性问题的态度和方式就显得更为重要。

一般而言,家庭教育中的原则性问题主要指有关子女成长且需要设定规矩的问题,包括交往类、生活类、道德类、安全健康类四个方面,本调查中主要选取生活类家长是否为子女分内事帮忙和如何给零花钱两类原则性问题进行考查。

我国教育家陈鹤琴先生说:"凡是孩子自己能做的事,让他自己去做。"这不仅对培养孩子的独立性、自理能力很重要,同时也培养了孩子的责任感,使其从小学会对自己的生活、行为负责。当问及家长"孩子分内的事总让您帮忙,您会"时,如图 2-3-44 所示,41.31%的家长选择"要求孩子自己的事自己做",可见这四成家长对于子女自理能力的培养态度坚决,在原则性问题上处理方式权威,而且子女看到家长的坚持及不可打破的底线时，也一般会放弃依赖他人的习惯。

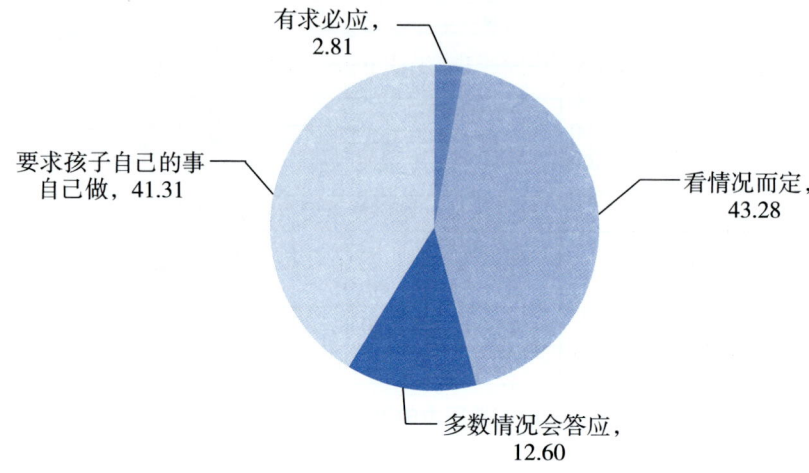

图 2-3-44　家长对子女分内事的帮助情况（%）

还有43.28%的家长选择"看情况而定"，虽然这四成家长会根据事情难易和子女能力情况来决定是否提供帮助，但也在一定程度上表明这部分家长在原则性问题上具有摇摆性，容易因子女的恳求而放弃原则。

另有12.60%的家长选择"多数情况会答应"，2.81%的家长选择"有求必应"，两者相加，表明有15.41%的家长在生活中较少考虑子女请求的合理性，经常会满足其各种要求。久而久之，这种溺爱的教育方式易使学生形成任性、自私、依赖的性格和行为习惯。

父母教养方式与子女学习成绩还有着一定关联。研究发现，父母的教养方式对子女的学习成绩的发展具有显著的影响，父母的情感温暖和理解与子女的学业成绩呈正相关，父母的惩罚严厉、拒绝否认、过分干涉、过度保护等因素与子女的学习成绩呈负相关。[①]

本调查中，将家长对子女分内事的帮助情况与其学业水平交叉发现，如图2-3-45所示，家长选择"有求必应"和"多数情况会答应"的比例越高，学生学业水平越差的比例就越高，也表明两者为负相关的关系。具

[①] 余倩. 论父母教养方式与小学生学习成绩的关系 [J]. 教师博览：科研版，2013（5）.

体来看，小学生分内事的本应自己完成，但家长的"有求必应"、"多数情况会答应"的行为体现的是一种溺爱及过度帮助的教育方式，这会让学生养成懒惰、依赖他人的不良习性，而这种行为迁移到学习中，常体现为知难而退、不爱动脑等不良习惯，久而久之，学生也就难以获得优异成绩。

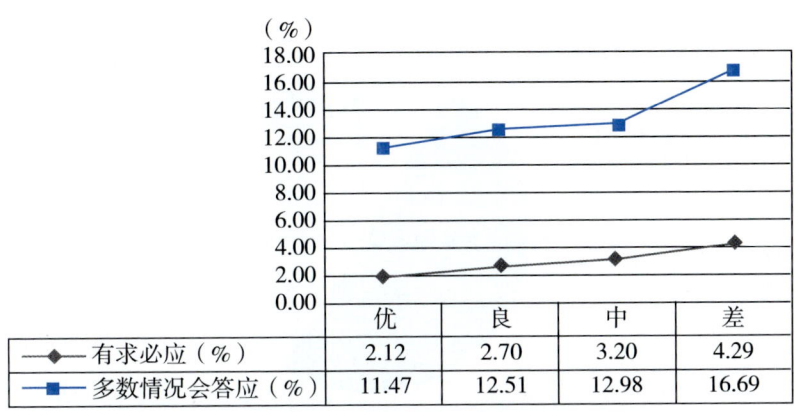

图 2-3-45　家长对子女分内事的帮助与其学业水平交叉

将家长如何给子女零花钱作为原则性问题进行考查，主要出于以下两方面的考虑：一方面，对于成长在经济时代的学生来说，从小培养合理使用金钱的能力是必要的，正如美国银行家古德弗莱所说："教导你的孩子善于掌握金钱的现实，是培育他们应付生活道路上将会遇到的各种预计不到的变故的最好办法之一。"另一方面，随着小学生的成长，脱离父母独立生活的时间相对变长，在相对独立的时间段，子女有可能面临一些需要花钱的事情。在这个年龄段，小学生独立理财意识开始萌生，需要家长帮其建立有计划、有节制的合理消费观。

因此，家长如何给零花钱有着不同寻常的教育意义：因为给零花钱的方式直接影响学生管钱、花钱的习惯和能力的形成。如图 2-3-46 所示，50.71%的家长会"有计划地给"，说明有五成家长给钱较为理智，有计划、有原则地给零花钱，也能帮子女养成有计划花钱的好习惯。38.90%的家长"基本不给"，这会在一定程度上忽视子女在外生活、交往的合理需要，也使其失去了学习自主管钱的机会，同时还透露出家长对子女的不信任，这种教育行为表现出一种否定性的教育方式；还有 8.02%的家长选择

"他要就给",2.37%的家长选择"高兴时就给",两项数据合并显示,有超过一成的家长给零花钱较为随意,甚至会根据自己的心情决定,显示出的教育方式较为放任。这样不仅不能让子女从小学会合理花钱,还易使其养成乱花钱的习惯。

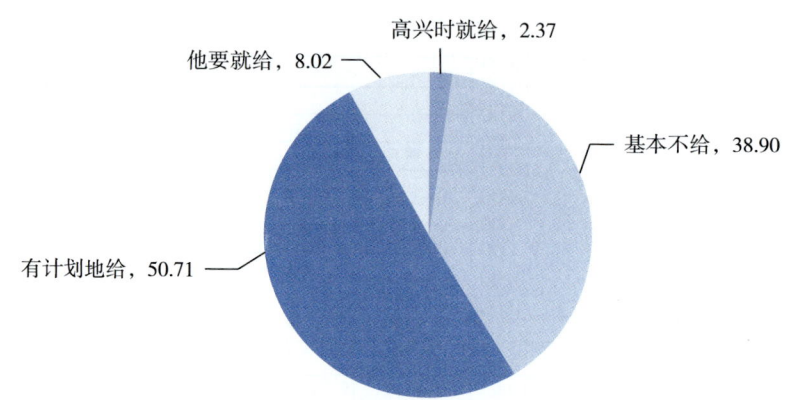

图2-3-46　家长给子女零花钱的情况(%)

综合上述数据,可以看出有将近五成的家长在原则性问题上倾向采用权威的教育方式。其实,家庭既需要民主和尊重,也需要家长的权威性教育地位,因为家长在子女成长阶段始终扮演着双重角色:既是子女安全生存的保护者,又是其人生启蒙的向导。因此在需要设立规矩的事情上,不能完全顺应子女的意愿,而需要有家长的权威,以坚决、果断的态度引导子女走向正确的发展方向。当然这个权威不是简单的权力教育,而是原则性极强的教育,即在尊重子女人格的基础上,不是靠压制、强求,而是采用刚柔相济的方法,培养子女良好的性格和行为品质。

4. 九成家长会管理子女学习,但方式偏差易引其反感

步入小学,家长关注子女的学习情况最直接的表现就是重视家庭作业。家长适当介入作业管理有助于培养子女的学习习惯,还可及时了解其学习情况,但家长不可代劳,否则会造成学生的懒惰、依赖心理。关于家长对学生学习的参与方式,这里从家长的介入和学生的相关反应两个方面来考查。

调查中问及家长"孩子做完家庭作业后,您会"怎么做,如图2-3-47

所示，只有6.10%的家长选择"随他自己安排"，显示此部分家长不会参与到子女的学习中，不管是家长有意为之，还是被动情况使然，这样都会给子女留有独立检查作业，安排学习的空间。在余下的数据中，54.05%的家长会"让孩子先检查一遍，家长再检查一遍"，说明逾半数家长会有意培养子女自查作业的能力，但对其并不放心而再次帮忙检查一遍，此情况在本项中占最大比例。另有21.02%的家长会"督促他自己检查"，18.83%的家长则为"代孩子检查"，不管出于哪种原因，此种替代式的做法都易让学生养成学习中依赖他人的习惯。上述三项数据相加显示，在超九成的家庭中，家长对子女的作业或进行指导帮助，或对其完全代替，或从旁督促提醒，实际上都是在子女的学习中扮演着管理者的角色。当然，对于小学生而言，适当的管理是必要的，但是家长包办代替、放任自流或流于形式的检查都是不可取的。

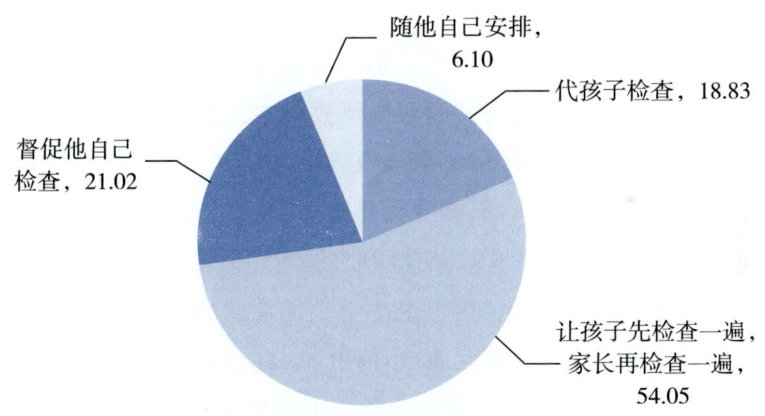

图 2-3-47　家长帮子女检查作业的情况（%）

将不同年级数据进行对比，如图2-3-48所示，我们发现，当学生做完家庭作业后，选择"让孩子先检查一遍，家长再检查一遍"的比例随年级升高而逐渐降低；选择"督促他自己检查"和"随他自己安排"的比例随年级升高而逐渐增大。对于低年级学生而言，家长配合检查作业是必要的，既检查学生的书写是否认真、规范，也检查学生对知识的掌握情况，及时查漏补缺。但随着年级升高，需要将良好的学习习惯转化为子女自觉的行为习惯，因此，家长应该随子女的年级升高，对其学习管理逐步放手，而培养其独立学习的习惯和能力。

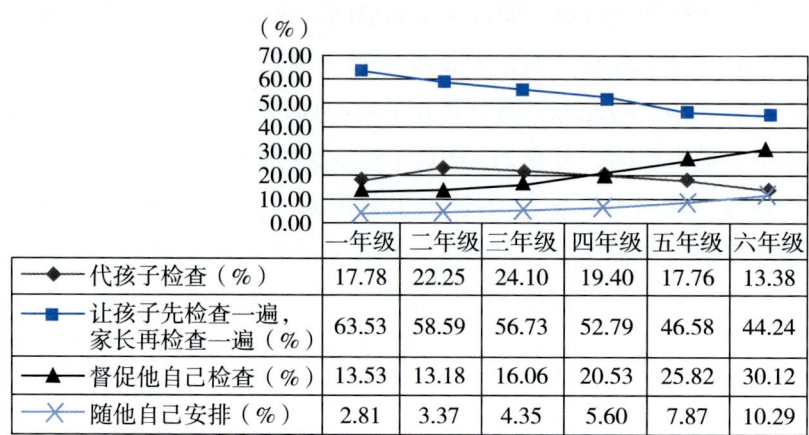

图 2-3-48　不同年级学生家长检查作业情况

虽然家长已参与到学生学习中，但学习的主体毕竟是学生，因此，他们的反应也体现出家长参与方式的对错及教育方式的成效。

当问及"你写作业时，最不喜欢父母做的是"，如图 2-3-49 所示，31.13%的学生选择"太吵，影响我写作业"，9.95%的学生选择"总给我送吃送喝"，两项数据合并显示，有四成的学生不喜欢家长的影响或打扰行为，这类做法有监督之嫌，这也跟小学生的注意力品质发展相关，研究显示，小学低中阶段无意注意起主要作用，因此在有外界影响的环境中容易分散注意力。① 还有 24.43%学生选择"不停催促我"，22.17%的学生选择"总有人盯着"，12.32%的学生选择"不停纠正、指错"，将这三项数据合并后可以看出，六成学生不喜欢家长对自己学习监管，因为家长在对子女学习的监督、纠错中难免会附带批评、埋怨、责怪的言辞，加之"不停"地督促和指正，这些都易给学生带来被控制感和被压迫感，使其产生厌烦或紧张情绪。

---

① 王耘，叶忠根，林崇德. 小学生心理学［M］. 杭州：浙江教育出版社，1993：139.

第二章 小学生家庭教育现状

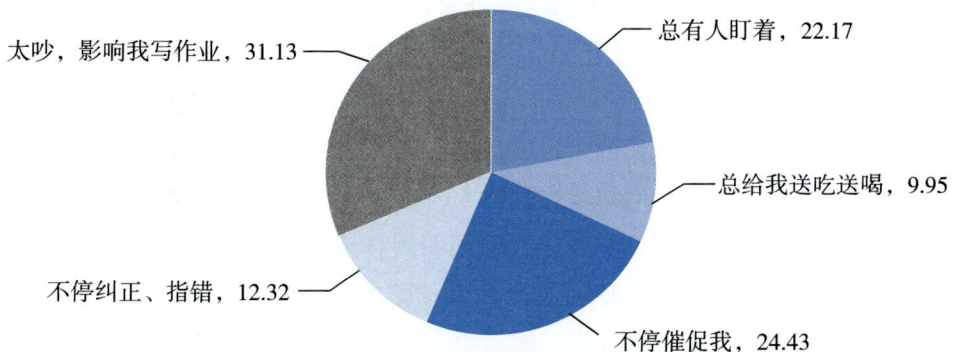

图 2-3-49 小学生写作业时不喜欢的陪伴方式（%）

以上选项也是家长陪伴孩子写作业的常见情境，由此可见，家长介入到子女的学习中，若教育方式出现偏差，会引发子女的反感。从小学生心理和培养习惯角度而言，写作业应该是小学生自己的事，家长应该在培养子女写作业的自觉性、积极性上动脑筋，可以给予其必要的辅导、点拨和启示，而不应该在监督、督促之类上下功夫，这也表明，目前小学生家长管理子女学习的理念、方式还有待提升。

此外，通过对家长的访谈，还发现一种"遥控式"陪伴写作业的方式，很多家长表示，假期里孩子一个人在家写作业，因担心他随时"开小差"，经常打电话询问或督促。这是另外一种形式的监督，本身即表明对子女的不信任感，一方面会让子女感觉被监控；另一方面也给子女撒谎留有空间。可以说，此方式不值得提倡。

5. 半数家长善用生活契机培养子女照顾他人的意识和能力

小学生多是在父母和其他长辈的关爱中成长，而让他们懂得尊敬、关心家人也是非常必要的。至于培养方式，儿童心理研究理论也曾表明，与其让儿童夸夸其谈，不如经常为儿童提供各种进行亲社会活动的机会，让儿童在活动中得到锻炼。[①] 其实家长只要有这种意识，生活中的教育时机还是较容易找到，比如家长生病就是一个让子女学习关爱他人的好机会。

当遇到此情况时，如图 2-3-50 所示，31.33% 的家长会"告诉孩子自

---

① 王耘，叶忠根，林崇德. 小学生心理学 [M]. 杭州：浙江教育出版社，1993：280.

己病了,让他帮些小忙",说明这部分家长在生病时,会给孩子承担家务、照顾家人的锻炼机会,另有26.24%的家庭中"孩子会主动帮助和照顾我",这些家长获得来自子女的主动关爱,同时也是给孩子一个照料家人的机会。两项数据合并,可以看出,超五成的家长会有意或无意地运用教育契机,让子女在生活中学习关爱他人,这样避免了单纯说教,可收到事半功倍的育人成效。正如苏联教育家苏霍姆林斯基所说:"孩子在其中越少感觉到教育的意图,对他的教育效果就越大。"通过捕捉教育契机让孩子潜移默化地接受教育的方式,能避免空洞地说教,尤其适用于自我意识不断增强的中小学生,当然这也需要家长具有敏锐的洞察力和教育引导的技巧。还有32.00%的家长会"自己休息,叮嘱孩子做好自己的事",这虽能锻炼子女的自理能力,但也是因为家长的身体不适而减少对子女的照料使然,可以看作是一种被动的培养方式;10.43%的家长选择"硬挺着,不愿影响孩子",这其中,或许部分家长出于爱护心理不愿影响的正常学习和生活,或许还有家长希望通过自身坚强对待疾病,以给子女树立良好的榜样。上述二者数据合并表明,有逾四成家长的处理方式,虽然在一定层面上有可取之处,但都错过了让子女学习照顾家人、关心家人的好机会。

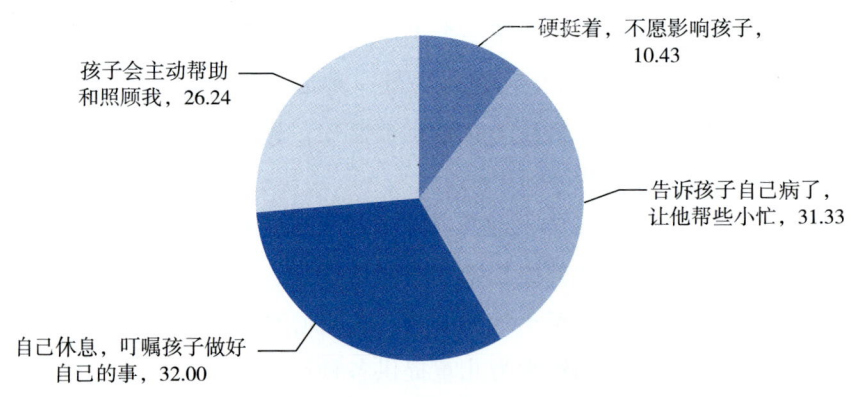

图 2-3-50 家长生病时对子女的要求(%)

家长是否能有意利用生活契机进行教育引导,也跟自身教育素养相关。将此题与家长受教育程度进行比较发现,如图2-3-51所示,在"告诉孩子自己病了,让他帮些小忙"选项上,无论父亲还是母亲,大学本科及以上学历的家长选择比例明显高于大学专科及以下学历的家长，这表明受教育程度较高的家长培养子女生活能力的意识更加强烈，并懂得对生活中的机会加以运用，也显示出具备一定的教育技巧。

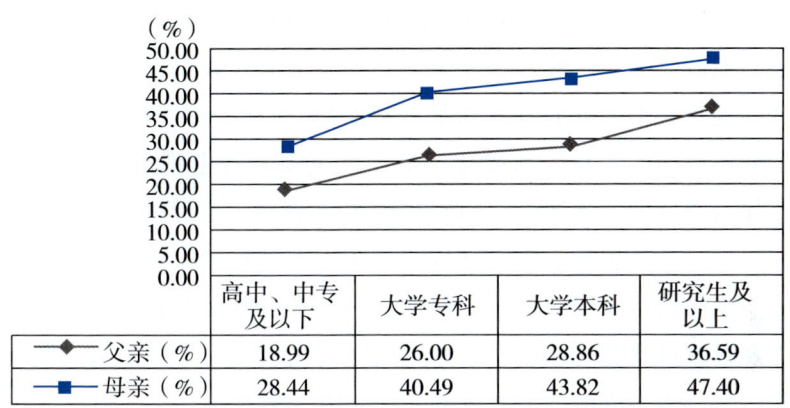

图 2-3-51 "告诉孩子自己病了，让他帮些小忙"选择比例的父母比较

教育契机是一种能够给被教育者带来某种转折变化的机缘，因此，家长生病是否能成为教育契机，还需要了解子女在此情境中的行为反应。如图 2-3-52 所示，当遇到家人生病时，仅有 4.88% 的学生选择"很少注意到"，6.17% 的子女"能自己照顾好自己"；而 54.76% 的子女"会主动照顾父母"，34.19% 的学生"会帮些小忙"，后两项数据相加，可见有超八成的学生有主动照顾家人的意愿和行为，并具备相关能力。因此，家长在对此情境的因势利导也就顺其自然，不会引起子女的抵触或反感。

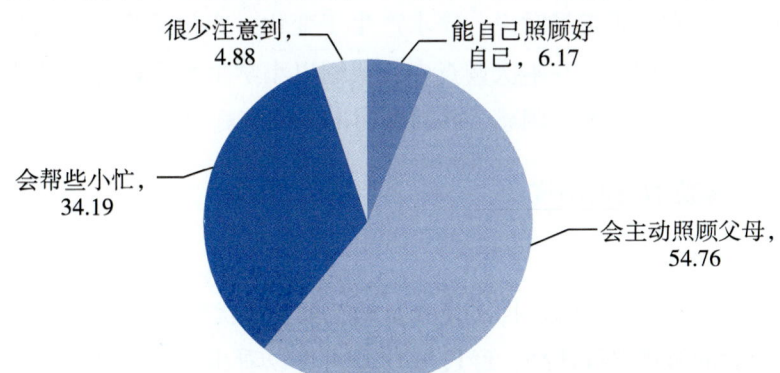

图 2-3-52 学生对家长生病时的关注情况（%）

本调查关于生活中把握教育契机的话题还专门进行了访谈，在教育子女时，"说教"仍是主要方式，而对"教育契机"一词并不熟知。在生活中，家长会根据具体的情境进行相应的引导，比如有的家长表示带孩子去超市购物时，一般会让子女做向导，提出先到哪个区域选购物品，目的就是想培养他做事的安排能力和决策力；还有的家长表示，当发现孩子出现某一个问题时，不会立即批评而是寻找时机，"有一次聊天发现孩子说谎了，但并没有当场揭穿，怕激化矛盾。后来有次看电视正好有类似情境，赶紧抓住这个情节一起讨论，侧面给孩子讲道理，发现他能听进去，也没有反驳"……总结发现，主动捕捉或运用教育契机的家长比较少，大部分家长对契机的运用属于一种无意识状态，还有一部分家长不懂得利用生活情境，缺乏教育智慧。因此，如何运用教育契机进行家庭教育，将教育行为融于生活点滴，值得许多父母进一步领悟、学习。

四、家庭教育的需求

家庭教育的需求是指家长在面对不同年龄段子女的教育时所遇到的问题与困惑，以及希望解决自身家庭教育问题而产生的提高自身教子能力或技巧的要求，或对家庭教育指导、咨询产生的期望和需要。社会的快速变迁给家庭和教育带来诸多影响，使得家庭教育有了不同以往的困扰和需求。经济学家在分析市场时说，需求产生于变化，变化又蕴含了大量的疑惑和不确定性。因此，在本次调查中，我们以小学生家庭教育困惑为出发点，着手发掘家长的教育困惑，并对新时期下的家庭教育需求进行分析。

（一）家庭教育的困扰

1. 对小学生学习的担心是最为困扰家长的教子问题

问卷中，我们将访谈中收集到的家长的教子困扰整理出了11项，请家长以多选题的形式进行选择，经过统计分析可以看出（如图2-4-1所示）"目前最困扰家长的教子问题"前三项排序依次为："孩子的学习"（57.93%），

"孩子的安全健康"（39.94%），"自身缺乏育儿知识和方法"（30.36%）。与3—6岁儿童家长的育儿困扰相比，学习困扰已然对小学生家长造成了很大压力。而除此的两项则与3—6岁儿童家长的育儿困扰一致。很明显，对小学生学业的关注，是因为儿童在家庭及学校中角色转变而导致的积极变化。学龄前期，儿童在家庭中更多的是被保育者，是游戏的主体；而进入小学，孩子从游戏主体转变成了学习主体，家长继而也将着重点从养育子女转而关注与之学习相关的事务。家长对子女关注度的转变也增加了新的家庭教育困扰。

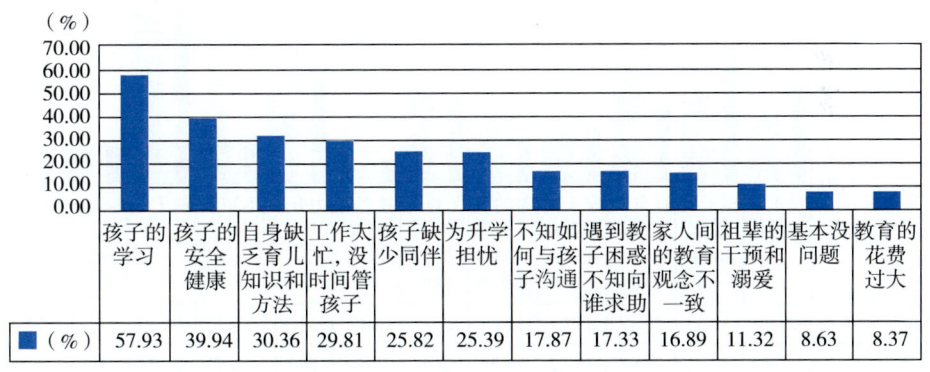

图 2-4-1　困扰家长的教子问题

2. 四省市家长对于教子困扰的感受基本一致

从分省情况来看，如图 2-4-2 所示各省市小学生家长教子困扰的前三项排名完全一致，且四省市均有逾三成家长把"自身缺乏育儿知识和方法"排在第三位。说明无论家庭经济水平和文化环境等背景性因素如何，家长都有提升自己教子水平的需求。在访谈中家长表示，尤其当家长在教子过程中遇到自己难以解决的困难和疑惑时，这种愿望和需求就更为迫切，并且希望得到及时、有效的指导。当然，这也的确从一个侧面反映出我国当前的家庭教育指导体系的不完善，未能给家长提供有效的家庭教育指导和支持。然而，小学生家长的教子困扰在被调查的四省市中有"大同"，也存在"小异"。以"工作太忙，没时间管孩子"这一困扰为例（如图 2-4-3 所示），作为经济和教育市场最为发达的北京市，家长的此项压力最小为27.42%，明显低于黑龙江省（28.40%）、山东省（30.06%）和江西省（33.66%）。这虽与我们的常识理解有悖，但通过访谈北京家长，得到了部分解释。有的家长认为兴趣班和托管班的老师们比他们会教孩子，把子女交给老师看管更好。因而小学生的闲暇时间有很大一部分让位给了兴趣班，孩子本身很忙，也几乎没有太多时间留给家长，所以家长认为"没时间管孩子"的感觉就相对被弱化了。

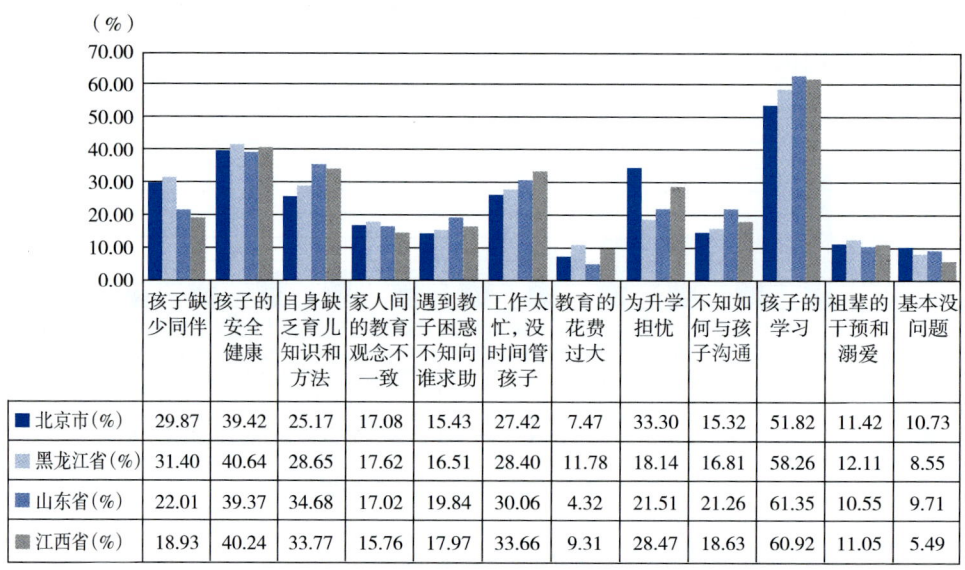

图 2-4-2　四省市家长的教子困扰

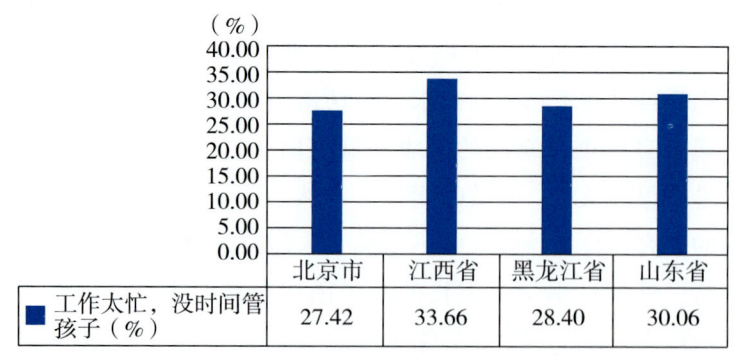

图 2-4-3　"工作太忙，没时间管孩子"问题的四省市比较

3. 家长的教育困扰与其受教育程度密切相关

学者们常以个体的文化程度、职业、收入作为考查其社会背景的核心指标。然而，在目前社会大背景下，受教育程度很大程度上直接影响到了职业的选择、层次和收入水平，我们以此管窥不同社会背景家长教子困扰呈现出的一定特点和趋势。需要说明的是，由于母亲在小学生家庭教育中占绝对重要的地位，且父亲与母亲的受教育程度基本相当，故文中均以母亲为例，父亲的情况不再赘述。

第一，因家长受教育程度低而带来的家庭教育缺陷使得家长的担忧加剧。在对小学生家长教子困扰的分析中，我们发现（如图2-4-4所示），因家长学历低而造成的一些诸如知识、技能和技巧方面不足会导致家长在以下六个方面困扰感急剧增加，此六个问题分别是："自身缺乏育儿知识和方法"、"孩子的学习"、"遇到教子困惑不知向谁求助"、"不知如何与孩子沟通"、"为升学担忧"和"教育花费过大"等。这六个困扰家长的问题大致可以分为三类：①家长现有教子水平低带来的困扰。可以看出，担心"自身缺乏育儿知识和方法"上，受教育程度低的家长，如高中、中专学历家长所选比例为36.22%，而受教育程度高的家长，如研究生及以上学历家长仅为16.51%，其两者相差高达19.71个百分点。数据反映出一个客观现实，即受教育程度低的家长深知自身知识储备的欠缺而对将要面对的教育问题难免会产生一定的心理压力和困扰。②家长缺乏教育技能、技巧而带来的困扰。受教育程度低的家长选择"遇到教子困惑不知向谁求助"（18.60%）、"不知如何与孩子沟通"（20.17%）的比例分别比受教育程度高的家长高出6.83%和10.84%。此两项表现为受教育程度低的家长缺乏有效的求助手段和亲子沟通技巧使得其相对于受教育程度高的家长产生了更大教子困扰。③受教育程度低致使社会资源贫乏而带来的困扰。不可否认"教育是社会分层的工具"，通常情况下受教育程度低的家长在职业、收入、社会人脉资源等方面都不如受教育程度较高的家长，因此在"教育花费过大"和"为子女升学担忧"两项的选择比例也就相对较高。这一现象也表现在不同受教育程度家长对"您认为有知识就能改变命运"的价值判断上。有六成多家长都赞同这一说法，受教育程度低的家长对此赞同的比例更高，为 68.63%。在访谈中绝大部分受教育程度低的家长也表达了这一感受，他们自身深感缺少文化知识带给自己的限制，故就更加深切地希望子女在学习和成就上能超越自己，在他们看来，"不要走自己的弯路"，知识能带给子女更多的选择和机会，更重要的是社会地位与金钱。

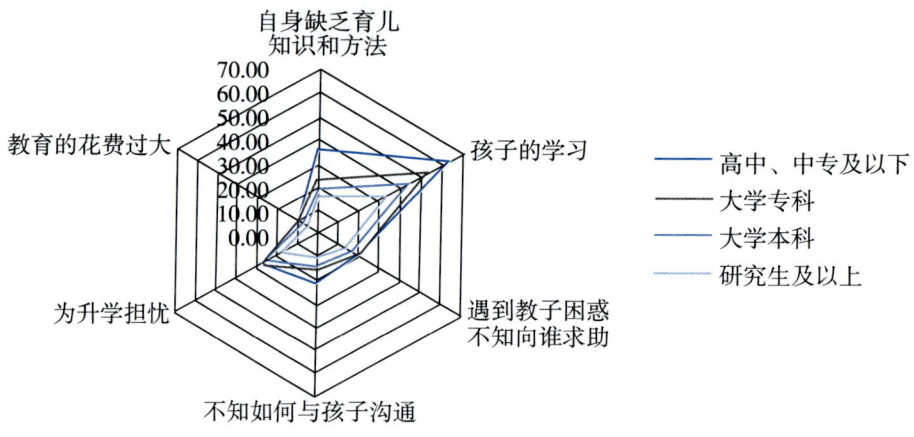

图 2-4-4　家长受教育程度与教子困扰的关系（%）

第二，因社会问题而带来的教子困扰备受高学历家长关注。独生子女政策对我国控制人口做出了贡献，但也带来一些社会问题。如孩子缺少同伴、社会适应性差、人格缺陷等。孩子缺少同伴的原因较为复杂，一方面与独生子女政策的推行息息相关，另一方面与社会生活、交往方式变化相联系。因而这不单纯是一个家庭教育问题，更是一个社会问题，需引起关注。如图 2-4-5 所示，调查中受教育程度高的家长表现出比受教育程度低家长更为担心"孩子缺少同伴"的问题。如在本次调查中研究生及以上学历的家长认为"目前最困扰的教子问题"是"孩子缺少同伴"的比例高达45.72%，大学本科家长和大学专科家长选此项的比例分别为 39.25% 和33.27%，而高中、中专及以下母亲选此项的比例仅为 19.01%，与高学历家长相差高达 26.71%。一位管理学大师曾说过，人的成功三分靠智商，七分靠情商。而与人交往的能力是一个人情商中最为关键的一环。可以说受教育程度较高的家长大多除了具有高智商，还具有高情商。因此在子女学习之外,她们便将关注点投入到了情商培养上,她们深知独生子女的良好同伴交往会带给孩子人格发展、心理健康上的积极作用,因此她们更加关注孩子缺少同伴带来的教育问题。

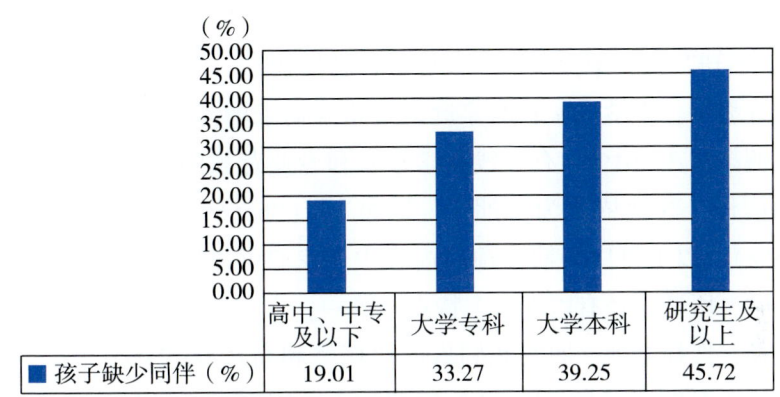

图 2-4-5　不同受教育程度家长对"孩子缺少同伴"的担忧

数据还显示,随着母亲受教育程度的提高,在"家人间的教育观念不一致"、"工作太忙,没时间管孩子"这两项上的担忧和困扰随之升高。

(二) 家庭教育的需求

所谓需求,其最核心的要素是对某种事物的需要和要求。传统的家庭教育需求在目前大致发生了三点变化:第一,教育需求从单一转向丰富。以往的教育需求多限于对人的生存技能的获取,当今家长更多着眼于子女的终身发展,从对单纯"一技之长"的需求转向子女作为一个高素质综合发展的人的需求,如更多关注子女的人际交往、亲子关系和情绪情感等精神层面的需求。第二,家庭教育从仅为家庭内部的事,由家"丑"不可外扬的心态转向在家庭外寻求理解和帮助,表现为对家庭教育指导的需求。第三,家庭教育需求从满足子女基本就学的需求转向追求对优质教育资源的追求。这从持续升温的"择校热"和"留学潮"中可见一斑。其中第一点学者们已达成共识,且近年的著作和研究成果中已经做了较为全面和充分的阐述,在此不再赘述。在本章节中我们主要对小学生家庭教育指导需求和择校、留学问题进行分析和探讨。

1. 小学老师成为家长家庭教育求助的主要对象

当问及"教育孩子遇到困惑时,您第一时间会求助谁"这样的问题时,我们将求助对象设置了六个选项,并对其加以归类,即人文途径,包括求助"朋友、同事"、"老师"、"长辈"、"专业人员";媒介途径,包括"网络、书刊"等;第三条途径就是"自己摸索"。

调查显示,小学生家长对家庭教育指导需求的对象主要是小学老师,求助比例高达33.61%,有一线教学经验和专业背景的小学老师备受家长青睐和信任;其他依次为"朋友、同事"(26.66%),"网络、书刊"(16.08%)。以上排序为前三项的内容中,我们可以发现,家长在解决教子困惑时,所选途径有以下三个特点:第一,人文途径是满足家长需求的主要途径,选择老师、朋友和同事的比例之和高达60.27%。第二,在选择"人文途径"求助教子困惑时(如图2-4-6所示),阅历及育儿经验颇丰的"长辈"被冷落,求助比例仅为5.68%,正撼动着传统"口耳相传"的家庭教育传承方式。第三,与学前3—6岁儿童家庭育儿困惑的求助对象相比,查阅报刊网络已由学前的第二位下降至第三位。可以推测,经过多年的育儿实践,家长开始将求助对象从茫茫信息海洋中理性的转向实践经验和有共同教子体会的老师和亲朋,不仅解决问题的效率更高,也更为直接和科学。然而,让人遗憾的是,家长对于专业人员的求助排位最低,仅为4.72%,这可以说明两个问题:第一,专业家庭教育指导机构极为缺

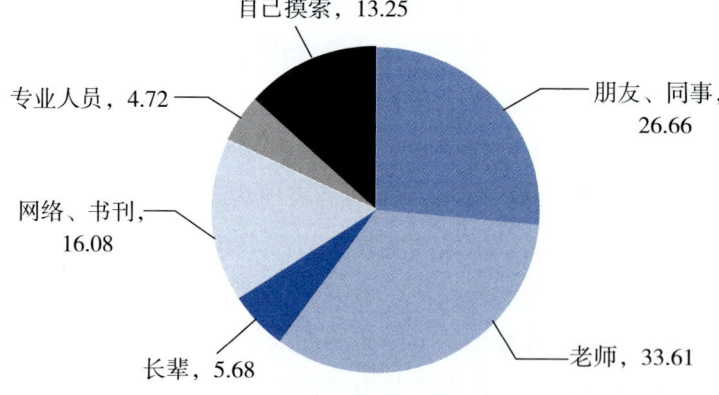

图2-4-6 遇到教育困惑时,家长第一时间的求助对象(%)

乏，家长甚至不知道有此求助渠道。第二，良莠不齐，鱼龙混杂的家庭教育市场上，所谓家庭教育指导、咨询人员无法让家长从中获得切实有效的指导。

再结合家庭结构、家长文化程度、家长职业进行分析，我们发现，无论是哪种情况的家庭，在教育孩子遇到困惑时，求助老师都是首选。通过家长访谈，我们进一步了解到，遇到教育困惑，家长多求助于老师的原因大致有四个方面：第一，教师具有丰厚的教育理论知识。第二，学生在校时间长，对学生的了解程度比较深，且老师的建议多数通俗易懂，可行性强。第三，平时和老师沟通的机会比较多。第四，没有额外支出。

2. "择校"意愿依然强烈表达了家长对优质教育资源的追求

在考查择校问题时，当问及"孩子上的小学是如何选择的"时，如图2-4-7所示，有20.27%的家长选择了"择校"，选择"考试入学"的虽仅为4.79%，其实也应将其划分在择校的行为中。而70.23%的家长真正响应了国家政策选择了"就近入学"；当追问家长"孩子小升初时，会不会择校"时，如图2-4-8所示，选择"当然会择校"的仍然占了总数的20.31%，而选择"根据孩子成绩来决定"的36.46%，选择"顺其自然"的占23.99%，选择"还未考虑过"的占19.24%。由此可以推断，选择根据孩子成绩来决定和选择顺其自然的家长其实也具有择校的意愿且其中一部分肯定会付诸实施择校行为，只不过他们更为理性、客观。由此看来，有八成家长在子女小升初时都有择校的意愿，而且此意愿并没有随国家教育政策对择校的明令禁止而减弱。

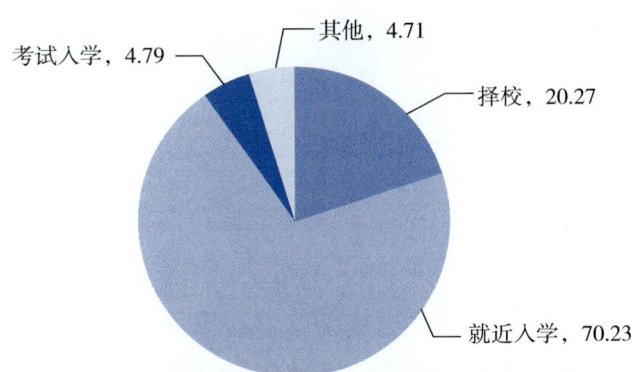

图2-4-7 孩子的小学是如何选择的（%）

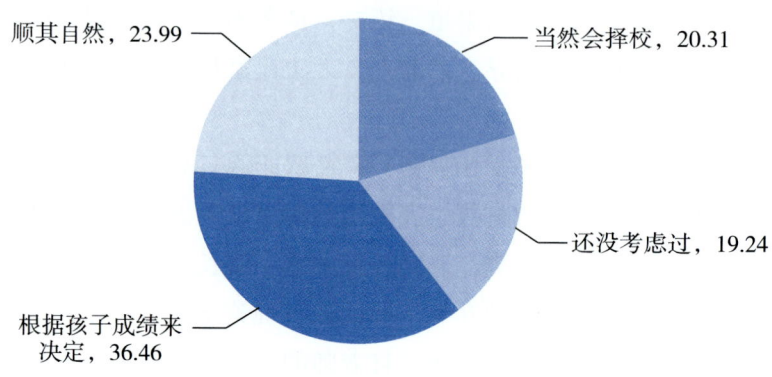

图 2-4-8　孩子小升初，是否会择校（%）

"留学"也是一种对优质教育资源的选择行为，本次调查除了考查家长的择校意愿和行为外，我们还对小学生家庭进行了"留学"意愿的调查。如图 2-4-9 所示，真正在子女小学阶段就付诸"留学"准备的家庭并不多，仅为 2.83%。进一步与小学生年级与家庭背景性因素进行相关分析，我们发现，留学意愿与小学生的年级、学业水平并没有正相关性；而与家庭的经济水平、家长的学历水平存在明显的正相关性。考查不同省市小学生家庭送子女"留学"的意愿时发现，北京市和黑龙江省的家长此意愿相当，相对较高；而江西省和山东省均比前两者的愿望低一半。而在家长的职业背景中，只有职业为公务员的家长有相对较为明显的意愿。为什么有此体现，还需进一步探究。

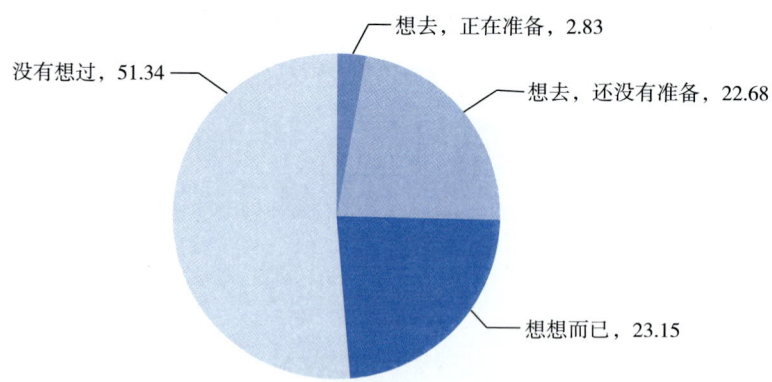

图 2-4-9　小学家长是否考虑送孩子留学（%）

五、3—6 岁儿童与小学生家庭教育现状比较

3—6 岁儿童与小学生无论在生理还是心理上都存在很大差异。生理上，学前儿童身体的各项机能还不完全成熟，而小学生随着年龄的增长，身体逐渐趋于成熟，男、女生第二性征在高年级阶段也相继出现；心理上，学前儿童尚处于情感依恋阶段，而小学生则逐渐从对父母的依赖走向独立，不仅在生活方面逐渐可以自理，随着年龄增长，他们对很多事情也逐步有了自己的认识和想法。以上种种差别，势必导致 3—6 岁儿童与小学生家长在营造家庭教育环境、运用家庭教育观念、方式以及由此产生的家庭教育需求均有很大不同。因此，有必要将 3—6 岁儿童与小学生的家庭教育现状进行比较，发现两者之间的共性和差异，进而从理论和实践两方面认识到儿童家庭教育的整体现状和发展变化。

因 3—6 岁儿童和小学生家庭教育现状调查维度均包括教育环境、教育态度、教育方式和教育需求四个方面。在此我们也从这四个维度出发，对比两个阶段家庭教育的异同。

（一）教育环境

家庭教育环境既包括家庭教育投入、家庭物质环境等显性教育因素，也包括亲子关系、家庭氛围以及文化品位等隐性家庭教育因素。随着儿童年龄的变化，家庭教育环境各个维度也呈现出明显的年龄差异。将 3—6 岁儿童和小学生家庭教育环境进行比较发现，两者在家庭教育投入、家庭文化氛围和亲子关系等方面均存在年龄差异。

1. 家长普遍重视家庭教育投入，3—6 岁儿童家庭教育支出压力略高

从整体上看，无论小学生还是 3—6 岁儿童的家庭普遍都拥有良好的物质生活条件，能满足子女生活及学习的基本需求。在对 3—6 岁儿童家庭收入的调查中，家庭平均月收入在 8000 元以上的家庭占 62.90%；在小学生家庭教育现状的调查中，有 76.50% 的家庭其经济收入处于当地中等水平，

有 3.10% 的家庭经济水平处于当地较高水平。可见，在两个年龄阶段的家庭中，均有超过六成以上的家庭具备为儿童提供较好的生活和教育环境的物质基础。

从家长的经济投入力度来看，通过对 3—6 岁儿童家庭每月教育消费占家庭月收入比例的调查发现（如图 2-5-1 所示），儿童每月教育消费低于 20% 的家庭共计 44.24%，每月教育花费高于 20% 的家庭共计 55.76%；对于小学阶段的调查，考虑到该阶段教育消费中预支性支出（如学费、课外辅导费和兴趣班学费等）较多，因此选取了家庭教育年消费占家庭年收入的比例加以考查。如图 2-5-2 所示，在被调查家庭中，小学生近一年的教育花费占家庭年收入低于 20% 的家庭有 72.60%，教育花费占家庭年收入超过 20% 的家庭有 27.40%。尽管"家庭消费月支出"和"家庭消费年支出"是衡量家庭教育支出的两个不同指标，但教育消费"月支出"可视为"年支出"的平均值，其比例不变，因此，两组数据可以进行初步比较。而在前面的论述中已提到低于家庭收入 20% 是家庭教育消费较为合理的比例，从这种意义上，我们可以推断，3—6 岁儿童家庭教育消费支出普遍高于小学阶段。正因为如此，在问及两个阶段家长"当前困扰您的家庭教育问题"时，有 13.90% 的 3—6 岁家长认为"孩子的花费过大"，而小学家长认为"孩子的花费过大"的仅为 8.37%，低于前者 5.53%。不难看出，相比小学生家庭而言，3—6 岁家庭的教育支出压力相对较大。

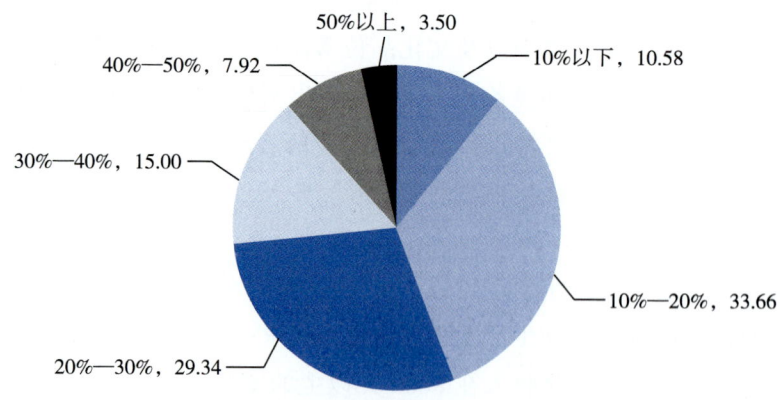

图 2-5-1　3—6 岁儿童花费占家庭月收入的比例情况（%）

第二章 小学生家庭教育现状

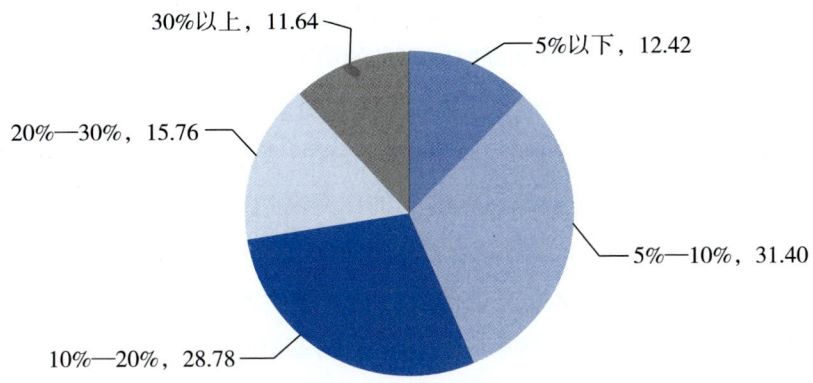

图 2-5-2 小学生教育花费占家庭年收入的比例情况（%）

分析其中原因可能与 3—6 岁儿童正处于非义务教育阶段有关，在此阶段幼儿园所有花费均由家长承担，尤其在一些大城市部分私立幼儿园一月学费动辄几千，这对于多数工薪家庭难免会造成一定压力。另外，当前教育培训市场中 3—6 岁儿童的课外培训价格普遍高于小学阶段，无疑再一次增加了 3—6 岁儿童家庭的教育消费压力。

2. 小学生家庭文娱活动普遍不及 3—6 岁儿童家庭丰富

家庭文娱活动是家庭氛围的重要体现。在对 3—6 岁儿童和小学生家庭文化娱乐活动的调查中我们发现，无论是日常的户外活动，还是节假日的家庭外出游玩活动，3—6 岁儿童的情况均优于小学阶段。

在日常的户外活动中，对于"从幼儿园回家后，您的孩子还常出去玩吗"的问题，无论是回答"出去跟小朋友玩"，还是回答"出去自己玩"，抑或是"出去跟家人玩"，都表明儿童幼儿园放学后还有一定时间的户外活动，三组数据总计 68.54%。如果按照《幼儿园工作规程》中所规定的："幼儿园户外活动时间在正常情况下每天不得少于 2 小时，寄宿制幼儿园不得少于 3 小时"可以推算出：在多数情况下，3—6 岁儿童每天户外活动的时间基本能保证 2 小时以上。而小学阶段，约四成的小学生表示他们放学后"几乎没有"时间进行户外活动；户外活动在"半小时以内"的占 25.88%，在"1 小时以上"的仅占 13.18%，户外活动的时间远远低于 3—6 岁儿童。我们进一步对小学阶段不同年级的学生进行户外活动时间统计数据发现，各年级户外活动时间并非我们推断的那样，随年级升高而降低，其数据年级差异不明显。也就是说，小学生户外活动时间不足的情况在各个年级都较为普遍。

在家庭活动方面，3—6岁儿童与家庭成员外出游玩的频率也普遍高于小学生家庭。如图2-5-3所示，3—6岁儿童的家庭每周都有外出游玩活动（包括去附近公园、郊游或长途旅游）的比例高达43.11%，半个月或一个月出去一次的占38.98%，两者合计82.09%，不难看出，绝大多数3—6岁家庭都有较为丰富的家庭文娱活动。在小学生家庭文娱活动的调查中，如图2-5-4所示，经常组织家庭文娱活动的家庭仅占17.92%，偶尔组织的高达73.57%，从来不组织的占8.51%。不难看出，小学生家庭阻止文娱活动的频率低于3—6岁儿童家庭。

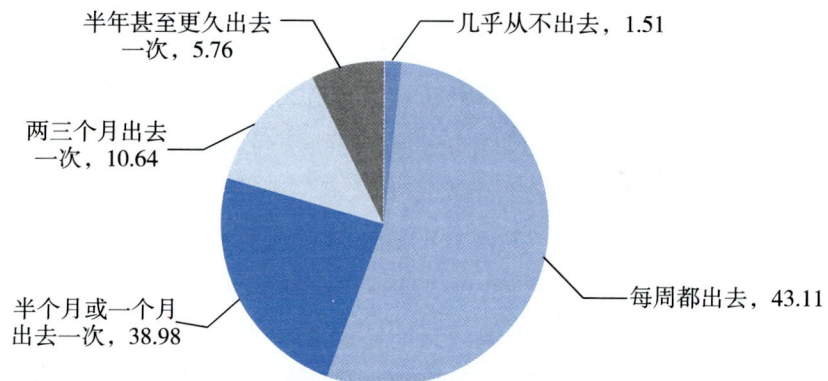

图2-5-3 3—6岁儿童外出游玩情况（%）

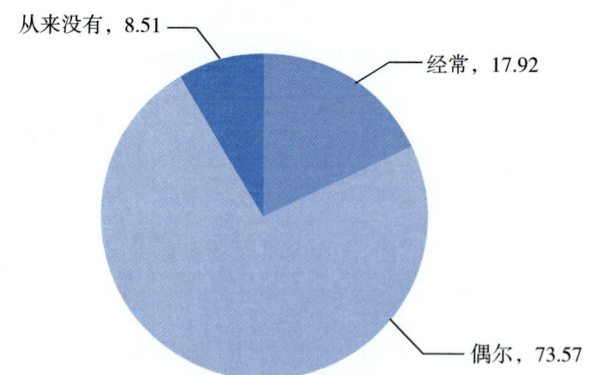

图2-5-4 小学生家庭娱乐活动的情况（%）

那么，小学生家庭文娱活动的时间是如何被挤占的呢？除了小学阶段学生的课外阅读量逐渐增加外，学业负担是导致其家庭文娱活动减少的根本原因。调查发现，有38.04%的学生每天在家完成学校家庭作业的时间超过1小时，还有14.57%的学生每天还会进行超过1小时的额外学习时间，这必然导致户外活动时间的减少。另外，在小学生调查中只有13.63%的小学生"还没上"任何兴趣班，即有高达86.37%的小学生正在或多或少地参加各种不同类型的兴趣班。可以推测，在课外闲暇时间里（周末及假期），小学生参与兴趣班从一定程度上挤占了他们参与其他文娱活动的时间和机会，家庭文娱活动也相应减少。

3. 家长对子女的了解普遍不够深入，小学生家长情感表达较为含蓄

父母与孩子之间相互了解是亲子有效沟通的前提，因此，父母对子女的了解程度，能侧面反映亲子关系的疏密。将小学生与3—6岁儿童家长对子女的了解程度进行比较，显示家长对各年龄阶段儿童都有不同程度的了解，但都不够深入。

在对3—6岁儿童的家长调查中发现（如图2-5-5所示），家长对子女喜好最了解的项目为孩子最喜欢的动画片、玩具、书，其次是孩子最喜欢的老师、最要好的伙伴，最后则是最喜欢玩的游戏和卡通人物。由此可见，3—6岁儿童的家长对子女了解最多的前几项均为生活中容易观察到的内容（喜欢的动画片、玩具、书），而对孩子内心需求（喜欢的老师、要好的伙伴）和需要进一步沟通互动才能获知的内容（最喜欢玩的游戏和卡通人物）则了解不够。

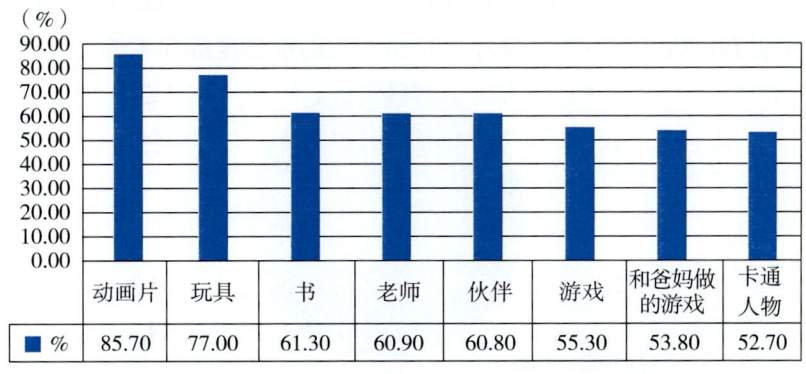

图2-5-5　3—6岁儿童家长对子女喜好的了解情况

同样，如图 2-5-6 所示，绝大多数小学生家长对子女容易观察的外显性喜好比较了解，如孩子好朋友的名字、孩子最喜欢的老师、最喜欢的课等项目选择比例高，而对需要和子女进一步沟通交流，触及学生内心需求的喜好，如近期最大的愿望、近期着迷的书、孩子最不愿提的缺点或糗事、孩子最喜欢父母为他做的事等的选择比例则相对较低。

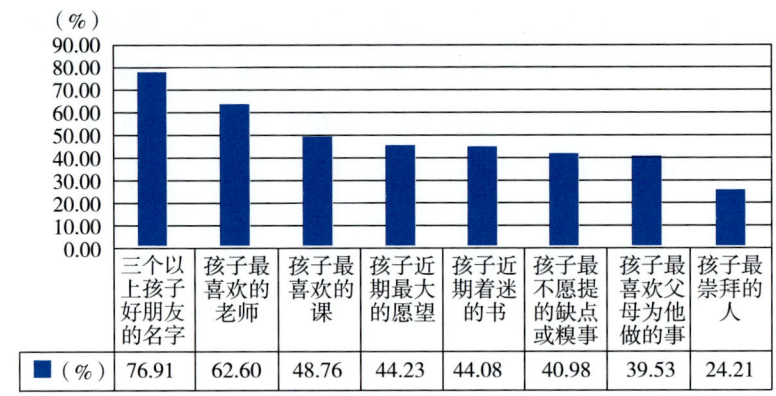

图 2-5-6　小学生家长对子女喜好的了解情况

家长对子女情绪的洞察方面，有 57.34% 的 3—6 岁儿童家长能猜出孩子发脾气的原因（如图 2-5-7 所示），39.98% 的家长"有时能，有时不能"，2.68% 的家长不能猜出孩子发脾气的原因，后两项和为 42.66%；而在小学生"心情不好时（如图 2-5-8 所示），父母通常会察觉"的调查中发现，父母"常常"能察觉的比例为 57.52%，选择"偶尔"的占 34.10%，选择"从不"的占 3.38%。后两项和为 37.48%。说明两个年龄阶段中仍有四成左右的家长对子女情绪变化的敏感度远远不够。

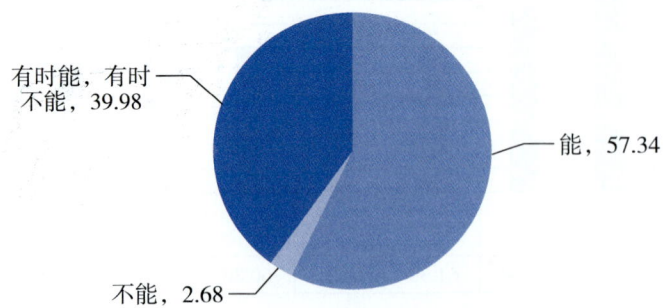

图 2-5-7　3—6 岁儿童家长能否猜出子女发脾气的原因（%）

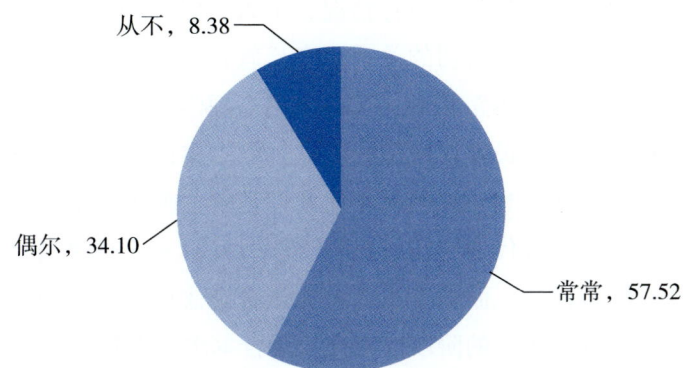

图 2-5-8　小学生家长察觉子女不良情绪的情况（%）

从家长角度来看，良好的亲子关系除了对子女深入的了解、对其不良情绪的细致关注外，如何表达对子女的喜爱也十分重要。在3—6岁儿童家庭教育调查的数据显示，八成以上的家长会通过亲吻、拥抱等方式直接向孩子表达爱意。可见，3—6岁儿童家长多会采用较为直接的表达方式向子女传达爱意。随着儿童年龄的增长，父母表达爱的方式开始逐渐转向含蓄，尽管小学生中也有接近四成的学生从父母的亲吻、拥抱中感受父母之爱。但相比而言，问及小学生"你通常从哪些方面感受到父母对你的爱"时，回答中排在前两位的依次为"给我鼓励和支持"、"给我细心的照顾"，而"与我拥抱、亲吻、击掌等"则排在第三位。进一步对年级进行数据交叉发现，随着年级的升高，"与我拥抱、亲吻、击掌等"直接的表达方式随之减少，而"给我鼓励和支持"和"给我细心照顾"较为含蓄的表达方式随之增加。可见，随着儿童年龄的增长，父母对子女表达爱意的方式越来越含蓄，子女也越来越在意父母对自己情感需求的满足。

（二）教育态度

教育态度作为家长教育观念和情感的反映，既是一定社会、经济、文化、教育和传统的产物，也是特定家庭环境、条件和氛围长期积淀的结果。

家长的教育态度，除了要受到社会政治、经济、文化因素的影响与制约外，在很大程度上也与其受教育情况、个人生活经验、从事的职业、家庭收入状况等家庭环境有密切的关系。家长教育观念的来源，既受社会心理学家重视的"文化脚本"影响，又有发展心理学家所强调的自我建构作用。因此，我们认为家长教育观念的形成，是"文化建构"与其"自我建构"相融合的产物，这也正好能够帮助我们理解为何家长的教育观念既具有整体共同性，反映时代的特征与趋势，同时又具有个体独特性，反映出家长教育观念的多样性。而教育态度作为教育观念的反映，也既具有一定的稳定性，又呈现出相应的阶段性特征。结合本次调查和3—6岁儿童家庭教育现状调查，我们对家庭教育中一些典型问题进行对比分析，发现幼儿家长和小学生家长在教育态度上既有一致性，又随着子女年龄的增长及其生、心理发展的内在需要，存在一定的差异性。

1. 幼儿家长对子女优先关注发展性因素，小学生家长优先关注现实性因素

家长平时最关心孩子的主要方面，直接体现出他们在日常家庭教育中的重点，因而反映着他们的教育态度和观念。在3—6岁儿童家庭教育现状调查中，家长认为现阶段培养子女的六个重要方面从高到低依次为：良好行为习惯（88.50%）、性格品质（62.60%）、基本生活技能（55.40%）、人际交往能力（53.30%）、兴趣爱好（34.90%）、文化知识（20.50%）。家长对"良好行为习惯"和"性格品质"的关注居前两位，对"文化知识"的关注排在末位，这一方面与幼儿阶段的主要任务有关，即帮助幼儿培养良好的行为习惯和性格品质，并学习基本的生活技能；另一方面也能说明家长对于此阶段幼儿的培养目标定位较为准确，在价值观上体现优先关注子女的发展性因素。

然而从本次小学生家庭教育现状调查来看，家长现阶段最关心子女的重要方面从高到低依次为：健康安全（65.95%）、习惯养成（55.47%）、日常学习（53.58%）、人际交往（37.89%）、自理能力（33.75%）、性格养成（28.09%）、兴趣爱好（19.47%）、情绪情感（11.93%）。综合来看，家长对子女教育的健康安全、日常学习这些现实性因素关注度较高，分别排在第一位和第三位；与此同时，除了习惯养成排在第二位之外，家长对于人际交往、自理能力、性格养成、兴趣爱好、情绪情感这些关乎子女未来成长的发展性因素关注度相对较低。从学生的角度来看，问及"认为目前家长最关心自己哪些方面"时，高达八成的小学生认为家长最关心自己的学习，其次是健康和安全问题，而类似习惯养成、生活自理、人际交往和兴趣爱好这些发展性因素，学生的选择比例均低于家长。此外，问及"关于你的话题，父母聊得最多的是什么"时，高达49.96%的学生选择"我的学习"，远高于其他选项，由此可见，在学生心目中，家长对自己的关注突出集中在学习上。

这一数据说明，相比幼儿阶段，家庭教育的价值取向发生了明显的转变，即从"发展性因素"转向"现实性因素"。这固然与小学生学习任务不断加大，学习生活占据了日常生活的主要方面有关，加之未来的升学竞争压力，也使得家长对学习格外重视。但是作为家庭教育来说，学习并不应当成为家长培养子女的第一要务，家长更应关注的是如何培养子女形成良好的学习习惯，以及那些能够促进子女学习发展的隐性因素，比如亲子关系、家庭氛围、兴趣爱好、情绪情感等，这些虽然是影响学习的外围因素，易被家长所忽视，然而却能帮助学生产生持续长久的学习动力和积极的学习动机。家长重视子女的学习本无可厚非，但是在家庭教育的目标上不能偏离，引导子女"成人"比"成才"更为重要，这也是家庭教育中"人才观"的核心价值观所在。

2. 家长在子女独立性培养方面呈现出一贯性，并随年龄增长调整教育方式和要求

独立性是指一个人独立分析和解决问题的能力。培养独立性是对子女进行生存教育最基本的要求，包括独立意识和独立行动两个方面。对于幼儿和小学生来说，其重点在于培养生活自理能力，还包括独立做选择和独立处理问题的能力。我们分别针对3—6岁儿童和小学生的独立性培养方面做了相应的调查，通过对比分析发现，家长在子女的独立性培养方面呈现出一贯性，即不论是幼儿家长还是小学生家长，都普遍具有培养子女独立性的教育意识，并随着子女年龄的增长，对其教育方式和培养要求都做出了相应的调整。

考查3—6岁儿童的家长对子女独立性的培养，我们着重从收拾玩具和处理同伴冲突两个角度进行了解。游戏作为此阶段幼儿的每日必修课，从游戏结束后对玩具的整理情况可以看出家长对子女自理能力培养的态度。数据显示，超过九成的家长对培养子女的自理能力有一定要求，其中"多数由家长收拾，孩子辅助"和"多数由孩子收拾，家长辅助"的均为43.20%，"完全由孩子自己收拾"的占8.70%，"完全不要求"收拾玩具的仅占4.70%，这从整体上反映出尽管家长的要求有高有低，但普遍都具有培养子女独立性的意识。

此外，家长对于子女同伴冲突的处理方式，也反映其对培养子女独立性的态度。这一数据并不乐观，74.60%的家长都会"从中调节"，"任其同伴间自行处理"的仅占13.80%。这两组数据说明家长对3—6岁儿童独立性的培养有比较明朗的教育态度，但在具体的教育行为上显得"放手"不够，还不能给予子女充分锻炼的机会。究其原因，主要是由于此阶段儿童年龄小，在很多方面的确需要家长的帮助，加之多数儿童为独生子女，使得家长不能充分放手；其次，部分家长对培养孩子独立性的认识还不够深入；另外，部分家长也缺乏必要的引导方法和技巧。

本次小学生家庭教育现状调查中，我们从四个角度，即小学生做家务情况、检查作业、如何选择兴趣班以及家长生病后怎么做，来考查小学生家长培养子女独立性的情况。从做家务情况来看，逾八成小学生家长注重通过家务劳动来培养子女的生活自理能力，从参与家务劳动的项数来看，经常做5项及以上家务的比例总计为54.65%；从检查作业情况来看，18.83%的家长会代子女检查作业，督促子女自己检查的占21.02%，"让孩子先检查一遍，家长再检查一遍的占"54.05%，可见近九成家长在子女的学习中都不同程度地扮演着管理者的角色；从选择兴趣班来看，接近五成的学生表示是"父母和我商量的"，23.10%的学生为"我自己选的"，表明仅两成左右家长注重培养子女独立选择的能力；从家长生病后的处理方式来看，"孩子会主动帮助和照顾我"和"告诉孩子自己病了，让他帮些小忙"这两项合计接近六成，可见这部分家长注重利用生活契机来培养子女照顾他人的意识，这也是比独立性更高一层的要求。

相比幼儿阶段，随着小学生年龄增长，家长对培养子女的独立性还是有着更高的要求，除了通过做家务、检查作业等方面培养其独立意识外，还在选择兴趣班时给予子女独立做选择的机会，甚至会要求子女照顾他人，这势必需要子女具备一定的独立自理能力。综合来看，培养子女的独立性是多数家长的普遍共识，但家长在具体实践中还缺乏相应的方法和技巧，由于对不同年龄阶段子女的心理和发展特点把握不足，因而在很多时候不能充分放手，对子女的事情过度干涉、包办是相当一部分家长的通病。

3. 性教育虽然已引起家长的重视，但其性教育能力和观念未能跟上子女的发展需要

以往家长大多对子女"谈性色变"，但随着社会的进步和开放，不论幼儿还是小学生家长，都能从一定程度认识到性教育的意义和重要性。然而随着子女年龄的增长，他们的生理和心理都发生着相应的变化，对其进行性教育的内容和所运用的引导技巧也应适时地做出调整，但从两次调查结果来看，家长的性教育能力和观念未能及时跟上子女的发展需要，性教育素养（包括性教育观念、性教育内容、性教育的方法技巧）有待进一步提升。

具体来看，幼儿阶段性教育的内容相对比较简单、浅显，家长在观念上存在的顾虑和阻碍也相对较小，因而有八成家长能够坦诚应对性教育。在3—6岁儿童家庭教育现状调查中，问及家长"当孩子问起跟'性'有关的问题时，您怎么处理"，结果表明，有75.9%的家长选择用孩子能理解的方式解答，还有3.4%的家长选择直接给出真实的答案。采取回避遮掩方式，如"转移注意力，不予回答"、"编个答案糊弄一下"、"羞羞，不许他问这类问题"和"让他去问其他家人"的总共占20.7%。可见约八成的父母对于性教育不回避，并能耐心帮助孩子解答困惑。

然而随着子女年龄的增长，性教育的内容更加复杂且阶段性更强，对家长的能力要求越来越高，且随着内容深度的增加，家长很难把握讲述的技巧和分寸，因而问及家长"阻碍您进行性教育的主要原因"，仅有23.04%的家长认为没什么阻碍，其中阻碍家长进行性教育的原因，一方面是家长的性教育能力不足（占50.60%），另一方与态度保守有关（占

26.36%)。与此同时，从家长对子女进行性教育的内容来看，在我们所列举的4项内容中，选择1项的高达58.51%，而选择4项的仅占5.41%，这反映出家长虽有对子女进行性教育的意识，但性教育的内容并不全面，说明家长对于性教育的内涵了解还不深入，不能传授给子女较为全面的性知识。另外，在考查不同年级学生对性教育知识的掌握程度时，发现家长对子女的性教育还存在一定的滞后性。

与幼儿阶段相比，小学生所能接受到来自家长的性教育反而比幼儿阶段更少。一方面，这与家长的性教育能力和观念有关，另一方面，小学生所能接受信息的渠道更为多元化，除了家长以外，他们还能通过老师、同学甚至网络报刊等媒体来获得性教育知识。正因如此，家长更应加强对子女性教育的重视，积极提升自身的性教育素养，秉承"超前性"、"科学性"等原则，适时、适度地对子女进行引导，以免给其带来不必要的伤害。

（三）家庭教育方式

家庭教育方式直接受家长教育观念影响的，是家长对子女实施教育所采取的具体措施和手段。将3—6岁儿童与小学生家庭教育现状调查的数据进行比较，两者的教育方式都呈现出民主化特点，且对相关事件的处理都较为温和，只是因儿童年龄特点在具体表现上略有差异，总体呈现出教育方式具有一致性的特点。

1. 家长教育方式均呈现民主化特点

生活中，家长是否给予子女选择的机会，是否尊重其选择，都能体现出家庭教育方式的民主与严格。因此，这里选取能体现上述问题的情境，将小学生与3—6岁儿童家长的处理方式进行对比，发现其教育方式均呈现出民主化特点。

从3—6岁儿童家庭调查数据来看，当儿童不想继续上兴趣班时，如图2-5-9所示，仅有5.30%的家长会"要求孩子继续上"，显示出教育方式略有强制感。而有44.39%的父母会对孩子讲道理，说服并引导他继续上兴趣班，14.48%的父母会顺应子女的意愿，选择"孩子不想上就不上了"。综合后二者数据，可以看出超五成家长对于子女的选择不论其是否合理，首先都不会斥责，而会进行说理引导，在某些情况下直接遵从子女内心的想法，表明这些家长在此类问题上更加开明和民主，即使子女年龄较小，也表现出对子女的尊重。

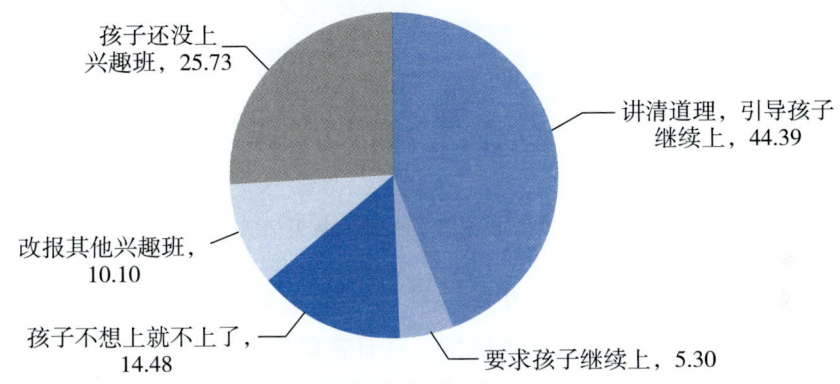

图 2-5-9　3—6 岁儿童家长对子女不想上兴趣班的态度（%）

将同类问题对小学阶段进行考查，问及小学生"你上的兴趣班是怎么选的"时，如图 2-5-10 所示，只有 23.08% 的学生选择兴趣班情况属于"父母决定的"，说明这部分家长会独自决定兴趣班的选择，不给子女相应的选择权和发言权，对子女更多的是支配与要求，表明有超两成家长在此问题上的教育方式较为专制；另有 49.59% 学生表示"父母和我商量的"，表明有近五成的家长会尊重子女的想法，听取他们的意愿，还有 23.10% 的学生为"我自己选的"，在这部分家庭中，家长不但尊重子女的意愿，还给予其独立选择的自由和权利，两项数据合并，可以看出，逾七成家长在此类问题上乐于跟子女沟通，听取和采纳他们的意见，同样体现出民主化的教育方式。

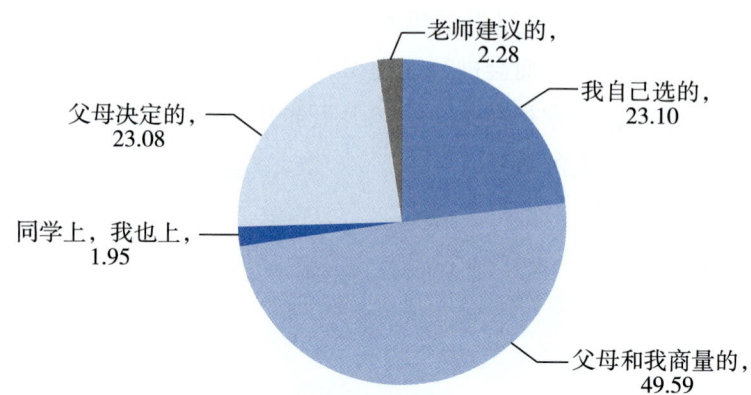

图 2-5-10　小学生兴趣班的决定意见情况（%）

综合上述数据，可以看出小学生与 3—6 岁儿童家长教育方式均呈现民主化特点，但因年龄不同又有所区别。在日常的生活学习中，3—6 岁儿童家长并未因子女年龄幼儿而忽视其意愿或需求，则会考虑或参照子女内心想法而做出相关决定或采取相关方法，这种教育的民主化表现为对子女的尊重；小学生家长在对待需要选择的事件中，不但会主动和子女协商，听取他的意见或建议，而且会赋予子女一定的权利，给其独立决定的空间。小学生家长教育方式的民主化除了表现出对子女的尊重，还表现出对他们意愿或选择的包容。

2. 家长均采用温和说理式教育

孩子不听话、发脾气是家长最常碰到的教子难题，对于这些问题的处理情况，不仅考验着家长的智慧，也直接体现出家长日常生活中的教育方式。

从 3—6 岁儿童的相关数据来看，当问及家长"如果孩子不听话，您一般会怎么做"时，如图 2-5-11 所示，结果表明，采取消极方式的家长（如"算了，无所谓"、"批评、责骂"、"没办法、很无奈"）的仅占 16.99%，而 50.22% 的家长会反复说服教育，还有 32.79% 的家长则会用儿童喜欢的东西引导，将二者数据合并，可见逾八成家长在教子过程中不会通过斥责等粗暴的教育方式迫使子女听话，而会注重运用方法和技巧，经常通过反复说服、引导等温和方式教育子女。

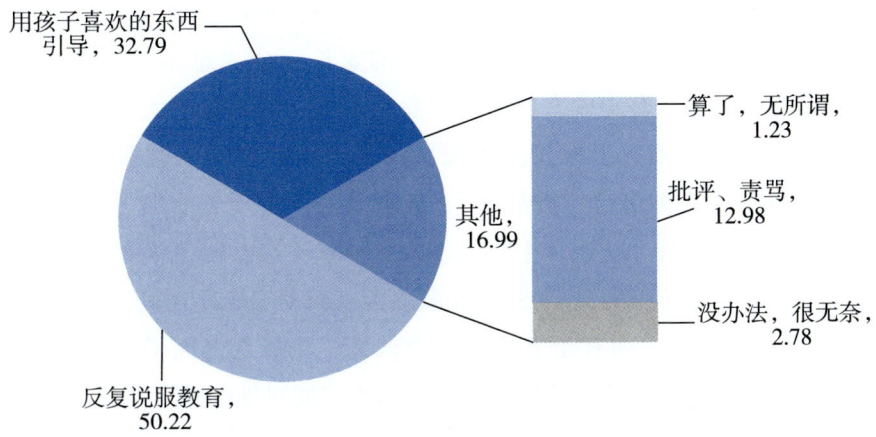

图 2-5-11　家长对待孩子不听话的方式（%）

即使面对一些原则性问题，3—6 岁儿童的家长也会温和对待。比如当儿童"未经同意拿了别人的东西"，如图 2-5-12 所示，选择"惩罚、批评与责骂"等严厉教育方式的仅占 1.61%，而选择"孩子还小，不能太较真"的也仅为 1.76%。而 90.75% 的家长都会选择"说清道理，让孩子明白拿别人东西不对"。可见九成家长在态度上会特别重视子女的原则性问题，在处理方式上又会考虑儿童的年龄特点，而采取较温和的"说理"式教育。

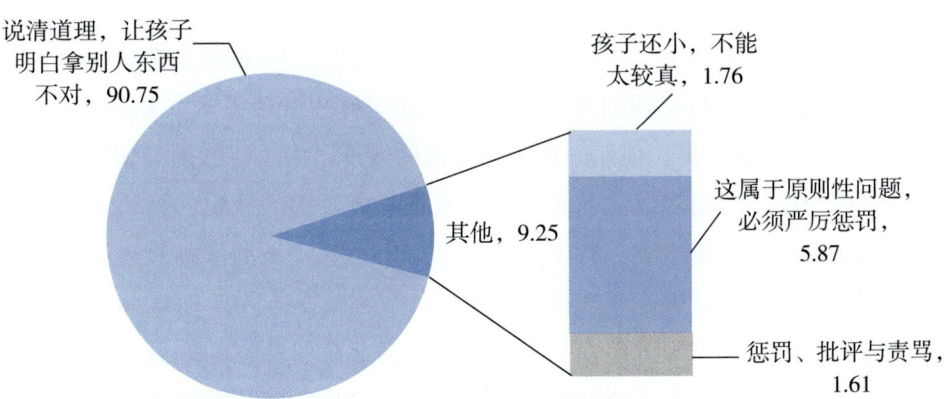

图 2-5-12　家长处理儿童偷拿东西的方式（%）

从小学生的相关数据来看，当子女发脾气时，如图2-5-13所示，有21.02%的家长会对子女"训斥"，7.97%的家长则会"忍不住动手"。这两项数据合并显示，有三成家长面对子女的不稳定情绪容易大发雷霆，用强制的手段让子女听命于家长，表现出较为严厉或粗暴的教育方式。有17.50%的家长会对此进行"冷处理"，此方式对于处理子女的无理取闹不失为一种可行的办法。既让学生明白不合理要求不会被随意满足，也避免家长运用训斥、挖苦等方式给子女带来伤害。而另有53.51%的家长会对子女"耐心询问"，表明有超五成家长会认真、冷静地询问子女缘由，倾听对方诉说心中的不满甚至愤怒，以温和的方式面对他的脾气或任性。

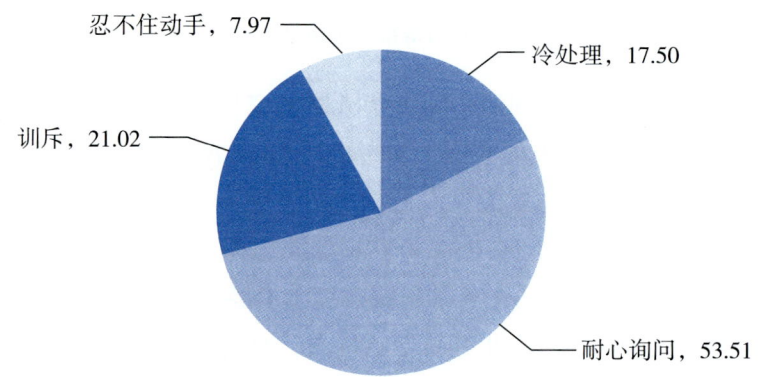

图2-5-13　家长应对子女发脾气的方式（%）

综合二者数据可见，在具体问题的应对方式上，3—6岁儿童和小学生的家长均会采用温和说理的方法，但此方式同样因阶段差异又略有不同。对于3—6岁儿童来说，他们尚处于各方面的发展之中，一方面因知识、经验、视野所限，对很多事情、问题不能有正确或合理的认识；另一方面此阶段儿童因语言发展所限，对于某些问题或内心想法未能准确表述，因此更多需要家长的语言讲述或教授来明事理。本次调查结果所示的3—6岁儿童家长的温和教育多为讲道理的方式，也符合此阶段儿童的发展特点。对于小学生来说，他们有了一定的知识、经验的积累，对某些事情或问题有了较为客观的认识，此外语言表达的进步也使其能说清困惑或需求，随着年龄的增长，小学生对某些方面甚至有了自己的认识和看法。因此，家长的教育方式除了必要的讲道理外,还需要给予学生表达自我的机会和空间。本次调查中,结果也显示出家长的温和教育还表现为主动与子女沟通,倾听其内心想法的一面,与幼儿阶段不同,也符合小学生的成长需要。

(四)家庭教育的困扰和需求

不同历史背景下的家庭教育困扰和需求有其不同时代的特点,同样,面对不同年龄段特点的儿童,家长的家庭教育困惑与需求也各有各的不同。

1. 家庭教育的困扰重点由养育转向学习

从3—6岁儿童和小学生家长在调查中分别反映出的育儿/教子困扰来看:3—6岁儿童家长的困扰由高到低的排序为,安全健康(50.10%)、缺少同伴(48.20%)、缺乏育儿知识(38.90%)、工作与育儿冲突(32.70%)、为孩子上学担忧(29.60%)、家人教育观念不一致(26.90%)、遇到育儿困惑不知向谁求助(20.70%)、育儿花费高(13.90%)、孩子不适应幼儿园(7.00%)。从数据反映出儿童保育问题是最为困扰学龄前儿童家长的突出内容;小学生家长的困扰由高到低的排序为,孩子的学习(57.93%)、安全健康(39.94%)、缺乏教子知识和方法(30.36%)、工作太忙没时间管孩子(29.81%)、孩子缺少同伴(25.82%)、为升学担忧(25.39%)、不知如何与孩子沟通(17.87%)、遇到教子困惑不知向谁求助(17.33%)、家人间教育观念不一致(16.89%)。从数据反映出"孩子的学习问题"已经成为最让小学生家长担忧和困扰的事情。可以看出,家庭教育的困扰重点由养育转向了学习。

探查家庭教育困扰的转变原因,这与学龄前和小学阶段儿童的发展特点密不可分。3—6岁阶段的儿童运动能力增大,对外界的好奇心和探索欲望强烈,但此时他们自己的安全意识却还未建立起来,需要大人密切关注。而且,从近年来频频曝出的新闻事件看来,意外伤亡、恶性暴力呈上升趋势,不得不让家长对孩子的安全问题多有担心;再从另一方面来看,此年龄段儿童已进入幼儿园,但身体抵抗疾病能力的机能并不健全,每到换季都是幼儿园孩子频繁生病的时候，故此年龄段家长的关注重点仍然在孩子的安全与健康上，这是儿童健康成长的基本保障与前提；而当儿童正式进入小学，学生身份的转变与社会角色的转变，都使得"学习"成为他的最重要的生活和成长内容。尤其面临着周遭家长和同伴的压力，面临着即将到来的子女升学、考学压力，都使家长不由自主地将专注点转向"孩子的学习"；除此，部分新闻媒体夸大事实的宣传和报道，教育市场的非规范化运作和营销等，继而加重了家长对子女学业的困扰。

除了最困扰家长的育儿/教子问题的转变，3—6岁儿童家长和小学生家长的困扰还表现出一定的延续性。由数据可以看出：第一，两阶段均有逾三成家长表示自己缺乏育儿/教子知识和方法，无论在3—6岁家长阶段还是在小学阶段，此困扰均排在前三项，且每阶段仍有近两成家长表示"遇到育儿/教子困扰不知向谁求助"，表明家长一方面对提高自身育儿水平的强烈需求，一方面也反映出我国家庭教育指导服务的不到位和缺位。第二，两阶段均有约三成家长的工作与育儿/教子发生冲突，并未随孩子长大与进入小学得到缓解。从社会大背景来看，这一冲突表现的不仅仅是个体家庭内部的矛盾，也体现出社会现实中的一个不和谐因素，而且进一步分析发现，处于文化程度较低和较高两级的家长，较低和较高收入两级的家庭，劳动密集型职业的家长及军人和警察在此方面的困扰尤为明显，需要引起研究者及政策制定部门的关注。第三，对"（孩子）缺少同伴"的困扰，从3—6岁阶段的第二项下降至小学阶段的第五项，看来随孩子进入小学开始集体生活，此困扰已经得到一定缓解。

2. 家庭教育困扰的求助对象由亲朋好友转向小学老师

从3—6岁儿童和小学生家长在调查中分别反映出的，解决家庭教育困扰的求助对象来看：在3—6岁阶段，当家长教育孩子遇到困惑时，求助对象排名由高到低为：朋友同事（34.40%）、查阅报刊网络（32.80%）、自己摸索（11.40%）、咨询专业机构（9.80%）、长辈（9.60%）、参与媒体互动（2.00%）；在小学阶段，家长的求助对象由高到低排序为：老师（33.61%）、朋友同事（26.66%）、网络书刊（16.08%）、自己摸索（13.25%）、长辈（5.68%）、专业人员（4.72%）。

从两个阶段家长第一时间求助的对象来看，家长从求助朋友同事继而转向求助小学老师。求助对象和途径从"经验型"过渡到"专业型"，从"平行探讨型"过渡到"权威请教型"，可以从一个侧面反映出家长对于小学老师的尊重和信任，也透露出家庭教育重心和家长关注点的转移。

除了家长第一求助对象的明显变化外，其他求助对象和排名均变化不大。第一，从对长辈的求助来看，随孩子进入小学其求助长辈的比例进一步下滑，预示着长辈的育儿经验进一步受到挑战。正如有专家分析，做家长的、特别是祖辈家长们的教育素质远远落后于时代发展和孩子成长的要求。这也恰恰是年轻父母遇到育儿困惑时，宁愿求助经验并不丰富的同辈，也不肯求助祖辈的原因。而我国是目前世界上为数不多的普遍存在"祖辈教育"的国家，随着社会的发展，隔代教育已成为现代家庭教育不可或缺的重要模式之一，成为中国家庭教育的一大特色。正是如此，"祖辈教育"正处于一个两难的境地，一方面年轻家长由于生存压力加大，不得不把部分家庭教育责任转移给祖辈，另一方面，由于家长与祖辈教子观念的不同，又不免产生教育子女上的冲突与矛盾。第二，从求助专业指导机构或专业人员来看，求助比例从3—6岁阶段的9.80%下降到小学阶段的4.72%，由数据可以推断，一方面社会上的家庭教育求助途径并不畅通，使得家长求助无门；另一方面反映出已有的家庭教育服务不能切实解决家长的育子困惑，因而家长将其排在求助对象的末位，并未对其产生期待。

第三章
家长背景性因素对家庭教育的影响

现代家庭教育中,尽管社会学家巴克把亲子关系定义为"彼此相倚"的关系,即亲子双方均为互动主体,且均能做到对家庭教育的主动控制和主动反映。但事实上,亲子关系从根本上讲,仍具有"不对称"的天然特性,家长在家庭教育中仍然是"第一主体",而家长的教育态度、方式和需求又在很大程度上受教育程度、职业等背景性因素的影响。因此,对家长的背景性因素的考查是家庭教育调查研究的"第一要务"。

那么,在考查中如何选取和把握家长的关键性背景因素呢?如果我们把包括家庭教育在内的教育活动均认为是一种文化再生产的活动。那么按照皮埃尔·布迪厄的文化再生产理论的划分,家庭教育作为一种文化再生产也可涉及如下三种资本:经济资本(以金钱为符号),社会资本(以社会声望、社会头衔为符号),文化资本(以作品、文凭、教养为符号)。其中,经济资本包括家庭收入、居住状况等物质条件;社会资本包括成员(主要是父母)所拥有的社会关系及其相应的社会资源、社会地位;文化资本则包含了父母的文化素质、家庭文化氛围等。根据以上划分,并考虑到家长的生物特性,即性别,我们将本调查中家长的主要背景性因素确定为:家长性别、家庭收入、家长受教育程度和家长职业四个方面,由此厘清家长背景性因素对家庭教育的不同影响。

一、家长性别对家庭教育的影响

婚姻是家庭的基础和起点,在一个家庭中,父亲和母亲构成了最核心的家庭关系,并在家庭活动中起着主导作用。但由于父亲和母亲其生物和社会属性的不同,家庭活动也出现了"性别分工"。帕森斯在运用结构功能逐一分析性别分工的程序时认为,社会群体应该完成两种功能:一种是劳动功能,它在于让社会群体和外界发生关系,一边提取资源(然后转换)并(重新)制定目标(社会群体的方向);另一种是情感功能,它保证群体的凝聚力,各成员的动力及行为规范的一致性。泽尔第奇又进一步把妇女(从生理特点考虑)归纳为情感型领导,而男子则为工具型领导①。正是基于这种"性别分工",在传统家庭教育中,形成了"男主外,女主内"的家庭模式。但随着社会的进步和观念的变革,这种固有的分工正在发生变化,继而也对家庭教育产生着不同程度的影响。

(一)母亲在家庭教育中享有更高的评价和决策权

夫妻"不只是男女之间的两性关系,而且是共同向儿女负责的合作关系"②。在夫妻共同养育子女的过程中,夫妻间的自我评价和相互评价在一定程度上反映了父亲或母亲在家庭教育合作中所承担的责任和所处的地位。如图3-1-1和图3-1-2所示,在家长对自己家庭教育进行评价时,母亲认为自己在家庭教育方面做得"很好"和"一般"的比例均略高于父亲;在获得配偶的评价时,母亲得到配偶的评价也相对较高,其中,34.97%的父亲认为母亲在家庭教育方面"非常合格",而母亲认为父亲在家庭教育方面"非常合格"的仅为23.46%,二者相差11.51%。

---

① 邓伟志,徐新.家庭社会学导论[M].上海:上海大学出版社,2006:27.
② 费孝通.生育制度[M].天津:天津人民出版社,1981:65.

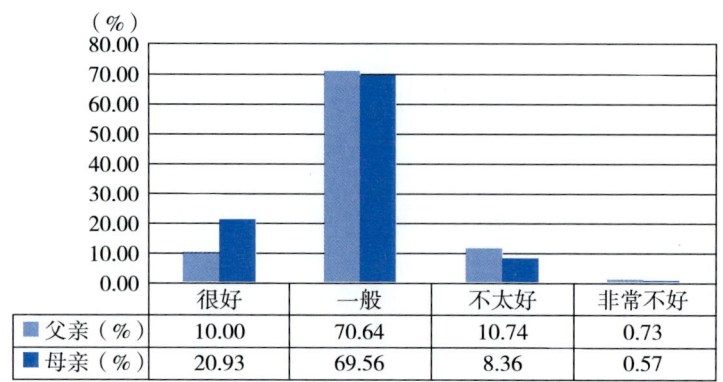

图 3-1-1　家长在家庭教育方面的自我评价

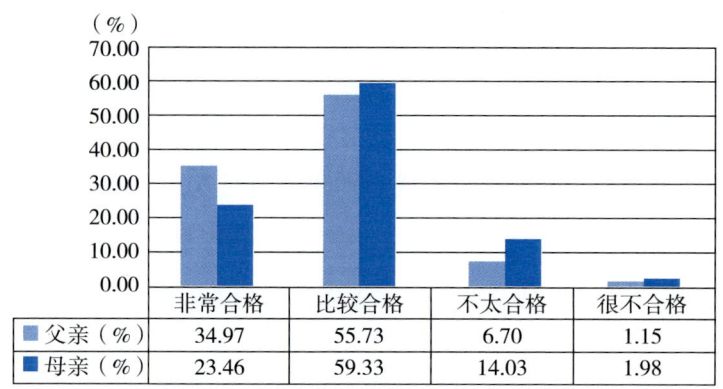

图 3-1-2　家长对配偶家庭教育的评价

分析其中原因，可能与多数家庭中母亲承担着更多的家庭教育责任相关。这既可以从社会分工角度加以解释，也能从本调查的数据中得到进一步印证：在被调查的 18472 个家庭中，主要由母亲承担家庭教育责任的家庭占了 51.98%；夫妻共同承担家庭教育责任的为 32.67%；由父亲主要承担家庭教育责任的比例仅为 10.57%，远低于母亲。在访谈中我们也发现，在一部分对母亲评价较高的父亲中，"愧疚心理"占了较大成分，有的父亲说："我自己没时间管孩子，就爱人管，我哪还敢挑理？"

因此，在这样一种"母亲为主，父母合作"的家庭教育模式下，母亲承担了更多的家庭教育责任，自然也就享有了家庭教育中更多的决策权和主动权。当和配偶的教育方法不一致时，父亲选择"向对方妥协"的比例比母亲高 3.68%。与此同时，在对学生的调查中，当问及"在家里最听谁的话"时，选择"主要听妈妈的话"的学生占总人数的 18.60%，"主要听爸爸的话"的学生仅为 6.30%，前者为后者的近三倍。

（二）父亲和母亲培养子女的着眼点有明显的性别差异

为了考查父母教育观念的差异，本调查选取了 9 个时下热点的家庭教育话题作为判断题供家长选择。如图 3-1-3 所示，母亲在其中 5 个问题中选择"赞成"的比例高于父亲，其中，接近 6 成的母亲赞同"和国内的家庭教育理念相比，我更认同国外的教育理念"，这一比例高父亲近 6 个百分点；74.20% 的母亲认为"家庭教育比学校教育更重要"，比父亲高 9%；父亲则在另外四个问题中选择"赞成"的比例高于母亲，如取消小学 1—3 年级的英语课、小学生接受了过度的教育、孩子成长中的问题是阶段性的。综合这些观点不难看出，母亲作为家庭的日常养育者，更关注实际问题，也更为细致、具体，在子女教育方面愿意花更多精力，因此更认同家庭教育比学校教育重要、更容易体会到小学减负给家长所带来的压力；父亲则更多充当子女玩伴，倾向于能让子女轻松、愉快地度过小学时光。因此，其教育观念相对"轻松"，更接受取消小学 1—3 年级的英语课、孩子成长中的问题是阶段性的等观点。

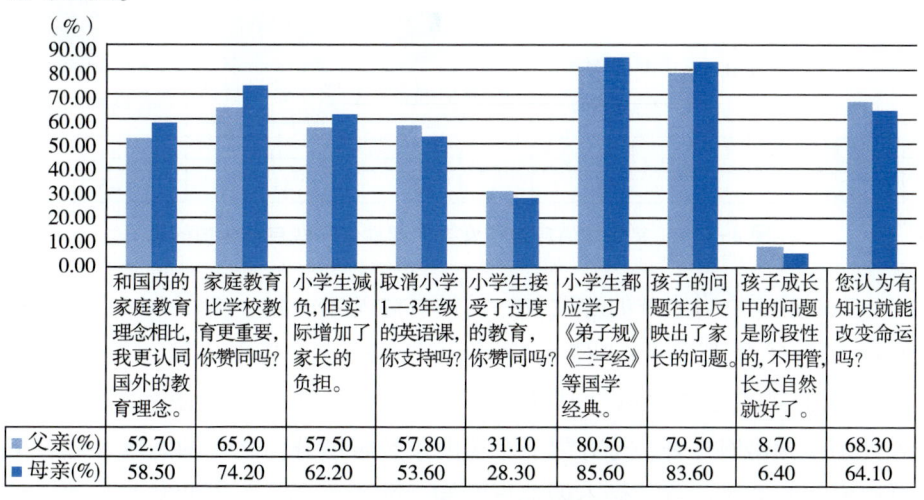

图 3-1-3　家长对某些观点是否赞同

（三）母亲与父亲的教育方式趋于一致，父亲略显宽松

家长对生活中教育事件、教育情境的反应是其教育方式、教育观念最直接的体现。长久以来，"严父慈母"的角色定位在人们心目中根深蒂固，但随着现代教育观念的普及，这种性别差异在家庭教育方式上的差距逐渐缩小，这一变化在本调查部分数据中表现更为显著。

首先，在培养学生自理能力方面，如学生分内之事、日常家务劳动、零花钱管理等，对比父亲和母亲的数据，尽管在一些选项上差异不大，但这些细微的差别也能总体反映出父亲的教育方式比母亲略微宽松。如图3-1-4所示，当学生要求家长帮助做一些自己分内之事时，父亲选择"有求必应"和"多数情况会答应"的比例高于母亲，而母亲则更多选择"看情况而定"和"要求孩子自己的事自己做"。可见，父亲相对于母亲更容易对子女"妥协"，更容易给予其帮助。

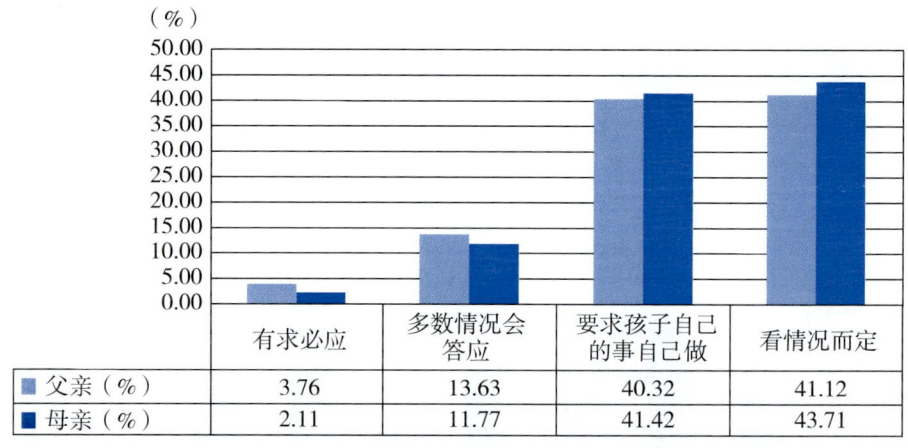

图3-1-4 父母如何应对子女要求帮助做一些自己分内的事

在对待子女做家务的态度时，父母观念基本一致，如图3-1-5所示，八成左右父母都认同"孩子应该做些家务"，其中，母亲的比例为84.50%，父亲为79.93%。从其他选项来看，尽管只存在细微差别，但家长性别差异仍旧显著，与对待子女求助家长帮助分内之事的态度一致：父亲选择"只要学习好，做不做都行"和"年龄太小，不用做家务"的比例

则均略高于母亲,可见,父亲在子女做家务方面的要求略低于母亲。

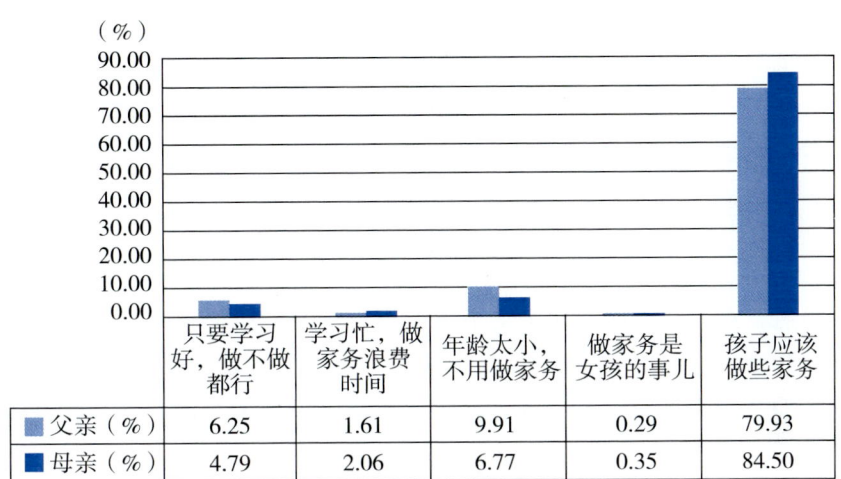

图 3-1-5　父母对子女做家务的态度

　　同样,在对待子女零花钱的态度上,"如何给"和"如何花"也反映出父亲的教育方式比母亲更为宽松:其中,在"如何给零花钱"的问题上,父亲比母亲更随意,"他要就给"和"高兴时就给"的父亲比例均高于母亲。在"如何用零花钱"的问题上,在均认同零花钱应有目的有计划地花("告诉他应花在哪")的前提下,父亲则更为随意,选择"由他自由支配"的比例比母亲略高。

　　其次,在处理子女一些小问题时,父母的方式大体一致。如图 3-1-6 所示,当孩子发脾气时,父母多采取较为温和的方式解决问题(包括"冷处理"和"耐心询问")。但进一步分析发现,父亲更多选择"耐心询问",母亲则较多选择"冷处理"。若结合本调查所得到的"母亲主要承担家庭教育责任的比例远高于父亲"这一结论可以推测:由于多数父亲参与家庭教育时间较少,与母亲相比,他们不容易对子女的行为方式形成惯性思维和刻板印象,因此,在遇到问题时也多"就事论事"耐心开解,母亲出于对子女的了解,则可能对具体事件加以推演、判断,预估子女的应对方式,因此,采取"冷处理"的相对较多。

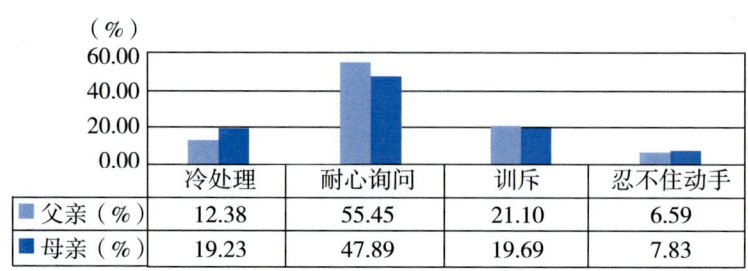

图 3-1-6　父母处理孩子发脾气的方式

最后,在学习方面,父亲给予子女自主学习的机会更多,母亲则对子女学习的参与度更高。如图 3-1-7 所示,当问及"孩子做完作业后您会怎么做"时,父母选择比例由高到低为:让孩子先检查一遍、家长再检查一遍、督促他自己检查、代孩子检查、随他自己安排。但不难看出,对学生作业参与度较高的行为,如"代孩子检查"和"让孩子先检查一遍,家长再检查一遍",母亲的比例均高于父亲。可见,在对待子女学习方面,母亲较为严格,父亲相对宽松。

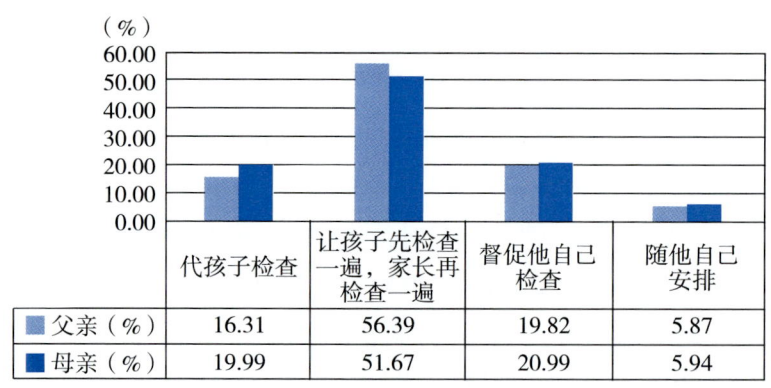

图 3-1-7　父母如何对待学生检查作业

(四) 母子沟通质量优于父子沟通

在家庭中,家长通过教导、强化、榜样和慰藉这四种社会化心理机制对儿童施加影响,从而丰富儿童的认知体验、促进社会化发展等,使得这些社会化心理机制得以实施的前提就是亲子间的沟通与交流。而亲子沟通与交流的效果通常可以通过子女在生活、学习和情感上对家长的依赖程度加以体现。

为了考查子女对父母的依赖程度，我们列举了 10 个常见情境，[①] 结果发现在这些情境之下，子女寻求母亲帮助的概率大于父亲。从内容看，如图 3-1-8 所示，在备选的 10 件事中，"找爸爸"比例高于"找妈妈"比例的仅为"尝试新事物时"和"在学校被欺负时"两项时，父亲与母亲比例相差分别仅为 5.40% 和 4.50%，其余 8 件事学生都更愿意找母亲。其中，父母比例相差最大的选项为"分享心中的小秘密时"，学生找母亲的比例为 64.80%，父亲为 23.90%，远远高于父亲 40.90%；受委屈时也有 65.30% 的学生会找母亲，找父亲的仅为 27.80%，二者相差 37.50%；在"拿不定主意时"学生求助母亲的比例也比求助父亲的比例高出 24.50%。从以上几组数据的对比不难看出，学生与母亲感情的交流更多，从情感上更依赖和信任母亲；而对父亲的信任则集中于个别具有"男性优势"的事情，如尝试新鲜事物、为受委屈的孩子"撑腰"等。

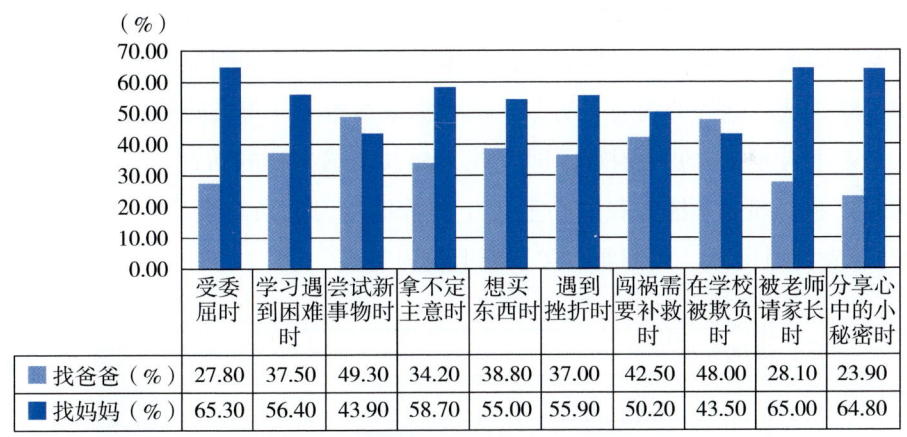

图 3-1-8　不同情境下子女对父母的求助情况

从数量上看，如图 3-1-9 所示，在 10 个备选事件中，子女寻求父亲帮助的事件数量远远低于母亲，主要集中于 0—4 件，占 67.58%，寻求母亲帮助的事情其数量则集中于 5—10 件事，占 66.43%。可见，在亲子沟通

[①] 为了方便进行父母性别对比，将本问题中"都不找"和"爸爸妈妈都找"两选项略去。

中，母亲比父亲更具优势。

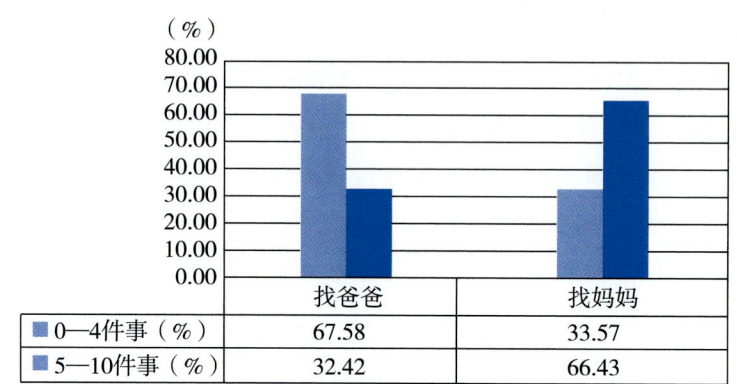

图 3-1-9　学生找爸爸或妈妈的事情的数量比较

正是由于家长在与子女的日常交流中存在的性别差异，父亲和母亲所面临的亲子沟通困难也有所不同。如图 3-1-10 所示，母亲认为"没有沟通困难"的为 47.45%，父亲为 38.65%，二者相差接近 10%。可见，母亲在亲子沟通中所面临的困难更少。具体来说，在列举的四个亲子沟通困难中，除"找不到好的沟通方法"一项数据基本相当（母亲略高）外，其余三个亲子沟通中常见的困难，即"找不到共同感兴趣的话题""没有时间沟通"和"孩子不愿对我说心里话"的数据均为父亲高于母亲。这表明，"与子女沟通困难"的问题在父亲身上更为突出。

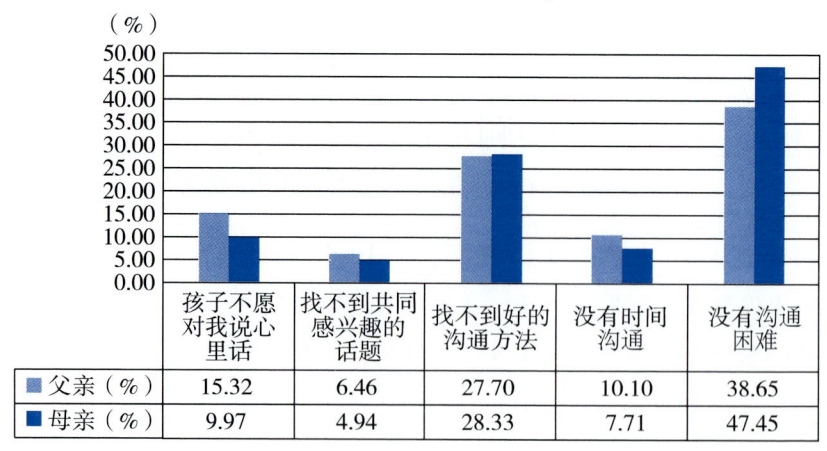

图 3-1-10　父母与子女沟通困难的原因

正是基于这样的现实，子女在日常生活中对母亲的了解多于父亲，情感依赖度也高于父亲。考查子女对家长的了解程度，我们提供了八个关于父母的问题，如父母的生日、父母的家乡等，数据显示，子女对有关父亲问题的应答，多在四项及以下，而对有关母亲问题的应答多在五项及以上。综上所述，与父亲相比，母亲和子女的相互了解更多，沟通更为顺畅。

究其原因可以在本调查中找到部分答案。首先，在受调查的家庭中，由母亲主要承担教育责任的家庭占总数的49.40%，父亲仅为10.00%，这在一定程度上就决定了在沟通的时间和深度上母亲远远优于父亲；其次，在调查困扰家长的教子问题时，选择"工作太忙，没时间管孩子"的父亲占35.56%，比母亲高约8个百分点，可见沟通时间的不足是造成父亲与孩子沟通困难较多的原因之一；最后，从父亲本身的性别心理特点来看，当自己生病时，父亲选择"硬挺着，不愿影响孩子"的比例为14.30%，母亲仅为7.30%；心情不好时，常常觉得"说了更闹心，不如不说"的比例也比母亲高出4.00%。可见，父亲遇到问题时，多采取克制、隐忍的方式，更愿意自己解决问题，消化负面情绪。这便减少了与家人尤其是与子女的沟通，从而获得关心和理解的机会也较少，这就在一定程度上影响了子女的亲近感和了解程度。

二、家长受教育程度对家庭教育的影响

家长受教育程度从根本上是以"文化资本"的形态出现并影响家庭教育的，而家庭文化资本差异对家庭教育的影响和由此所造成的层级差异则是现代教育，尤其是家庭教育难以回避的话题。国内外关于家长受教育程度对家庭教育的影响，已有大量研究。从影响范围来看，家长受教育程度对家庭教育的影响主要体现在四个方面。首先，家长将自身拥有的文化资源转化为经济资本，为子女创造生活和教育条件；其次，由受教育程度所导致的家长价值观、教育观的差异，造就了不同的家庭文化氛围；再次，

由于受教育程度的不同,使家长的教育理念存在差异,而这些差异势必反映在其日常教育行为之中,继而造成了家长教育方式的不同;最后,由于受教育程度的差异导致其社会角色和社会地位差异,从而使得不同阶层的家长对家庭教育的需求和困惑不同。不难看出,受教育程度作为重要的背景性因素影响着家庭教育的投入、环境、观念、方式、困扰和需求,是关键性的影响因素。

(一)家长受教育程度越高,越能为子女提供良好的教育物质条件

在社会学者视野中,教育以其阶梯建构的方式成为人们获得社会地位、享有一定经济收益并导致社会分层的手段。尽管随着社会发展,受教育程度与经济收入之间的必然联系逐渐淡化,但家长受教育程度的高低与其家庭经济状况仍有密切联系,如图3-2-1所示,父母的受教育程度与家庭经济水平呈正比。其中,父母受教育程度为高中、中专及以下的家庭中仅有1.91%和2.15%的家庭收入相对高于其他受教育程度的家庭,父母受教育程度为研究生及以上的家庭中,高收入家庭的比例则相对较高,分别为9.76%和7.21%;父母受教育程度为高中、中专及以下的家庭中家庭收入为"较低"的比例分别为33.43%和22.89%,研究生及以上仅为6.34%和3.15%。可见,家长良好的教育背景的确会给家庭带来相对优越的经济收入和物质条件,从而增加其子女享有优质教育资源的机会。

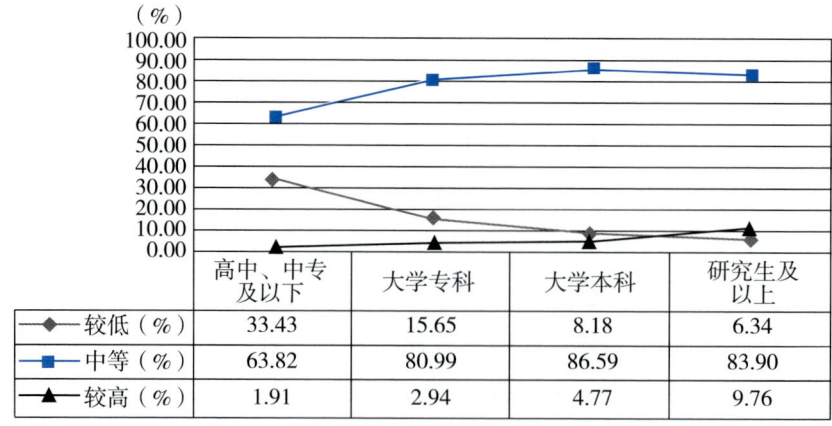

图 3-2-1（1） 家长受教育程度与家庭收入（父亲）

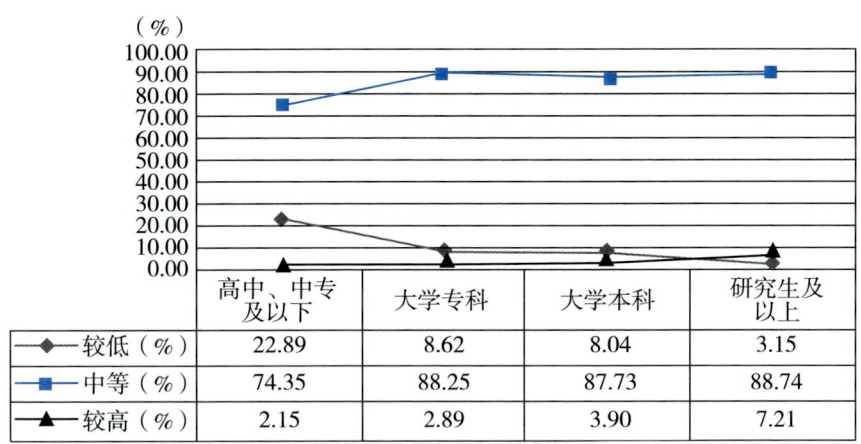

图 3-2-1（2） 家长受教育程度与家庭收入（母亲）

在对学生有无独立房间和独立书桌的调查中发现，家长受教育程度与这两项也具有相关性，即父母受教育程度越高，学生拥有独立房间和独立书桌的比例也越高。以母亲为例，随着母亲受教育程度的提高，学生拥有自己独立房间的比例直线上升，母亲学历为高中、中专及以下的家庭，学生拥有独立房间的比例为 64.00%，为研究生及以上则为 72.77%；同样，学生拥有独立书桌的比例也随着母亲受教育程度的提高由 87.46% 增加为 91.08%。尽管造成这种差异的原因比较复杂，但不排除学生生活、学习条件与家长受教育程度通过"家庭收入"这一中介变量发生着关联。根据国内外的多项研究表明，家庭住宅条件、学生学习环境对其学业水平、习惯养成、性格品质都有不同程度的影响。可见，家长受教育程度越高，越能为子女提供较好的教育物质条件。

（二）受教育程度越高的家庭越致力于营造良好的家庭氛围

1. 受教育程度高的家长多通过协商解决问题

良好的家庭氛围是经由家庭成员的互动而产生的。本调查发现，在决定家庭事务或消除家庭成员分歧时，家长受教育程度越高的家庭，夫妻、亲子间通过协商和沟通达成共识，消除分歧的比例越高。如图 3-2-2 所示，在决定家庭重要事情时，"会听取孩子的意见"的比例随着父亲和母亲受教育程度的提高而增加。其中，受教育程度为高中、中专及以下的父亲和母亲选择此项的比例分别为 20.63% 和 24.29%，比研究生及以上均低 20% 还多。"只是夫妻双方协商"的比例则随受教育程度的提高而呈下降趋势。由家长单方面决定家庭事务（包括"总是父亲说了算"和"总是母亲说了算"）的比例相对较小，但也大致呈现出随受教育程度提高，比例逐渐降低的趋势。

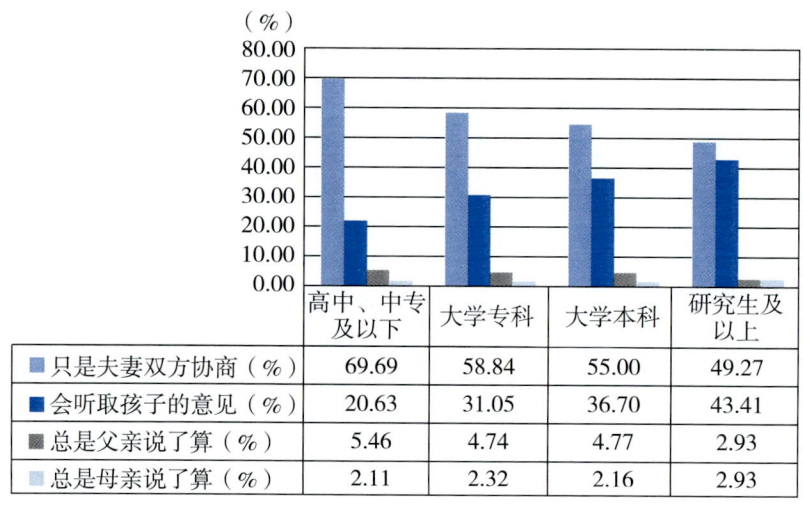

图 3-2-2（1） 家长受教育程度与家里重要事情如何决定（父亲）

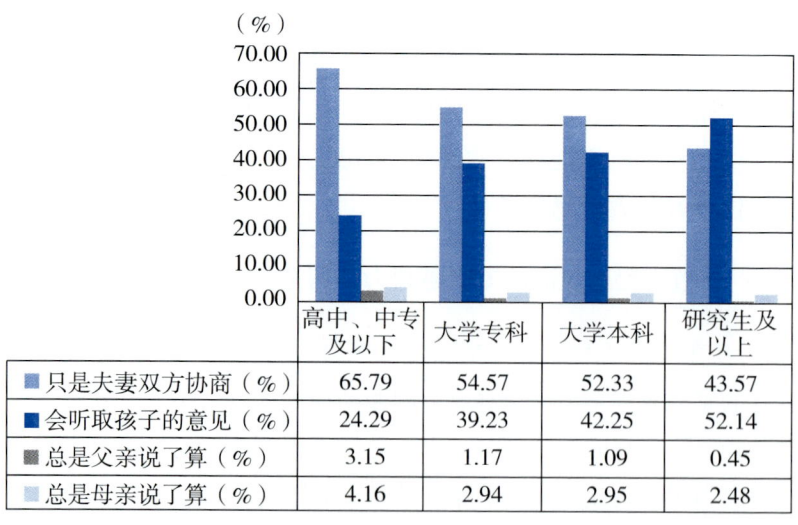

图 3-2-2（2） 家长受教育程度与家里重要事情如何决定（母亲）

第三章　家长背景性因素对家庭教育的影响

在学生选报兴趣班的问题上，父母受教育程度也影响其决策方式是否民主。如图 3-2-3 和图 3-2-4 所示，受教育程度较高的家长选择"家人一起商量"的比例高于受教育程度较低的家长。其中，受教育程度为研究生及以上的父亲或母亲，选择"家人一起商量"的比例均远远高于父母受教育程度为高中、中专及以下的家庭。与之相对应的是，"由父母决定"学生兴趣班选择的比例则随家长受教育程度增加而逐渐递减。

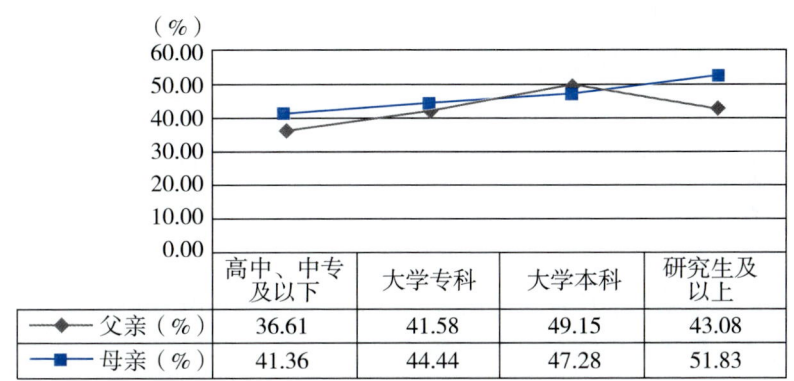

图 3-2-3　不同受教育程度的家长在子女选兴趣班时"家人一起商量"的情况

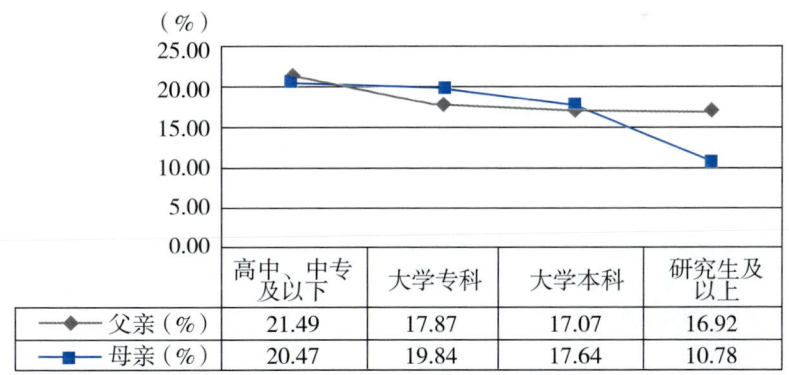

图 3-2-4　不同受教育程度家长在子女选兴趣班时"由父母决定"的情况

结合以上两组数据不难看出，受过较高层次教育的家长民主意识较强，更注重家庭事务的共同参与和决策，更尊重子女的想法和意愿。

2. 家长受教育程度较高的家庭文化娱乐活动越丰富

父母作为有子女的社会成员的特定角色，自身素质本身就是一种教育资源，这是由家庭教育具有潜移默化的特点所决定的[①]。其中，父母最重要的素质便是文化素质，家长良好的文化素质在日常生活中更多地反映在其家庭文化活动中。通常，家长下班后的休闲活动可分为文化性休闲活动（如看书看报、下棋等）和娱乐性休闲活动（如看电视、玩手机、上网等）。当问及学生父母休息时最常做的事情是什么时，选择读书看报的比例随着父母受教育程度的增加而递增；看电视、玩电脑或手机或朋友聚会、打牌娱乐的比例则随着父母受教育程度的增高而递减。可见，受教育程度越高的家长越倾向于文化性娱乐活动；受教育程度相对较低的家长则倾向于娱乐性休闲活动。进一步分析发现，家长文化性娱乐活动的比例与子女的学业水平呈正相关；家长娱乐性休闲活动的比例与子女的学业水平呈负相关。可见，家长自身文化活动所营造的家庭文化氛围对子女的影响不可低估。具体数据如图 3-2-5 所示。

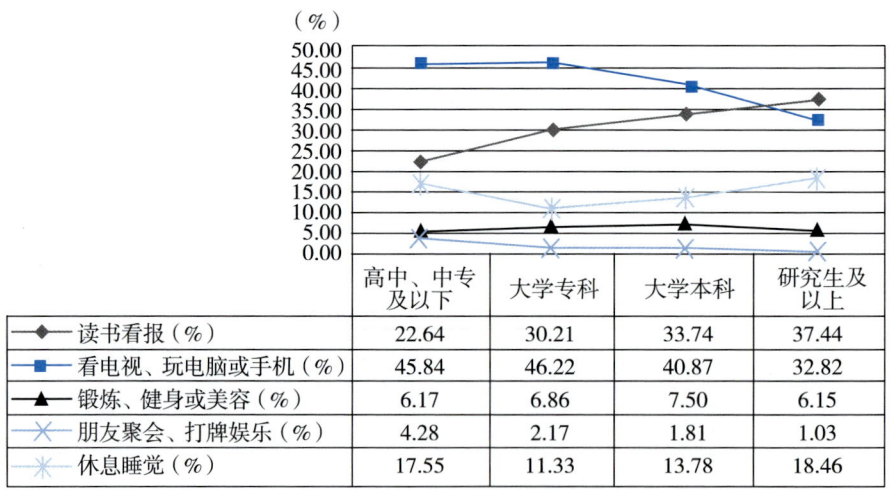

	高中、中专及以下	大学专科	大学本科	研究生及以上
读书看报（%）	22.64	30.21	33.74	37.44
看电视、玩电脑或手机（%）	45.84	46.22	40.87	32.82
锻炼、健身或美容（%）	6.17	6.86	7.50	6.15
朋友聚会、打牌娱乐（%）	4.28	2.17	1.81	1.03
休息睡觉（%）	17.55	11.33	13.78	18.46

图 3-2-5（1） 家长受教育程度与业余生活情况（父亲）

---

① 关颖. 社会学视野中的家庭教育 [M]. 天津：天津社会科学院出版社，2000：147.

第三章 家长背景性因素对家庭教育的影响

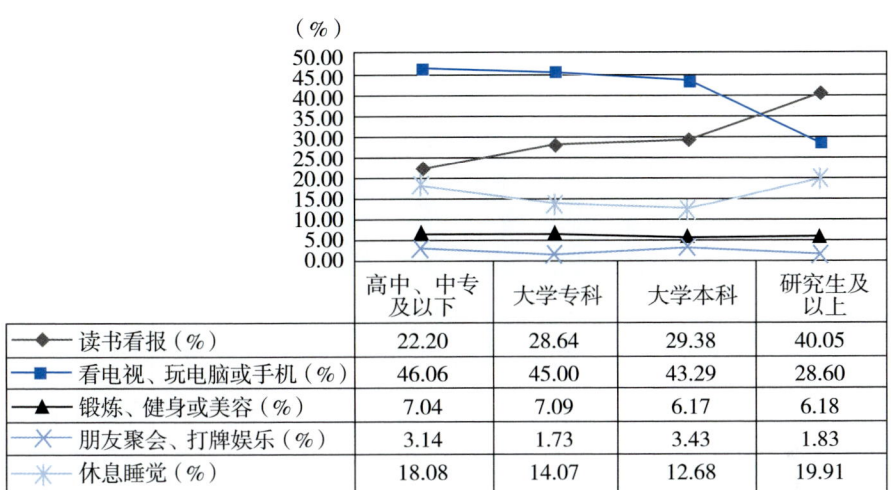

图 3-2-5（2） 家长受教育程度与业余生活情况（母亲）

在对家长图书购买情况的调查中，我们也发现，"几乎不买"书的家长其比例随着受教育程度的提高而逐渐降低。从家长购买图书的类型来看，生活类、儿童读物类和科学技术类、经管励志类的图书没有明显学历差异；文学艺术类、人文社科类图书的购买率则与家长学历呈正相关。而阅读这两类图书对文化程度的要求较高，对于拓展和提升视野、丰富世界观、提高审美都有相当重要的意义。这些恰恰又是构成家庭文化环境的重要因素。也就是说，受教育程度越高的家长越能借助自身的文化知识和素养提高子女的文化修养和审美水平。同时值得关注的是：教育类图书的购买率随着家长受教育程度的提高而递减。这既反映出受教育程度较低的家长对教育子女的重视，以及这部分家长对于获得家庭教育理论知识与指导的需求。同时，也反映了受教育程度较高的家长的家庭教育能力和家庭教育自信度较高，反而对获取外界家庭教育知识与指导的诉求相对较低。如图 3-2-6 所示。

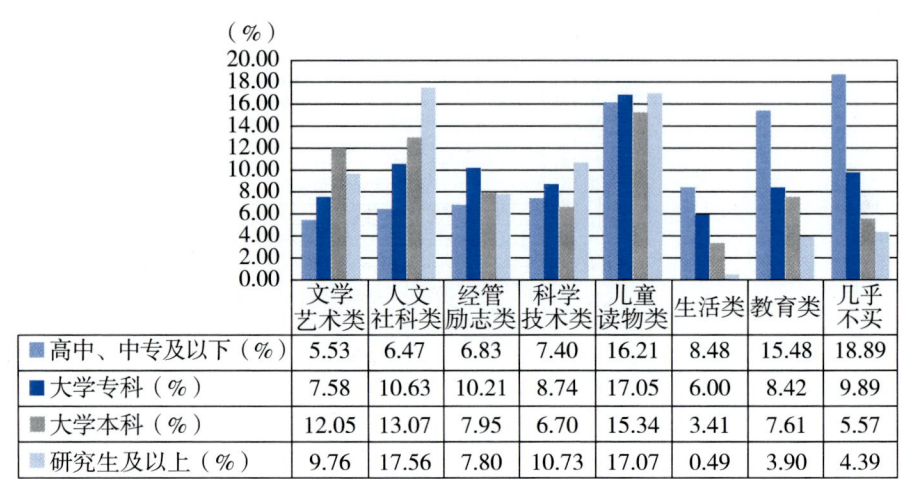

图 3-2-6（1） 不同受教育程度家长购买各类图书的情况（父亲）

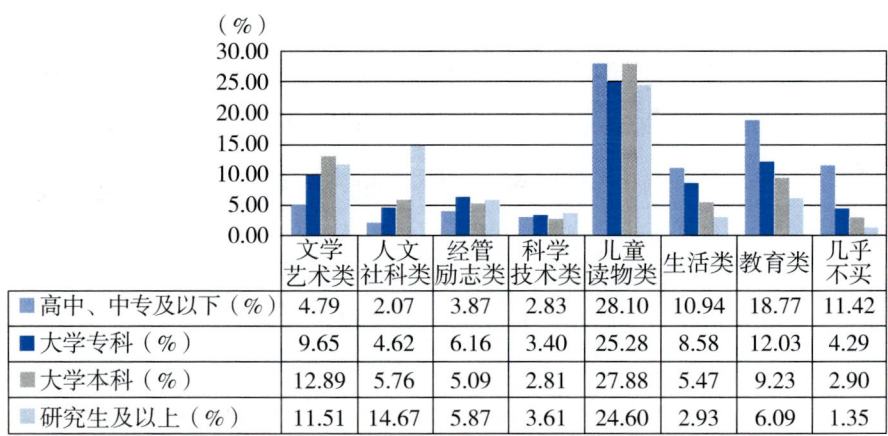

图 3-2-6（2） 不同受教育程度家长购买各类图书的情况（母亲）

3. 家长受教育程度越高，越利于子女学业发展

本调查中家长受教育程度差异所带来的家庭文化差异，直接或间接地对学生学业产生了不同程度的影响。其中，最为突出的便是对学生学业水平、学习动机的影响。如图 3-2-7 所示，从学业水平来看，在学业优秀的学生中，父母受教育程度为高中、中专及以下的比例分别为 18.62% 和 22.41%，父母受教育程度为研究生及以上的比例分别为 45.85% 和

55.63%。而在学业成绩较差的学生中，受教育程度为高中、中专及以下的家长所占比例较大。

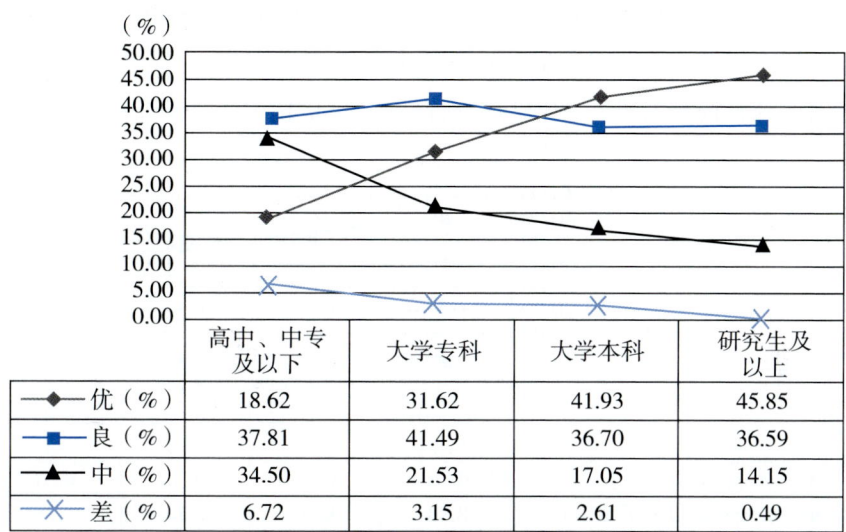

图 3-2-7（1）　家长受教育程度与学生学业水平（父亲）

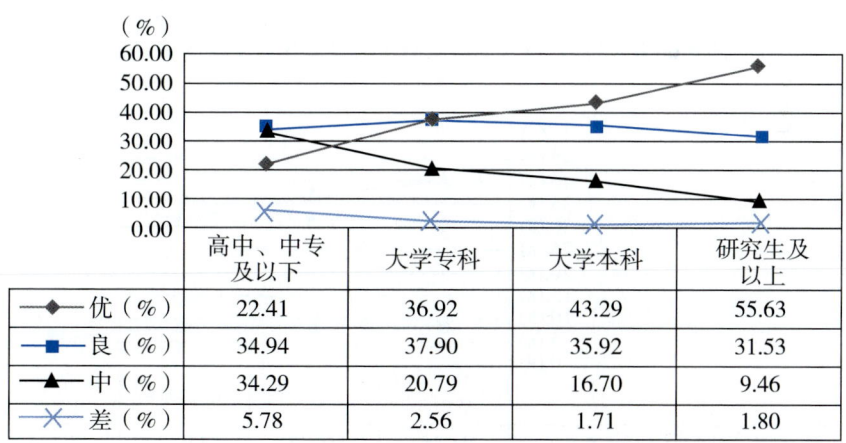

图 3-2-7（2）　家长受教育程度与学生学业水平（母亲）

在学习动机方面，学习动机可分为内部和外部两类，在本调查中，"学习很有趣"属于内部学习动机；"成绩不好没面子""不学就会被批评"和"可以得到表扬和奖励"均属于外部学习动机。如图 3-2-8 所示，父母受教育程度越高的学生其内部学习动机的比例越高，即父母学历为研究生及以上的学生认为"学习很有趣"的比例比父母学历为高中、中专及以下的学生高6个百分点以上。而外部学习动机中，"成绩不好没面子""不学就会被批评"三项的比例均随家长受教育程度的提高而降低；仅"可以得到表扬和奖励"一项与受教育程度呈正相关。

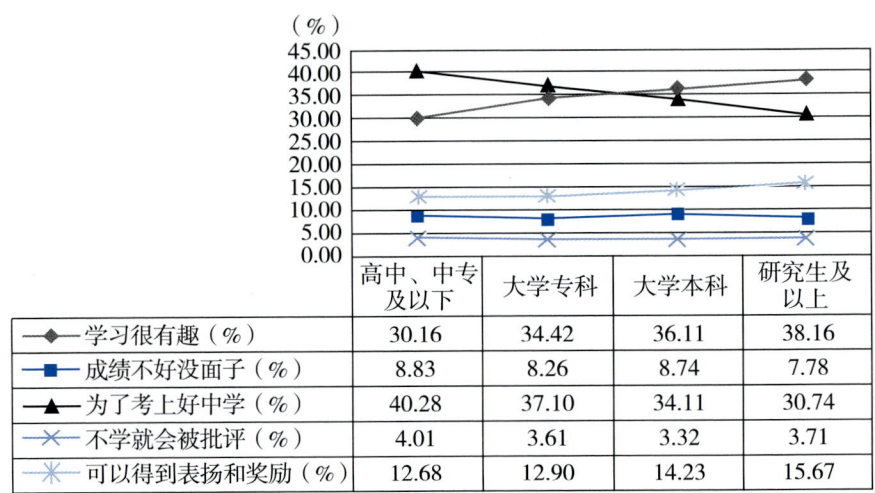

图 3-2-8（1） 家长受教育程度与学生学习动机（父亲）

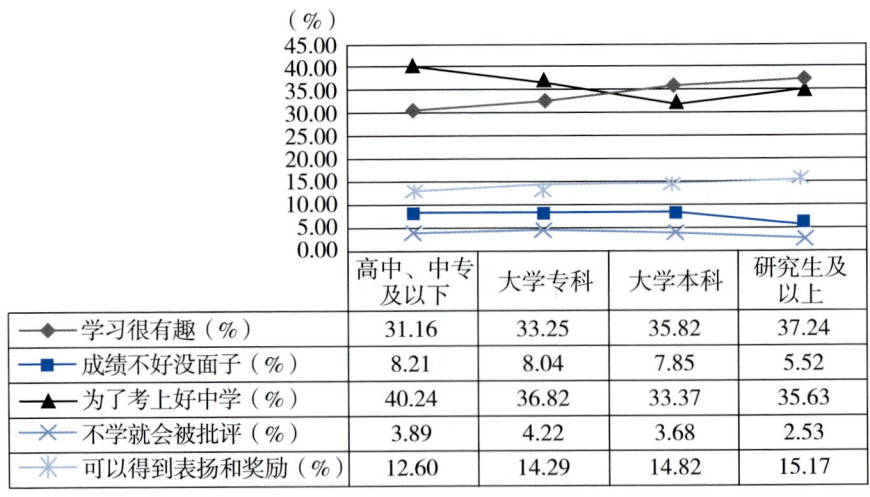

图 3-2-8（2） 家长受教育程度与学生学习动机（母亲）

(三) 家长受教育程度越高，越重视家庭成员间的互动

1. 家长受教育程度越高亲子互动越丰富

亲子关系是家庭教育的逻辑起点，"在教养孩子的问题上，亲子关系的质量远远比某一具体的教育方法来得重要，在影响家庭教育的诸因素中亲子关系直接决定着孩子的发展水平"[①]。在日常亲子关系中，亲子间的互动情况和对彼此了解程度相互关联，并共同反映了家庭关系的亲密程度。

在本调查中，家庭的日常互动包括语言和情感的互动沟通，而这些互动沟通都必须经过家庭活动这一重要载体。家长和子女聊天的话题是否丰富即是家庭语言沟通质量的最直接反应。

如图 3-2-9 所示，当问学生"关于你的话题，父母聊得最多的是"，随着父母受教育程度的提高，"什么都聊"的比例呈上升趋势，其中，母亲受教育程度为"高中、中专及以下"家长比例比"研究生及以上"低 12.91% 和子女聊"学校的事"的比例也随着父母受教育程度的提高而增加。相反，受教育程度为"高中、中专及以下"的家长和学生聊学习的比例则相对较高。可见，受教育程度越高，父母和子女沟通的话题也愈加丰富；而受教育程度较低的家长因自身视野的限制，与子女聊天的话题相对狭窄；加上这部分家长多对自身生活和工作状况不满，更多寄希望于子女通过学习改变命运，因此，和子女聊学习的比例远远高于受教育程度较高的家长。

---

① 缪建东. 家庭教育社会学 [M]. 南京：南京师范大学出版社，1999：20.

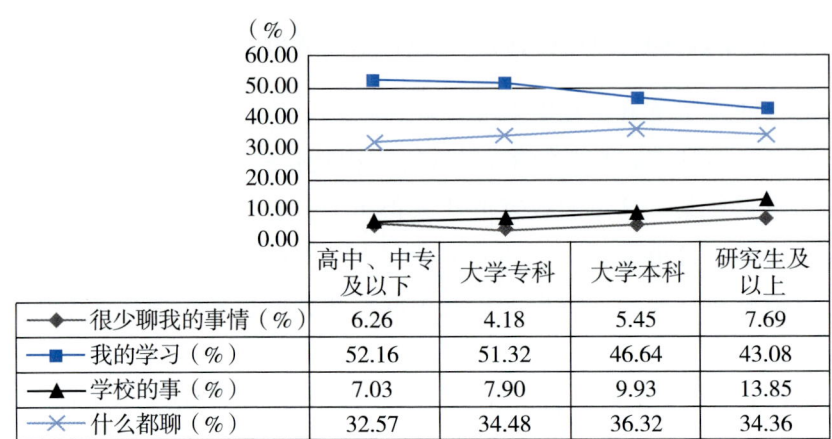

图 3-2-9（1）　家长受教育程度与亲子聊天话题（父亲）

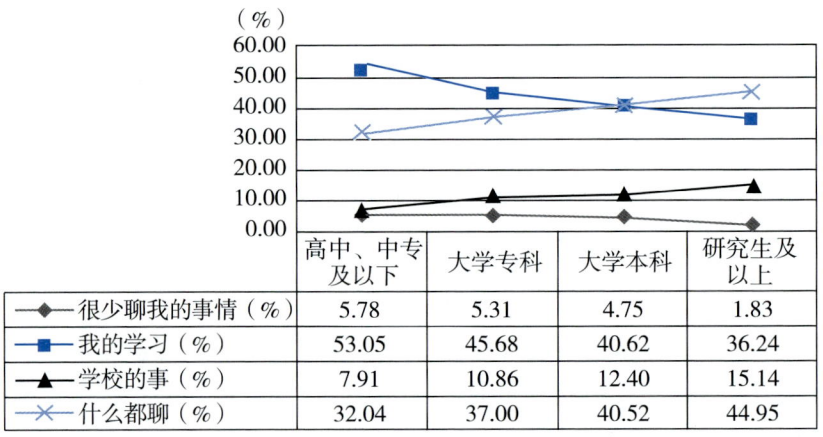

图 3-2-9（2）　家长受教育程度与亲子聊天话题（母亲）

作为亲子互动重要载体的家庭文化娱乐活动不但能够开拓学生的视野，更重要的是它提供了亲子交流与沟通的契机，让学生从中获得家庭的归属感、认同感和安全感。在对家庭活动的调查中，进一步分析发现，随着家长受教育程度的提高，经常组织家庭活动的比例也逐渐增加，且差距显著。如图 3-2-10 所示，父亲和母亲受教育程度为研究生及以上的家庭经常组织家庭活动的比例分别为 35.61% 和 46.73%，均远远高于父母受教育程度为"高中、中专及以下"的家庭。

第三章　家长背景性因素对家庭教育的影响

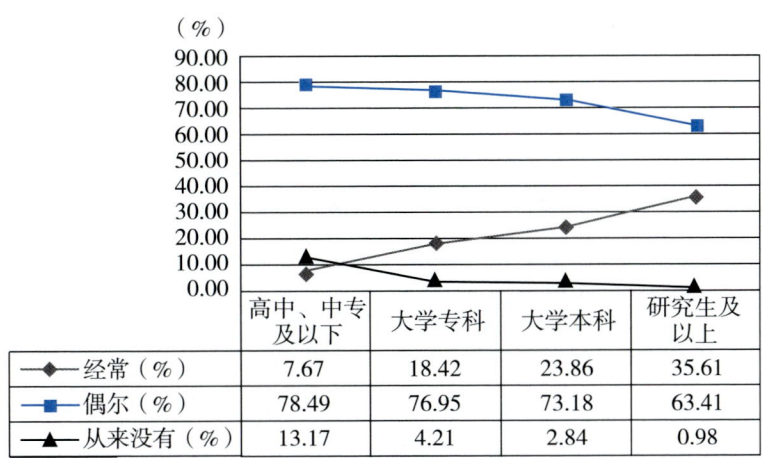

图 3-2-10（1）　家长受教育程度与家庭活动频率（父亲）

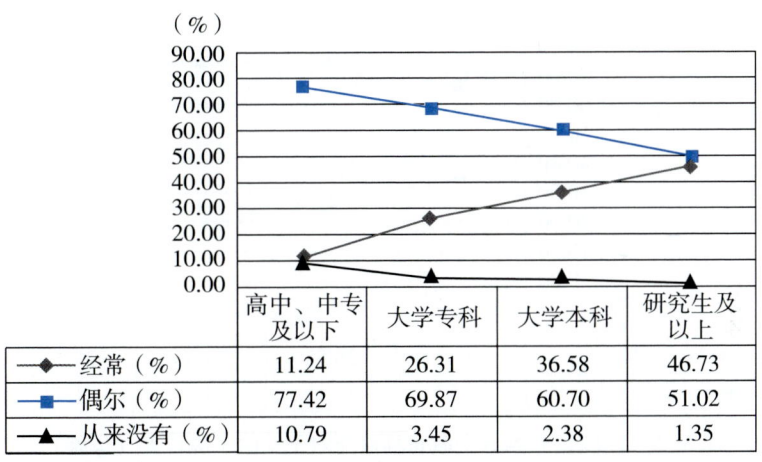

图 3-2-10（2）　家长受教育程度与家庭活动频率（母亲）

2. 受教育程度越高，父母对子女的了解越全面、深入

家长对子女的了解是建立良好亲子关系的基础，子女对家长的了解则是他与父母建立信任、依恋关系的前提。不可否认的是，家长受教育程度通过对家庭经济环境、家长教育观念、家庭文化氛围等的影响，导致不同受教育程度家长对子女了解程度的差异。在本调查中向家长提出了 7 个关于子女的问题，从家长回答的数量看，如图 3-2-11 所示，家长受教育程度越高，能回答关于子女问题的数量相对越多，反之亦然。

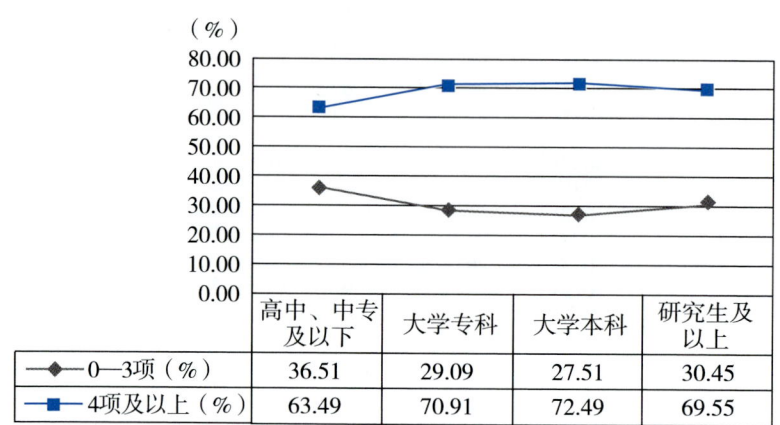

图 3-2-11（1）　　家长受教育程度与对子女的了解程度（父亲）

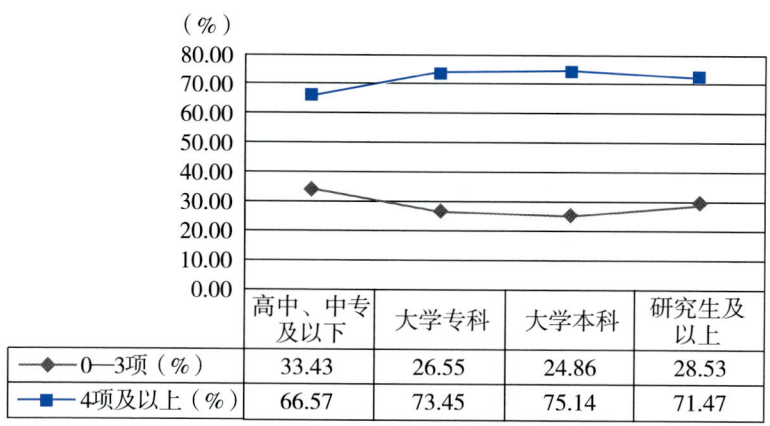

图 3-2-11（2）　　家长受教育程度与对子女的了解程度（母亲）

从内容上看，家长回答七个关于子女问题的应答率，几乎无一例外地均与受教育程度呈正相关。如图 3-2-12 所示，关于"近期着迷的书""近期最大的愿望""最喜欢父母为他做的事情"三项的差距最为悬殊。而这些问题均需要家长和子女建立起良好的互动模式，并进行深入沟通才能获知。可见，无论从数量还是内容上看，家长的受教育程度都影响着他们对子女了解的深度和广度。

第三章 家长背景性因素对家庭教育的影响

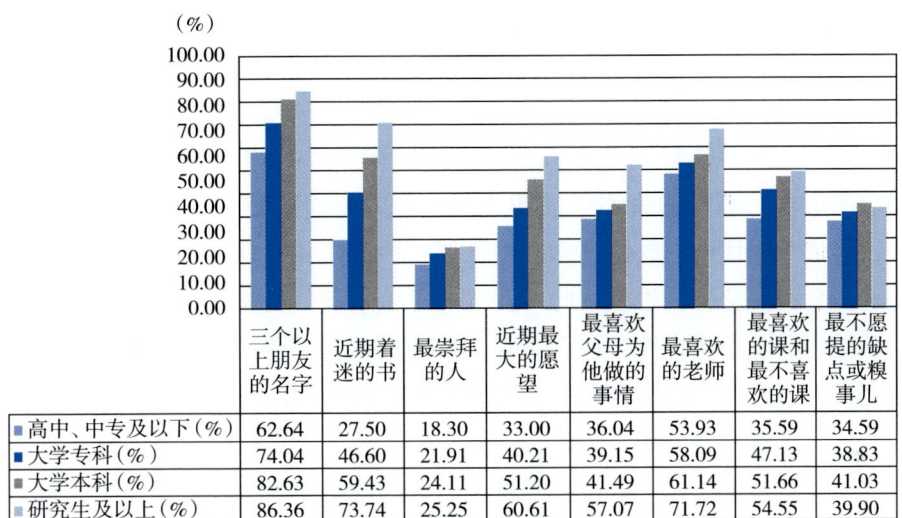

图 3-2-12（1） 家长受教育程度与对子女的了解程度（父亲）

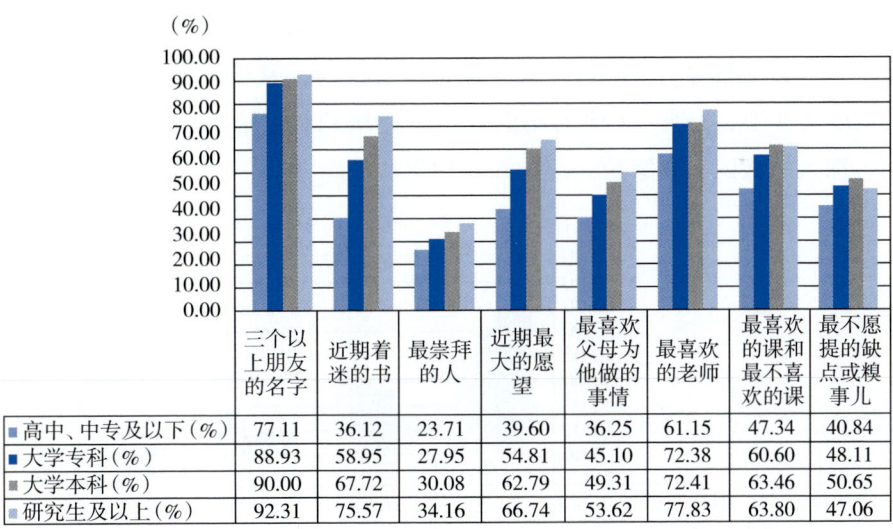

图 3-2-12（2） 家长受教育程度与对子女的了解程度（母亲）

（四）家长受教育程度越高越关注子女的全面发展

1. 家庭性教育普遍较为片面，母亲受教育程度对性教育影响更大

目前，我国社会正处于社会转型期，市场经济以及其相伴的社会流动、城市化、婚姻的推迟、性知识的广泛传播、避孕与节育措施的便利等，促成了现代中国的性观念、性道德、性法律及与性有关的诸多问题正在发生急剧的变化。生长于此环境下的青少年学生更需要成人尤其是家长帮助他们科学地认识性，从而建立正确的性观念、性道德。本调查分别从家庭教育中性教育的内容和家长对性教育所持的态度与家长受教育程度进行分析，了解二者的相互关联。

首先，从家长对子女进行性教育内容的数量来看，我们将性教育的内容分为性别教育、防范性骚扰、生命来源和性器官卫生保健四个方面。如图 3-2-13 所示，不同受教育程度家长对子女进行性教育的内容多集中在 1—2 项，可见目前家长对性教育内容的认知还不够全面，仅局限于对其进行个别方面的教育。但随着家长受教育程度提高，家长对子女进行性教育的内容为 2 项、3 项、4 项的比例基本呈递增趋势，这说明，对性教育全面、深入的认识需要家长一定的知识积累和观念更新。

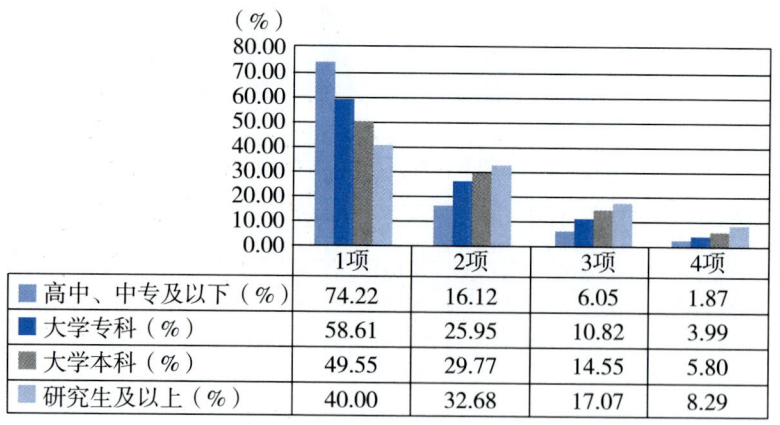

图 3-2-13（1）　家长受教育程度与对子女进行性教育内容的项目（父亲）

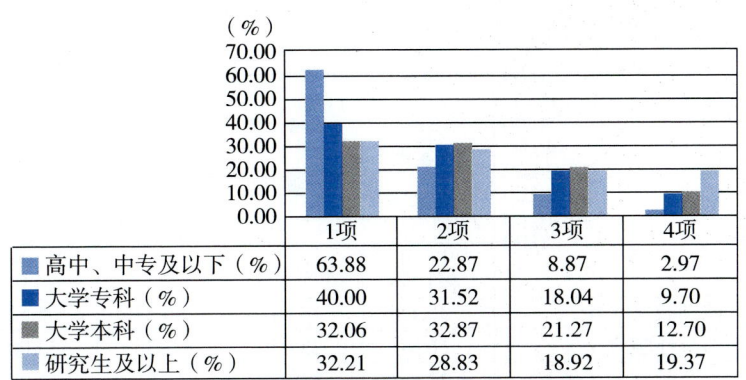

图 3-2-13（2） 家长受教育程度与对子女进行性教育内容的项目（母亲）

其次，从家长对子女进行性教育的内容看，性教育并不是简单的性知识传授和讲解，其内涵应包括性德育、性智育、性美育等。但由于知识水平和教育理念的差异，不同受教育程度的父母对子女进行性教育时其教育的内容有所差异。如图 3-2-14 所示，从总体上看，随着父亲和母亲受教育程度的提高，进行各项性教育内容的比例均相应提高；而父亲和母亲"几乎没教过"子女有关性方面的知识的家长比例，均随着受教育程度提高而逐渐降低。可见，家长受教育程度直接影响其对性教育的重视程度和理解程度。从父亲来看，受教育程度为高中、中专及以下的父亲中，"几乎没教过"子女有关性方面的内容的比例最高，达 42.09%。在进行过性教育的家长中，对子女进行最多的是性别教育，占 35.18%，对子女进行最少的为防范性骚扰教育，仅为 16.37%。而受教育程度较高的父亲（包括大学专科和本科、研究生及以上）进行各项性教育的比例均高于受教育程度较低的家长，其中这部分父亲对性别教育和生命的来源教育最为重视；从母亲来看，与父亲相比，同一受教育程度"几乎没教过"子女性教育内容的比例均低于父亲。在进行性教育的母亲中，各受教育程度的母亲均最为重视"性别教育"。除此之外，受教育程度较低的母亲（高中、中专及以下）还较为重视性器官卫生保健（31.15%）教育；而受教育程度较高的母亲（包括大学专科和本科、研究生及以上）除了性别教育外，则更重视对子女进行防范性骚扰的教育。不难看出，母亲对子女进行性教育的内容和深入性均优于父亲，在性教育方面母亲的受教育程度对性教育的影响更为显著。

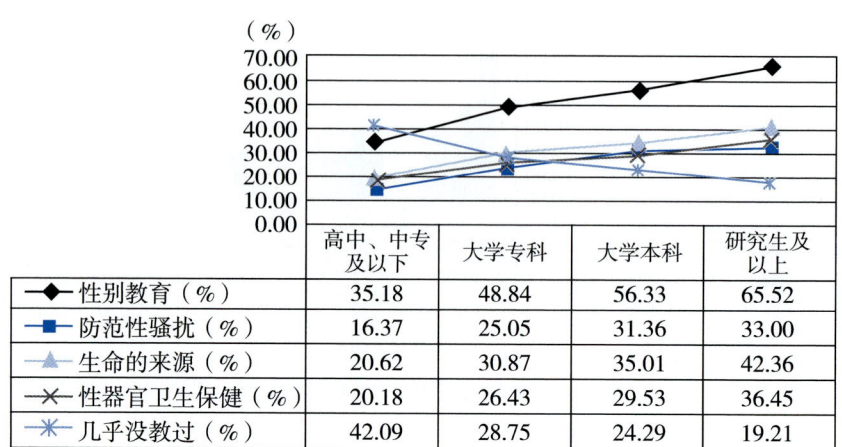

图 3-2-14（1） 家长受教育程度与对子女进行性教育的内容（父亲）

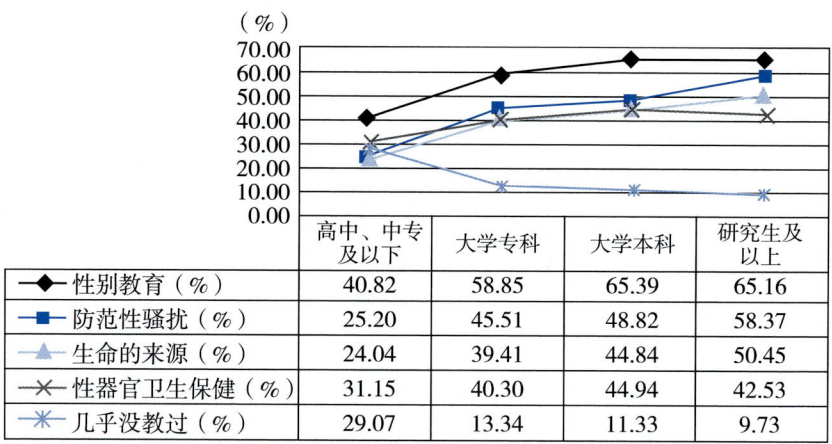

图 3-2-14（2） 家长受教育程度与对子女进行性教育的内容（母亲）

另外，本课题对阻碍家长进行性教育的原因也做了进一步考查。将其与家长受教育程度进行相关性分析发现，如图 3-2-15 所示，受教育程度较高的家长在性教育上遇到的阻碍相对较少，其中研究生及以上的父母认为在性教育方面"没什么阻碍"的比例分别为 46.50% 和 26.83%，高中、中专及以下父母该项比例则均低于 20%。在三种阻碍性教育的原因（不好意思说、不知道教什么、不知道怎么教）中，各项数据的比例大致随家长受教育程度提高而递减。

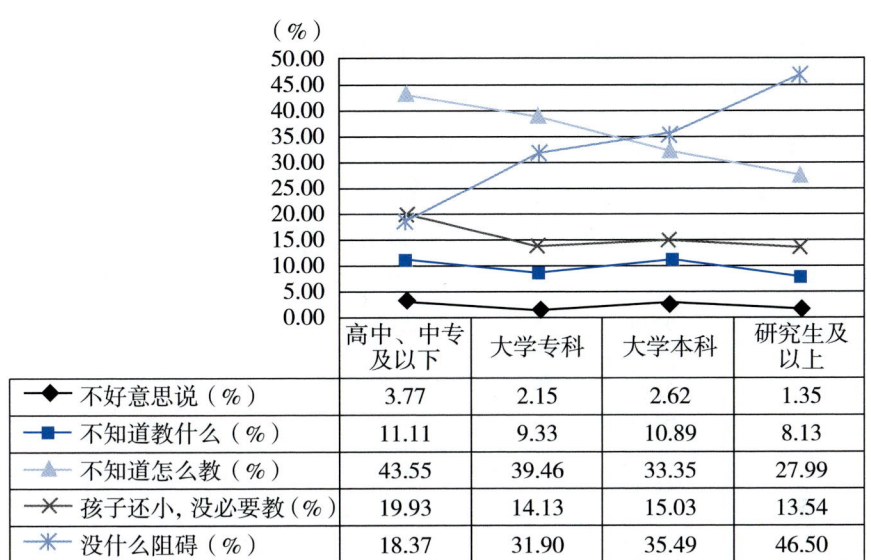

图 3-2-15（1）　家长受教育程度与阻碍性教育的原因（父亲）

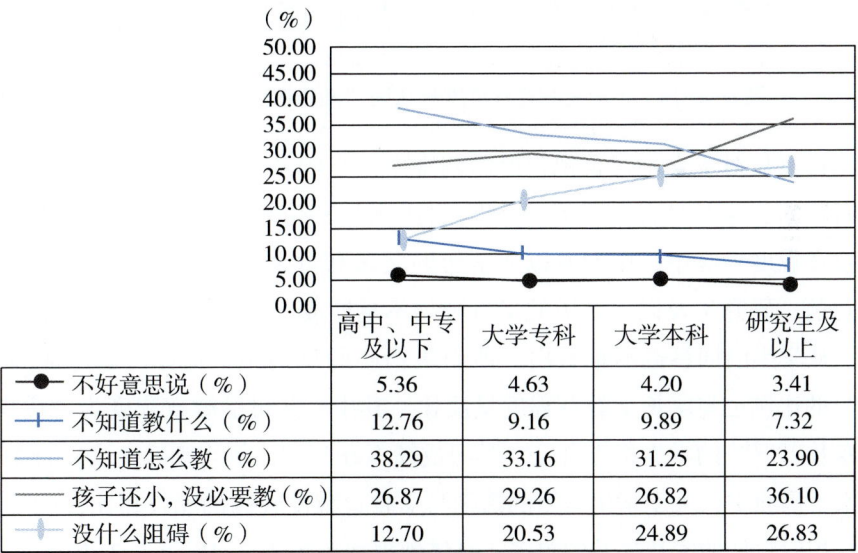

图 3-2-15（2）　家长受教育程度与阻碍性教育的原因（母亲）

2. 家长受教育程度越低，越重视子女的学习，但效果甚微

由于受教育程度存在差别，家长对子女学业的态度和诉求不尽相同。其中，受教育程度较低的家长由于自身的教育背景所导致的经济状况相对较差、职业环境相对恶劣、社会地位不高等因素，都使其对子女的教育，尤其是学习更为重视。

从观念层面，认同"知识改变命运"这一观念的家长中，如图3-2-16所示，受教育程度为"高中、中专及以下"的父亲为70.50%，母亲为67.67%，均比研究生及以上学历的家长高6%左右。

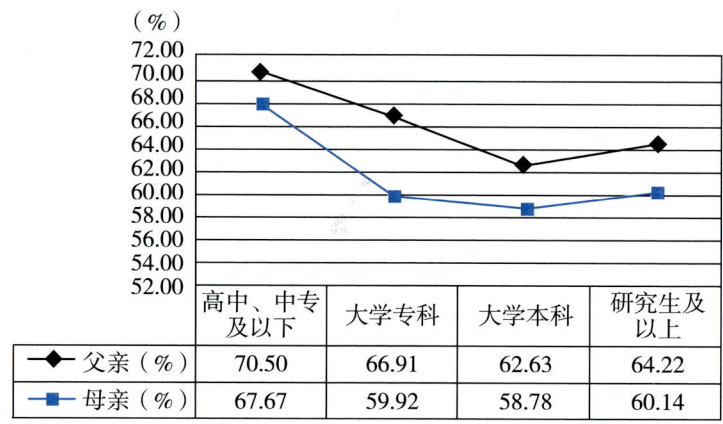

图 3-2-16 不同受教育程度家长认同"知识改变命运"的比例

在家长对子女学习重视程度的调查中，当问及"您最关心孩子的哪些方面"时，家长选择"日常学习"的比例与其受教育程度呈反比。其中，受教育程度为高中、中专及以下学历的父亲和母亲比例均超过五成，而同一问题，研究生及以上学历的父母则均不足四成。如图3-2-17所示。

从学生的回答也不难看出，他们最担心的事情中，选择"学习成绩不好"的比例也与家长受教育程度呈反比。其中，父母受教育程度为"高中、中专及以下"的学生担心自己"学习成绩不好"的比例均接近八成。而在日常亲子沟通中，关于学生学习的话题与受教育程度较高的家长相比，也是受教育程度较低的家长提及的更多。具体数据参考图3-2-18和3-2-19。

第三章　家长背景性因素对家庭教育的影响

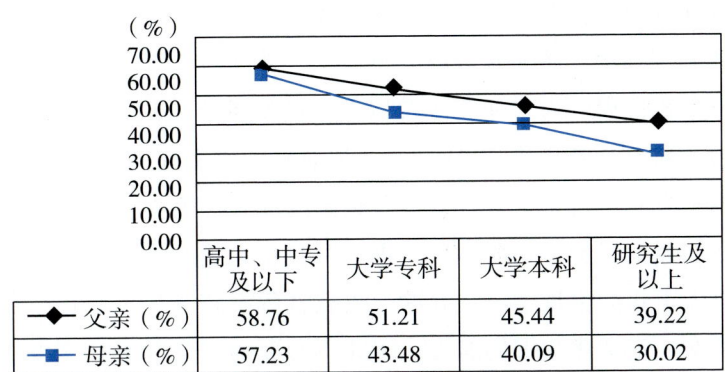

图 3-2-17　家长受教育程度与是否关注子女日常学习

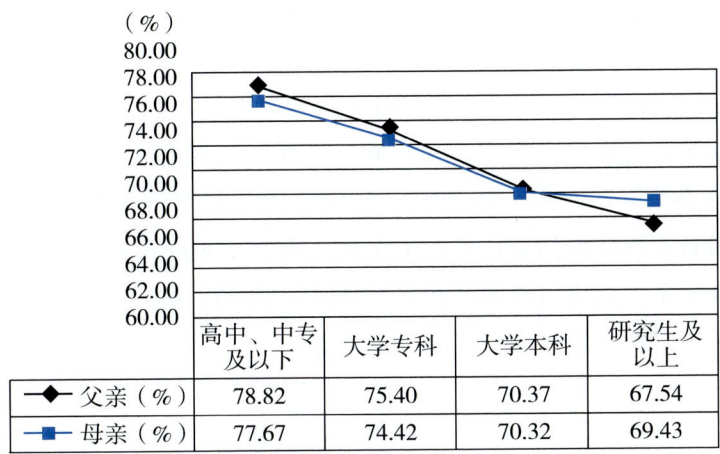

图 3-2-18　学生担心成绩不好与家长受教育程度的关系

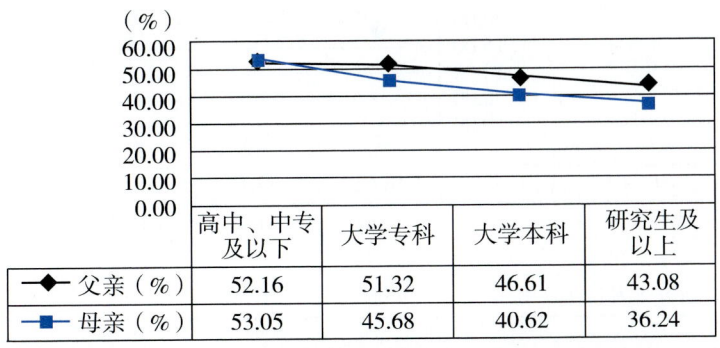

图 3-2-19　不同受教育程度家长和学生聊学习的比例

从教育行为看，上学前班的比例也体现了家长对学生学业的重视。受教育程度为"高中、中专及以下"的家长，为子女报学前班的比例超过八成，家长受教育程度为"研究生及以上"的则低于五成，其中，母亲受教育程度为"研究生及以上"的学生上学前班的比例仅40.09%。分析其原因有以下三方面：首先，受教育程度较高的家长尽管对学生学业也比较重视，但他们强调呵护子女的童年，重视其自由天性的发展，因而不希望子女过早进入正式的学校学习；其次，受教育程度较高的家长由于其已经具备教授子女一定文化知识的能力，因此不必要通过学前班让子女进行文化知识的学习；最后，受教育程度较低的家长由于重视子女的学业，但出于自身能力限制，只能通过外部渠道让子女提前进行文化知识学习。

尽管如此，对学生学业水平和家长受教育程度进行交叉分析发现，受教育程度较高的家长，其子女的学业水平也相对较高。如图3-2-20所示，在学业水平为优秀的学生中，父亲和母亲受教育程度为"研究生及以上"的比例分别为45.85%和55.63%，高于其他受教育程度家长的比例。显然，受教育程度较低的家长其对子女较高的学业期待并未直接导致子女较好的学业水平。之所以造成如此反差是由于受教育程度较高的家长更重视

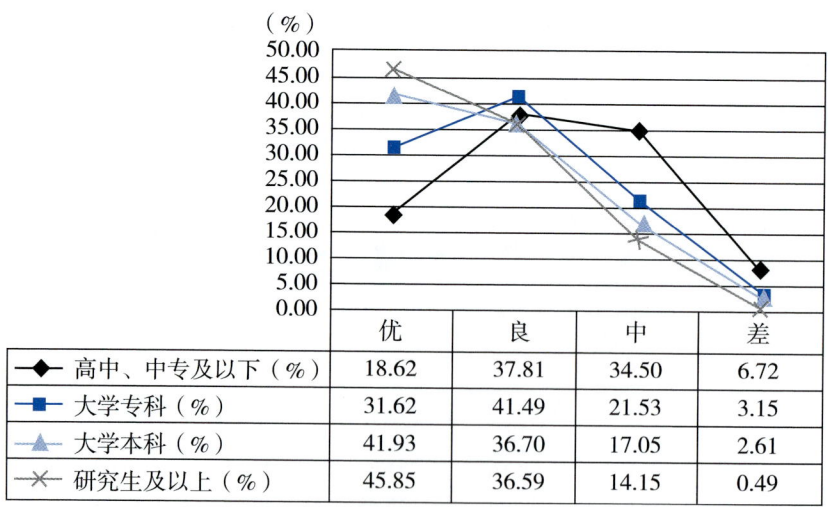

图3-2-20（1） 家长受教育程度与学生学业水平的关系（父亲）

第三章　家长背景性因素对家庭教育的影响

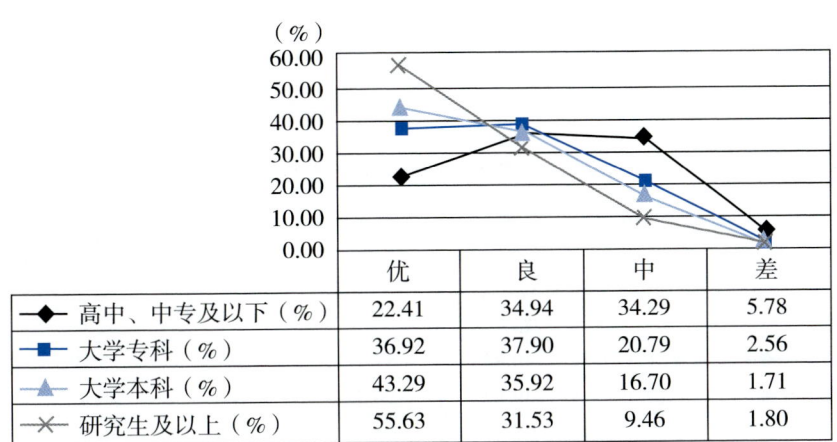

	优	良	中	差
◆ 高中、中专及以下（%）	22.41	34.94	34.29	5.78
■ 大学专科（%）	36.92	37.90	20.79	2.56
▲ 大学本科（%）	43.29	35.92	16.70	1.71
✕ 研究生及以上（%）	55.63	31.53	9.46	1.80

图3-2-20（2）　家长受教育程度与学生学业水平的关系（母亲）

从文化氛围、榜样作用去影响和引导子女，使其获得更为丰富的知识资源、情感资源，而这些恰恰是学生学业获得持续进步的基础。但对受教育程度较低的家长来说，因为其知识水平、教育视野有限，只能通过学生学业成绩获知子女的学业发展情况，通过口头教育实现对子女学业的重视，强化其学习动机，无法给予子女更多的帮助和引导。

（五）家长受教育程度不同，家庭教育关注点和困惑不同

1. 家长受教育程度越高越关注子女发展性问题，反之则越关注现实性问题

在家庭中，家长对子女具有较高的权威。家长对家庭教育的期待与关注一方面影响其主观的教育判断，指引自己的教育行为；另一方面，家长作为子女的重要他人，其对子女的期待会产生强烈的暗示和感染作用，影响子女的行为动机和方式。在本调查中，不同受教育程度家长对子女的期待和关注存在较大差异。如图3-2-21所示，在对家长关心的8个家庭教育问题进行考查时发现：受教育程度较高的家长，对学生习惯养成、情绪情感和性格养成的关注高于受教育程度较低的家长。以父亲为例，高中、中专及以下父亲关注学生"习惯养成"的比例为49.84%，大专则为59.57%，本科为66.67%，研究生及以上学历的家长对其的关注程度则升

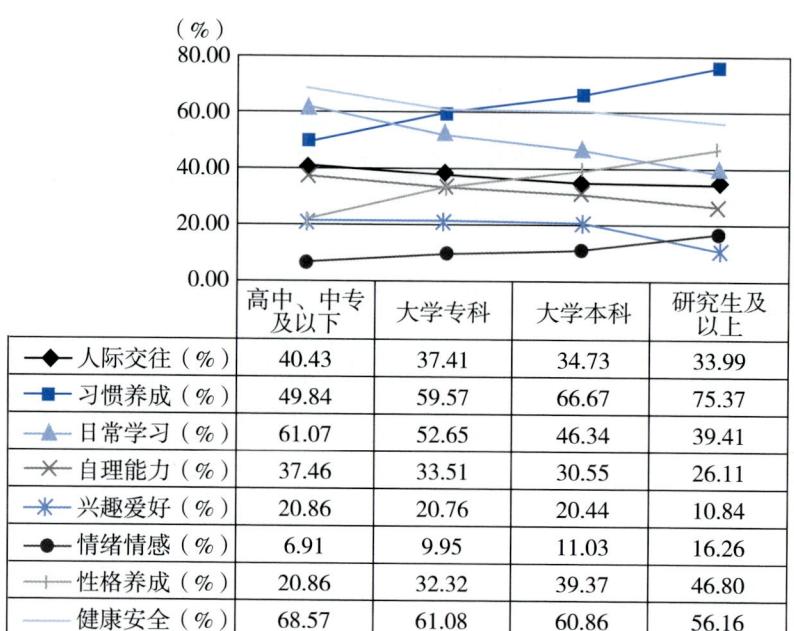

	高中、中专及以下	大学专科	大学本科	研究生及以上
人际交往（%）	40.43	37.41	34.73	33.99
习惯养成（%）	49.84	59.57	66.67	75.37
日常学习（%）	61.07	52.65	46.34	39.41
自理能力（%）	37.46	33.51	30.55	26.11
兴趣爱好（%）	20.86	20.76	20.44	10.84
情绪情感（%）	6.91	9.95	11.03	16.26
性格养成（%）	20.86	32.32	39.37	46.80
健康安全（%）	68.57	61.08	60.86	56.16

图 3-2-21（1） 不同受教育程度家长最关心学生哪方面（父亲）

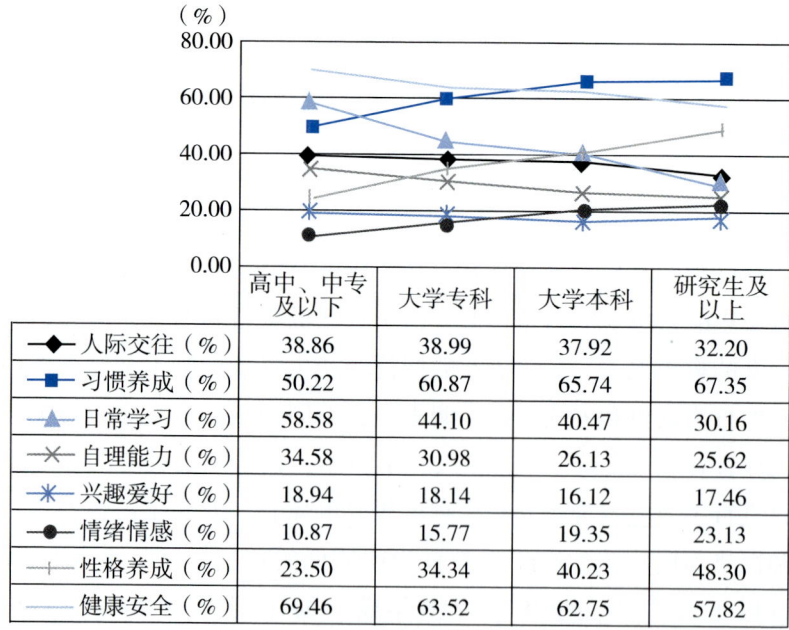

	高中、中专及以下	大学专科	大学本科	研究生及以上
人际交往（%）	38.86	38.99	37.92	32.20
习惯养成（%）	50.22	60.87	65.74	67.35
日常学习（%）	58.58	44.10	40.47	30.16
自理能力（%）	34.58	30.98	26.13	25.62
兴趣爱好（%）	18.94	18.14	16.12	17.46
情绪情感（%）	10.87	15.77	19.35	23.13
性格养成（%）	23.50	34.34	40.23	48.30
健康安全（%）	69.46	63.52	62.75	57.82

图 3-2-21（2） 不同受教育程度家长最关心学生哪方面（母亲）

至 75.37%；而习惯养成、情绪情感和性格养成均关乎其未来成长和发展，均属于发展性问题；相反，受教育程度较低的家长则对一些现实问题，如人际交往、日常学习、自理能力、兴趣爱好、健康安全更为关注，其比例均随家长受教育程度提高而递减。以母亲为例，超过五成高中、中专及以下的母亲十分重视学生的学习，认为"日常学习"是其最关注的问题之一，比受教育程度为研究生及以上的母亲高两成以上。将"健康安全"视为家庭教育重要问题的家长中，高中、中专及以下受教育程度的家长比例最高，为 69.46%，比大学本科高 6.71%，比研究生及以上高 11.64%。可见，不同受教育程度家长教育关注点出现了明显的分化。从表面上看，造成这种分化的原因源于其教育观念的差异。对多数受到良好教育的家长而言，他们理解并掌握了更多现代家庭教育观念，能较为充分地认识到家庭教育应以儿童全面、和谐的发展作为目标，因此会将其教育关注点放在如何促进子女的可持续发展上。但进一步分析发现，这种教育关注点的差异更多源于一些现实问题。对受教育程度较低的家长进行个别访谈发现，他们也较认同现代教育所倡导的尊重子女、重视子女心理情绪、关注子女发展等理念。但与此同时，受教育程度所限，这部分家庭在家庭教育中面临更多现实问题，如无人看管带来的安全隐患、入学困难、教育花费过大、提供给子女未来发展的资源匮乏等。因此，他们只能首先关注到这些基本诉求，即健康安全、日常学习、自理能力等，并力求培养人际交往能力和兴趣爱好。

2. 受教育程度高的家长教育困惑多源于观念层面，受教育程度低的家长教育困惑多源于现实层面

在本调查中我们列举了 11 项家庭教育中常见的教育困惑，在调查中发现，不同受教育程度的家长其困惑的根源存在明显差别。从总体上看，受教育程度较高的家长在家庭教育中遇到的困惑要少于受教育程度较低的家长，研究生及以上学历的父亲和母亲认为自己在家庭教育方面"基本没有问题"的比例分别为 13.24% 和 17.23%，高中、中专及以下父母仅为 6.62% 和 6.66%。

具体来看，在11项家庭教育困惑中，仅有4项（"孩子缺少同伴""家人间的教育观念不一致""工作太忙，没时间管孩子"①"祖辈的干预或溺爱"）的比例是随着家长受教育程度的提高逐渐增加。分析以上4项不难发现，受教育程度高的家长其教育困惑均是因为"教育理念和现实情况相违背"而产生的，如"孩子缺少同伴"的背后是家长对学生同辈交往、亲情教育重要性和价值的认识；"工作太忙，没时间管孩子"的背后则是家长意识到"重要他人"在学生成长中的重要性；而"祖辈的干预或溺爱"则暗含了现代年轻家长家庭教育理念的独立性和时代性特征。也就是说，受教育程度较高的家长其教育困惑大都来自于"观念层面"。与基本的家庭教育需求，如物质保障、就学需求等相比，是基于学生长远发展和长足进步的更高层面的家庭教育诉求。如图3-2-22所示。

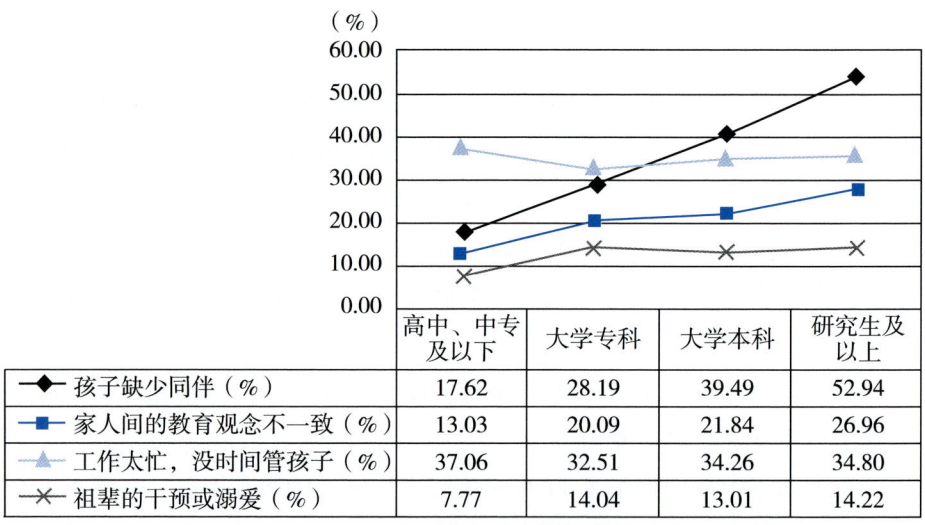

图3-2-22（1） 不同受教育程度家长的家庭教育困扰（父亲）

---

① 父亲受教育程度与"工作太忙，没时间管孩子"一项交叉的数据趋势略有差异。

第三章 家长背景性因素对家庭教育的影响

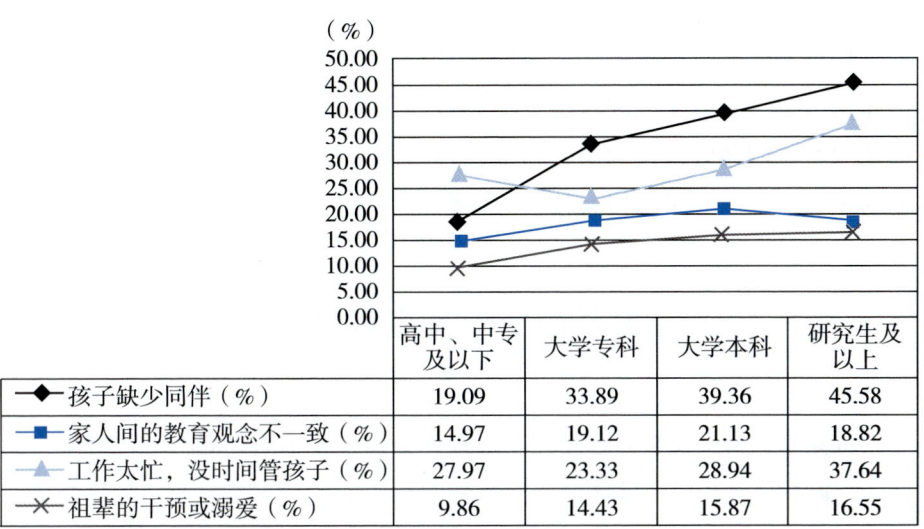

图 3-2-22（2）　不同受教育程度家长的家庭教育困扰（母亲）

从受教育程度较低的家长来看，在本调查列举出的 11 个常见的家庭困惑中，有 7 个选项的比例是随家长受教育程度提高而降低。具体来看，受教育程度较低的家长对"孩子的安全健康""自身缺乏教子知识和方法""遇到教子困惑不知道向谁求助""教育花费过大""为升学担忧""不知如何与孩子沟通"和"指导孩子的学习"这些问题上的担忧都大于受教育程度较高的家长。分析这 7 大困惑发现：它们均是家长的一些较为现实的家庭教育问题，概括起来可分为两类：其一，是由于家长受教育程度低而直接导致的家庭教育困惑，如"自身缺乏教子知识和方法""不知如何与孩子沟通"和"指导孩子的学习"；其二，是因家长受教育程度较低造成其社会资源、经济条件的不足导致一系列家庭教育困惑，如"孩子的安全健康""遇到教子困惑不知道向谁求助""教育花费过大""为升学担忧"。从数据来看，"孩子的学习"和"自身缺乏教子知识和方法"两大困扰所呈现的家长受教育程度差异最为显著，高中、中专及以上的父亲和母亲为"孩子的学习"担忧的比例分别为 38.59% 和 20.09%。另外，尽管不同受教育程度家长选择"教育的花费过大"和"为升学担忧"在总体数据中比例不大，但由于受教育程度所限，家长的社会资源、家庭收入等都受到一定影响，因此，受教育程度低的家长这一比例也相对较高。而他们所面临的这些现实性教育困惑更多反映的是社会问题，如教育成本过高、教育公平亟待改善、专业家庭教育指导缺乏有效途径等。从这个角度来说，家长在遇到教育困惑时，仅靠家庭和家长自身的力量难以得到有效解决，理应获得来自于政府相关部门和社会的帮助与引导。

三、家长职业对家庭教育的影响

如果说父母的受教育程度在一定程度上体现着不同家庭的文化资本，那么家长的职业地位则能够体现不同家庭的社会资本，并影响着家庭的经济地位。因此，在本调查中，我们将家长职业和家庭经济水平对家庭教育的影响一并进行探讨。我们将家长职业分为两类：第一类为劳动密集型职业，该类职业在进行生产时主要依靠大量使用劳动力，而对技术和设备的依赖程度相对较低，主要包括工人和农民、服务业人员；第二类为知识密集型职业，又称技术密集型职业，指在生产过程中，对技术和智力要素依赖大大超过对其他生产要素的依赖。主要包括公务员、企业职员和专业技术人员（教师、医生、工程师、律师等）。另外，由于个体职业者从行业组成和从业者的复杂性、军人/警察职业其特殊性难以纳入上述两种职业类型，因此在本调查中单独参与分析与讨论，自由职业、失业和家庭主妇均归为"其他"一项。

（一）家长职业差异所导致的教育投入差异显著

收入分配一直都是社会分层研究中的热点问题。当前社会收入差异过大的问题凸显，它不但对从业者个人的生活状况造成影响，也对其家庭，尤其子女教育产生不同程度的影响。造成收入差距的原因除了个人因素外，制度性与结构性因素也不可忽视，其中最重要的结构性因素便是职业分工问题。在本调查中发现，家长职业与其家庭收入水平之间的相关性显著。家庭收入在当地处于较高水平的家庭中，排在前三位的父亲职业分别为：个体职业者、企业职员和专业技术人员；母亲职业则为：个体职者、专业技术人员和企业职员及其他职业。而家庭收入在当地处于较低水平的家庭中,排在前三位的父亲职业分别为:工人/农民、个体职业者和其他职业;母亲职业分别为:其他职业、工人/农民和个体职业者。不难看出,工人/农民作为劳动密集型职业的主要人群,其家庭收入在所有职业群体中最低;专业技术人员作为知识密集型职业的代表,家庭经济状况普遍良好;个体职业和其他职业由于其内部结构的复杂性,职业内收入差距悬殊。可见,家长职业与其家庭经济水平息息相关,这与其他同类研究结论一致。具体数据如图3-3-1所示。

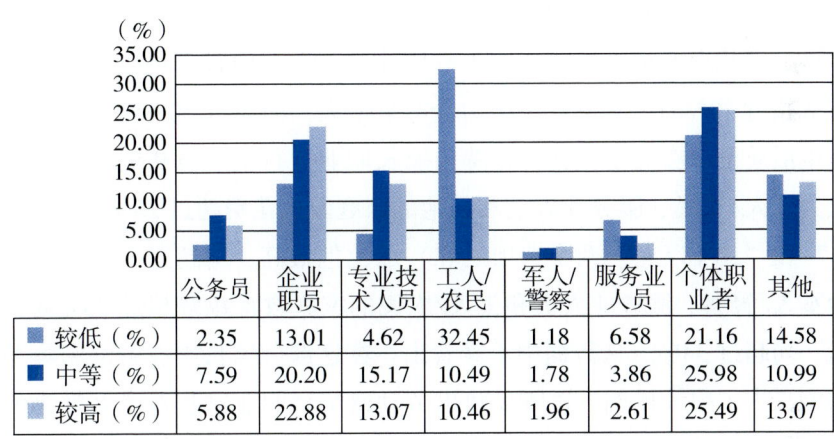

图3-3-1(1) 家长职业与家庭经济水平(父亲)

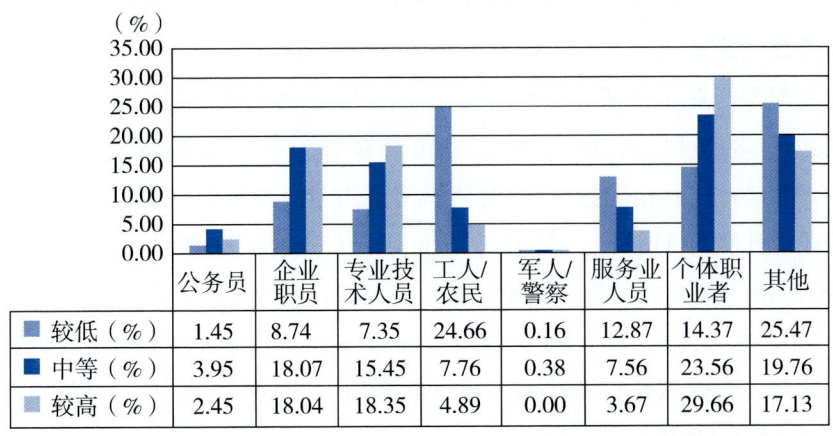

图3-3-1(2) 家长职业与家庭经济水平(母亲)

在访谈中我们还发现，家庭经济水平除了与职业本身发生联系外，职业的行业分割性也大大增强了这种经济水平差异，如城市与农村、外来与本地等。在对部分家长访谈中发现，同样从事服务行业，家长为外来务工人员从事服务业的，因为受到户籍、方言、对当地情况不够熟悉等的限制，在择业上存在较大局限，使得家庭收入受到影响。基于这样的家庭经济现状，部分外来务工家长表示，"也希望能让孩子多学一些，比如报个班，但是没那个能力，只能算了""班里同学都买了（电脑），老师布置的作业经常也用，我们不买也不合适，硬着头皮买吧"。可见，由于职业差别所导致的家庭经济水平的差异直接影响到家庭教育投入。

这一现状在本调查的数据中也有所体现。在前面我们提到，当学生教育花费超过20%时，家庭经济压力会明显增大，而超过30%则会明显影响家庭生活质量。在对学生教育花费与家长职业进行交叉分析时发现，父亲职业为工人/农民、服务业人员和其他的家庭教育花费超过20%（"20%—30%"和"30%以上"两个选项之和）的比例最高，均超过30%；母亲职业为军人/警察、服务业人员和工人/农民的家庭教育花费超过20%的比例最高，均超过34%。从数据中不难看出，在这部分家长中，劳动密集型职业的家长占了很大比例。这既反映出劳动密集型职业家长对子女教育的重视，更反映出他们沉重的家庭教育经济负担，而这可以进一步通过家长对家庭教育投入的直观感受得到印证，如图3-3-2所示，在问及"孩子的花费对于您的家庭来说如何"①时，表示"压力有些大非常大"的家长中，劳动密集型职业家长所占比例最多，其中职业为工人/农民父亲和母亲分别高达33.89%和28.70%，而公务员父亲和母亲则分别仅为13.50%和13.71%。与之相对应的是，对此"没有压力"的家长中，知识密集型职业的从业者比例相对较高，其中，专业技术人员的父亲和母亲比例分别为38.92%和35.86%，这一比例比工人/农民的父母分别高23.17%和21.13%。可见，在家长对家庭教育普遍重视、小学生教育基础性投资生均水平相当、家庭教育扩展性投入成本逐渐增大的现实背景下，家长职业差

---

① 为了利于分析，将"刚好能承受"一项的分析略去。

异所造成的家庭经济收入差异直接导致了劳动密集型职业家长的教育投入压力增大。

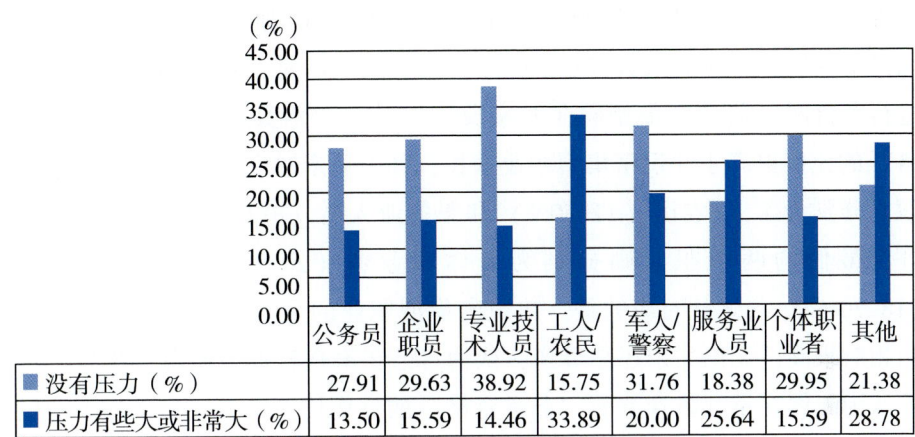

图 3-3-2（1） 不同职业家长的教育花费压力（父亲）

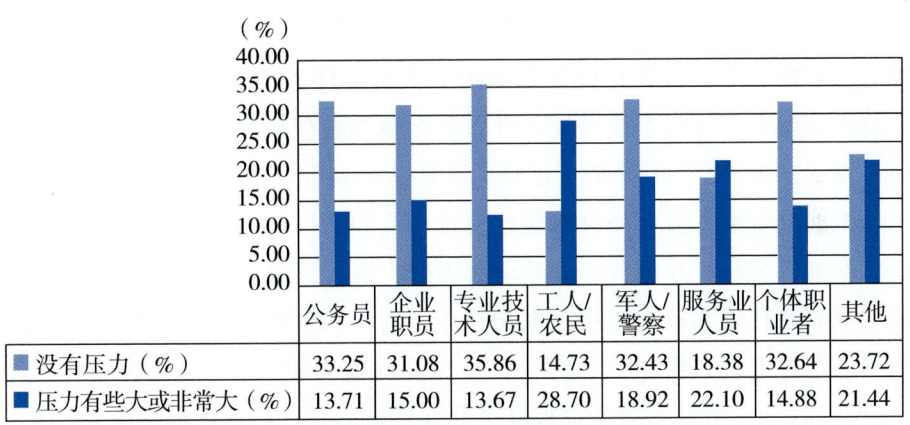

图 3-3-2（2） 不同职业家长的教育花费压力（母亲）

（二）劳动密集型职业的家长自我认同和相互认同度均低于知识密集型职业的家长

家长对家庭教育的评价包括自我评价和对配偶的评价，本调查数据显示，不同职业家长在家庭教育中的自我评价和配偶评价具有趋同性：劳动密集型职业家长的上述两种评价都相对较低。从不同职业家长在家庭教育方面的自我评价来看，劳动密集型职业的家长认为自己做得"不太好"和"非常不好"的比例较高，其中父亲自我评价最低的两个职业分别为工人/农民（14.40%）和个体职业（11.50%），母亲则分别为工人/农民（13.80%）和服务业人员（13.50%）；在不同职业家长对配偶的家庭教育进行评价时，劳动密集型职业的家长认为对方"不太合格"和"很不合格"的比例也高于知识密集型职业家长，其中父亲对配偶评价最低的两个职业分别为工人/农民（11.50%）和服务业人员（8.10%），母亲对配偶评价最低的两个职业则分别为个体职业者（20.90%）和工人/农民（18.70%）。与之相对应的是，知识密集型职业的家长对家庭教育的评价则相对较高，无论父亲还是母亲，认为自己在家庭教育中做得"很好"以及认为配偶在家庭教育方面"非常合格"的比例均高于劳动密集型职业的家长。在以往的研究中，英国教育社会学家 O. Banks 也在其所著的《教育社会学》一书中就家长背景、自我评价和相应的家庭教育行为做了探讨。他认为：手工工作者职业地位较低，综合指数偏低的事实使得他们对自己的评价较低，他们很少有中等职业阶层人员那样的成就抱负和价值取向。在这种情况下，他们不仅接受了自己缺乏能力的社会评价而且还将这种观点推及子女身上[①]。正是基于这样的原因，劳动密集型职业的家长在对自己和配偶进行家庭教育评价时很容易将个人职业地位、社会地位与家庭教育状况加以关联，并将社会对劳动密集型职业的消极和不利评价内化到自身的家庭教育观念及行为中。在访谈中，有一位江西父亲魏先生说："我就是一个打工的，懂什么教育，只要让娃吃饱穿暖，有学上就行了。"可见，"我就是一个打工的"这种社会性评价显然带有自我否定的含义。

（三）劳动密集型职业的家长与学生互动单一，父亲尤为明显

韦伯认为职业行为具有延续性，因而不同职业的家长与子女的亲子互动中必然受到自身职业的影响。在本调查中，家长职业对亲子互动的影响主要表现在以下两个方面。

---

① 鲁洁，吴康宁. 家庭教育社会学 [M]. 南京：南京师范大学出版社，1999：25.

第一,亲子互动时间和频率的差别。本调查主要包括家庭晚餐频率、家庭活动频率两方面内容。在家庭成员共进晚餐频率的调查中,"几乎没有"或"仅节假日"与家人共进晚餐的家庭中,家长职业为工人/农民和服务业人员的比例最高,父亲比例分别为15.28%和19.66%(公务员仅为4.29%);母亲比例分别为10.44%和9.67%(公务员仅为6.35%)。可见,与"朝九晚五"的公务员家长相比,劳动密集型职业的家长与家人共进晚餐的次数较少,这无疑大大减少了亲子沟通的机会。这种差别一方面与劳动密集型职业家长工作时间长、不规律有关。另一方面,通过访谈还发现,这部分家庭中有较大比例是由"祖父母看管"的"留守儿童"家庭。

在家庭活动频率的调查中,"经常"组织聚会、外出游玩等家庭活动的家庭中,所占比例最小的父母职业也为工人/农民和服务业人员,且比例远远低于知识密集型职业的家长。以母亲职业为例,工人/农民的家庭经常组织家庭活动的比例为7.32%,服务业人员的家庭为9.46%,二者均不足一成;而公务员、企业职员和专业技术人员的家庭则均超过或接近30%,两类职业相差悬殊。

造成以上两组数据的职业差异,一方面是由于职业背后所隐含的受教育程度和经济收入对家长观念和教育投入的影响。另一方面的重要原因就是劳动时间和强度。由于劳动密集型职业的特殊性,这使得家长从事劳动的时间较长,因而大大挤占了亲子相处时间。尤其在对部分服务行业家长的访谈中发现,他们基本无法参与日常家庭教育活动,通常都由配偶或长辈代劳。山东济南有一位父亲王先生是一名出租车司机,为了能多挣钱,他选择了夜班,因而与女儿的时间几乎没有交集,白天女儿在家的时间他几乎都在睡觉,吃完晚饭后就得出车。节假日客流量大的时间更是如此。这一现实困境在调查的数据中也能得到印证,当问学生:"休息时,你父母最常做的事情是什么?",选择"休息睡觉"的家长其职业均为工人/农民、服务业人员和个体职业者,因为"工作实在太累,回家连话都不想说,只想睡觉"。

第二,亲子互动内容的差别。语言沟通是亲子互动的重要内容。通常亲子间语言沟通的话题越丰富代表亲子关系信任度和依赖度越高。令人遗憾的是，在有限的沟通时间里，劳动密集型职业的家长与子女聊天的话题多集中在学习方面，职业为工人/农民和服务业人员的父母和子女聊天最多的话题仅为"学习"的比例均超过一半以上，高于所有知识密集型职业的家长，"什么都聊"的比例则相对较低。可见，在亲子沟通内容上，劳动密集型职业家长由于职业的社会地位和经济地位相对较低，使得其职业期待降低，对下一代"用知识改变命运"的期待提高，认为"知识能改变命运"的父母中，比例最高的前两个职业分别为：工人/农民（父亲为73.98%，母亲为69.29%）、个体职业者（父亲为69.22%，母亲为64.35%），因而，这类家长更加重视学习，从而使得亲子沟通变得较为单一，"学习"成为亲子沟通中的最主要话题。

通过进一步调查我们还发现，这一现象在父亲群体中更为突出。在调查中列举的父亲经常和子女做的9件事情中，劳动密集型职业的父亲与子女的互动情况远不及知识密集型职业的父亲。其中职业为工人/农民的父亲所有比例均为最低值。因此，在调查亲子沟通困难时，劳动密集型职业的家长面临的各种家庭教育困难（包括"孩子不愿对我说心里话""找不到共同兴趣""找不到好的沟通方法"和"没时间沟通"）的比例也为各职业类型家长中最高。可见，劳动密集型职业父亲的家庭教育参与度较低，互动模式单一的现象比较突出。而这种存在偏差的亲子互动模式造成的最直接的影响就是：降低学生对父母关爱的主观感受，劳动密集型职业家庭的子女希望"爸爸妈妈抽时间听我说说心里话"和认为"父母不够爱我"的比例相对较大。可见，单一的亲子互动模式对学生认同感、安全感和情感依恋都存在负面影响。

（四）军人/警察父亲因其职业特性表现出特有的家庭教育特征

在本调查中，我们将家长职业划分为劳动密集型职业和知识密集型职业。但军人/警察由于职业特性使得其在家庭教育中呈现出与众不同的特点，在此我们进行单独分析论述。军人/警察，尤其是男性，多为一线工作人员，其工作具有不确定性、工作过程的繁琐性、工作对象的负面性、工作时间的持续性、工作后果的危险性等特质，这不但让他们自身承受了较大的体力消耗和心理压力，也使得家庭生活和子女教育受到不同程度的影响。与此同时，其职业品质，如坚毅、果敢、自律等也延伸到家庭和家庭教育中，使其具备了独特的"教育优势"。因此，本调查有必要对此进行专门分析与论述。

从军人/警察父亲所面临的家庭困境看，由于军人/警察职业特性导致家庭生活时间被挤占或碎片化，这必然会影响其家庭角色的履行。在对工作与家庭冲突的调查中，军人/警察父亲认为与子女沟通最大的困难是"没有时间沟通"，其比例在所有职业中最高，为16.47%，超过公务员该数据的2倍。同样，在对家庭教育困惑的调查中，军人/警察父亲认为最大的困惑之一为"工作太忙，没时间管孩子"，其比例为42.17%，仍为各职业最高。由于工作性质所限，父亲职业为军人/警察的家庭中，主要由母亲承担家庭教育责任的比例为32.94%，其数值均高于其他职业。刑警父亲王先生在访谈中谈到，根据《人民警察法》规定，人民警察在非工作期间，遇到其职责范围内的紧急情况，应当履行职责。所以回家后因为有任务出差、出警是常有的事，半夜被叫起来的次数也不计其数。可见，身为军人/警察的父亲所面临的工作与家庭的冲突比其他职业更为突出。虽然这种冲突在其他行业中，如个体职业者家长中也有所体现，但其中一部分家长可通过工作换取良好的家庭经济收入作为补偿，但是在对军人/警察家庭的经济调查中发现，该职业高强度的工作并未能给家庭带来丰厚的经济收入，其家庭经济水平多介于知识密集型职业家庭和劳动密集型职业家庭之间，并不宽裕，所承受的家庭教育投入压力也高于知识密集型职业家庭。

在对这部分父亲进行家庭教育自我评价和对配偶的评价时发现，认为母亲"非常合格"的比例为所有职业中最高，为45.90%。而对自我评价时认为自己在家庭教育中做得"不太好和非常不好"的比例为11.80%，仅低于劳动密集型职业父亲的该比例。可见，在家庭教育中，军人/警察的父亲所面临的压力较大，面临的困惑更是不容忽视。但值得注意的是，与劳动密集型职业家长相比，近年来，劳动密集型职业家庭及子女越来越受到社会的关注。社会对该"弱势群体",无论从理论研究、社会支持和政府扶植等方面力度都有所加大。而军人/警察等特殊行业的家长,由于其享有较高的社会声誉和地位,经济收入也多居于中等水平,因此,其家庭教育困惑很容易被掩盖,始终处于尴尬的"夹心层"而难以得到广泛关注与支持。

尽管军人/警察父亲面临"家庭与工作"的冲突与矛盾,但职业的特殊性造就了这些父亲独特的职业性格,并将其延伸到生活中,彰显出独有的"教育优势"。首先,军人/警察的角色使命感使得他们在作为"父亲"这一角色时能尽量地弥补因工作造成的角色缺位。和劳动密集型职业类似,军人/警察父亲工作强度大、工作时间长,回到家后都常感到身心疲惫,但回家"休息睡觉"的比例反而是所有职业父亲中最低的,这可以部分推断,他们为了尽可能抽时间陪伴家人,承担应有的家庭责任;尽管军人/警察父亲在家时间有限,但这并未影响其家庭活动的开展,"常常"组织家庭活动的比例为25.88%,仅低于公务员父亲的26.99%,居于所有职业父亲的第二位。另外,在父亲陪伴孩子做的事情当中"一起哄妈妈开心""一起聊天、谈心"和"打闹玩耍"的比例也为所有职业父亲中最高。可见,军人/警察父亲尽可能完善自己的家庭角色,减少其工作对家庭的影响。不难想象这需要其承受更大的心理压力,而军人/警察职业所具备的自知、隐忍特性使得这种努力成为可能。与此同时,军人/警察较强的身体素质、动手能力、丰富的军事和历史知识、生活适应能力等又使得他们能在亲子互动中得以更好地融入孩子。除了上述三项"和爸爸一起做的事情"高居榜首外,在本调查中列举的其余9项父亲和孩子一起做的事情中,其比例几乎为所有职业最高,教育优势相当明显。

[第四章]
学生背景性因素对家庭教育的影响

社会学家巴克将人与人的互动模式分为"非对称性相倚"和"彼此相倚"。其中,彼此相倚是一种正式的社会互动情境,互动者既对自己的计划做出反应,又可以对他人做出反应,是主动控制自己又控制局势的反应①。现代社会中,父母与子女就是一对典型的彼此相倚关系:父母同子女都是互动的主体,在互动中双方均能做到主动控制、主动反应,彼此学习、互换、沟通,互为影响、互为理解、互为信任,使得双方主体性都能得到发展。因此,在家庭教育中,学生不仅仅是教育的接受者,他们也在一定程度上影响着家长,并通过自身的态度、行为反作用于家长的教育观念、方式等。因此,要想全面了解家庭教育及其亲子双方在家庭教育中的互动机制,除了对家长背景性因素的考查,也有必要对学生背景性因素及其与家庭教育的关系作进一步分析和探查。

一、性别差异

小学阶段的男、女生性别特征和差异日益明显,心理发展速度和水平存在一定差距,他们在自主意识、情绪感知与表达、自我管理等心理品质

---

① 克特·W. 巴克. 社会心理学 [M]. 天津:南开大学出版社,1984:124.

方面各有不同,这使得他们在日常生活和学习中均表现出较大差异。而这些差异又会在不同程度上反作用于家庭教育,尤其影响家长对孩子的教育态度、教育方式以及教育期望等。

梳理本调查中小学生性别差异对家庭教育的影响情况,这里主要从传统性别角色期待、学生情感、学业水平、性教育四个方面详述。

(一)传统性别角色期待影响家长的教育行为

生活中,人们总是在无意识下对不同性别的人产生不同的希望和期待,人们也会自觉或不自觉地按照这种期待来选择职业、塑造性格、表现行为,这是内化在人们头脑中的性别观念的一种外在表现,此情况同样渗透在日常家庭教育中。

一般而言,从子女降生开始,家长就会有意无意地按照社会对男、女性别的角色定位进行教育,尤其会遵循中国人的传统性别角色期待——"男主外,女主内",比如教育女孩说话要轻柔,学做家务,最好是乖巧的形象;而对于男孩的教育,父权制社会权力结构要求"男儿志在四方""男儿有泪不轻弹",因此男孩们从小就被塑造具有刚强、豪迈等个性特征。

本次调查的相关数据再次印证了这一点,这也在一定程度上表现出家长的日常教育行为会有意无意受到传统性别角色期待的影响。从男孩的情况来看,当问及"孩子发脾气时,您通常怎么应对",如图 4-1-1 所示,男生家长选择"训斥"和"忍不住动手"的比例分别为 20.22% 和 7.97%,女生家长选择这两项的比例分别为 19.43% 和 6.52%,男生家长选择比例高于女生家长,而选择"冷处理"和"耐心询问"的两项中,男生家长比例分别是 17.09% 和 49.03%,女生家长比例分别是 17.50% 和 51.42%,男生家长选择比例低于女生家长。由此可见,当面对子女发脾气时,家长对女生更有耐心,对于男生更加严厉。这种应对态度也正符合了传统社会性别角色期待,比如希望培养女生温顺、平和的性格,希望培养男生具有坚强、隐忍、担当等男人气质。

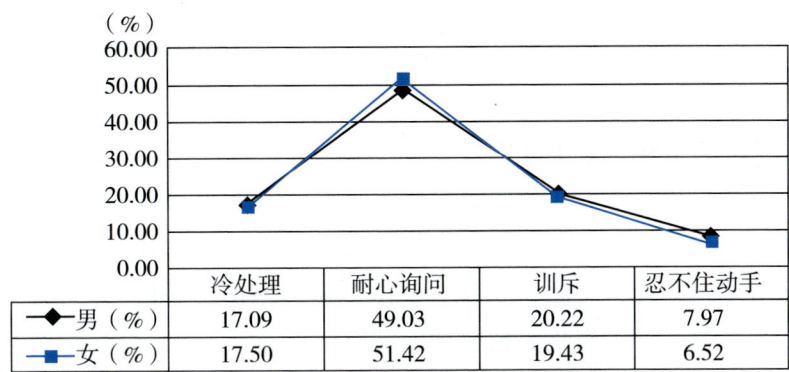

图 4-1-1　家长应对子女发脾气的性别比较

而惩罚子女的方式也反映着家长对传统角色的认同情况，对于惩罚子女最严厉的方式，如图 4-1-2 所示，男生家长选择"体罚"（55.65%）和"没收他喜爱的东西或取消他喜欢的活动"（52.76%）两项的比例明显高于女生家长（体罚：41.99%，没收爱物：43.38%）；而女生家长选择"一段时间不搭理他"的比例（51.05%）明显高于男生家长（44.39%）。可见在家长的意识中，也认为动粗或限制部分自由是较为适合男孩的惩罚方式，效果最好，而类似忽视、不理的情感惩罚对女孩较为适合。

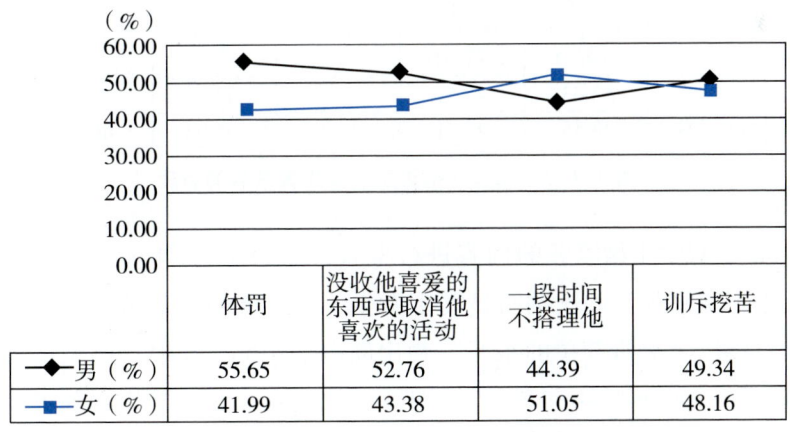

图 4-1-2　男生/女生认为最严厉的惩罚方式比较

在传统社会中，家务劳动的性别角色定位明确，"家务活应由女性承担"的观念影响至今,做家务更是对女性是否贤惠的考量,因此,考查男女生在做家务活动中的表现差异,能较为直接地反映家长教育行为是否受到女性社会角色期待的影响。

首先,考查家长对子女做家务的态度,如图 4-1-3 所示,在"孩子应该做些家务"选项上,男女生家长选择比例分别为 50.08% 和 46.52%,男生家长比例高于女生家长,表明男女生家长对此观点都比较认同,而且,男生家长更是如此;而在"只要学习好,做不做都行"和"年龄太小,不用做家务"选项中,男生家长选择比例均高于女生家长,显示因学习、年龄的影响,家长对男孩不做家务的态度更为宽容;在"做家务是女孩的事儿"选项上,女孩家长选择比例远高于男生家长,再次表明多数家长普遍认同"女孩应从小学习做家务"的观念。

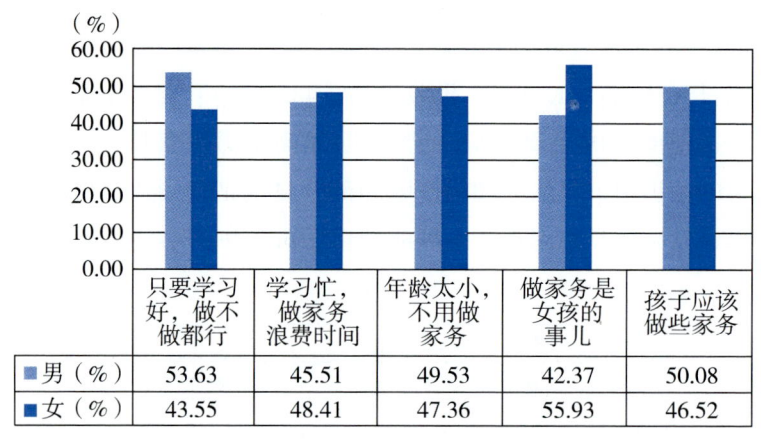

图 4-1-3　家长对待男生、女生做家务的态度

其次,对学生做家务的内容进行考查,如图 4-1-4 所示,男生选择"我几乎不做家务"的比例明显高于女生,在具体的家务劳动中,男生选择"倒垃圾""修理简单的东西"的比例高于女生,其中"倒垃圾"较为简单且属于跑腿性质的家务,"修理简单的东西"属于动手操作类,二者都比较符合男生好动、喜欢动手的性别特点;而女生选择"洗碗""扫地、擦桌子""收拾、准备餐具""铺床、叠被子""洗简单衣物""做简单饭菜""整理书桌或书柜"的比例均高于男生,而且,这些劳动都属于家务

中的主要内容，因此，无论从家务活的项目的数量上还是从劳动的繁重程度上对比，女生承担的家务劳动都比男生更多、更难。

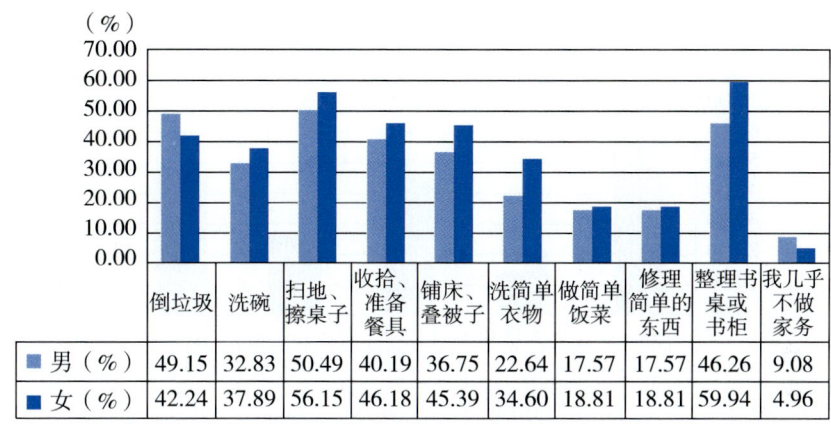

图 4-1-4　男女生做家务的情况对比

总之，家长按照传统性别角色期待培养子女在一定程度上符合社会认同，但从学生性别发展角度而言并非完全合理，这种人为强加于他们的社会期待，如童话中处于弱势的总是女孩，而男孩则总是扮演英雄的角色等，无疑限制了学生的发展空间。作为施教者，除了给子女正确的性别意识引导外，更要使其认识到，性别虽然是有差异的，但却没有好坏之分，它并不能决定一个人可以干什么，不可以干什么。家长不能让生理的差异束缚了子女的成长，相反应该一视同仁地对待，既不过分保护女孩，也不过分压抑男孩情感的宣泄，既培养女孩的勇敢果断，又培养男孩的细致耐心，在实践中不断寻找和创造"双性化教育"的时机，塑造孩子的完善人格。

（二）女生比男生情感细腻，亲子沟通情况优于男生家庭

从性别差异来看，在情感方面，男生情感外露、粗犷、好冲动；女生内隐、细腻、敏感、同情心强。本次调查中也再次印证了这一点。当问及学生"通常父母做什么让你感到不满或委屈"，如图 4-1-5 所示，女生选择"误解或冤枉我""不问清情况就批评我"的比例明显高于男生，可以

看出女生情感较为细腻、敏感，更喜欢得到父母的深入了解或理解；男生选择"不准我和某个同学玩"的比例高于女生，再次显示男生不喜欢被约束和限制，更加向往自由。

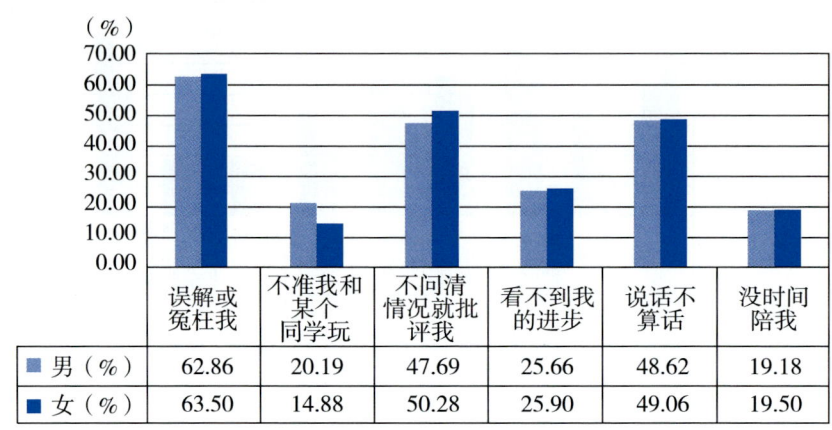

图 4-1-5　男生、女生感到不满或委屈的事情

正是因为女生的情感细腻性且女生的语言理解力和表达能力都比男生优越，因此，在亲子沟通方面，男女生的差异也较为明显，这里分别从学生主动沟通和亲子间沟通问题两方面进行考查。调查发现，当学生面对家长给予的压力时，如图 4-1-6 所示，男女生选择"和父母沟通，寻求理解"的比例分别为 36.26% 和 45.38%，女生比例比男生高出近 10%，可见，女生更善于主动与父母交流以此来释放压力；而男生选择"向父母反抗"和"忍耐"的比例明显高于女生，这都说明男生较少主动跟家长沟通，也不太懂得如何更好地与家长交流。而且男生选择"忍耐"的比例在各项中最高，可见男生常会通过这不太恰当的方式表达对父母的不满。

此外，当问及学生"假如父母要实现你的一个愿望，你希望"，如图 4-1-7 所示，男女生选择"爸爸妈妈抽时间听我说说心里话"的比例分别为 47.77% 和 52.23%，再次表明，女生比男生更渴望与家长沟通，尤其是交流内心深处的想法或意愿。

第四章 学生背景性因素对家庭教育的影响

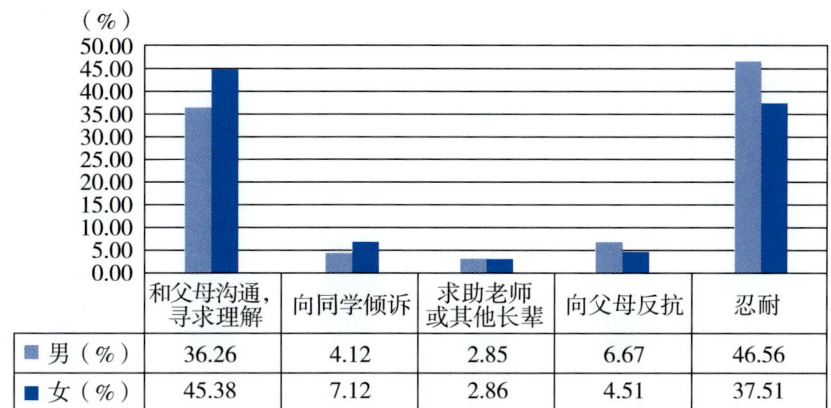

图 4-1-6 男生、女生面对压力时的应对情况

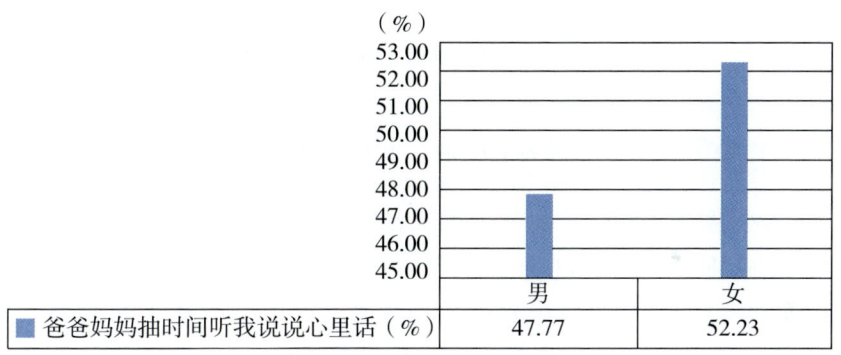

图 4-1-7 男女生希望"父母听自己说说心里话"的比较

关于亲子沟通质量可以通过沟通中遇到的问题来反映,从小学男、女生的亲子沟通问题来看,如图 4-1-8 所示,男生家长选择"孩子不愿对我说心里话"(男 11.51%,女 10.69%)、"找不到共同感兴趣的话题"(男 6.16%,女 4.66%)、"找不到好的沟通方法"(男 28.27%,女 27.20%)三者比例均高于女生家长。可以看出,男生一方不喜欢或不善于向父母表达心声,也影响了父母对他们的深入了解;家长一方也因未找到适宜的话题和方法感到困扰,进而使得亲子沟通质量不理想。而女生家长选择"没有时间沟通"(男 8.31%,女 8.65%)和"没有沟通困难"(男 43.77%,女 47.04%)的比例高于男生,这表明女生家庭中的亲子沟通

情况良好，所遇问题多为客观条件，也显示出女生家庭的亲子沟通情况优于男生家庭。

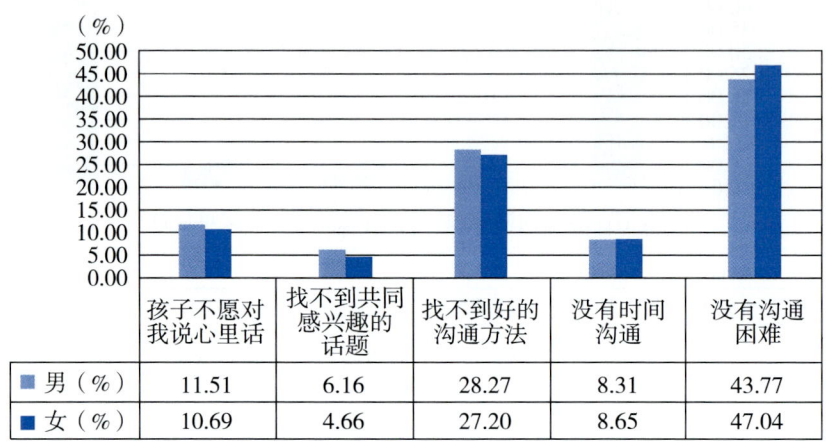

图 4-1-8　男女生家长的亲子沟通困难比较

（三）小学女生学业优势更明显，家长对女生的学业管理更宽松

步入小学，家长对子女学习的关注度随之增强，而且子女的学习行为、学业成绩都在不同程度上影响着家长的教育态度和教育方式。关于男女生学业状况对家长教育选择的影响问题，这里主要从小学生的学习动机、学业水平和家长对子女的学业管理情况三个方面考查。结果显示，在小学阶段，女生相比男生在学业上更能取得较好成绩，因而，家长对女生的学业管理更为宽松。

从学习动机来看，当问及"你学习的最主要动力是什么"，如图 4-1-9 所示，女生多选择"学习很有趣"，这种不需要外在力量迫使的学习动力即为内在学习动机，也说明女生学习更具有主动性和积极性；而男生选择"成绩不好没面子""为了考上好中学""不学就会被批评""可以得到表扬和奖励"的比例高于女生，这些需要外部诱因激发的学习动力即为外部学习动机，说明男生学习对内容本身的兴趣较低，学习具有被动性。

学习动机是学业成绩的主要影响因素。多数研究表明，具有内在学习动机的学生学业水平更为优秀，而具有外在学习动机的学生成绩则逊色一

第四章 学生背景性因素对家庭教育的影响

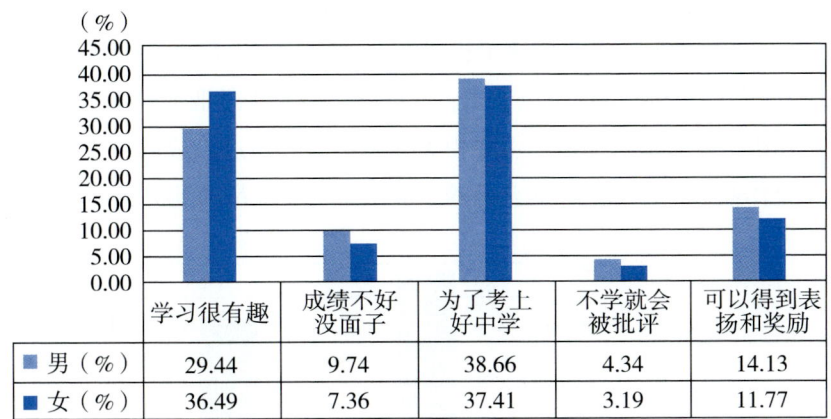

图 4-1-9　男女生学习动机的比较

些。而将男女生的学业水平进行对比，也再次印证了这一点。如图 4-1-10 所示，学业水平为"优"的男女生比例分别为 45.35% 和 52.11%，女生比例明显高于男生，而学业水平为"良""中""差"的学生中，男生比例均高于女生，且在学业水平"差"的学生中，男生比例超过女生两倍以上，由此可见，小学女生整体的学业水平比男生更优秀。

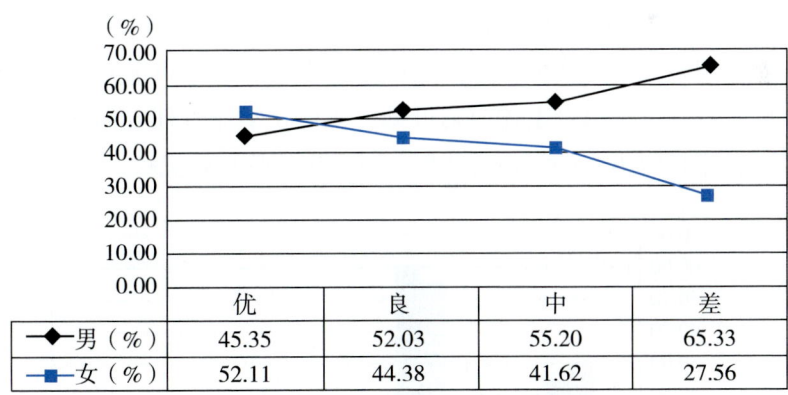

图 4-1-10　男女生学业水平的比较

学生学业成绩可从一个侧面反映家长的教育方式，因此，男女生学习成绩的差异也势必会反映出家长对其教育方式的不同。对此，我们分别从家长对子女的学习管理情况和管教的严格程度两个方面进行考查。

调查中当问及家长"孩子做完家庭作业后,您会怎么做",如图 4-1-11 所示,男生家长选择"代孩子检查"的比例为 57.02%,明显高于女生家长的比例(42.98%);可以看出,或许正是因男生学业成绩不理想或学习行为不积极,家长对男生的学习更为关注和担心,超过六成的男生家长会代替其检查作业,希望通过较为全面的学业支持与管理帮助其提高学业水平。

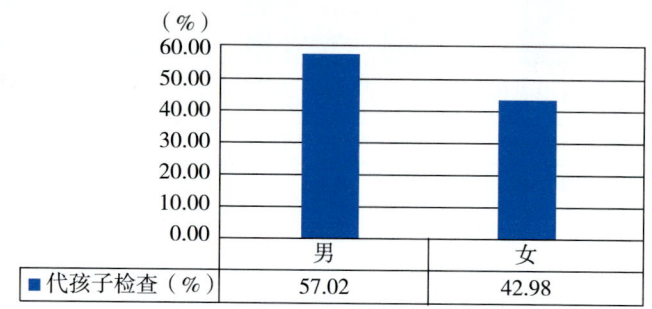

图 4-1-11 男女生家长"代孩子检查"作业的情况比较

当问及学生"父母对你的管教,你感觉如何",如图 4-1-12 所示,女生选择"比较合适"(男 55.65%,女 60.47%)和"较宽松"(男 8.79%,女 9.03%)的比例高于男生,而男生选择"很严厉"的比例明显高于女生(男 30.81%,女 25.18%)。这说明男生家长的管教程度比女生家长更严格。由于本项是从学生实际感受的角度进行考查,因而更能真实反映家长对子女的管教程度。综合上述两题可见,无论在学业管理方面还是在日常管教方面,家长对男生的管理较严格,对女生的管理较宽松。

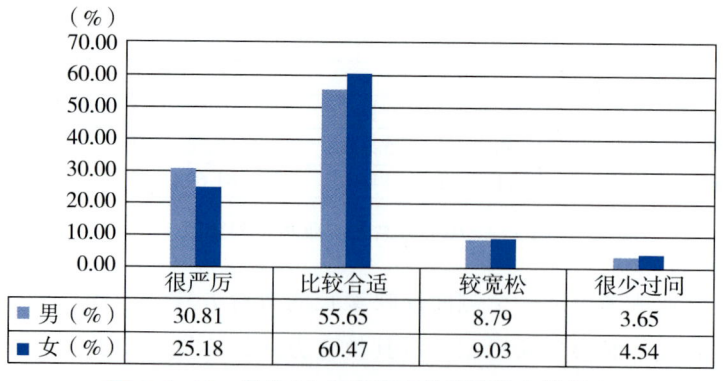

图 4-1-12 男生/女生感觉家长管教的宽松程度

(四) 家长更重视女生的性教育，且重点关注性侵害的防范

性教育是传授性生理、性心理、性伦理道德等知识，培养健康人格，塑造正确的性角色的教育，是健康教育的重要组成部分，也是素质教育不可或缺的重要部分。潘绥铭教授称"性教育是义务教育，所有的义务教育都是'超前'的；所有的义务教育在当时都是'没用'的，但是也非学不可；所有的义务教育都是'强制'的，不但强制学生，也强制家长，还强制政府"。近些年随着社会的发展与进步，多数家长对子女进行性教育已从"欲教还羞"转变为能大方、客观、科学地对孩子开展性教育。但在我们的调查中发现，在性教育中，家长无论从态度还是教育行为上都存在着明显的性别差异。

从家长对性教育的重视程度来看，认识到性教育的重要性，并在家庭教育中实施性教育的家长中，女生家长均多于男生家长。当问及家长对性教育的态度，认为"孩子还小，没必要教"的男生家长比例为22.18%，女生家长为18.88%，从数据可反推得出：认为对子女进行性教育十分必要的男生家长为77.82%，女生家长为81.12%，后者比例高于前者；在问及家长给子女进行性教育的主要内容有哪些时，"几乎没教过"的男生家长为55.23%，女生家长为40.76%，前者高于后者14.47%，从上述两组数据的对照情况不难看出，女生家长对性教育的重视程度高于男生家长。

而家长对性教育的重视程度直接反映在学生对性知识的掌握程度和获得性知识的渠道之中。在调查中，我们分别了解了高、中、低三个年级段学生基本性知识的了解程度和来源渠道，学生对相应年龄段应掌握的基本性知识"不知道"的比例均是男生高于女生。其中，低年级（1—2年级）学生中对"身体的某些部位是不能让别人看或者碰的"选择"不知道"的男生为6.28%，女生为4.12%；中年级（3—4年级）学生中对"再长大些你的身体会发生一些变化，如女孩会来月经，男孩会遗精"选择"不知道"的男生为20.18%，女生为12.57%；高年级（5—6年级）学生中"假如遇到性侵犯时，你知道怎么自助或求助吗"选择"不知道"的男生为6.40%，女生为3.35%。接下来，我们将这些性知识来源分为"父母告

诉我""老师讲过""我自己从书或电视上看过"以及"听同学说过",从总体数据来看,"父母告诉我"在诸多选项中(除5—6年级外)比例均为最高,这充分说明家长作为性教育主要引导者的重要地位和作用。但进一步将学生性别进行对比发现,如图4-1-13所示,无论在哪个年级,女生通过父母获得相关性知识的比例均高于男生,其中,中、高年级相差较大,中年级(3—4年级)女生的性知识是"父母告诉我的"比例高于男生7.22%,高年级(5—6年级)女生选择此项的比例高于男生7.63%。不难看出,女生家长给子女进行性教育的情况比男生家长更多。值得关注的是,随着年级升高,学生通过书籍/电视同学获得性知识的比例逐渐增加,且男生大多高于女生。其中,高年级(5—6年级)男生自己从书或电视上获得性知识的比例是其获得性知识来源中比例最高的,为11.36%,女生则仅为9.40%,而"通过书籍""电视、同学"这两种非正规渠道获得的性知识中,有很大一部分是片面的、不科学的,甚至不利于其建立正确性观念的,因此,男生性教育问题必须引起家长和教育工作者的足够重视。

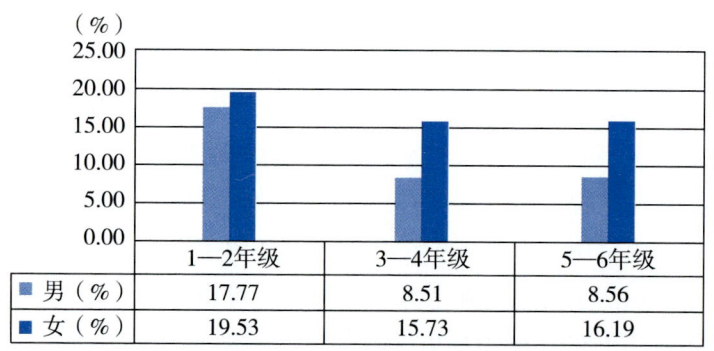

图4-1-13 不同年级男女生通过家长获得性知识的情况

那么,在对子女进行性教育的内容上,家长是否存在性别差异呢?如图4-1-14所示,在"性器官卫生保健"方面,男生和女生家长差异不明显,"性别教育"和"生命的来源教育"方面,男生家长的重视程度略高于女生。而对"防范性骚扰"的关注程度,女生家长比例为64.60%,远远高于男生家长(32.30%),这一结果与前面关于家长对不同性别子女性教育重视程度的比较和分析较为一致。

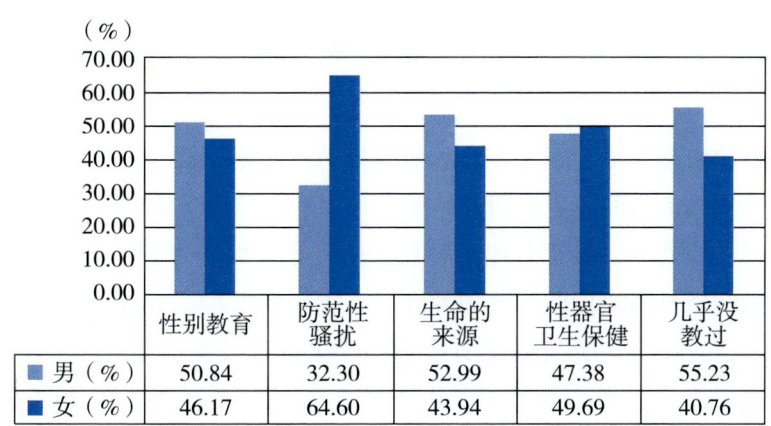

图 4-1-14　男生/女生接受性教育的内容比较

分析上述造成性教育中"重女轻男"现象的原因，首先与中国传统文化中的"女性观"息息相关。在传统社会，女性的性安全、性道德受到极度重视，它既关乎女性个人的尊严，更关乎整个家族的声誉。因此，在传统社会中，尽管女性的性教育多通过母亲对女儿私下交流进行，但已经被视为女性教育的重要组成部分。可以看出，随着时代的发展，人们对于女性性教育的态度越来越开明，中国传统家庭对女性性教育的重视得以传承；其次，传统社会性道德观通常认为，性侵害事件中，女生受到生理和心理的伤害均远远大于男生，因此需要格外重视其防止性侵害的教育。最后，受当下媒体报道影响，女童性侵害事件较男童更为频发，这也使得家长对女生的性教育更为重视。但事实上，从女生和男生小学阶段的生理发展特点来看，他们均处于生理发育的关键时期，第二性征日益显著。因此，性健康、性安全均应受到同等关注；从女生和男生的心理特征来看，女生更善于与人沟通、表达自我，而男生往往倾向于依靠自己来解决所面临的困惑和问题。因此，在性教育上，女生既容易引起家长的关注，也容易与家长沟通，获得帮助与引导。从这个角度看，男生的性教育，尤其是性心理和性道德教育更应得到家长和教育者的关注和引导。

二、年级差异

小学阶段是儿童心理发展的重要时期,进入小学后,小学生开始成为参加社会集体生活的成员,同时还要学习系统的自然与社会知识,并遵守各种规章、制度等,而"心理发展主要是由儿童所处的环境条件(生活条件)和教育条件所决定的,其中教育起着主导作用[①]"。除了学校环境的影响,家庭教育环境理所当然成为影响小学生心理发展的重要因素,因此,家长必须了解环境对心理发展所起的作用,尤其是随年龄(本调查通过低、中、高年级来区分年龄)变化所呈现出的不同心理特征,才能为子女的心理发展创造有利环境,促使他们更好地健康成长,这对家长的教育素养提出了更高的要求。本次调查发现,随着年级变化,小学生在自主性、心理需求和学习压力方面都呈现出不同的心理特征,并与家长的教育行为存在不同程度的相关性,具体表现如下。

(一)小学生自主意识随年级增高不断增强,但家长不能适时"放手"

所谓自主性,是指个体依靠自己的力量实现自己合理选择目标和愿望的能力,它是一种稳定的心理特征。自主性对于儿童的发展至关重要:首先,它影响儿童的社会关系建立,儿童在与他人的交往过程中认知周围世界,并在此过程中形成自己的个性特征,而人际关系的好坏又直接影响个体的心理健康水平。因此,自主性对个体个性特征的形成和心理健康水平都产生了重要的影响。其次,自主性代表着儿童是否能够独立思考,是否有自己的思想,是否有创造力。再次,自主性发展还关乎儿童对于不良行为习惯的判断和抵制能力。自主性是人的主体性的一个重要特性,目前对儿童自主性的研究主要集中在学龄前期,邹晓燕等学者认为自主性的结构由4个方面组成:自我依靠、自我主张、自我控制和自信,并通过实证调

---

① 王耘,叶忠根,林崇德. 小学生心理学 [M]. 杭州:浙江教育出版社,1993:14.

查提出小学生自主性的发展随年级的增高而呈上升趋势①。这一结论在本调查中也得到验证。

首先，从学习方面来看，问及学生"你学习最主要的动力是什么"，如图4-2-1所示，随着年级增高，认为"学习很有趣"的学生比例呈递增趋势，而把"可以得到表扬和奖励"作为学习动力的学生比例则呈递减趋势，可见随着年级增高小学生的学习动机主导方面发生了新的变化，即逐步由外部学习动机为主导向以内部学习动机为主导转化。低年级小学生学习动机主要来源于外部，即家长和老师的要求、考试的压力及批评、表扬、期待和激励。随着年级升高，知识经验的增多，自我意识和自我调控能力也不断增强，对学习的需要、求知欲等内在因素在学习动机结构中所占比例也越来越大，并逐步占有支配地位，成为学习动机结构的主导方面。除此之外，小学生在写作业时，不喜欢父母"不停催促我"，并随着年级增高呈递增趋势，其中低年级占14.81%，中年级占19.18%，高年级占25.25%，可见学生在写作业时更愿意由自己来控制节奏，而不喜欢家长的监督和过多干预。在兴趣班的选择上，随着年级增高，通过"父母和我商量的"来选择兴趣班的比例呈递增趋势，其中低年级为32.14%，中

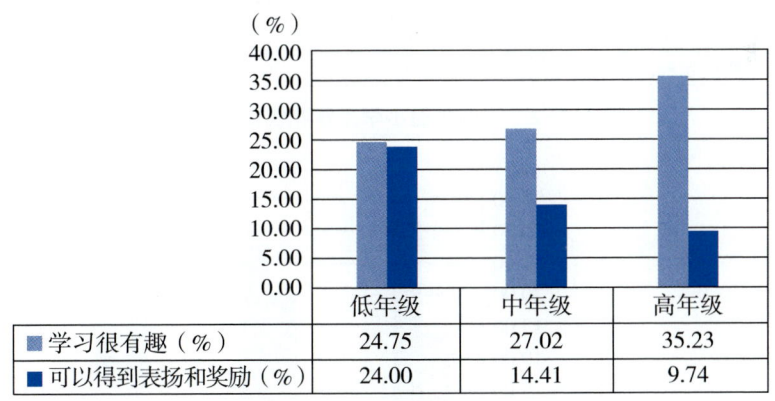

图 4-2-1 不同年级小学生主要的学习动力

---

① 邹晓燕，许颖. 3—6年级小学生自主性结构及其发展特点研究 [J]. 辽宁师范大学学报，2008（11）.

年级为34.58%，高年级为44.39%，可见学生在兴趣班的选择上越来越有发言权，这也是其自主意识强化的一种表现。

其次，从生活方面来看，问及学生"父母生病时，你通常怎么做"，随着年级增高，"会主动照顾父母"的学生比例呈递增趋势，依次为：低年级占44.68%，中年级占53.82%，高年级占58.66%，可见学生随着自主意识增强，对他人的关照也会增多。在使用零花钱方面，如图4-2-2所示，随年级增高，"给多少花多少"的学生比例呈递减趋势，而选择"攒起来，有计划地花"的比例呈递增趋势，表明学生的自我控制能力逐步提高，在使用零花钱时更加理性和有计划性，而随意性降低。此外，调查学生"假如父母要实现你的一个愿望，你希望"，如图4-2-3所示，选择"给

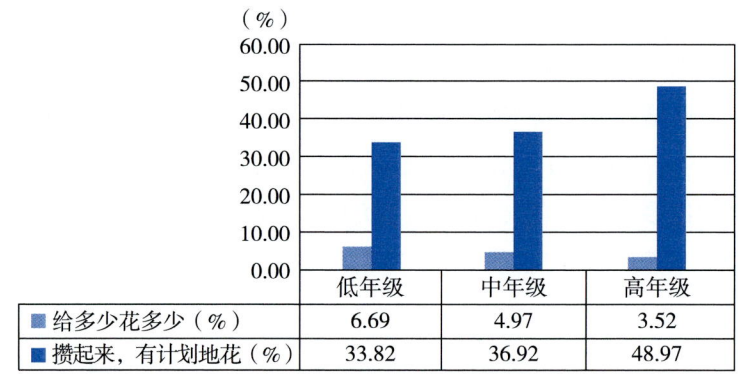

图4-2-2　不同年级小学生零花钱使用情况

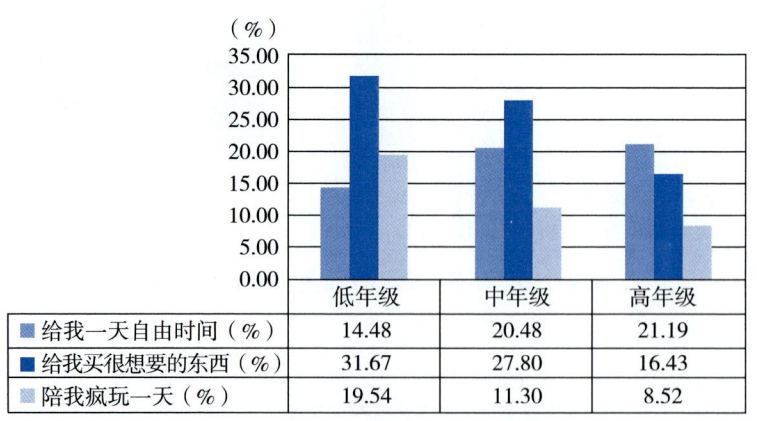

图4-2-3　不同年级小学生的愿望和需求

我一天自由时间"的比例随年级增高呈递增趋势，而"给我买很想要的东西"和"陪我疯玩一天"都呈递减趋势，这说明随着年级增高，学生更加渴望自由，对吃喝玩乐等外在需求降低，这也反映出小学生随着自主性增强，对"自我控制"和"自我主张"有了更高的追求。

从亲子沟通来看，小学生随着年级增高，对于"自我主张"有了更高的需求，并且在"自我控制"方面也表现出更强的能力。具体表现为：如图4-2-4所示，随着年级增高，学生在家中"主要听妈妈的话"和"主要听爸爸的话"的比例都呈递减趋势，而选择"谁对听谁的"比例呈递增趋势，说明学生随着自主意识增强，有了自己的独立判断能力，而不是盲目听从某一方家长的话。当问及学生"最不喜欢父母用哪种方式跟自己说话"时，如图4-2-5所示，随着年级增高，选择"总把大人的想法强加给我"和"不认真听我说话"的比例呈递增趋势，可见高年级学生更渴望能够获得家长的尊重，这也是其对"自我主张"需求增强的一种体现。另外，如果父母对子女要求过高，使子女感到有压力，随着年级增高，小学生选择"和父母沟通，寻求理解"的比例呈递增趋势（低、中、高年级依次为32.01%、33.82%和47.66%），而选择"向父母反抗"的比例则呈递减趋势（低、中、高年级依次为10.84%、5.52%和3.76%），即年级越高的学生"自我控制"能力越好，他们在遇到问题时，能够控制自己的情绪和行为，更倾向于沟通解决，而非通过"硬碰硬"反抗来达到自己的目的。

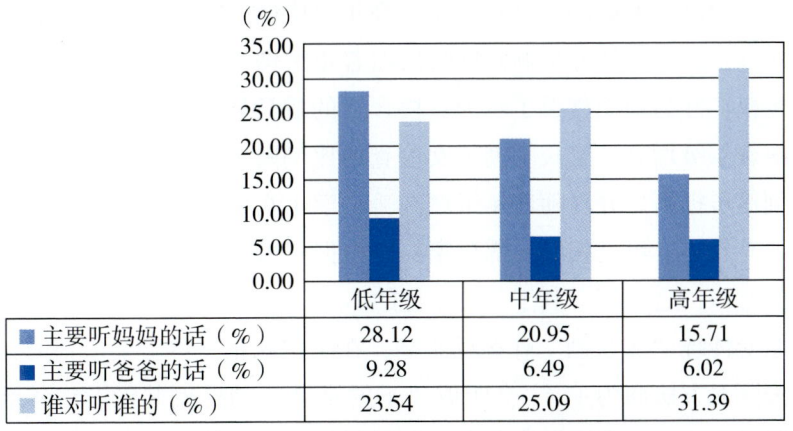

图4-2-4　不同年级学生在家中最听谁的话

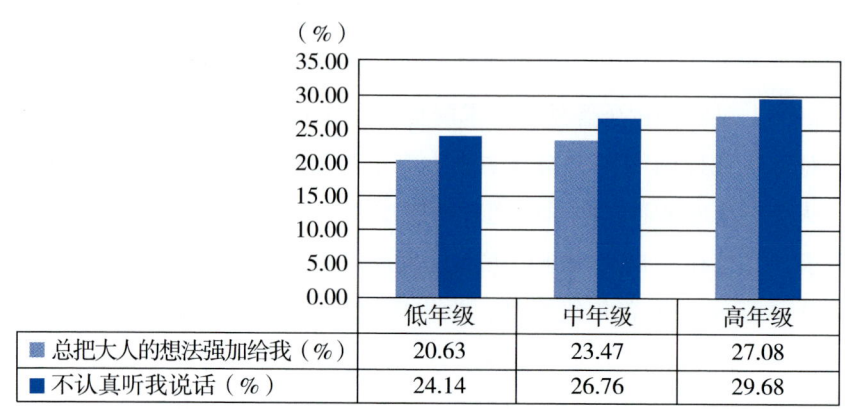

图 4-2-5　不同年级学生最不喜欢家长的说话方式

有国外学者认为影响儿童自主性的因素主要有家庭、儿童个体自身特点以及社会经济和文化。其中家庭因素是儿童自主性发展的最重要因素。结合我们的调查对象，从小学生家长的教育行为来看，我们发现，家长虽然在一定程度上为子女创设宽松的家庭氛围，并在某些方面为其提供了"自我依靠"的机会，但仍旧有些放手不够，传统家庭中的"家长制"作风依然影响着当今家长的教育行为。

从调查结果来看，随着年级增高，学生认为父母对自己管教"比较合适"的比例随之增加（低、中、高年级比例依次为 41.63%、47.13%、52.94%），问及学生平时最担心的事，选择"不能做自己喜欢的事"的比例随年级增高呈递减趋势（低、中、高年级比例依次为 31.59%、28.10%、27.79%），这两点都可从侧面反映出随着年级增高，家长给予了子女更多的自主权，并为他们创设了较为宽松合适的成长环境。另外在检查作业方面，随着年级增高，家长辅助子女检查的比例随之降低，督促其独立检查的比例逐步提高。并且随着年级增高，小学生在家庭中有固定家务的比例也呈上升趋势，可见相当一部分家长有根据年龄逐步培养子女独立性和责任感的意识，这些都有利于其自主性的培养。

但受传统"家长制"作风的影响，在决定家里一些重要事情时，家长仍以夫妻双方协商为主，"会听取孩子的意见"的比例并没有随年级变化而呈明显变化。许多家长在养育子女时仍放不开手脚，如在引导子女使用零花钱时，不论哪个年级，家长选择"由他自由支配"和"引导他进行简单的理财"这两项所占比例均无显著变化，并且低于"告诉他应花在哪"和"提醒他有计划地花"这两项比例，可见家长对子女既不放心，同时又没有把培养子女的自主能力当作重点。甚至有些家长在自己生病时，如图4-2-6所示，选择"硬挺着，不愿影响孩子"，而"告诉孩子自己病了，让他帮些小忙"的比例随年级增高不升反降。这可能与高年级学生学习任务繁重，家长不愿影响子女的学习有关，但也从中反映出家长在教育观念上的偏差，即学习是子女的第一要务，其他品格能力的培养都相对不重要。正是由于这种认识偏差，导致家长在教育方法和家庭教育环境的创设上稍显不足。

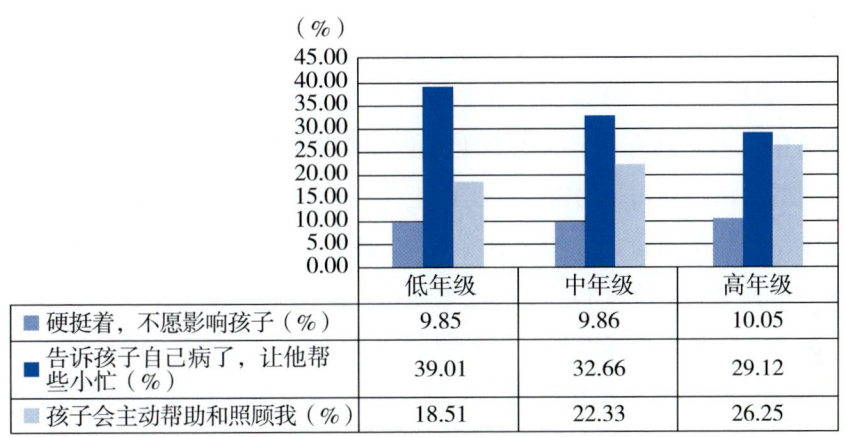

图 4-2-6　不同年级家长在自己生病时的处理方式

关于父母教养风格的已有研究表明，权威型教养方式下，孩子更独立，更具有自主性，即"父母情感温暖和支持"与自主性呈正相关[①]。因而，家长一方面要结合子女的年龄特点了解其心理特征，因材施教；另一方面，也要积极创设民主、宽松的家庭氛围，以此促进子女的自主性发展，使其能够真正实现"自我依靠、自我主张、自我控制和自信"。

---

① 尤国金. 父母教养风格和自主性对小学生学习成绩的影响[D]. 上海：复旦大学，2010：9.

（二）小学生较高层次心理需求随年级增高而凸显，但家长关注点与其形成错位

马斯洛需求层次理论将人的需求分为生理需要、安全需要、情感和归属的需要、尊重的需要、自我实现的需要，其中情感和归属的需要、尊重的需要和自我实现的需要都属于较高层次的心理需要。随着小学生自我意识的不断提高及高级情感的发展和深化，他们对于较高层次的心理需求逐步增加，这与社会的进步、学校教育水平的提高和家长教育素养的提升不无关系。而在近年一份《中国城市中小学生忽视状况分析》的调查报告中提到，接近三成的中小学生感到自己被忽视，尤其常被忽视情感需求。这给小学生家长敲响了一个警钟。

本次调查发现，随着年级增高，小学生对心理层面的需求更为明显，并且从情感和归属、尊重和自我实现三个方面都有不同程度的体现，尽管数据有限，但仍具有一定的代表性，也能对家长和教育工作者有所启发。

首先，情感和归属的需要，实质上代表着学生对社会交往的一种需求。问及学生"你平时最担心的事有哪些"，如图4-2-7所示，随着年级增高，选择"和同学有矛盾"和"老师不喜欢我"的比例呈上升趋势，可见高年级学生对于人际交往更加看重，更希望获得老师和同学的认可及接纳。同时，对于去同学家小住几天或请同学来自己家住的意愿，随着年级增高，回答"我不愿意"的比例随之降低（低、中、高年级依次为34.78%、33.62%、31.13%），这也能在一定程度上反映出不同年级学生对于同伴交往的态度。

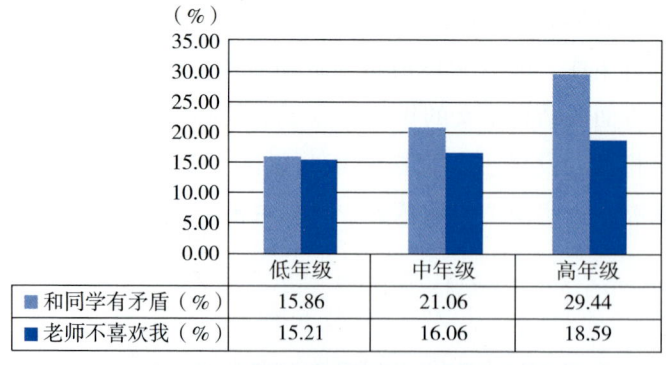

图4-2-7 不同年级学生平时最担心的事

除此之外，调查学生想要实现的一个愿望，随着年级增高，选择"爸爸妈妈抽时间听我说说心里话"的比例呈显著递增趋势（低、中、高年级分别为 25.06%、33.09% 和 45.99%），与此形成鲜明对比的是，选择"给我买很想要的东西"呈显著递减趋势（低、中、高年级分别为 31.67%、27.80%、16.43%），说明高年级学生对于精神上的需求远高于物质需求。与之呼应的是，问及学生"你通常从哪些方面感受到父母对你的爱"，如图 4-2-8 所示，随年级增高，选择"给我细心的照顾"和"给我鼓励和支持"的比例呈明显递增趋势，而选择"给我买喜欢的东西"则随之递减，这也再次验证了随着学生心理的发展与成熟，他们的感情更加细腻，因而对家长的情感支持与鼓励有着更强的需求，对于物质的需求则相应降低。

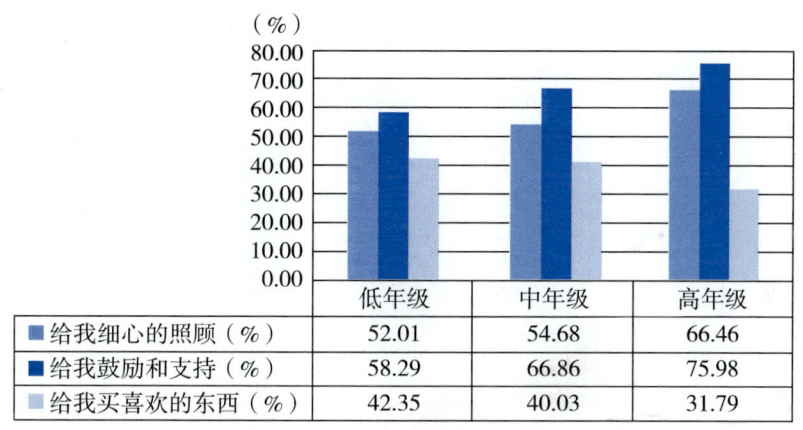

图 4-2-8 不同年级学生从哪些方面感受家长的爱

其次，从尊重的需要来看，又可分为内部尊重和外部尊重，其中内部尊重就是人的自尊，而外部尊重则是他人对自己的尊重和评价，这两方面对小学生来说同等重要，一旦得到满足，就会使其充满自信和对人、对事的热情。当问及小学生认为家长对自己最严厉的惩罚时，随年级增高，选择"打我"（低、中、高年级分别为 37.44%、38.98% 和 41.18%）和"训斥挖苦"（低、中、高年级分别为 11.58%、13.91% 和 15.16%）的比例呈上升趋势，这两种惩罚方式都关乎小学生的自尊，因而对他们来说属于最严厉惩罚，这从侧面反映出学生对于自尊的重视。小学生的"面子"还体现在其学习上，在考查学生最主要的学习动力时，选择"成绩不好没面子"随年级增高呈递增趋势（低、中、高年级依次为7.35%、8.06%和9.97%）。小学阶段，外部评价对小学生来说仍占很大的分量，因而他们也格外希望获得外部认可与尊重。在与家长沟通时，他们非常介意"总把大人的想法强加给我"和"不认真听我说话"，且高年级比低年级尤为明显；如果家长对自己要求过高，感到有压力时，选择"和父母沟通，寻求理解"也是学生渴望获得尊重与支持的一种体现，并随年级增高呈递增趋势；问及"通常父母做什么会让你感到不满或委屈"，如图4-2-9所示，随年级增高，学生选择"误解或冤枉我""不问清情况就批评我"及"说话不算数"的比例均呈明显上升趋势，这三个选项无一例外都是希望获得家长的尊重。

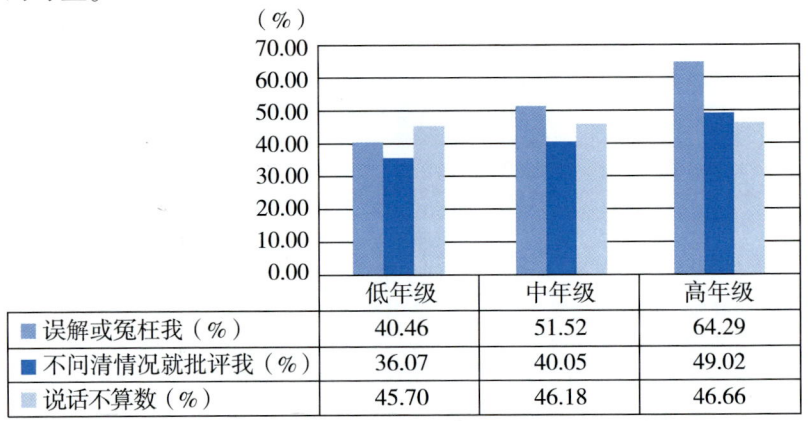

图 4-2-9　不同年级学生认为家长哪些行为会让自己不满或委屈

再次，从自我实现的需要来看，它是个体最高层次的需要，能使人自觉地完善自我，努力实现自己的目标。随着小学生自我意识发展，他们对自己有了更高的目标和要求并期望获得肯定与认可。考查小学生最主要的学习动力，不论低、中、高年级，均把"为了考上好中学"作为最主要的学习动力，且高年级学生这一学习动力更强。由于小学生对外部评价的依赖性较强，因而当家长"看不到我的进步"时，会令其感到不满或委屈（低、中、高年级依次为26.01%、27.89%和30.18%），说明学生一方面渴望进步,另一方面也希望获得认可。小学生自我实现的程度越高,其潜能发挥就越充分,自我满足感就越强,从而有利于身心健康发展。

尽管小学生有着较高的心理需求,并且随着年级增高,需求更为凸显,然而来自家长的调查数据却不容乐观。当子女发脾气时,选择"耐心询问"的虽然占到半数,但并未随年级增高有明显变化。相反,选择"训斥"的比例呈上升趋势(低、中、高年级依次为 16.67%、19.40% 和 21.58%),可见家长在应对子女的情绪问题时缺乏足够的耐心,尤其是高年级家长,这可能是源于他们对子女心理需求的忽视或未知,也可能是教育方法的问题。与此同时,调查家长最关心子女哪些方面,不论低、中、高年级,情绪情感均被排在末位,选择比例依次为 13.86%、12.60% 和 10.83%,在此项调查中,家长更关注学习、健康、安全等现实性因素,对品格培养、兴趣爱好、人际交往等发展性因素关注较低,对小学生情绪情感尤为忽视,这充分说明家长的关注点与学生的内在需求存在着明显错位的现象。分析其中的原因,我们可以从亲子沟通这一环节找到一些症结,问及家长"您与孩子沟通最大的困难是",如图 4-2-10 所示,不难发现,随着年级增高,存在沟通困难的家长比例增多,并且"孩子不愿对我说心里话""找不到共同感兴趣的话题""找不到好的沟通方法"选择比例均呈上升趋势,正是由于亲子之间沟通的不顺畅,导致家长对子女的真正需求缺乏关注和了解,并进一步拉大了亲子之间的"代沟"。

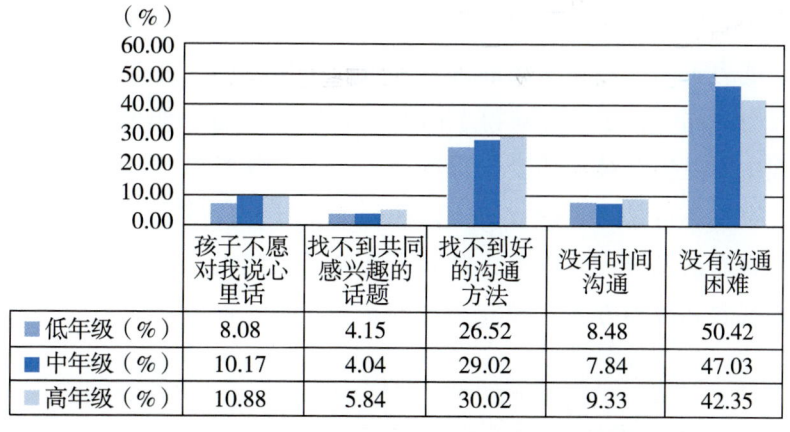

	孩子不愿对我说心里话	找不到共同感兴趣的话题	找不到好的沟通方法	没有时间沟通	没有沟通困难
低年级(%)	8.08	4.15	26.52	8.48	50.42
中年级(%)	10.17	4.04	29.02	7.84	47.03
高年级(%)	10.88	5.84	30.02	9.33	42.35

图 4-2-10 不同年级家长与子女沟通最大的困难

如何缩小"代沟",增进亲子沟通,一个有效的方法便是对"儿童的世界"持接纳态度,尊重学生群体中的亚文化。问及家长"时下孩子中流行的网络语言、另类喜好,您是否接受",如图4-2-11所示,从整体看,家长还是比较开明,较能接受这些新鲜事物,但随着年级增高,选择"不能接受"和"勉强接受"的比例呈上升趋势,选择"接受后再给予引导"和"乐于接受"的比例呈下降趋势,这可能主要是由于低年级小学生本身对于这些新鲜事物还未广泛接触,而高年级学生对此更为热衷,因而家长的态度也有所变化。

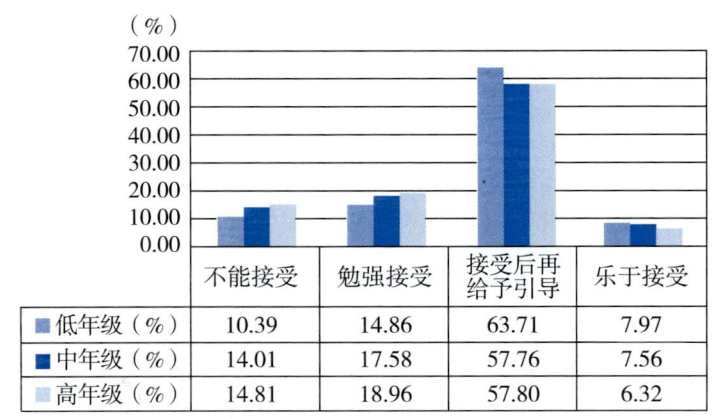

图 4-2-11　不同年级家长对流行网络语言、子女另类喜好的接受程度

不可否认的是,当前已经进入了教师、家长与青少年相互学习、共同发展、平等相待的"互喻文化"时期。由于社会急速变迁,亲子两代的适应能力不同,对新事物的理解和吸收快慢不同,在亲代丧失教化的绝对权力的同时,子代却获得了前所未有的"反哺"能力。儿童在社会化过程中不是完全被动接受父母的影响,而往往具有主动性。在这种情形下,家长不再是绝对的权威,以往处于主导地位的家长需要抛开传统观念,融入信息时代的潮流,重新审视亲子之间的互动方式,采取科学的教养观念和教养方式,建立和谐的亲子关系,向孩子学习,与孩子一起成长。

（三）小学生学习压力随年级增高逐步增强，家长过度关注是其重要影响因素

学习压力通常是指学生在学习过程中所承受的来自环境的各种紧张刺激，以及由此产生的生理、心理和社会行为上的反应，它体现着学生个体对学习本身的一种个性化认知。本次调查发现，学习压力较大仍是当前小学生群体中一个普遍的心理问题，如何为小学生创造一个轻松愉快的学习氛围，除了学校"减负"，还需要在家庭中给予适度"减压"。对于小学生学习压力，本调查主要着眼于从学生对学习的心理感受和课业负担两个方面来考查。

首先，从小学生对学习的心理感受来看，近六成学生对学习感到不同程度的"累"，如图4-2-12所示，随着年级增高，认为学习"有点累"和"一般"累的呈现递增趋势，而认为学习"不累"的比例呈递减趋势。与此同时，问及学生"你平时最担心的事有哪些"，担心自己"学习成绩不好"高居榜首，并且选择比例随着年级增高呈递增趋势（低、中、高年级分别为67.38%、78.52%和79.48%）。而家长对于学业负担的感受也无疑再次验证了学生的学习压力，如图4-2-13所示，随着年级增高，家长认为学业负担"很重"和"比较重"的比例呈递增趋势，认为学业负担"不重"的比例呈递减趋势。综合几项数据，我们可以直观看出小学生在学习上存在一定的心理压力，且压力水平随年级增高而逐步增强。

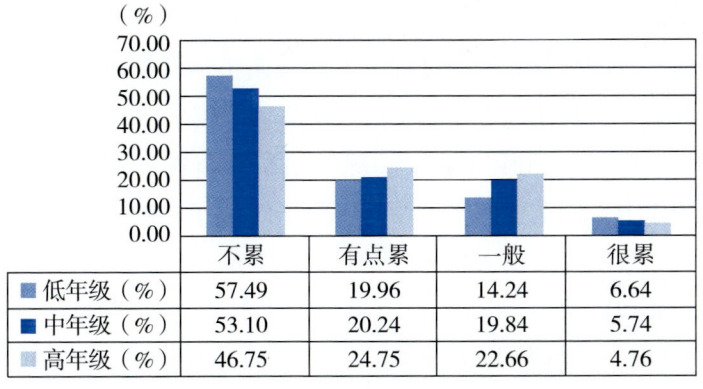

图4-2-12　不同年级小学生对学习的感受

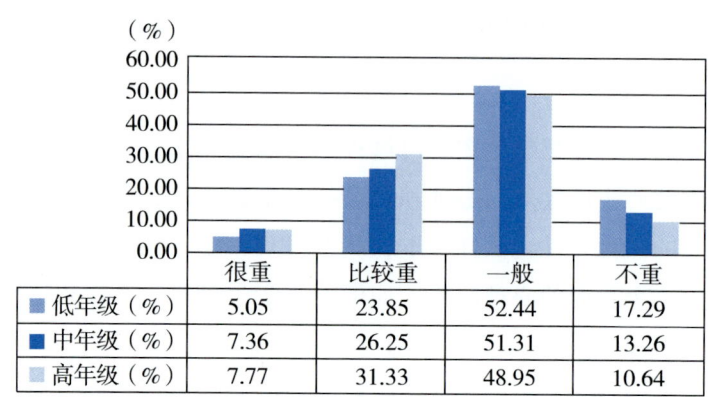

图 4-2-13　不同年级小学生家长对子女学业负担的感受

究其原因，源于随着年龄增长，小学生的自我意识水平不断提高，他们逐渐意识到学习对自身和社会发展的重要性，意识到未来社会竞争对能力的要求，因此对学习的自我期望水平较高。虽然近年来取消了义务教育阶段升学考试制度，实施就近入学的原则，但是一些基础条件比较好的学校依然存在优势，择校现象仍然存在。对学生而言，为了进入这类学校，学习成绩仍是重要的参照标准。因此，隐形的升学压力仍然存在，致使高年级学生学习压力较重。值得关注的是，在调查中认为学习"很累"的这一项数据中，低年级学生所占比例要高于中、高年级，虽然这仅占很小的比例，但仍然能反映出一部分低年级小学生的心理压力过大，而他们的压力却往往容易被家长和老师所忽视，其原因主要可能来自于其学习适应性水平较差。他们刚刚从幼儿园跨入小学阶段，一下子还难以适应正规的学习生活，加之有的教师在教学过程中不能遵循小学低年级的生理和心理特点加以正确引导，致使许多小学生由入学前对学校生活的"向往"到入学后对学校生活产生"恐惧"。此外，家长给子女布置额外的学习任务也是造成其心理压力大的重要因素，调查学生平时最担心的事情，低年级学生担心"给我布置额外的学习任务"的比例也要高于中、高年级学生。

亲子沟通的内容也从侧面折射出小学生的学习心理压力。问及学生"关于你的话题，父母聊得最多的是"，其中"我的学习"是家长与子女聊得最多的话题，且随年级增高选择该项的比例呈现递增趋势（低、中、高年级分别为42.13%、52.64%和54.41%);调查学生"目前父母最关心你的是什么","学习"一项在我们所列举的8个选项中仍高居首位,其中低、中、高年级选择此项的比例依次为:73.46%、78.75%和81.36%。可见在学生心目中,家长最关心自己的仍是学习,而对于兴趣爱好、生活自理、思想品德、人际交往等方面不太重视。家长对于子女学习的过度关注势必会加剧学生的心理压力,关于学生学习压力影响因素的相关研究也从家庭因素的视角分析了其中的原因:杨晓红(2005)指出,"望子成龙,望女成凤"这种心理使学生心理负担和学业负担雪上加霜。顾志跃(2004)指出家长对市场经济带来的社会分化的担忧,很大一部分转嫁到孩子身上,也使得孩子产生很大的精神负担。易开春(2001)指出家长自身受到就业竞争的压力与独生子女政策的影响客观上加重了孩子的课业负担和心理压力[①]。

其次,从学生课业负担情况来看,教育部曾于2000年1月3日正式下达了《关于在小学减轻学生过重负担的紧急通知》,规定小学生1、2年级不再布置家庭书面作业,其他年级家庭书面作业不超过1小时。然而现实的情况是,接近四成的小学生每天完成学校作业所需时间超过1小时,考查"除此之外的学习时间",同样有四成左右的小学生除了完成学校作业外还要再学习半小时以上。随着年级增高,如图4-2-14所示,每天完成学校作业需要"1—2小时"和"2个小时以上"的小学生比例均呈递增趋势。可见,小学生的课业负担在高年级明显加重。与此形成鲜明对比的是,小学生课外阅读时间和户外活动时间明显不足,情况令人担忧。

从家长一方的调查数据来看,无论是最困扰家长的教子问题,还是家长最关心子女的主要方面,"学习"始终是一个现实且无法回避的重要问题。随着年级升高,家长对子女"日常学习"的关注呈递增趋势(低、中、高年级依次为47.33%、53.63%和54.85%)。正是由于家长对子女的学习格外关注,他们的主要教子困扰也突出反映在子女的学习方面,如图4-2-15所示,"孩子的学习"不仅是最困扰家长的问题,而且"为升学担忧"同样令家长忧心,且随着年级升高,家长对此两项问题的担忧比例呈

---

① 张晓静. 义务教育阶段学生学习压力情况分析 [D]. 大连:东北财经大学,2010:8.

现递增趋势。除了以上数据，还有一些数据也从侧面反映了家长对子女学习的高度重视，比如为子女选择兴趣班的考虑因素，除了"我认为有用"比例最大，"为升学做准备"所占比例紧随其后，且随年级升高同样呈现递增趋势（低、中、高年级分别为12.88%、18.37%和20.61%）。在对待子女做家务的态度上，随着年级升高，认为"只要学习好，做不做都行"和"学习忙，做家务浪费时间"的比例呈增长趋势，虽然这部分家长仅占很小的比例，但仍能反映出家长的教育观念。

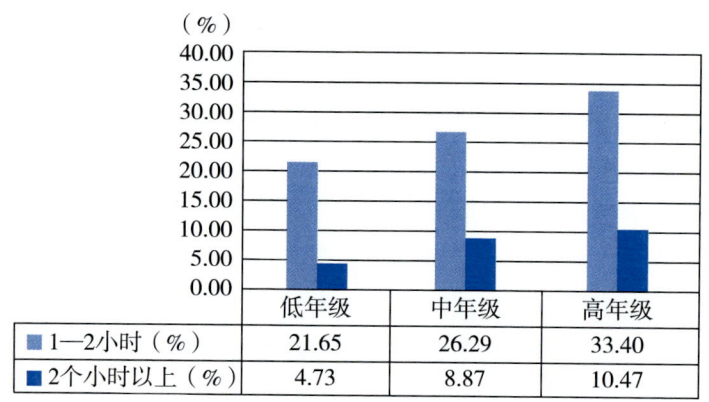

图 4-2-14　不同年级小学生每天完成学校作业所需时间

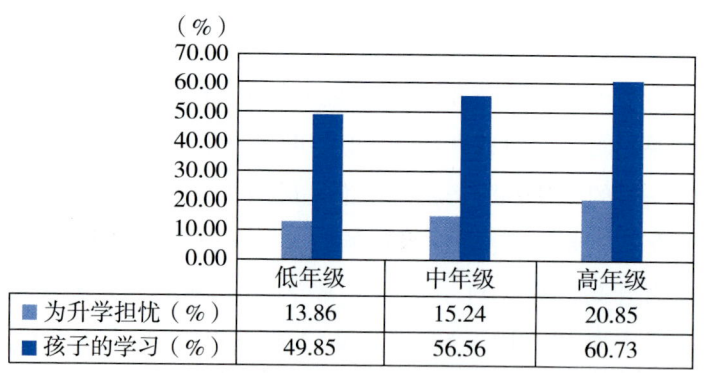

图 4-2-15　不同年级小学生家长最困扰的教子问题

综上所述，小学生学习压力偏大是一个不容回避的事实，且随着年级升高，学习压力逐步增大。这除了受到社会、学校因素及学生个体差异影响外，还与家长的过度关注有着不可分割的关系。而对学习的过度关注，其实恰恰反映出家长普遍较高的教育期望，这种较高的教育期望不仅受到望子成龙的社会心理与文化传统的影响，还与家长本人的生活经历、对生活的感悟能力等方面密切相关。譬如，如果家长认为受教育程度会对人生的成功起到非常重要的作用，那么，他们对子女的教育期望也会相对较高；但也有的家长可能会认为，受教育程度尽管不会对人生的成功起到非常重要的作用，但却是个人发展的基础。再如，家长如果认为家庭教育对子女的学业成就的影响作用较大，那么相对来说，他们就有可能更重视子女的教育，因而教育期望也会相对较高①。正是这种较高的期望，往往会加大子女的学习压力。

因此，从家庭层面来讲，建立适当的教育期望恐怕才能真正为子女减压，并将这种教育期望转化为子女的成就动机，增强其学习的自信心，使其快乐、健康地学习。

三、学业水平差异

文化知识的学习是学生在小学阶段的主要活动和任务，它关乎学生未来的发展与成长，家长对此高度关注无可厚非。学生学业水平在很大程度上与家长的家庭教育态度、方式等有着密不可分的关系。与此同时，家长的家庭教育取向在某种程度上也受到学生学业水平的影响。从这个意义上说，二者相互影响，相互作用。在本节，我们将立足学生，探讨不同学业水平的学生在家庭教育中的不同表现、父母在学生学业水平的影响下不同的教育态度和方式。

（一）学业水平优秀的学生学习自主性更强，家长对其学习的关注也多为"过程导向型"

在本调查中，我们从学习动机、学习方法和学习态度三方面来对学生

---

① 周东明. 父母期望的形成、作用和把握 [J]. 山东教育科研, 1995 (5).

学业水平加以论证。通过调查发现，学业水平优秀的学生，其学习自主性更强。

首先，如图4-3-1所示，在学习动机方面，当问及学生"你学习最主要的动力是什么"时，学业水平优秀的学生其学习动机多为内化的、主动的，因而感觉"学习很有趣"的比例为42.47%，超过学业水平较差学生近2倍；学业水平相对较差的学生其学习动机多为外赋的、被动的，因此，"成绩不好没面子""不学就会被批评"以及"可以得到表扬和奖励"的比例均为所有学业水平中的最大值。

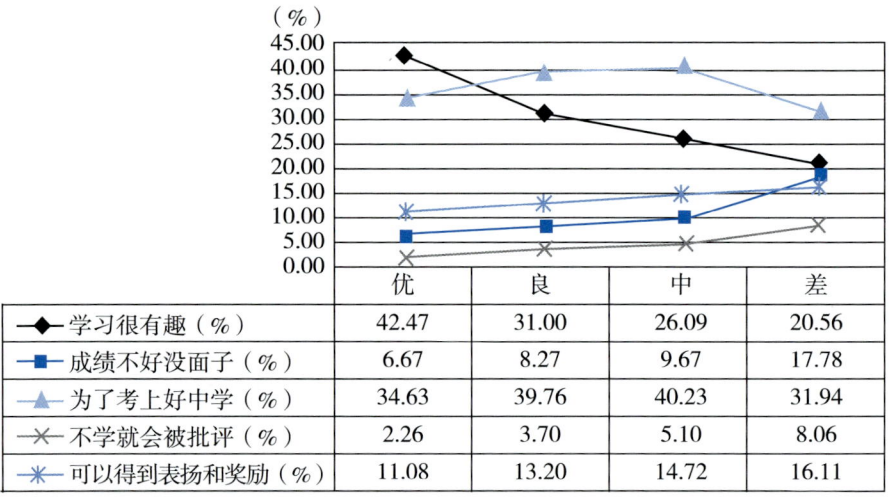

	优	良	中	差
◆ 学习很有趣（%）	42.47	31.00	26.09	20.56
■ 成绩不好没面子（%）	6.67	8.27	9.67	17.78
▲ 为了考上好中学（%）	34.63	39.76	40.23	31.94
✳ 不学就会被批评（%）	2.26	3.70	5.10	8.06
✴ 可以得到表扬和奖励（%）	11.08	13.20	14.72	16.11

图4-3-1 学生学业水平与学习动机的关系

其次，在学习方法方面，学习效率是反映学习方法是否有效的重要指标，它可以通过学生的学业水平和学习时间交叉分析得出：学习效率高则意味着能用较少的学习时间获得较高的学业水平。在本调查中，学业水平优秀的学生完成学校作业所花费的时间为"几乎没有"和"1小时以内"的比例均高于学业水平较差的学生。其中，学业水平优秀的学生1小时内完成学校作业的比例为63.10%，学业水平较差的学生仅为32.66%，约为前者的一半。与之相对应的是，完成学校作业花费时间为"1小时以上"的比例则随学生学业水平的降低而减少。有超过60%的学业水平较差的学生每天会花1小时以上完成学校作业。可见，学业优秀的学生更注重通过良好的学习方法提高学习效率，这显然也与家长的关注和指导密不可分。

最后，在学习态度方面，对教辅材料的接受度也能在一定程度上反映学生的学习态度，对父母购买的学习材料持接受态度的学生，即认为"很有用"，往往其学习的主动性更强，反之，另一部分学生较排斥家长所购买的学习资料，且"几乎不看"。如图 4-3-2 所示，在问及学生"父母给你买的学习资料，你觉得怎样"时，认为父母买的学习资料"很有用"的学生比例随学业水平的提高而增加。除"很有用"一项外，其他选项的比例则均随着学生学业水平的降低而增加。由此可推断，学业水平相对优秀的学生其学习主动性更强。

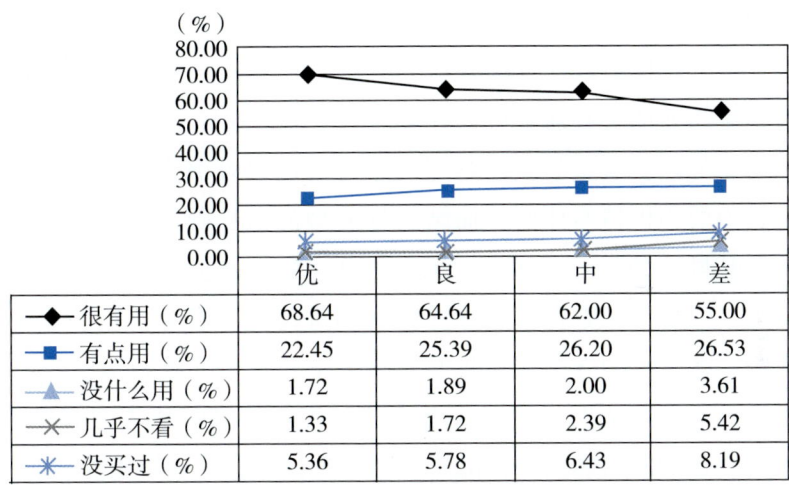

图 4-3-2　学生学业水平与"对家长购买学习资料的态度"

以上推论在"学生除学校家庭作业以外所花费的学习时间"一题中也能得到进一步印证：学业较好的学生进行额外学习的时间多于学业较差的学生。其中，学业水平优秀的学生，额外学习时间在 1 小时以内为 64.94%，超过 1 小时的为 16.50%，比学业成绩较差的学生分别高 17.38% 和 4.34%。抛开"额外学习是否合理"这一价值判断，我们可以得出，学业水平优秀的学生更会通过自主的学习行为，如增加额外学习来提高成绩。

正是由于学业水平优秀的学生其学习自主性较高,因此,他们对于学习自主权的获得也更为重视。在调查"你写作业时,最不喜欢父母做什么"时,尽管不同学业水平的学生对家长在其学业上的干预和打搅都表现出不同程度的反感,但进一步分析后,我们发现,学业水平优秀的学生更希望能有一个不被打搅的安静学习时间和空间,以便自己能更好地支配,因此,他们对家长的打搅尤为介意,如对"总给我送吃送喝"和"太吵,影响我写作业"的反感程度高于其他学业水平的学生。学业水平较差的学生由于其学习被家长更多关注和干预,在长期的压力下,更希望能获得一些放松与自由,因此,更反感家长的过分监督和干预:"不停催促我"和"不停纠正、指错"的反感程度高于其他学业水平的学生。可见,学业水平优秀的学生对获得"学习自主性"更主动、更积极。

正是由于这样的差别直接影响了家长对学生学业的态度和教育方式。家长对学生学业的关心通常可以分为两类,即过程导向型和结果导向型。过程导向型的家长看重学生对学习的重视态度以及努力程度,关注孩子学习过程中的积极情绪体验;而结果导向型的家长则过于关注孩子的学习天赋及其最终的学习成绩[①]。也就是说,尽管家长对学生的学业同样报以关注,但由于其教育价值导向各有侧重,就可能对学生学业产生不同的影响。在本次调查中,当我们对学生学业水平和家长对子女学习的关注度进行相关分析时发现,尽管有超过半数的家长认为"日常学习"是他最关心孩子的问题之一,但从程度上看,随着学生学业水平的提高,对此问题的关注度反而降低。如图4-3-3所示,学业水平优秀的学生家长比例为45.34%,学业良的学生家长比例为53.60%,学业中的学生家长比例为56.41%,学业水平较差的学生家长比例为61.10%,不难看出这一比例呈直线上升趋势,即学生学业水平越低,家长就越关注子女的学业。

---

① 曾庆玉,吴妮妮,姚梅林.家长投入及其影响子女学业成就的机制探析[J].北京师范大学学报:社会科学版,2010(6).

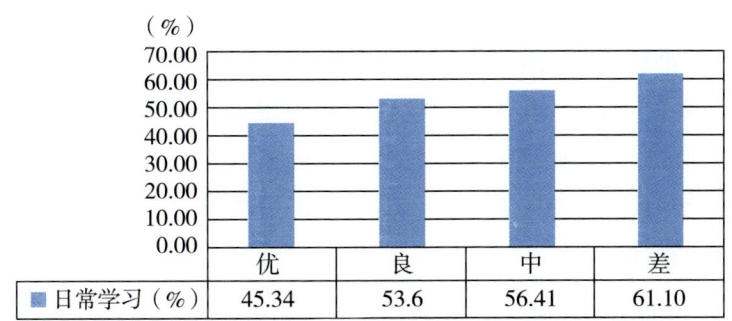

图 4-3-3　学生学业水平与家长对"日常学习"的关注度

正是由于家长关注度的差异,直接导致了家长和学生的"学业压力"不同:家长方面,家长感觉学生的学业负担"很重"和"比较重"的比例随着学生学业水平降低而提高,感觉学生学业负担"一般"和"不重"的比例随着学生学业水平降低而降低;学生数据与家长一致,学生自身感觉"很累""一般""有点累"的比例均高于学业水平较高的学生,而感觉学习"不累"的学生比例则随学业水平提高而增加。其中,51.40%学业优秀的学生感觉不累,学业水平较差的学生该比例仅为32.92%,二者相差18.48%。当问学生最希望实现的愿望时,更多学业水平较差的学生选择"父母别老跟我提学习"。而当问学生最担心的事是什么时,学业水平较差的学生选择"学习成绩不好"和"给我布置额外学习任务"的比例也均高于学业水平优秀的学生。综上所述,学业水平较差的学生由于家长对学业的过多关注,其学习压力大于学业水平优秀的学生。

那么,是什么原因造成这种"学业水平"与"学业关注度"倒挂的现象呢?通过本调查的部分数据可以窥见一二。前面章节家长背景性因素的分析发现,学生学业水平与家长背景性因素中的受教育程度和职业状况具有明显相关性。如在学业优秀的学生中,父母受教育程度为研究生及以上的比例分别为45.85%和55.63%,父母受教育程度为高中、中专及以下的比例仅分别为18.62%和22.41%。同样,在学业水平较差的学生中,父母受教育程度为高中、中专及以下的比例则高于研究生及以上的比例。可见,在部分子女学业水平较差的学生家长中,有很大一部分是由于其精力、知识储备不足导致对子女学业的关注停留于"结果导向型",因此,只能通过学业水平来了解子女的学习状况,故而给子女主观上造成了更大的压力。相反,那些学业优秀的学生家长中很大一部分由于没有"成绩"的负担,加之对如何提高子女学业水平有更多思考,所以有了更多精力和能力关注子女其他方面的发展,在学习上也更倾向于培养习惯和能力,即倾向于"过程导向型"。

(二)学业水平优秀的学生拥有更多自主权,其家庭教育也更宽松

在访谈中尽管绝大多数家长赞同"不应将成绩作为评价学生的唯一标准",但不可否认的是,小学生学业水平是家长采取和调整其教育行为的"重要标杆"。当问学生"你认为父母对你的管教如何"时,如图4-3-4所示,学业水平较差的学生中认为家长对自己管得"很严厉"的比例为34.86%,高出学业水平优秀的学生8.90%;认为家长对自己的管教"比较合适"和"较宽松"的学生中,学业水平较差的学生共计57.08%,高出学业水平优秀的学生13.52%。可见,学生学业水平越高,家长对其的管教越宽松,反之亦然。

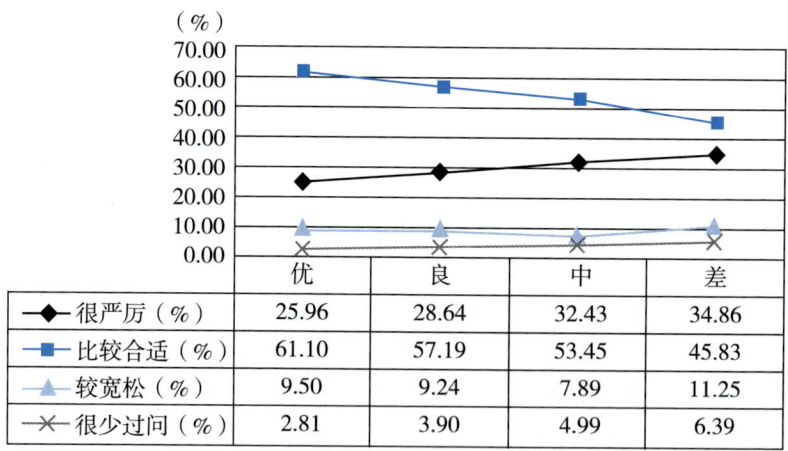

图4-3-4 学生学业水平与"你认为家长对你的管理是否严格"

除了学生的直观感受外,学生的课余生活也能反映家长管理学生的严格或宽松。学生自由支配的时间越多,证明家长管理越宽松,而学生课外阅读时间和户外活动时间则是小学生自由支配时间的重要组成部分。在本调查中，如图 4-3-5 所示，学生课外阅读时间和学生的学业水平呈正比。在学业水平优秀的学生中几乎没有课外阅读的比例仅为 12.42%，学业水平较差的则高达 30.14%，高于前者 17.72%；学业水平优秀的学生每天课外阅读时间在 1 小时以内的比例为 68.86%，学业水平较差的仅有 54.17%，二者相差 14.69%；课外阅读时间超过 1 小时的小学生中，学业水平优秀的占 17.51%，学业水平较差的占 12.92%，二者相差 4.59%。与课外阅读情况相当，小学生户外活动的时间也与其学业水平呈正比，学业水平优秀的学生每天户外活动超过半小时的占 37.38%，学业水平较差的学生每天户外活动时间超过半小时的占 31.53%，少于前者 5.85%。可见，小学生学业水平越优秀，其自由活动的户外时间就越长。

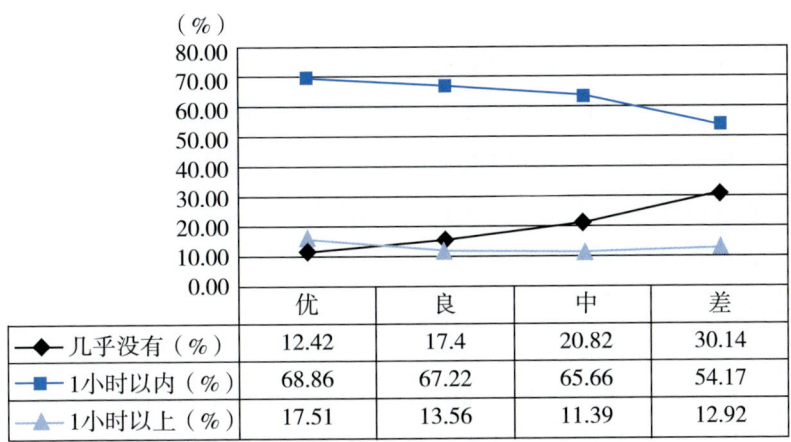

图 4-3-5　不同学业水平的学生课外阅读时间

另外，关于学生去同学家小住或请同学来家住的提问，家长和学生的回答比较一致，也反映出家长对学生管教的宽严程度与学生的学业水平息息相关。学生表示"我愿意，父母也支持"自己去同学家小住几天或请同学来自己家住的数据比例与学生学业水平成正比，其中两极数据相差 6.29%，"我愿意，家长肯定不同意"的比例则与学生学业水平成反比，其中两极数据相差 3.88%。与此同时，家长对此事"愿意尝试"的比例与学生学业水平成正比，其中两极数据相差 3.93%，"不愿意"的比例与学生学业水平呈反比3.86%。

从上面多组数据不难看出，在家长的教育方式上，"唯分数主义"的倾向仍然比较突出。排除家长背景性因素，如家长受教育程度、社会地位等对其教育理念的影响，其深层次原因在于当前家庭教育和学校教育的错位问题。具体来说，由于学校教育被社会、家长的过度重视，使得家庭教育偏离了以情感支持、道德塑造和习惯养成为主旨的教育目标，而把过多的关注点放在学校和学生学业上，因而，成绩便成了家长评判子女的重要标准，并在此基础上对子女开展家庭教育。

（三）学业水平较差的学生多通过消极方式表达自我意识，其情绪情感缺少家长的关照

小学阶段，学生的自我意识不断增强，其获得与成人同等地位和待遇、得到成人的理解与支持的意愿越来越强烈。通常情况下，小学生多通过两种方式来强化自我意识：其一，就是主动、积极地从成人那里获取更多权力，担负更多责任，并以此发挥自主性，获得自我掌控感；其二，则是学生通过抵抗大人（尤其是家长）的监督、违反大人制定的规则、拒绝大人的指导等消极的方式来达到彰显个性的目的。尽管这两种方式无法完全割裂，但由于学生和家长的个体差异，使得这两方面在不同学生个体中的表现和侧重存在差异。在本调查中，通过对不同学业水平学生的相关数据进行分析发现，为了获得个体的自由与独立，家长对不同学业水平的小学生所采取的教育策略差异显著。总体来说，学业水平优秀的学生倾向于第一种相对积极的方式；学业水平相对较差的学生倾向于第二种方式。

而根据Hill和Holmbeck的观点，自主既包括内部心理维度又包括人际维度，是人们在三个方面（行为、情绪和认知）获得的独立和更大的自我决定权。在本调查中，我们重点考查学生的情绪自主、行为自主及其与学生学业水平的关系。

"情绪自主"主要表现为学生能够控制、表达和积极化解自己的情绪、情感。在本调查中，通过对学生心理压力自我调控的方式来加以考查，当问及"如果父母对你要求过高，你感到有压力，一般会怎么做"时，选择

主动沟通，寻求他人帮助的方式缓解自身压力的学生中，学业水平较差的小学生所占比例较低。其中，"和父母沟通，寻求理解"是小学生常采用的缓解情绪压力的方式，如图 4-3-6 所示，学业水平优秀的学生比例为 45.45%，学业水平较差的学生则仅为 29.90%，二者相差 15.55%；另外，选择"向同学倾诉"的比例同样随学业水平降低而减少。在另外两个相对消极的压力调控方式（"向父母反抗"和"忍耐"）的选择比例则随学业水平降低而增加，其中，学业水平较差的学生选择"忍耐"的比例为 51.18%，超过五成，是此类小学生采用比例较多的压力调控方式，高出学业优秀学生 12.72%。可见，成绩越差的小学生，采用消极方式应对亲子沟通压力的可能性也越大。当亲子间发生矛盾或出现沟通障碍时，最有效且积极的方式莫过于直接的亲子交流与化解，但有部分学生反而会选择求助父母以外的人，如老师或其他长辈，通常这种情况常发生在"重要他人"无法使其获得情绪和情感的依赖感和信任感时。在本调查中，学业水平较差的学生"求助老师或其他长辈"的比例高于学业水平优秀的学生，也从另一侧面反映出学业水平较差的学生和家长存在沟通不畅的问题。

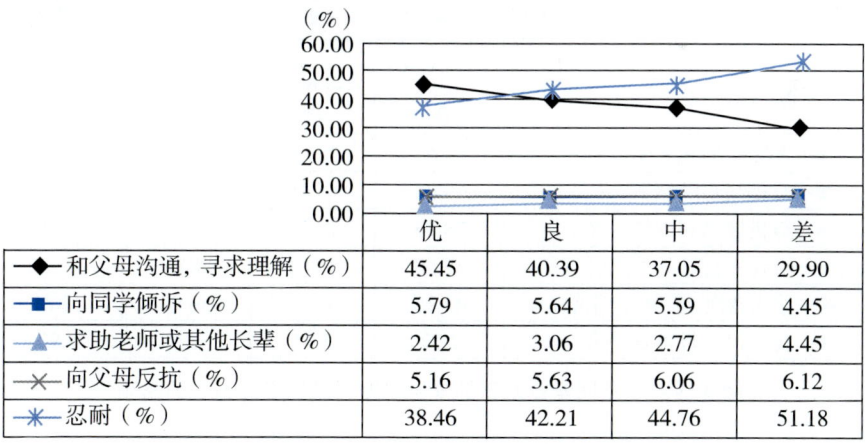

图 4-3-6　不同学业水平学生处理学习压力的方式

正是由于部分学业水平较差的学生遭遇负面情绪时缺乏积极有效的解决方式，自主调控情绪的能力也较弱，因此，和学业水平相对较好的学生相比，其情绪、情感的感知也相对消极，并阻碍了亲子交流与互动。在调查学生最担心的事情时,为"达不到父母要求"而感到焦虑的学生中,学业水平较差的学生所占比例相对较高。当问及"你通常从哪些方面感受到父母对你的爱"时(如图4-3-7所示),在给出的五个备选项中"给我细心的照顾""给我鼓励和支持"和"与我拥抱、亲吻、击掌等"三项的比例均随学业水平的降低而降低,学业水平优秀的学生与学业水平较差的学生相差比例分别为:8.92%、12.80%和8.65%。而"我觉得父母不够爱我"虽然在调查数据中所占比例较低,但成绩较差学生的比例也超过成绩优秀比例两倍以上。可见,学业水平较差的学生在对父母之爱的感受上相对较弱,这也就意味着这部分学生的家长在日常生活中对子女爱的表达远未达到子女所需要的程度,相对于成绩优秀的学生,这些学生由于学业所导致的被忽视、被冷落更多,承受的压力更大,更需要来自父母的关爱。

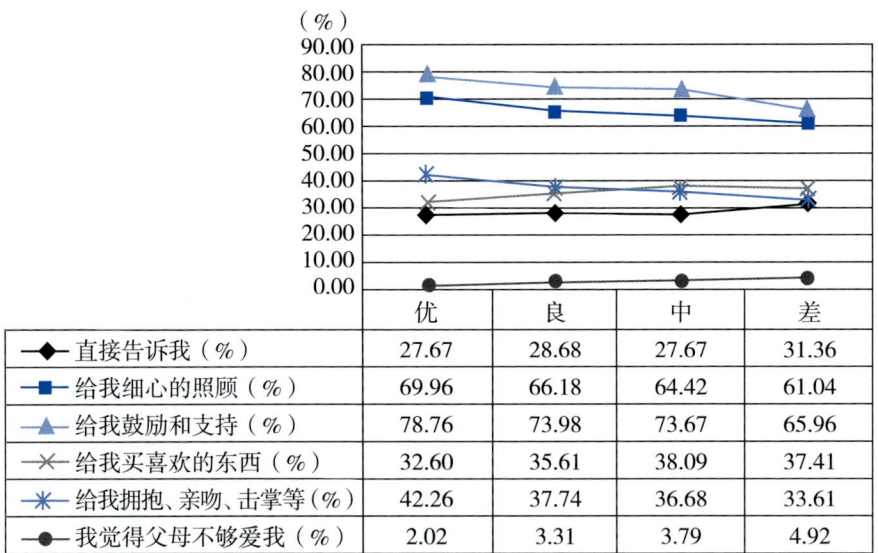

图4-3-7 不同学业水平的学生对家长爱的表达方式的感受

然而,父母的"表现"似乎并不乐观,当问学生"通常父母做什么会让你感到不满或委屈"时,"说话不算话"和"看不到我的进步"的比例均与学业水平呈反比;当问学生"你心情不好时,父母通常会察觉吗"时,选择"从不"的比例也与学业水平呈反比。可见,成绩相对较差的学生，其家长对子女情绪的洞察力和关注度均低于学业水平优秀的学生家长。另外，当问及父母最关心孩子哪三个方面时，家长选择最多的为"日常学习""习惯养成"和"人际交往"，而对"情绪情感"的关注均处于最低比例，其中学业水平较差的家长对学生"情绪情感"的关注仅为9.75%，为所有比例中最低。这些数据均表明家长对学业水平较差的学生缺乏应有的关注与关心，而这种关爱的缺乏易增加这部分学生厌学、逃学等问题行为和其他反社会行为发生的概率。

另外，在本调查中，对学生的"行为自主"也有所涉及，行为自主通常表现为学生能够根据自己的判断和思维来处理和决断自己的事情。在本调查中，学生如何选择兴趣班可考查学生"行为自主性"的情况，如图4-3-8所示，学生上兴趣班为"我自己选的"和"父母和我商量的"的比例均随学业水平的降低而降低。其中，"父母和我商量的"这一组数据比例相差最为悬殊，学业水平优秀的学生该比例为49.08%，学业水平良好的为41.81%，学业水平中等的为37.46%，学业水平较差的仅为29.58%；结合小学阶段学生的思维水平和判断力尚未独立的特点，在选择兴趣班时，除了自身意见外，更需要参考家长的想法和意见，因此，除了兴趣班是

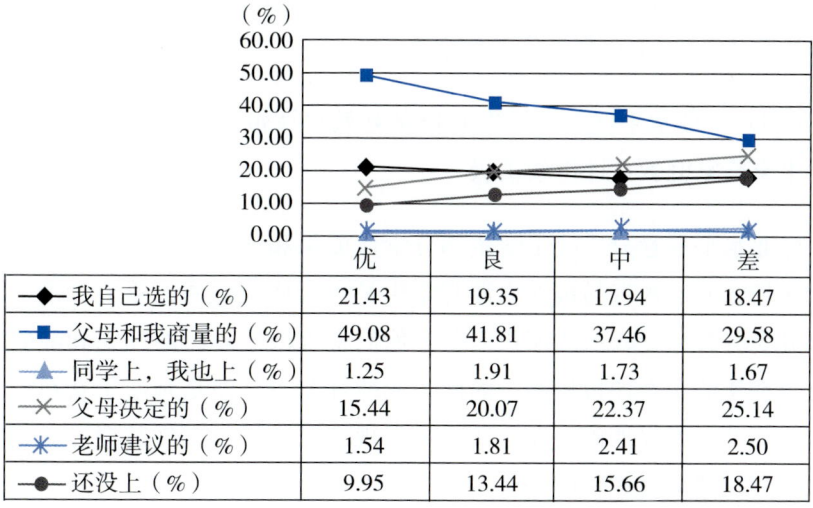

图 4-3-8　不同学业水平的学生如何选择兴趣班

"我自己选的"一项以外,"父母和我商量"也可视为学生该阶段行为自主的体现。与之相对应的是,一些学生可能更多地遵从父母决定和老师建议,或者缺乏主见,跟随同学的选择,这些均是行为自主性较弱的表现。在本调查中,"同学上,我也上""父母决定的"和"老师建议的"这类缺乏主见和行为自主性的学生中,学业水平中等或较差的学生所占比例相对较高。可见,在行为自主性方面,学业水平较差的学生往往无法自我决断,通常会选择消极的追随。

结合学生选择兴趣班的原因调查发现,除了考虑子女喜好外,家长考虑的最主要原因为"我认为有用"的比例随学生学业水平降低而增加。可见,学业水平较差的学生,家长也较少给其自主权;另外,我们发现家长选择"参考别人的选择"的比例也与上组数据趋势一致,即学业水平较差的学生家长更愿意参考别人的选择。可见,家长自身的"行为自主性"也会以"榜样"的方式对小学生构成影响。但事实上,家长的这种包办或半包办并未获得学生发自内心的认可,因为对于多数学业水平较差的学生来说,他们最不喜欢与父母交流的方式("你最不喜欢父母用哪种方式跟你说话")是"总把大人的想法强加给我",比例为30.32%,高于学业水平优秀的学生。他们最担心的事情之一是"不能做自己喜欢的事",比例为31.02%,仍高于学业水平优秀的学生。

(四)学业水平优秀的学生家长家庭教育评价较积极;学业水平较差的学生家长家庭教育评价较消极

学业水平尽管只反映了学生部分学业成果和学习能力,但作为最直观的学业指标显然最容易被作为评判学生是否合格或优秀的重要标准。尤其对部分受教育程度较低的家长而言,他们很难根据自己的知识和经验建立具有个性化的子女评价机制。因此,成绩好与不好便是判断子女在校表现的唯一标准。不仅如此,在本调查中发现,成绩好与不好甚至会影响家长对自身和配偶家庭教育的评价。

在对自身家庭教育评价中,如图4-3-9所示,学生学业水平优秀的家长认为自己在家庭教育方面做得"很好"的比例为34.91%,学业水平为良好的比例为17.26%，学业水平为中等的则为11.38%，学业水平较差的比例则仅为5.12%。对自己评价较差，认为自己在家庭教育方面做得"不太好"和"非常不好"二者相加的比例，学生学业水平间的差距更为突出，其中，学业优秀的学生家长比例仅为2.96%，学业较差的学生家长则高达33.69%。在访谈中我们也发现，部分学业水平较差或中等的学生家长会将学生成绩不理想的部分原因归咎与自己，如认为"自己没文化，辅导不了孩子，所以成绩不好""没有条件给孩子报班""对孩子平常管得太松了"……可见，部分家长已经把学生的学业作为评价自己家庭教育成败与否的重要判断标准。

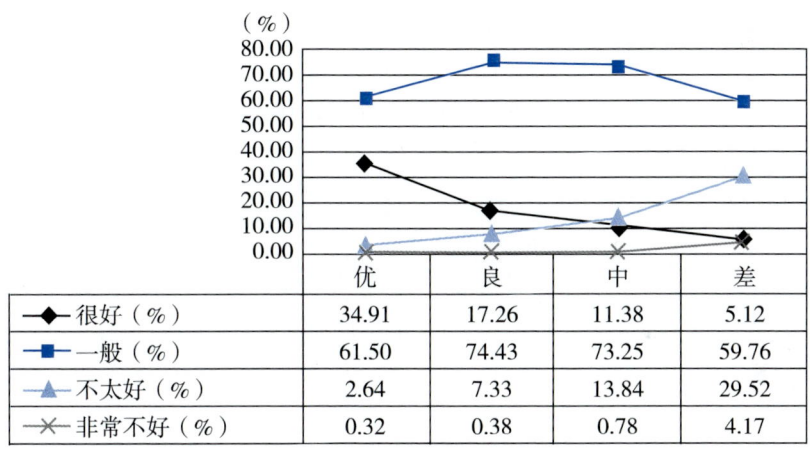

图 4-3-9　学生学业水平与家长自我评价的关系

这种情况同样出现在家长对配偶的评价中，如图4-3-10所示，认为配偶在家庭教育中做得"非常合格"的比例与学生学业水平呈正比，学生学业水平越高，家长对配偶的评价越高，其中学业水平优秀的学生家长认为配偶非常合格的为37.59%，比学业水平较差的学生家长高24.85%；认为配偶在家庭教育中做得"不太合格"和"很不合格"的比例（二者相加）则与学生学业水平呈反比，且相差悬殊，学业水平较差的学生家长对配偶评价较低（不太合格、很不合格）的比例高达31.66%，学业水平优秀的家长该比例仅为8.76%。可见，学生学业成绩不但成了家长评价子女，也成为家长评价自己和配偶的"重要标尺"，明显影响家长对自己和配偶家庭教育的判断力和自信心,甚至也成了部分家庭中父母产生矛盾的原因之一。

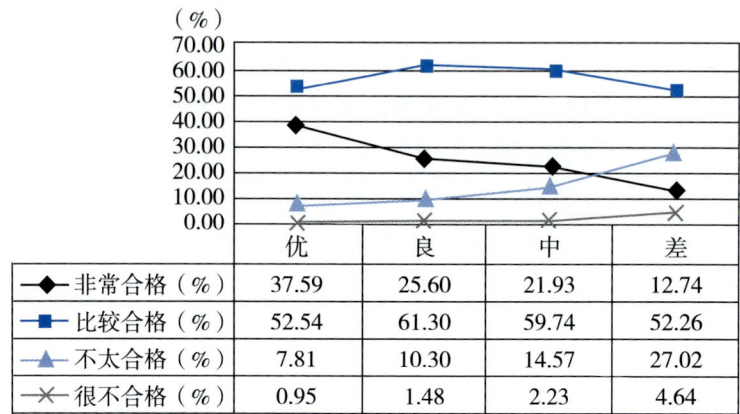

图 4-3-10　学生学业水平与家长对配偶的评价

第五章
热点与讨论

前四章已从家庭教育环境、家长教育素养、家庭教育困扰和需求三个横向维度上,以及家长和学生背景性因素分析两个纵向角度,对现今小学生家庭教育现状进行了相对全面、深入的分析,由此我们可以从整体上把握当前小学生家庭教育的概貌及时代特征。本章将对当前小学生家庭教育中的一些较为突出的热点问题进行专题探讨。

一、家庭中"显性"和"隐性"学业支持并重

学习,是人类发展与进步的重要途径,也是个体终身都要面临的任务。从学龄前过渡到小学阶段对个体的"终身学习"起着非常重要的奠基作用。一方面,对于学生来说由"游戏主导"转换为"学习主导";另一方面,对于家庭来说由"养育主导"转换为"教育主导",因此学业成绩就成为评价小学生身心发展的重要指标,也成为识别学校教育和家庭学业支持效果的重要指标,更成为家长心中、口中永恒的主题。

对于学生学业成绩的影响因素可以划分为内部因素和外部因素。内部因素包括个体气质特征、学习动机、学习策略等影响学业成绩的心理状态和心理过程;外部因素是指对学业成绩施加影响的家庭各因素等。大量研

究表明，家庭环境因素与子女的学业成绩有很强的相关性。在早期的研究中，最具有影响力的是美国的科尔曼报告[1]（Coleman Report）和英国的[2]普劳顿报告（Plowden Report），认为家庭环境因素与学生学业成绩有很强的相关性，解释了学生成绩产生差异的原因。尽管后继的许多研究对此争议甚大，努力挑战家庭教育对学生学习成绩极少或没有影响的结论，但均未改变家庭是影响学生学业成绩的主因。本次调查中，课题组也着眼对家庭中影响小学生学业成绩的因素进行了考查，并将家庭教育中的影响因素划分为显性因素（主要包括物质经济类有形的、可量化的投入）和隐性因素（包括家庭氛围、亲子关系和家庭文化娱乐行为等无形的、不易量化的但会间接反作用于小学生学业的因素）。

（一）家庭中显性学业支持投入过度，且"性价比"较低

近年新闻媒体对家庭过度的教育投入表示出了极大的关注，以几条具有代表性的研究资讯和新闻热点标题为例："家长不计成本，娃疲于上班，上兴趣班成就'高素质'？"；"好学校到底有没有用？'择校'的关键点到底在哪里？"；"'幼小衔接'，到底上学前班还是上大班"；"小学生的负担真轻了吗？七成家长热衷给孩子布置额外作业"，等等。本次有关家庭教育支出的调查也发现：近三成小学生家庭教育消费支出负担过重；逾五成家庭仅"刚好能承受"教育支出压力。如此巨大的投入，能否产生合理回报？能否促进小学生学业成绩的提高？我们对此进行了较为深入的分析。

1. 家庭教育经济投入与小学生学业水平无明显相关性

从本次调查的数据分析来看，没有表现出家庭对小学生的经济投入越高其学业成绩就能相应提高的情况，这说明家庭经济投入与小学生学业水平无明显相关性。通过对不同家庭教育支出水平与学业成绩的比较发现，如图5-1-1所示，在子女学业优秀的小学生家庭中，教育支出占家庭总收

---

[1] COLEMAN J. Equality of education opportunity [R]. Washington, DC：US Government Printing Office, 1966.

[2] PEAKER G. The plowden children four years later [R]. London：National Foundation for Educational Research in England and Wales, 1971.

入5%以下的家庭比例为13.16%，占5%—10%的比例为31.27%，占10%—20%的比例为28.95%，占20%—30%的比例为14.92%，占30%以上的比例为11.70%。《孩子的成本和效用研究》① 的相关分析结果也表明，家庭的经济付出与孩子的学业成绩、心理素质、身体健康和社会适应能力间并未呈显著的正相关，也就是说，并非在子女身上所花的费用越高，对子女健康成长和全面发展越有利。

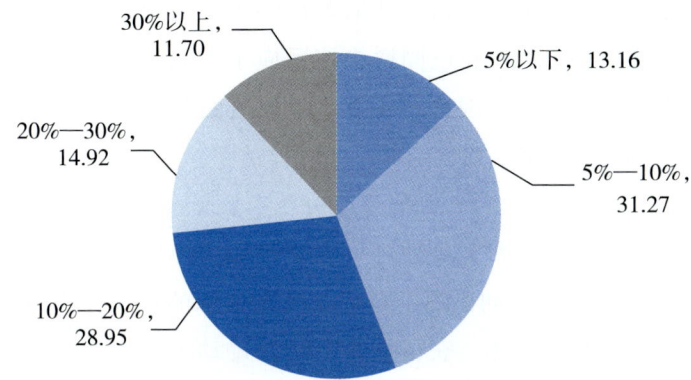

图5-1-1　学业水平优秀的小学生其家庭教育消费情况（%）

2. 学前班未助小学生"赢在起跑线"，更未让他们获得持续学业优势

若"幼儿园小学化"的学习并未能给孩子持续的学习优势，那么，上学前班是否能像我们预设和家长想象的那样，至少可以让孩子在小学前期出现短暂的学业优势呢？本次调查中有高达八成的小学生均在入学前上过各种形式的学前班。进一步数据分析发现，学业水平优秀的小学生中，"没上过学前班"的反而比"上过学前班"的高10.89%。可见，上学前班并未帮助小学生在学业水平上占有更多的优势。

进一步分析数据显示，1年级时，学业水平优秀的学生中"没上过学前班"（45.23%）的比"上过学前班"（29.89%）的还高出15.34个百分点；到2年级时，此比例仍然相差7.63个百分点。经过对小学六个年级的逐一考查发现，此现象呈现出从小学1年级到6年级的一致性特点，"上

---

① 徐安琪.《"孩奴"现象传媒炒作的负效应和实证辩证》[J].当代青年研究，2010（8）.

学前班"并未辅助学生出现持续的学业优势,甚至连小学1年级的优势都并未表现出来。那么,这种让孩子提前脱离幼儿园,过早小学化的看似"先行一步"的学业支持显然意义不大。从某种程度上讲,反而有可能使得孩子过早接触学科知识,学习与之生理、心理发展特点不符合的过难的学习内容,继而引发其挫败感,降低学习的自信心和兴趣。而且,在进一步访谈中也发现,家长们一致有"学前班毕竟不是正规小学教育"的想法,所以从正规、严肃的学习伊始就培养良好学习意识和习惯的想法被弱化了。同时,家长们也表示自己同样未能适应子女的转变,不知如何进行学业辅导和支持等。以上原因均会使上过学前班的孩子进入小学后反而会有些学业上的倦怠和松懈。

3. 小学生"择校"对学业水平的影响并不显著

尽管小学是我国的免费义务教育阶段,但是"择校"却成了不可回避的话题。家长的"择校"动机源于对优质教育资源的追求,并希望借此让子女享有更优质的教育资源,获得学业上的长足动力与支持。但是,择校到底能不能提高小学生学业水平?"择校"的关键点在哪里?

直观地想,家长让子女上重点学校,就是冲着目标学校的高升学率而去的。但 Cullen、Jacob 和 Levitt 在他们 2006 年的文章《择校的效果:来自随机抽签的证据》[①] 中表明,事实并非如此简单。研究者发现,所谓的重点学校的作用并没有人们之前想象的那么大,至少在学业表现上,重点学校的效果让人失望。在本次《小学生家庭教育的现状》调查中,通过对"择校生"和"就近入学"的学生其学业情况进行对比发现,如图 5-1-2 所示,择校生中学业水平优秀的学生为 29.95%,就近入学学生中成绩优秀的为 28.46%,二者相差甚微;同样,在良、中和差等其他学业水平中二者数据也较为接近。可见,择校并未让学业水平优秀或良的小学生比例因此升高,也并不能给家长带来期待中的效果。

---

① 陈沁. 不要迷恋好学校 [EB/OL]. [2014-04-01]. http://finance.ifeng.com/a/20140401/12025707_0.shtml.

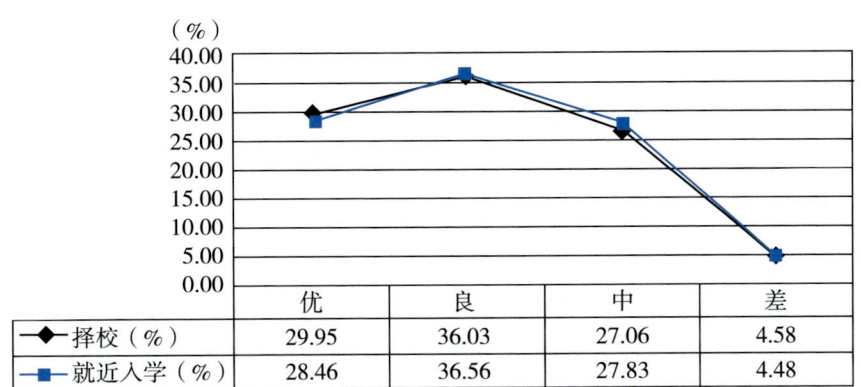

图 5-1-2　小学生入学形式与其学业水平的关系（%）

4. 兴趣班和额外作业对小学生学业支持的效果并不理想

现今的教育市场上各种儿童兴趣班五花八门。访谈发现，家长给孩子报班的目的，无论是短期提高学习兴趣和能力，还是觉得对子女未来发展有好处，都对课外班抱有提升孩子学习成绩的期望。但是，兴趣班是否能给小学生有效的学业支持呢？本次调查显示，近九成的小学生都在上兴趣班。学业水平优秀的小学生中，有 63.82% 参加了兴趣班；学业水平差的学生中，更有高达 93.95% 都参加了兴趣班，二者相差高达 30.13 个百分点。由此看来，学习成绩欠佳的小学生是报班的主力，而在课外班上耗费的大量金钱、精力和宝贵时间是否能扭转学生"学业水平较低"的状况，还需进一步关注。

课外作业能否促进小学生的学业表现呢？调查中显示子女有课外作业的家长占 81.50%。其中，有 79.08% 的学业水平优秀的小学生和 91.79% 的学业水平较差的学生每日都会有额外作业。访谈中问及家长"这些作业对孩子成绩的提高有作用吗"，受访的 10 位家长中有 7 位觉得"作用有限"，有 1 位觉得"应该有作用"，另外 2 位表示"没感觉"。而这 10 位家长的子女却一致认为"不知道""说不清楚"。这在一定程度上表明，额外作业时间与小学生学业水平之间并没有直接关系，更多的作业时间并不一定带来学生更好的学习成绩。正如美国家庭作业问题专家 Weston 所说，学生家庭作业的时间与学习成绩呈曲线关系，即当作业时间达到最佳时间点时，学生成绩最好，一旦超过这个时间成绩会下降①。Cooper 也曾指出，家庭作业时间所产生的效果与学生年龄密切相关。对于低年龄段的孩子（小学中低年级）效果很小，其家庭作业时间与学习成绩的相关性几乎为零。据此，家长给孩子所布置的额外作业确有待斟酌。

由此看来，家长的学前班教育、择校行为、兴趣班学习或者额外作业，这几项小学阶段最为常见的家庭教育投入行为，并未能换来小学生学习上的优势和理想的学业成就。可以说，此类投入性价比较低，不仅不能带来合理的收益，反而存在投入过度而带来的一些负面效应，如小学生学习兴趣和自信心的减弱，重复学习带来的倦怠、注意力涣散等不良学习习惯，过度、过早学习让孩子身心俱疲，易产生厌学、逆反等不良心态等，这都会在基础教育阶段给个体带来难以预计、不可估量的消极影响。

（二）家庭中隐性学业支持对小学生学业起着促进作用

家庭中的隐性学业支持因素相对于显性因素来说，因其具有隐含性、长期性、缓释性和对学业水平的非直接支持等特点，通常容易被家长忽略。正如美国教育社会学家菲利普·W.杰克逊所指出，隐性课程中获得的价值、态度、规范、动机等教育元素也存在于学校之外的家庭、社会环境之中，对学生的影响极大，非常值得我们重点研究。②

1. 融洽的家庭关系是情感支持

早在 20 世纪 20 年代美国哈佛大学心理学家梅奥教授首先提出了"人际关系理论"，指出职工士气、生产积极性主要取决于社会心理因素，取决于职工与管理人员以及职工与职工之间是否有民主的氛围、融洽的关系，而物质环境、物质刺激只有次要意义。虽然说这属于管理经济学理论范畴，但我们本次的调查结论也证明了这一理论在家庭教育中的重要作用。

第一，成绩优秀的学生家庭更多采用协商、民主的亲子互动模式。如

---

① 吴雨. 课业对中小学生学业成绩的影响［EB/OL］.［2014-07-14］. http://blog.sina.com.cn/s/blog_41861a7a0100vqz7.html.
② 沈嘉祺. 论隐性教育［J］. 教育探索, 2002（1）.

图 5-1-3 所示,"会听取孩子意见"的家庭,其子女学业水平优秀的占 39.11%,而子女学业水平差的比例仅为 19.90%;相反,选择夫妻协商或父亲/母亲一方说了算的家庭,子女学业水平较差的比例相对较高;当夫妻在家庭教育中出现分歧时,为避免对子女造成不良影响,多数家长均会选择"私下再协商"的方式解决,其中,学业水平优秀的学生家长选择"私下再协商"的比例高达 76.10%,比学业水平较差的学生家庭高 11.98%;而选择"坚持自己的做法""当孩子面质疑配偶"和"向对方妥协"三项的比例均为前者低于后者。可见,无论家人决定家庭重要事务还是夫妻间处理教育矛盾,学业水平较优秀的学生家庭更多采用协商的、互动的解决模式。这种家庭成员间的互动方式无疑更有利于学生与家长间形成良好的亲子互动关系,有助于建立积极的亲子依恋关系。如 Vondra(1999) 等人分析的,亲子依恋具有以下作用①:亲子依恋关系提供安全感和自我效能感,使儿童在其他社会情境中满怀信心和胜任力地去参与。因此,亲子依恋水平较高的小学生一般对学习有较高的兴趣和热情,往往达到较高的学业水平。这是因为在民主家庭中学生能充分发挥自主性和能动性,被信任感被学生内化为一种学习能力,运用于学习的自我管理中,继而促进学业水平的提高。

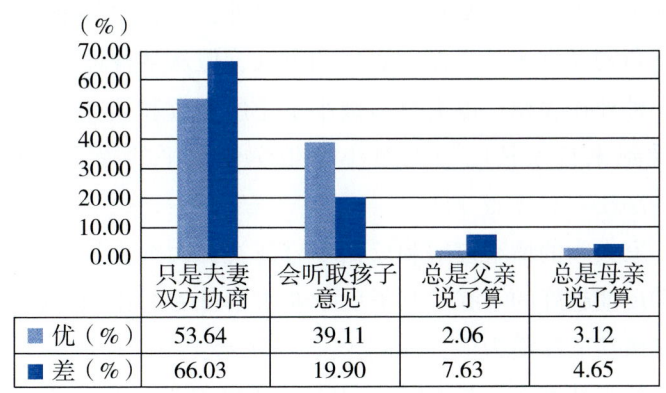

图 5-1-3　家庭中重要事的决定与学业水平的关系 (%)

---

① 张连云. 社会关系与小学生学业成绩的关系研究 [J]. 上海教育科研,2008,5 (5):36-38.

第二，给孩子的鼓励和情感支持同等重要。调查中将父母对子女表达关爱的方式分为直白表达和含蓄表达两种。直白表达如直接告诉子女、给子女买喜欢的东西等，这种方式通常属于马斯洛需求层次理论中生理和安全层面基本需要的满足，因此子女获得的幸福感也较为短暂；而含蓄表达，如给子女细心照顾、鼓励和支持则能让子女获得情感和归属需要的较高层次的满足，因而其幸福感也较为持久。在调查中发现，如图5-1-4所示，对子女直白表达爱意的家庭，其子女学业水平较差的比例高于学业水平优秀的学生比例；相反，家长以含蓄方式对子女表达爱意的家庭，学业水平优秀的小学生比例高于学业水平较差的学生比例。其中，"给我鼓励和支持"一项二者相差12.80%；"给我细心的照顾"一项二者相差8.92%。可见，父母表达爱的方式与子女的学业水平存在显著相关。具体来说，习惯直白方式表达爱意的家长，尤其是常以物质手段作为激励和表达爱的方式，往往容易对子女造成误导，使他们将父母关爱简单化为物质的满足，此种满足容易掩盖、转移或者干扰小学生内心深处的情感需求，而致亲子关系无法深入，学生不易感受到家长对其有力的心理支持；相反，含蓄的表达方式则需要亲子双方付出更多时间和情感来建立起良好的亲子互动和依恋，从而有利于子女安全感、自信心的建立。这些恰恰又是学生学业水平得以提高的基本心理保证。另外，尽管"拥抱、亲吻、击掌等"也是父母对子女表达爱意较直白的方式，但从某种程度上更是父母内心情感的一种外在表现，也更容易被小学生所理解和接受。可见，是否能清晰地感受到来自家长的爱意对小学生学业水平的提高有较强的暗示作用。

第三，家人间的情绪理解和反馈不容忽视。调查显示，对家庭成员情绪的理解和反馈越好的家庭，其子女学业水平优秀的比例也越高。以家庭成员对不良情绪的反馈为例，如图5-1-5所示，当家长情绪不好时，"能感受到家人的支持和关心"的家庭中其子女的学业水平优秀的比例最高，为74.12%，其他三项"家人不会注意到"（7.02%）、"说了更闹心，不如不说"（12.48%）和"说了他们也不能理解"（5.41%）均体现出家庭成员沟通和关爱出现了阻隔，不能让彼此间顺利化解不良情绪。而家长的这种消极的心境，会投射并传染子女，尤其对较为敏感的孩子来说，如果父母二人的情绪不一致，那么孩子的心理调适就比较困难，久而久之会给子女造成巨大的心理负担，影响其学习的心理过程。

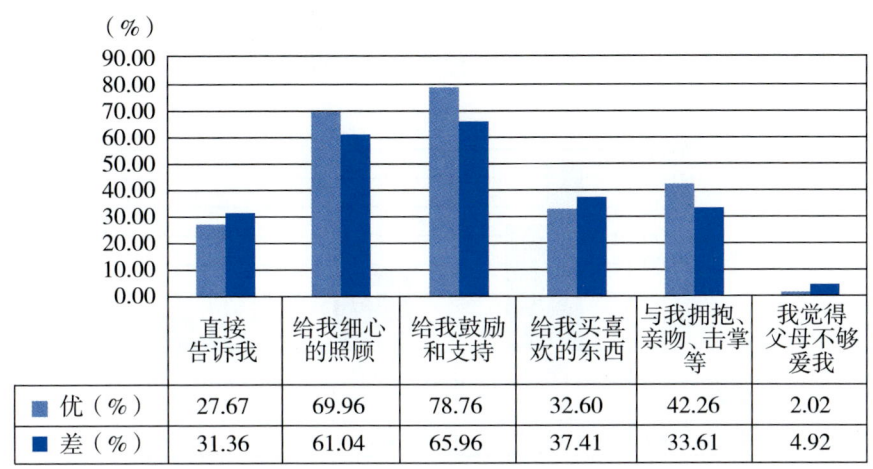

图 5-1-4　小学生对父母爱的感受与学业水平的关系（%）

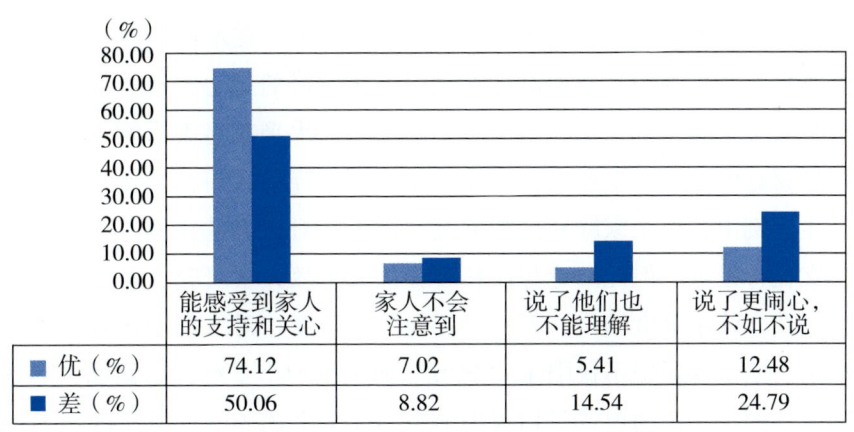

图 5-1-5　对家庭成员情绪反馈和理解与学业水平的关系（%）

反之，考查当小学生出现不良情绪，父母是否会察觉，如图 5-1-6 所示，学业水平优秀的学生中有 66.62% 的学生常常能感受到家长的关注，而"偶尔"和"从不"被父母关注的学生其比例相对较低，分别为 29.18% 和 5.74%。在学业水平较差的小学生中，认为自己的负面情绪常常被父母所察觉的为 44.31%，远远低于学业水平较优秀的学生（低 20.31%）；相反，选择"偶尔"的学生为 41.53%，比学业水平较优秀的学生高 12.35%；认为父母从未感受到自己负面情绪的比例为 12.78%，比学业水平较优秀的学生高 7.04%。可见，随着家长对子女负面情绪的反馈和理解力的减弱，小学生学业水平较差的比例随之升高。

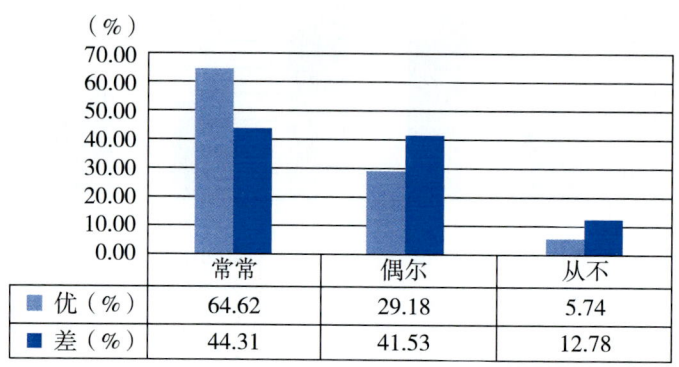

图 5-1-6　家长对子女不良情绪的反馈与学业水平的关系（%）

对以上几道题的分析只作抛砖引玉。实际上，在本次调查中还有大量有关家庭亲情氛围的调查结论都是对以上诸方面的有力支持。如在考查家庭成员间关系时发现，家庭结构对小学生学业水平有显著影响，离异家庭和再婚家庭中小学生学业水平优秀的比例大大降低；而在学业水平较差的小学生比例中，单亲家庭和再婚家庭又占了相对较高的比例。虽然处于不同的文化背景下，但此结论与比利时鲁汶天主教大学研究人员的研究结论完全一致。除了家庭结构，家长对配偶的满意度、对家庭矛盾或争吵的顺利化解、亲子沟通中不仅限于"学习"而是更为丰富的沟通话题、理解性和支持性的亲子沟通模式等均与小学生学业水平优秀的比例呈现明显的正相关性，反之亦然。

2. 丰富的家庭活动是智力支持

"父母文化资本的具体化可以影响学生对不同文化资本的倾向。"① 而家庭文化娱乐活动便是父母文化资本具体化的一种表现。以阅读活动为

---

① 林凤. 家庭文化背景对农村小学生学习成绩的影响 [J]. 现代教育科学：普教研究，2011 (5).

例，如苏霍姆林斯基的"阅读智力背景说"① 把课外阅读比喻成既是思考的大船借以航行的帆，也是鼓帆前进的风，并提出了阅读跟学习紧密联系的主张，认为阅读给学习创造了"智力背景"。实际上，从本次的调查结果来看，家庭整体的文化娱乐活动对孩子的成长来说都是一种有力的智力支持，均对其学业成长有促进作用。

第一，"阅读型"家庭子女学业水平优秀的比例更高。如图5-1-7所示，闲暇时家长经常"读书看报"的家庭中，学业水平较优秀的学生家长为32.31%，学业水平较差的学生家长为19.56%，二者相差12.75%。对于小学生课外阅读的调查，虽然结果并不让人满意，但也表现出"阅读与成绩的正相关性"。如图5-1-8所示，每天课外阅读超过半小时（包括半小时到1小时、1小时以上）的学生，在学业较优秀的学生中占50.02%，在学业较差的学生中占27.78%，二者相差22.24%。而每天阅读时间低于半小时（包括半小时以内、几乎没有）的学生，在学业较优秀的学生中占48.77%，在学业较差的学生中占69.45%，二者相差20.68%。从整体来看，学业水平越高的小学生其课外阅读时间也越长，反之，学业水平越差的小学生，其课外阅读时间也越少。由此看来，为孩子创设良好的"学习型"家庭氛围对小学生学业成长的意义不言而喻。

第二，"爸爸经常和孩子做的事"对小学生的学业水平影响明显。儿童智力的发展既有遗传因素的作用，也有后天各种环境因素的作用。父亲作为影响儿童智力的因素之一，他对儿童智力发展所做的贡献不仅仅表现在子女的婴儿期。根据亨利·比勒的意见，能经常与子女待在一起的父亲有助于开发孩子的智力潜能，能够成为子女坚毅和成就的动力。本次调查中也发现，如图5-1-9所示，"爸爸经常和孩子做的事"对小学生的学业水平有明显相关性。在学业水平优秀的小学生中，能经常和孩子"一起玩智力游戏（如下棋、迷宫、数字猜谜等）"所占比例最高，为58.23%，其他选项依次为"打闹玩耍"（56.54%），"一起运动（48.42%）"，"一起聊天、谈心"（41.14%），"一起尝试新鲜事物"（40.83%），"一起哄妈

---

① 林凤.家庭文化背景对农村小学生学习成绩的影响［J］.现代教育科学：普教研究，2011（5）.

妈开心"（24.05%），"一起修理东西"（22.65%），"讨论军事、科技、政治、历史等话题"（18.86%），"共同保守一个秘密"（13.9%）。

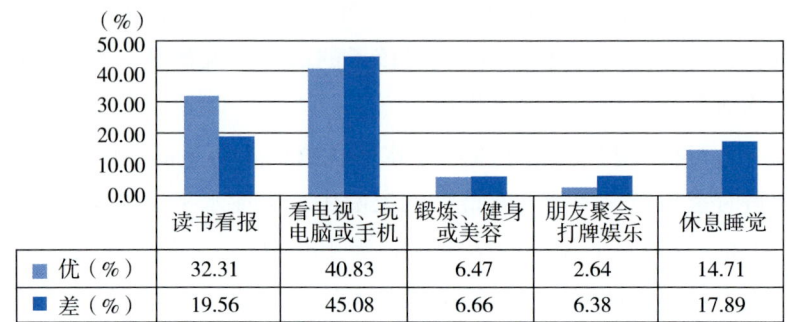

图 5-1-7　家长的闲暇活动与小学生学业水平的关系（%）

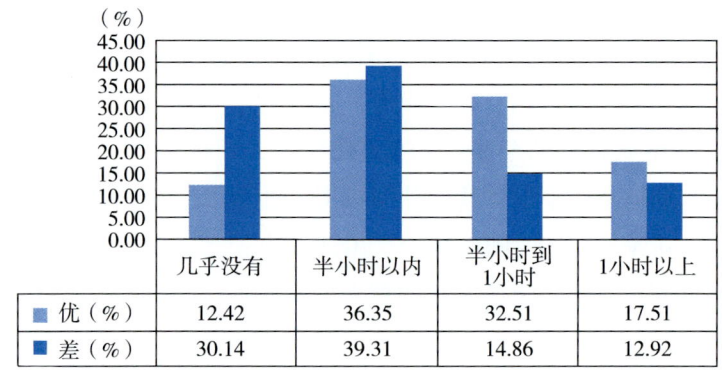

图 5-1-8　小学生课外阅读时间与其水平成绩的关系（%）

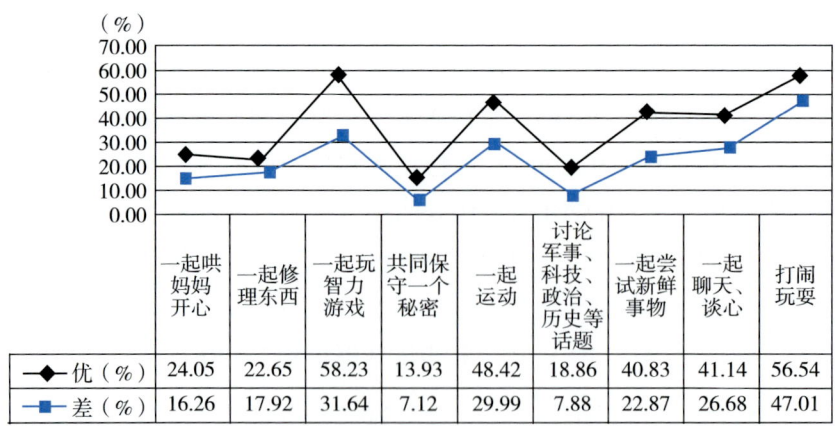

图 5-1-9　"爸爸经常和孩子做的事"与小学生学业水平的关系（%）

第五章 热点与讨论

第三，小学生学业水平与家庭组织娱乐活动的频率密切相关。学者们普遍共识，无论是哪种文化娱乐活动，均能起到开拓孩子视野、增强实践能力等作用。考查小学生家庭活动（如聚会、外出游玩）与其学业水平的关系发现：小学生学业水平与其家庭组织娱乐活动的频率呈现出正相关性，如图5-1-10所示，选择"从来没有""偶尔"和"经常"组织的家庭，学业水平优秀的比例分别为5.26%、69.93%、24.43%；学业水平较差的比例分别为16.21%、73.18%和10.01%。可见，家庭组织娱乐活动的频率越高，小学生学业水平优秀的比例也越高。进一步对每周家庭成员共进晚餐的情况进行调查发现也有类似的趋势。如图5-1-11所示，学业水平优秀的学生家庭，"几乎每天"和每周"2—3次"家人共进晚餐的比例均高于学业水平较差的学生家庭。

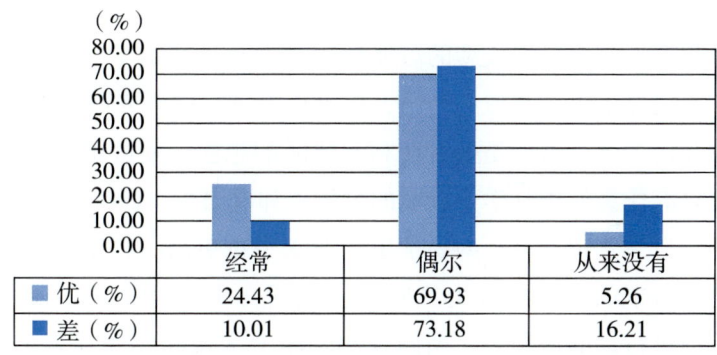

图 5-1-10 小学生家庭娱乐活动与其学业水平的关系（%）

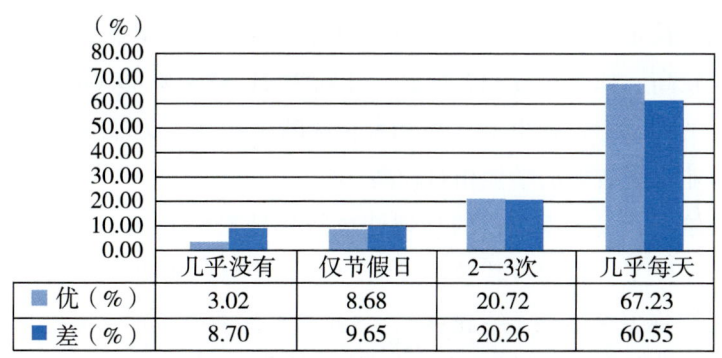

图 5-1-11 每周家庭成员共进晚餐的次数与小学生学业水平的关系（%）

如此看来，家长有意无意间安排的各种文化娱乐活动形成的激励，会使孩子形成正确的学习动机，获得良好的学习效果。而且，由于家长自身对知识的浓厚兴趣和执着追求所形成的勤奋好学的家庭心理文化氛围，能潜移默化地影响孩子形成积极的学习态度，从而使智力和能力也得到充分的发展。

3. 自我管理能力是能力的支持

"预习、复习加课后检查作业"这是访谈中家长对"良好学习习惯"的基本解释。但是，殊不知，生活中的点滴行为习惯都会迁移到其学习中，对其学业起到削弱或促进作用。正如"美国今日新闻网"2014年2月22日报道，美国耶鲁大学的流行病学家和心理学家进行了一项新研究，随机选取了美国康涅狄格州纽黑文地区的12所学校，总共考查了940名五六年级学生的生活习惯和考试成绩。分析结果显示，生活习惯好的孩子，在阅读、算数等科目取得好成绩的可能性比其他孩子高出了两倍以上。我们本次的调查也显示出了类似的结论，故家长不应只把眼光盯在"学习"相关的习惯和行为上，这只是极为功利和狭隘的想法，而应把小学生生活行为习惯的培养作为促进其学业成绩的出发点和着力点。

第一，自主管理能力高的小学生学业水平也更高。自主性是行为主体按自己意愿行事的动机、能力或特性，包括自由表达意志，独立做出决定，自行推进行动的进程等。当问及小学生"兴趣班是怎么选的"，能表达自己喜好愿望、独立做出选择的小学生（"我自己选的"）和能与家长商讨听取家长意见的小学生（"父母和我商量的"），学业水平优秀的学生比例相对较高，如图5-1-12所示，分别为21.43%和49.08%；而没有主见跟风（"同学上，我也上"）和家长武断决定（"父母决定的"）的比例则为学业水平较差的学生相对较高。

家长给子女发放零花钱的计划性也间接地影响到孩子自主性的建立，从专制走向民主；进而对其学业成绩产生了影响。如图5-1-13所示，在问及家长"你怎么给孩子零花钱"，学业水平优秀的小学生家庭里，"有计划地给"所占比例最高（51.41%），其次是"基本不给"（39.69%），比例最低的是随性而来的"高兴时就给"（1.47%）；从学业水平较差的小学生家庭看，基本情况与学业水平较优秀的家庭一致，但"有计划地给"的比例相对较低，随性的"他要就给"和"高兴时就给"的比例则相对较高。在小学阶段，给予孩子管理零花钱的机会，是锻炼其自主管理能力、自控能力和规划能力的一个较好途径，也能从中管窥小学生自主性的强弱。当问"你的零花钱通常怎么花"时，在学业水平优秀的小学生中，随自主管理零花钱能力的提高，其学业优秀的比例也直线上升。如图5-1-14所示，有53.30%学业水平较优秀的学生会将零花钱"攒起来，有计划地花"，比学业水平较差的学生高17.97%；相反，随心所欲，给多少花多少的比例则与之相反，学业水平较差的学生为13.91%，学业水平较优秀的学生仅为3.12%。

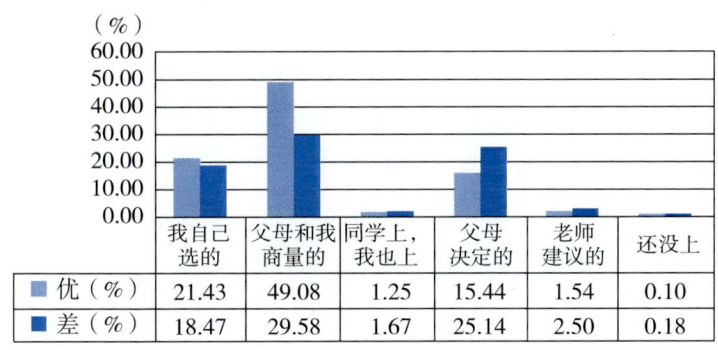

图 5-1-12 兴趣班的选择方式与小学生学业水平的关系（%）

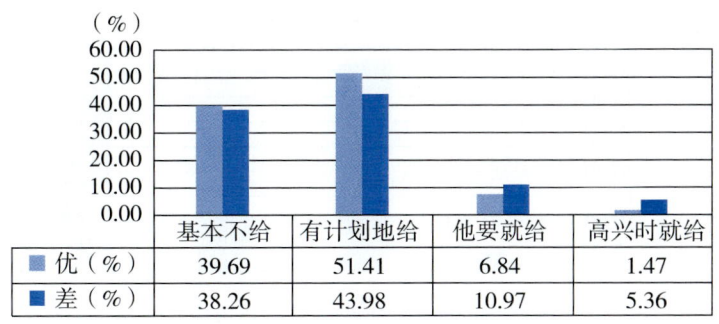

图 5-1-13 家长给子女零花钱的方式与小学生学业水平的关系（%）

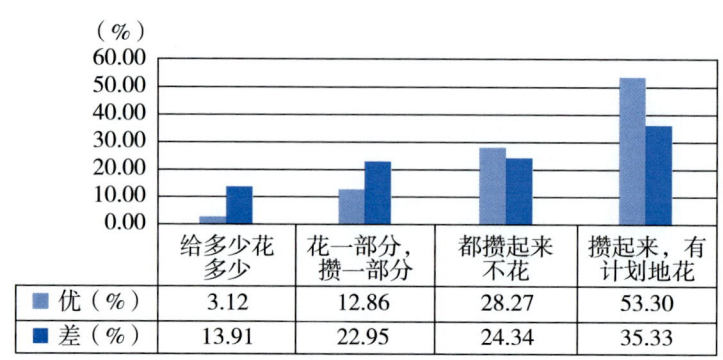

图 5-1-14　小学生自己管理零花钱的情况与其学业水平的关系（%）

第二，自理能力强的小学生学习能力也强。当问及"孩子分内的事情总让您帮忙，您会怎么办"时，在学业水平优秀的小学生中，如图 5-1-15 所示，"要求孩子自己的事自己做"的比例最高，为 43.11%，"有求必应"的比例最低为 2.12%。在家庭教育中，家长的教育观念和态度是极为重要的。在子女有负责的一两项家务活的家庭里，小学生学业水平优秀的比例也高，而学业水平较差的比例也相对较低。看来，并非把所有的时间都留给孩子学习和休息才是明智的选择。同样，当考查家长对子女做家务活的态度时，如图 5-1-16 所示，那些认为"只要学习好，做不做都行"的家庭中子女学业水平优秀的比例为 3.17%，而持有"孩子应该做些家务"观点的家庭中，此比例为 86.92%，二者相差悬殊。

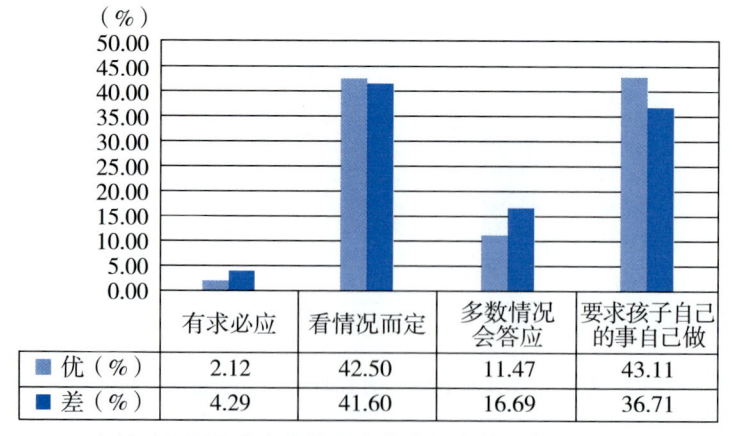

图 5-1-15　家长对于子女分内事的回应方式与小学生学业水平的关系图（%）

第五章 热点与讨论

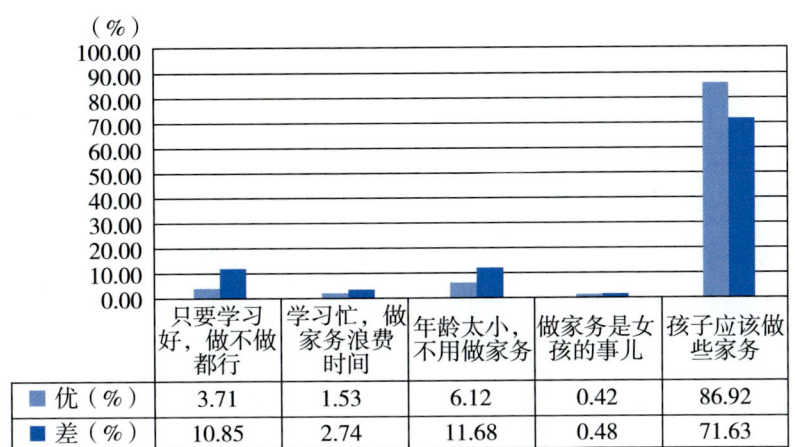

图5-1-16 家长对于子女做家务的态度与小学生学业水平的关系（%）

英国著名教育家洛克曾说，一切教育都归结为养成儿童良好的生活习惯。美国教育心理学家赫尔也认为，习惯若不巩固，则学习等于零。我国著名教育家叶圣陶先生则直截了当地在他的语文教学论著中提出："教育就是要养成良好习惯。"由此可见，要培养小学生优秀的学习品质，首先要从培养良好的习惯开始。然而，本次访谈的全部家长几乎都表现出对学生学习的过度关注，而对于良好行为习惯的养成教育来说，是一种"口头上认可"，但在实际家庭教育中处于"放任自流"的状态。殊不知，良好行为习惯的养成，是个体非智力因素的非常重要的一个方面。对智力发展良好的学生来讲，完善的非智力因素可以使他的道德、行为和学习锦上添花，而非智力因素的严重缺陷则可以使他步入困境；对智力因素平平的学生来讲，良好的非智力因素可以弥补智力方面的不足，同样低劣的非智力因素则会制约正常的智力发展，成为学生成长过程的障碍。而本次大量的调查数据和结论，足以给那些过度关注"学习"和"学习成绩"的家长一个力证，在引发思索的同时，他们还应认真反思家庭教育中过于"功利化"的问题。

二、家庭教育在城市化进程中面临新的挑战

所谓城市化,是指由于第二和第三产业的发展,农村居民向功能不断完善的城镇集聚并改变其原有生产、生活方式的过程。[①] 而这个不断加速的城市化进程,正在改变着人们的生存方式、生活方式和思维观念,同样也给家庭教育带来了多方面的影响。

客观来看,城市化是家庭教育变革中的一把双刃剑。从积极影响来看,现代城市交通便利、物质充裕,精神文化活动丰富多彩,城市学生能够轻松享有较多增长知识、开拓视野的机会。同时,受社会生产力发展的影响以及城市文化的浸润,城市中的家庭教育逐步开始也必将从封闭走向开放,从专制走向民主。从负面影响来看,城市居住条件的封闭减少了人际间交往的机会,人际关系由传统生活中的"熟人"关系变为"生人"关系,这也减少了学生与同龄人或长辈、邻居交往的机会;家庭规模缩小,传统社会中三代或四代同堂的家庭结构逐渐被三口之家所代替,家人间关系趋向简单化;技术的迅猛变革,经济的高速发展使得人们的生活节奏加快,收入差距不断拉大,进而导致社会竞争更加激烈,人们的心理压力增大,因此,家长也很容易将这种心态转移到对子女的教育上,高要求、高期望成了普遍现象。此外,随着大众传媒技术的普及,信息传播的迅速,各种新观念的涌入,家长的时间被碎片化,与虚拟世界互动增加,则减少了亲子互动的时间,也加深了亲子间的代沟。

既然城市化发展给家庭教育带来的问题逐步凸显,那么对于小学生家庭教育的全国性调研来说,更应该关注城市化进程的速度和水平。据资料显示,2001 年,中国的城市化水平是 37.55%,低于世界平均水平近 10 个百分点,比中等收入国家平均水平低 20 多个百分点,比高收入国家低 40 个百分点。有关专家指出,城市化水平与人均 GDP 呈正相关,根据中国

---

① 张妍. 城市化发展与教育 [J]. 教育发展研究, 2005 (8).

GDP 的增长和同期人口年均 8% 的增长，到 2020 年，中国人均 GDP 将增至 3000 多美元，中国城市化水平届时可达到 60% 左右，到 2050 年中国城市化的水平将达到 70%。① 可见，城市化是社会现代化的必然趋势，因此，城市化发展所带来的家庭教育的问题势必需要引起重视，而本研究从全国选取四省市的家长和学生作为调查对象，如表 5-2-1 所示，其中所选城市分布为一线（北京）、二线发达（济南）、二线中等（哈尔滨）、二线较弱（南昌），② 较好地拉开了城市等级，以便数据较为客观、全面；下属县城虽然为城镇级别，但当前的城镇化进程也使其向城市化的方向发展。因此，本研究所调查数据可以体现出城市化发展给家庭教育带来的影响。

表 5-2-1 四省市问卷调查表

（单位：份）

区域	北京市		黑龙江省		山东省		江西省	
省会/城区	北京市区	3652	哈尔滨市	3512	济南市	1225	南昌市	3517
县	北京郊县	1144	勃利县	1327	莘县	2833	新干县	1262
合计		4796		4839		4058		4779

特定时期的家庭教育总是与那个时期的社会发展密不可分，总是具有该时代的印记，因此，本文详述城市化进程对家庭教育带来的变化，主要立足于当代的社会变迁，基于当前城市化的背景，呈现出家庭教育现状中的一些问题。

（一）家庭结构"微型化"，成员关系"简单化"

中国传统的家庭模式中，不仅包括夫妻和子女两代人，三世、四世同堂的现象也十分普遍。随着社会变迁，家庭结构日趋简单，传统社会的这种"大家庭"的人数越来越少从而发展成"小家庭"。本次调查也再次印证了这个变化，关于家庭结构的调查显示，如图 5-2-1 所示，父母、孩子组成的核心家庭比例为 64.66%，三代同堂的主干家庭比例为 29.92%，单

---

① 中国科学院网. 城市化进程中的中国教育 [EB/OL]. [2005-6-20].
② http://www.cas.cn/jypx/gzdt/200506/t20050620_1699459.shtml.

亲家庭比例为 3.02%，再婚家庭比例为 1.17%，其他类型家庭比例为 1.23%。可以看出有超六成的家庭结构为核心家庭，三代同堂的家庭仅占不到三成，这说明家庭结构呈现出"微型化"特点，由父母和孩子组成的核心家庭已成为当下家庭结构的主导形式。

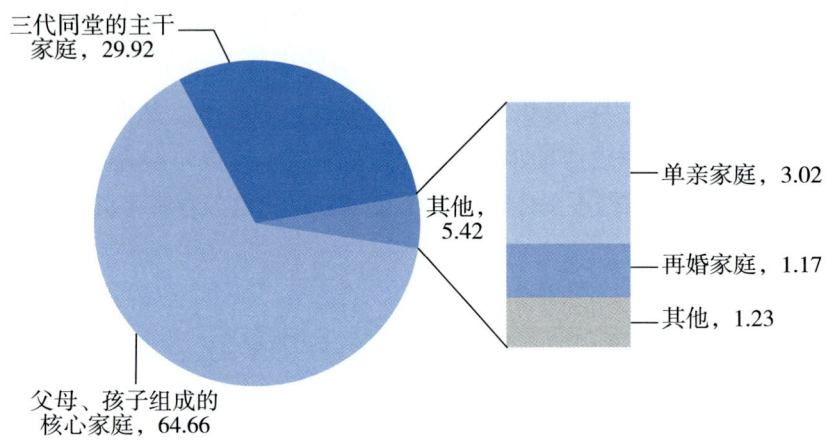

图 5-2-1　家庭结构情况（%）

客观来讲，核心家庭中父母与子女互动频率高，父母对子女的了解更深入，亲子之间也更容易建立起亲密的情感关系；核心家庭经济独立，能够自行决定对子女生活或能力发展等方面的投资。此外，由于核心家庭的教育者主要是父母二人，他们在年龄、受教育程度以及对事物的理解和分析能力等差别不大，加之在共同生活中的相互影响与磨合，因此在对子女的教育态度、教育方式等方面易趋于一致。① 但目前核心家庭常为双职工家庭，因工作繁忙，难以有足够的时间陪伴子女，不得不借助外部力量满足教育需要，家庭教育也出现分工现象。如图 5-2-2 所示，有 5.61% 的核心家庭中子女因"放学后无人看管"不得不去报兴趣班，此情况在主干家庭中的比例仅为 4.09%。

---

① 邹强. 中国当代家庭教育变迁研究 [D]. 武汉：华中师范大学，2008：135.

第五章 热点与讨论

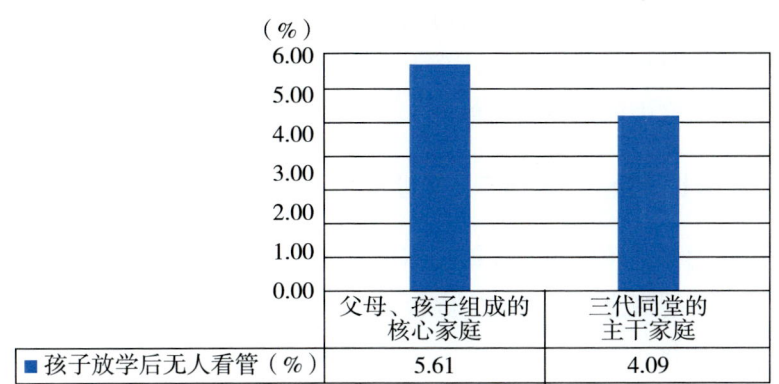

图 5-2-2 不同结构家庭"孩子放学后无人看管"情况

家庭规模与结构的变化还将直接影响家庭成员间关系的变化。越来越多的核心家庭，使过去那种联合大家庭的家庭生态环境发生了根本性改变。美国家庭问题专家沙波特指出，家庭中人际关系的复杂程度取决于家庭成员的数目，他引用"（N2-N）/2"的公式计算家庭关系的次数。据此，一个 10 口之家就存在有 45 种关系，若为 3 口之家，则仅存 3 种关系。① 因此，在核心家庭中，家庭成员的相对减少，使家庭人际关系由复杂走向单纯，家庭成员所扮演的一些社会角色（如兄弟姐妹）逐渐消失，传统大家庭中那种复杂的人际关系（如连襟、妯娌）也逐渐消失，这些变化在无形中对学生的成长产生着影响。

以下分别从生活经验、生活帮助、成长角色三个角度详述：第一，从生活经验的角度而言，这个特点使得学生在家庭生活中领会不到联合家庭与主干家庭中复杂的网络化的人际关系，也就体验不到较为全面的家庭生活的社会经验；第二，从生活帮助的角度而言，在传统三代以及以上同住的家庭中，很多未成年人的生活帮助都是从隔辈人那里获取，但在核心家庭中，未成年人遇到困难时只能求助于父母，可以说，生活中失去了一个多维成人世界的支持网络；第三，从成长角色的角度而言，家庭本身就是一个角色集，受教育者与家庭成员之间的关系也形成一个角色集，家庭为

---

① 杨雄. 当前我国家庭教育面临的挑战、问题与对策 [J]. 探索与争鸣，2007（4）.

个体扮演社会角色提供了必要的情境,在家庭中首次成为一个承担多重角色的主体,也就形成了日后在社会上扮演复杂多样的角色的启蒙经验,但学生在核心家庭中的角色较为单一,很难体会到不同角色的义务和责任。

(二)家长身份"多重化",父母角色"失衡化"

城市化的推进和体制的改革,不仅改变着人们的生活方式,也逐渐影响着人们的思想观念,迁移到家庭教育中,父母的角色和身份也因此在悄悄地发生着变化。

传统社会中,家庭多为父系父权制,子女必须服从家长,否则就被视为不孝,加之道德教育居首要地位,因此家长与子女的关系主要是一种长幼关系,家长拥有绝对权威,子女则处于从属地位。但当前,亲子关系已有了一定程度的改变,父母与子女之间为平等关系,家长的身份也随之发生多方面变化,本研究主要通过家长对子女学习、生活的安排情况来考查。

调查中问及家长"孩子做完家庭作业后,您会"怎么做,如图5-2-3所示,只有6.10%的家长选择"随他自己安排",在余下的数据中,54.05%的家长会"让孩子先检查一遍,家长再检查一遍",另有21.02%的家长会"督促他自己检查",18.83%的家长则为"代孩子检查",后三项数据相加显示,在超九成的家庭中,家长对子女的作业或进行指导帮助,或对其完全代替,或从旁督促提醒,实际上都是在学生的学习中扮演着管理者的角色。

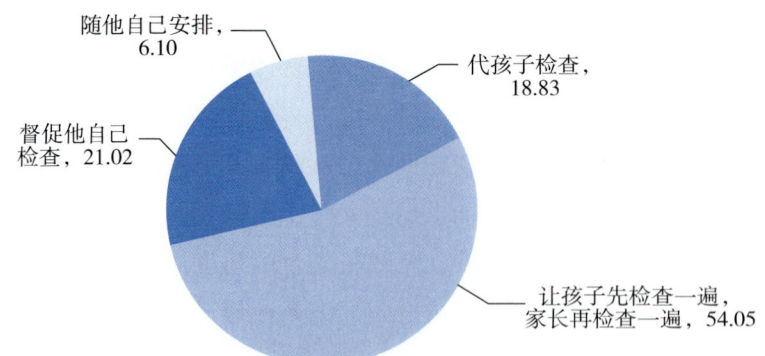

图5-2-3 家长帮子女检查作业的情况(%)

当学生对家长的要求感到有压力时，如图 5-2-4 所示，有 41.79% 的学生会"和父母沟通，寻求理解"，表明在四成家庭中，家长与子女之间的关系较为平等，家长对子女的困难也会理解。还有 43.62% 的学生会"忍耐"，表明仍有不少家长持较为权威、严厉的身份态度，还有 5.82% 的学生会"向父母反抗"，表明子女不惧怕父母，会大胆表达自己的想法，但方式欠妥，未必能较好地解决问题。

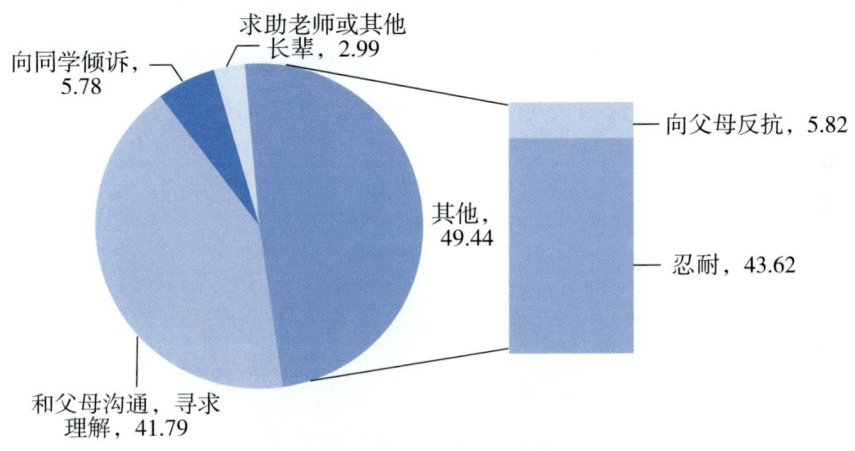

图 5-2-4　学生应对家长高要求的方式（%）

由于社会竞争激烈，学生的学习、升学竞争也日益加剧，学校教育的权威性得到进一步加强，进而使得家庭教育的依附性增强，在一定程度上成为学校教育的延续和补充，具体表现为家长帮助子女复习功课、检查作业等教育活动不断增多。因此，从亲子关系来看，家长与子女之间除了长幼关系，还存在师生关系、陪练关系、管理者与被管理者关系、朋友关系等，可见，家长的身份也日益多重化。

此外，父母在家庭中各自承担的角色也值得关注，父母角色是有子女的社会成员固有的社会角色，表明了个体在家庭关系中的地位，同时也规定了相应的行为模式。父母不仅仅是生理意义上的父母，更是一个具有社会意义的教育者。一般来说，中国母亲的个性中具有更多温柔、含蓄、善良、有韧性、有耐心等美好品质，而父亲则表现出坚持、勇敢、刚毅、果断、有开拓创新和冒险精神。父母的角色同等重要且不可替代、不可转移。子女的最佳个性状态应是从父母那里兼收并蓄其优点,汲取他们全面的精神营养;反之,任何一个角色的缺位都会给子女带来负面影响。

本研究也对这一问题进行了考查,如图5-2-5所示,问及"您家谁主要负责教育孩子",51.98%的家庭中主要负责人为母亲,32.67%的家庭中主要负责人为父母两人,10.57%的家庭中主要负责人为父亲,另有4.09%的家庭中由祖父母或外祖父母作为子女教育的主要负责人,0.69%的家庭中主要负责人为保姆或其他人。这表明逾五成的家庭中子女教育成为母亲的"独角戏",三成家庭中能够做到父母共同负责子女教育,而父亲担起主要教育职责的家庭仅占一成,体现出家庭教育中父母角色"失衡化"的特点。

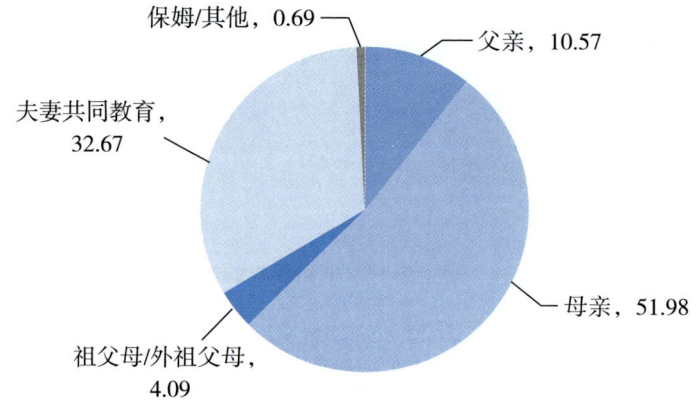

图 5-2-5　承担主要教育责任的家庭成员(%)

在家庭教育中,父亲教育对于子女的社会性、性别角色、自信心、抗挫折能力等关键品质的形成起着决定性的作用。大量国内外研究表明,父亲教育对儿童智商的发展有促进作用,平均每天能与父亲共处两个小时以上的孩子,智商高于其他孩子。心理学家格尔迪认为:父亲的出现是一种独特的存在,对培养孩子有一种特别的力量,失去父爱是人类情感发展的一种缺陷和不平衡[1]。因此,父亲教育是必不可少的,也是无法取代的。

导致父教缺失的原因复杂多样,本报告侧重分析社会发展及城市化进

---

[1] 李文道. 父教缺失的研究现状及应对策略 [J]. 中国特殊教育, 2009 (10).

程对父亲角色的影响。一方面,在城市化进程中,经济的快速发展及体制的变化也给人们带来成就观念的变化,当前,人们默认的成功标准就是获得更多财富,因此很多父亲会在外忙碌、应酬,追求事业的成功,既能获得家庭的认可,也能获得社会的认可。这也成为很多父亲教子困惑之一,如图 5-2-6 所示,因"工作太忙,没时间管孩子"的家长中,父亲的选择比例明显高于母亲。

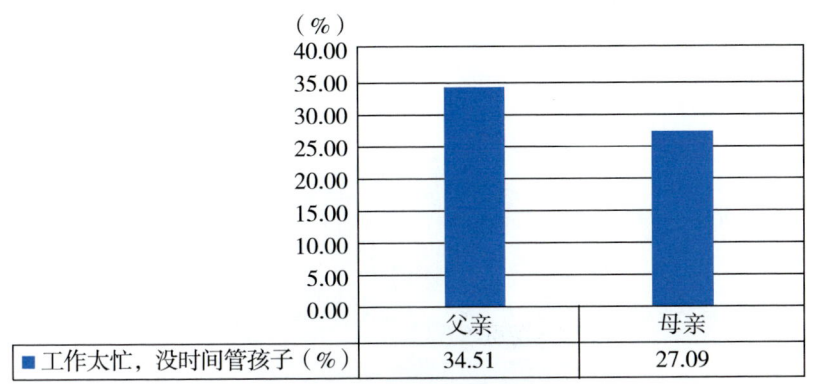

图 5-2-6 "工作太忙,没时间管孩子"的父母比较

另一方面,随着社会的发展和男女平等观念的深入,女性受教育程度普遍提高,且多数女性有独立的经济收入和相应的社会地位,继而她们在家庭中扮演了越来越重要的角色。因此,在养育子女过程中,母亲的态度、角色和行为方式越来越占据主导地位,这也使父亲在家庭教育中的优势地位和责任被逐步弱化。

(三)教育投入"加重化",教育选择"实用化"

社会变革的城市化、工业化、信息化、全球化、多元化加剧了我们的竞争压力,也加剧了我们的心理负担。这种充满了激烈竞争的社会心理也映照在家庭生活中,直接的表现就是父母对子女的期望更高,倾注的心血更多,这里主要从教育投入和教育机会的选择两个方面考查。

本研究关于小学生教育花费的调查表明,如图 5-2-7 所示,小学生近一年教育花费仅占家庭总收入 5%以下的家庭只有 12.42%,占家庭总收入

5%—10%的比例为31.40%，占10%—20%的为28.78%，占20%—30%的为15.76%，占30%以上的为11.64%。另有调查发现，城市家庭平均每年在子女教育方面的支出，占家庭子女总支出的76.10%，占家庭总支出的35.1%，占家庭总收入的30%①。相关资料显示，20世纪90年代以来，家庭的教育支出以平均每年29.30%的速度增长，明显快于家庭收入的增长，也快于国内生产总值的增长。同时调查表明，在义务教育阶段，校内教育已经不能满足家庭对教育质量的追求，教育支出的增长幅度高于家庭总支出的增长幅度②。

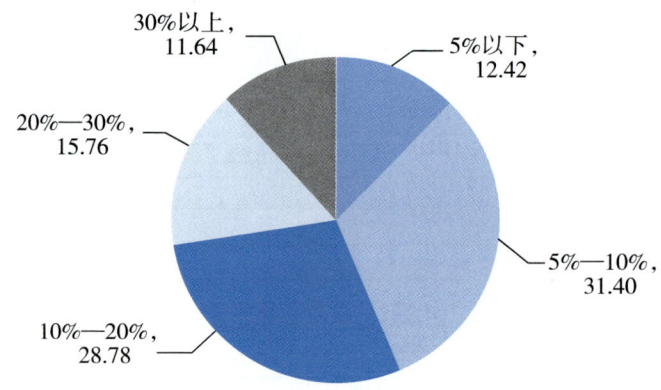

图5-2-7 学生教育花费占家庭总收入的比例（%）

综合以上数据，从整体来看，家庭教育支出已经成为城市小学生家庭的主要经济支出之一，也表明家长对子女教育的物质投入不断加大，而子女的教育花费是否已经对家长构成负担，对此问题的考查发现，如图5-2-8所示，有27.85%的家庭感到"没有压力"，表明仅有不到三成的家庭能轻松承担子女的教育支出；有52.90%的家庭表示"刚好能承受"，而感觉"压力有些大"和"压力非常大"的家庭比例分别为16.74%和2.51%。这表明超过五成的家庭刚刚能承受，一旦教育支出增长将会给其带来较大经济负担，后两者数据相加显示有近两成的家庭已经感受到教育支出的沉重负担。

---

① 王庆环.调查显示城市家庭子女教育费用占家庭总收入30%［N］.光明日报，2012-03-15.
② 李松涛，潘圆.囚徒困境下，教育消费何去何从［N］.中国青年报，2012-03-16.

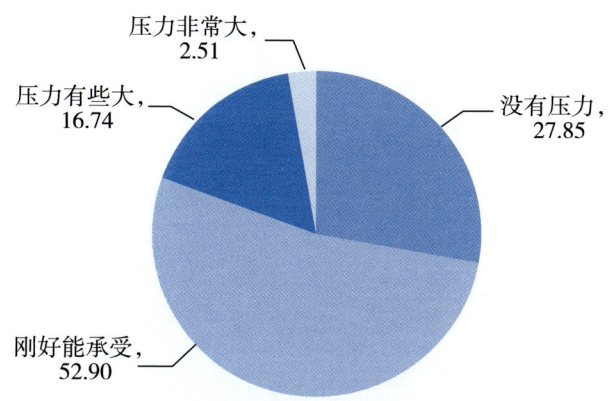

图 5-2-8　小学生教育花费的家庭负担情况（%）

对子女教育的投入取向也反映了家长对教育机会或教育资源选择的偏好。目前看来，知识学习、才艺技能等培养能力的投资成为家长们最重视的方面。比如关于兴趣班的选报，如图 5-2-9 所示，有 5.69% 的家庭是因为"孩子放学后无人看管"，可见目前部分学生参加兴趣班是家长的被动选择。这些家庭中家长工作时间与子女放学时间往往产生冲突，因此，为孩子报兴趣班也可谓是家长一种无奈的选择。其余选项则为家长主动报班的情况，其中 4.11% 的家长选择"参考别人的选择"，66.13% 的家长选报原因是"我认为有用"，24.07% 的家长打算"为升学做准备"，两者数据合并显示，有九成家长选报兴趣班会从实用的角度出发，考虑对孩子的发展和升学有利。这也势必会受到现实背景的影响，在城市化的变革中，社会经济成分、就业方式、利益关系和分配格局等都发生了深刻变化，贫富差距的拉大，"功利"思想侵蚀着人们的价值观，"有用"成了很多人选择事情的标准，家庭教育也不例外。

不过从客观来看，家长让子女上兴趣班也是一种被动选择，中国青少年研究中心家庭教育研究所曾有调查显示，越来越多的家长对此问题也产生了纠结的心态。一方面选了辅导班，意味着孩子自由时间的被挤占，幸福感降低；另一方面，如果不选择辅导班又意味着孩子可能会输给同龄人。在这种将幸福童年与成功未来对立起来的心态下，大多数家长经过

"囚徒困境"式的思索,最终还是做出了"功利为主,兼顾素质"的选择。①

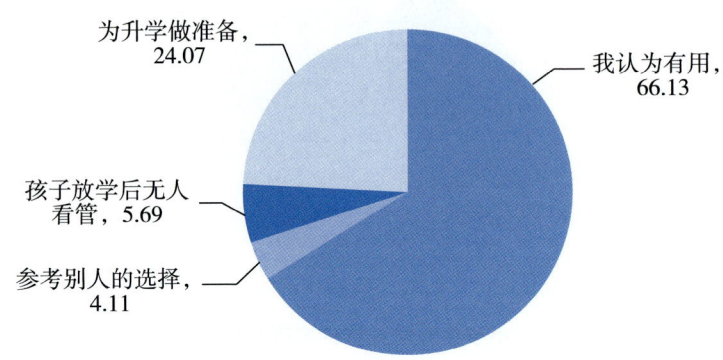

图 5-2-9　家长选报兴趣班的考虑因素（%）

（四）学生活动"静态化",家长休闲"电子化"

随着城镇化发展的推进,无论是城市还是县城,家庭住房都已成为单元式楼房,这种居住结构有其独立性和封闭性的特点,即一套住房基本配套设施完善,不太需要与其他住户建立什么关系,各住户共同生活的空间几乎等于零。加之独生子女政策导致的家庭规模减小等社会背景性因素,都使得小学生与人交往的机会减少,同时还减少了与具有丰富人生经验的年长者交往的机会,这也是一种发展资源的丧失。

考查困扰家长的教子问题,其中"孩子缺少同伴"的选项,如图5-2-10所示,城市家长的选择比例明显高于县城家长的比例;而学生也表现出对交往同伴的渴求,当问及"你是否愿意去同学家住几天,或请同学来家住",如图5-2-11所示,仅有29.43%的学生表示不愿意,而表示"有过这种经历""我愿意,父母也支持""我愿意,家长肯定不同意"的学生选择比例分别为13.16%、27.03%和30.38%,后三项数据合并,可见有七成学生非常渴望与同龄人交往。

---

① 李松涛,潘圆.囚徒困境下,教育消费何去何从[N].中国青年报,2012-03-16.

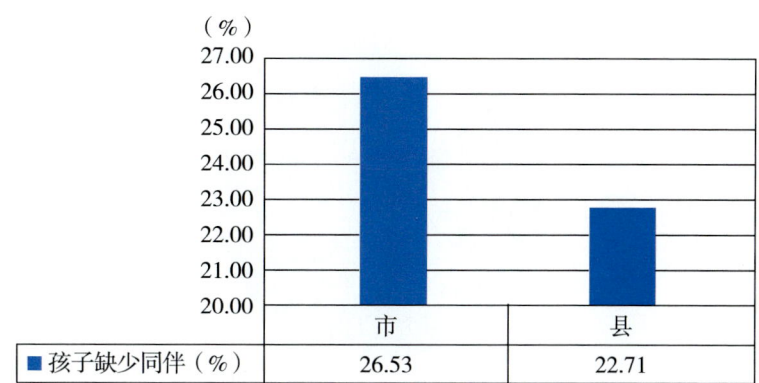

图 5-2-10　家长担忧"孩子缺少同伴"的市和县比较

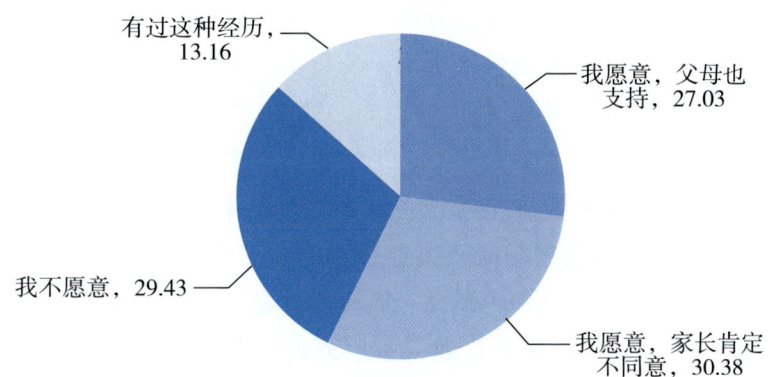

图 5-2-11　学生"去同学家住"的意愿（%）

考查学生放学后参加户外活动的时间，如图 5-2-12 所示，40.03%的学生放学后"几乎没有（户外活动）"，25.88%的学生会参加"半小时以内"的活动，两项数据合并，可见有超六成的学生平时很少参加户外活动或者时间很短；有 20.92%的学生户外活动时间在"半小时到 1 小时"，13.18%的学生户外活动时间为"1 小时以上"，两项数据合并可见，仅有三成学生平时会参与一定时间的户外活动。

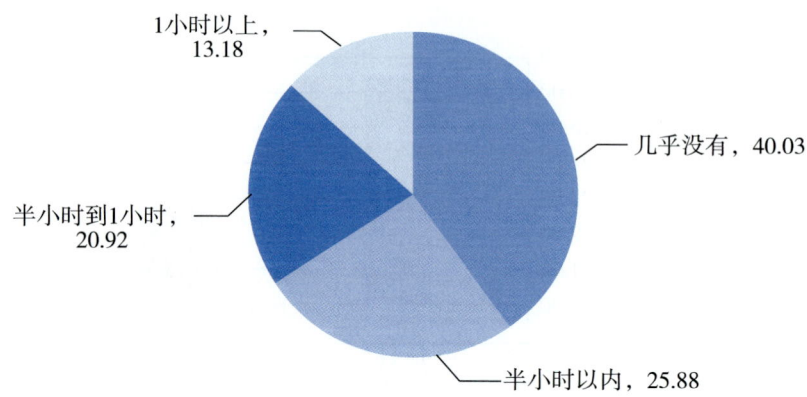

图 5-2-12　学生放学后参加户外活动的时间（%）

综合上述情况看，小学生一方面有与同伴交往的强烈意愿，但独生子女政策的普及和城市居住条件的限制，使得小学生在课余时间与同龄人交往的机会减少，因而也引起家长的担心。加之，城市人口密度高度集中，流动人口众多，社会关系复杂多变，小学生从小接受的就是"不要和陌生人说话"的教育，对陌生人心存戒备，这些都会减少学生与家人之外的人进行沟通、互动的机会。同时，大部分小学生日常的户外活动时间也较短，多在半小时以内，甚至不参加。另有调查显示，儿童课余时间中，睡眠占 8.84 小时，写作业用了 1.88 小时，看电视、玩电脑等用去 0.8 小时，参加课外辅导班占 0.95 小时。[①] 由此看出，小学生的活动方式呈现出静态化特点，他们也在逐渐习惯以学习为主、以室内静态活动为主的生活方式。

大众传媒的迅猛发展使得电视、网络等不仅占据了学生一定的课余时间，也在悄悄侵占家长的休闲时间。本研究调查家长在家休息时常做的事情，如图 5-2-13 所示，有 45.63% 的家长会"看电视、玩电脑或手机"，在所有选项中比例最高，这表明随着信息技术的发展，电子类产品已然成为人们业余生活中的"主角"，但家长的这种休息方式多为娱乐活动，这一方面减少了亲子互动的时间，另一方面也会增加子女参与此类娱乐活动

---

① 王蔚. 全国五城市小学生课余生活调查报告今发布［N］. 新民晚报，2012-05-18.

的机会，对其成长并未产生积极影响。还有 26.84% 的家长会"读书看报"，阅读可谓是一种文化性活动，家长的以身作则会让子女增强对阅读的兴趣，同时身教的效果优于说教，因此，这类活动更能对子女产生积极的影响，遗憾的是此比例不足三成。

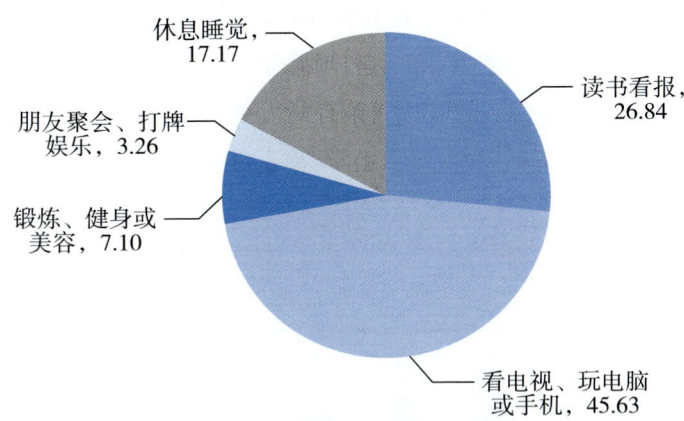

图 5-2-13　家长在家常做的休闲活动（%）

家庭生活方式、家庭关系是构成家庭文化氛围的主要成分，家长的生活方式和日常的休闲行为在不同层面浸润在子女的生活点滴中，可谓一种无声的教育。现实生活中我们不难看到，父母积极向上、崇尚科学、热爱学习、爱好广泛对子女是一种潜移默化的影响，在这样的家庭文化氛围中受熏陶的子女也会养成积极的情趣；而在父母生活态度消极、懒散懈怠的家庭，子女往往也缺少生活的正能量。因此，家长休闲方式的"电子化"虽然逐渐成为普遍现象，但并不值得提倡。

（五）学生压力"普遍化"，家长困扰"多元化"

工业化、城市化进程的加快，竞争的压力无形增加，造成当前就业形势日益严峻，加之独生子女家庭的增多，中国家长传统的"望子成龙""望女成凤"的心理由此被进一步强化。家长一方面在用自己全部生活经验去影响教育子女，一方面着手培养子女的进取心和能力发展，同时又对其倾注着莫大的期望，殊不知，这些已经悄悄地给子女带来较大压力。

考查学生平时最担心的事，也再次证明了这一点，如图 5-2-14 所示，排在第一位的就是"学习成绩不好"。显然，学习压力成为当前小学生的烦恼之首，适度的学习压力是激励学生学习的重要因素，它使学生在不断调整自己学习投入的过程中，来改变学习方法和提高学习成绩。但学习压力过大而产生的种种问题则成为学生学习心理的障碍，影响学习成绩的提高；其次是"达不到父母的要求"。可见除学习外，小学生还普遍承担着来自家长各种要求的压力。也正因为有学习上的重担，很多学生缺少自由的空间，进而还会为"不能做自己喜欢的事"担心。

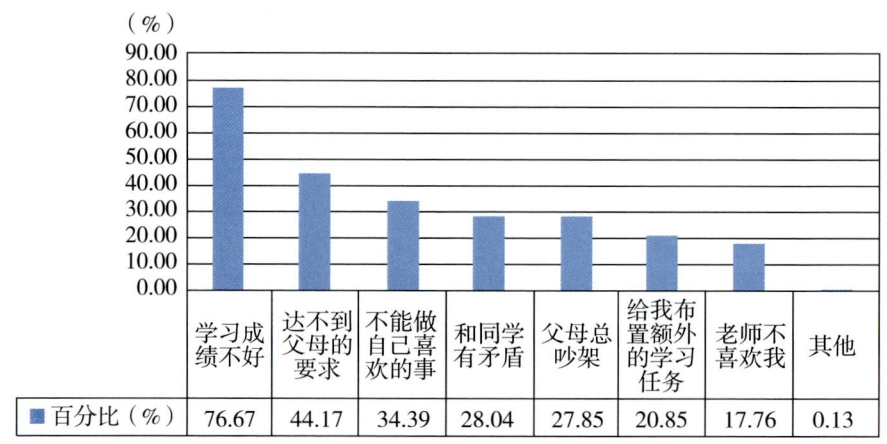

图 5-2-14　学生平时最担心的事

此外，问及"关于你的话题，父母聊得最多的是"，如图 5-2-15 所示，49.96% 的学生选择"我的学习"，9.23% 的学生选择"学校的事"，两者数据合并显示，在超五成的家庭中，家长与子女经常聊学习类或学校类话题，这势必又形成一种家庭环境中的言语刺激，无形中造成关于学习的紧张氛围，也让子女感到又一重压力。

随着社会竞争的加剧，就业形势的严峻，"不让孩子输在起跑线上"成了独生时代的家长默认的口号，因为很多家庭感觉"输不起"，这种担忧越大，对子女教育倾注的心血就越多，所面临的教育困扰也就越多。

问及家长"目前最困扰您的教子问题是什么"，如图 5-2-16 所示，选择"基本没有问题"的比例仅占 8.63%，在各问题的排序中处于末位。对剩下的选项进行分类发现，家长困扰的问题包括方方面面：从子女的成长出发，包括如"孩子的健康安全"，也包括相关发展性问题，如"孩子缺少同伴""孩子的学习""为升学担忧"；从家长自身的角度出发，包括家长自身的内在原因如"自身缺乏教子知识和方法""工作太忙，没时间管孩子"，也包括外部原因如"家人间的教育观念不一致""教育花费过大""遇到教子困惑不知向谁求助"等。

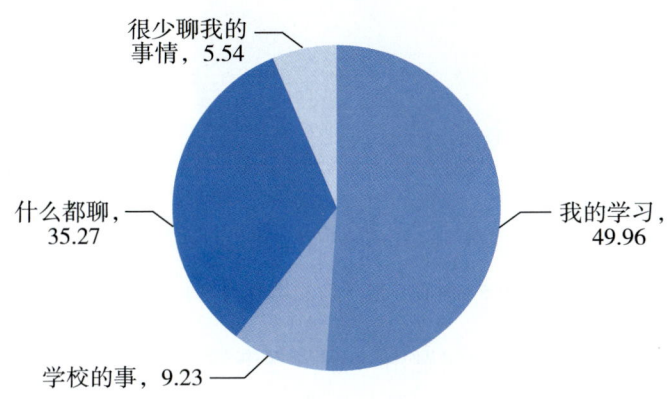

图 5-2-15　亲子间常聊的话题（%）

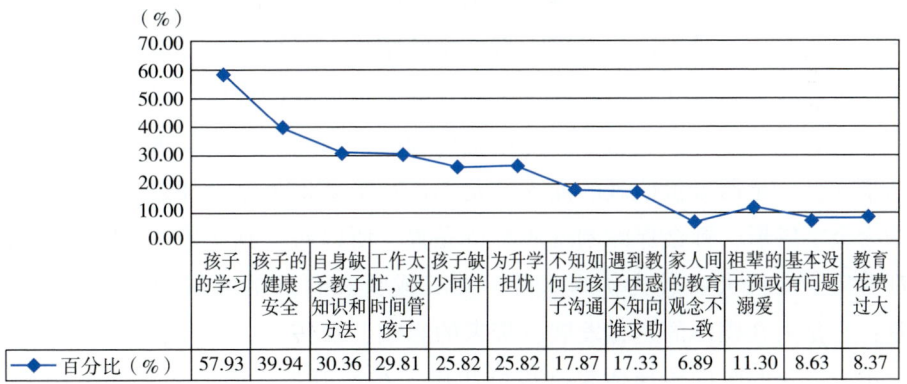

图 5-2-16　目前最困扰家长的教子问题

从亲子沟通来看，如图 5-2-17 所示，感到"没有沟通困难"的家长仅占 44.71%，余下近六成的家长在此方面有着不同的困扰，其中 8.78% 的家长苦于"没有时间沟通"，28.51% 的家长"找不到好的沟通方法"，5.75% 的家长与子女"找不到共同感兴趣的话题"，还有 12.25% 的家长因

"孩子不愿对我说出心里话"而困扰。此外，在教子困惑的调查中，有17.87%家长将"不知如何与孩子沟通"排在前三位。这表明，亲子沟通也成为困扰家长的主要问题之一。

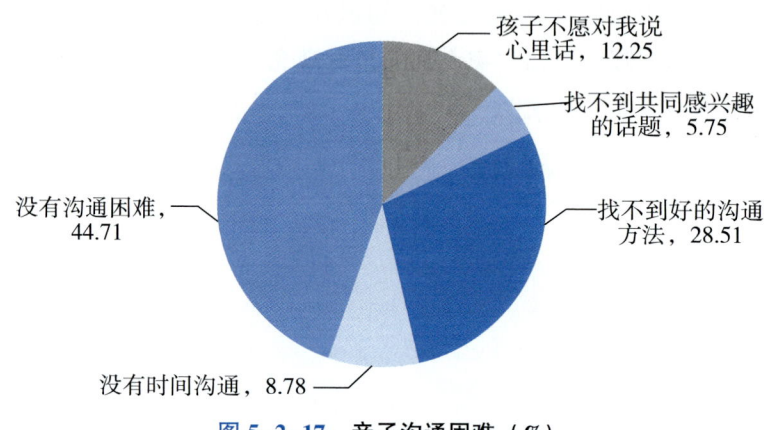

图 5-2-17　亲子沟通困难（%）

综上可见，家庭教育的问题由"点"逐渐演变为"面"。家长的困扰不仅是子女本身，还包括家人间及与工作的冲突等方面，呈现"多元化"的特点，增加了子女教育的难度，也给家庭教育带来新的挑战。究其根源有以下几点：一是城市化推进中带来生活结构、思想观念的变化，由此带来的家庭教育诸多问题是此前少有的，缺乏可借鉴的经验，这都需要家长面对问题随机应变，但这种变化也是被动的，因此无形中加大了家庭教育的难度；二是西方价值观的涌入，尤其是竞争意识加剧，加之当前社会结构为金字塔形，社会保障制度还有待完善，所以对于独生家庭来说，父母都希望子女长大后成为优秀人才，对其成长和日后的发展担忧也再次加重；三是大众媒体的迅猛发展所带来的影响，在传统社会中，社会变动幅度小，文化的纵向传递使家庭成员几代人在价值观方面的差异并不显著，父母在孩子心目中的地位坚不可摧。但大众传媒对人们价值观念的导向作用和对行为活动的暗示作用不仅导致了家庭成员间价值观的差异，还加深了代际间的鸿沟。此外，子女获取知识和信息的途径更加多元，不再依赖父母或其他长辈，甚至对于某些新知识，家长还需向子女学习，因此，家长的权威地位也逐渐弱化，面临的教育问题就会越来越多。

第五章 热点与讨论

三、家庭教育与学校教育的"错位"

站在新世纪的起点上,面向未来的知识经济时代,面向学习化和信息化社会,人类面临着有史以来最为多变和最难以把握的现实环境。现代生活要求高素质的人才以适应未来社会发展的需要,而高素质人才的培养是由诸多因素决定的,其中,起基础性、主导性作用的仍然是家庭教育与学校教育。让人欣慰的是,本次调查中有七成家长明确赞同"家庭教育比学校教育更重要",说明家长们普遍都肯定了家庭教育的重要性。"一个好家庭,胜过一所好学校;一位好家长,胜过一位好教师"已经成为人们的共识。但是,家长们"知行合一"了吗?调查中更多数据表明:现今小学生家庭教育的错位、缺位、不到位问题较为突出,给家庭教育、小学教育,甚至给少年儿童的健康成长带来了发展性阻碍。因此,改变小学生家庭教育和学校教育的错位现象成为当务之急,也是促进小学生健康成长的当务之急。

(一)"错位"的表现

家庭教育、学校教育是教育系统中相互联系又各自独立的两个重要组成部分。家庭是私人领域,学校是公共机构,这就决定了它们是青少年成长的两种截然不同的影响环境。前者是自发性的较为自然的环境,后者是有计划地建构的社会化程度较高的环境;前者应以家庭伦理、德性教育为价值取向,后者应以知识传授为其价值取向。考查今天的家庭教育,家长的知识本位观已取代了伦理本位观而成为现代家庭教育的主流意识。概括而言,主要反映出两个"错位"。

1. 目标及责任的错位

家庭教育责任,其核心与实质是教育孩子如何"做人";而学校教育责任,其核心与实质是传授科学文化知识。我国《宪法》第十章第二条明确规定"父母或其他监护人应当以健康的思想、品行和适当的方法教育未成年人,引导未成年人进行有益身心健康的活动",依此,父母作为法定的家庭教育责任人，在子女未成年阶段没有任何理由和权力将这一责任转嫁或推卸给他人。而学校教育责任的根本就是履行教育教学活动方面的内容，而对个体"做人做事"的培养是其教学活动的衍生物，是派生责任，这一点是与家庭教育的根本性区别。

(1) 家长以"学习"为家庭教育的重心

在本次调查中，当问及"您最关心孩子的哪些方面"时，排序从高到低依次分别是"健康安全"（65.95%）、"习惯养成"（55.47%）、"日常学习"（53.58%）、"人际交往"（37.89%）、"自理能力"（33.75%）、"性格养成"（28.09%）、"兴趣爱好"（19.47%）、"情绪情感"（11.93%）。可以看出，虽然家长对培养孩子自理能力已经开始重视了，但是对于培养孩子"做人做事"的其他内容，对学业成绩有间接提升作用的家庭中的一些隐性学业支持因素还是出现在排序的后几位，看来"学习"在家长心目中的重要性还是无可匹敌。而且，考查不同年级家长对"学习"的关注度，发现家长对小学生学习的关注度从一年级到六年级始终如一，丝毫没有放松。而对"性格养成"和"习惯养成""情绪情感"的关注都随年级的递增而减弱。实际上，家庭教育的目标应注重儿童的可持续发展，也就是更加注重受教育者的长远发展规划，但是现在家庭教育的现状却是把目标定在"学业成绩"目标，甚至定在一次次的"起跑线"上。这种急功近利的追逐，使家庭教育与其应有之义渐行渐远。

(2) 家长将教育责任"转移"也成为一种新的现象

在访谈中我们发现，有些家长将子女送入寄宿制学校；将孩子寄居于教师家中，请教师代为管教等。这类责任转移现象在城市富裕家庭中较为普遍，因为这类家庭有优越的经济条件，能够承担起孩子读寄宿制学校和寄宿于教师家中的高额费用；或因自己文化程度低而担心自己承担不了教育孩子的责任；或因工作和事业繁忙而无暇顾及孩子。于是将孩子送进寄宿制学校和将孩子寄居教师家中成为城市富裕家庭父母转移家庭教育责任的首要选择。但实际上，父母的亲情呵护、父母角色和教师角色都是不可替代的。除此，还有一部分小学生被转移给祖辈养育，"隔代教育"是其最主要的表现形式，这类责任转移在农村家庭中略多。中国老龄科研中心的一份调查表明[①]：在城乡被访的 20083 位老年人中，现在照看孙辈的占 66.47%，女性老年人城乡分别高达 71.95% 和 73.45%。我们虽然不能否认祖辈教育在家庭教育中的特有优势与作用，但需要引起注意的是，由于全部或部分将家庭教育责任转移给祖辈所造成的父母"缺位"会给孩子身心发展造成不利影响。

2. 具体教育行为的错位

家庭教育"学校化"与学校教育"家庭化"反映了当前家庭教育领域出现的一种教育功能错位现象。

（1）家庭教育"学校化"

家庭教育"学校化"，表现为学校教育行为的延伸和扩张。访谈中，一位江西的家长无奈又抱怨地告诉我们："几乎每天都会接到老师的短信、QQ 留言或者微信，提醒家长完成改、默、判、背、预习、复习等各项辅导工作，家长业余时间完全被占据了……"其实，这并非家长中的个别反映。数据分析中也发现类似情况，小学生完成了每天学校布置的作业外，仅有不到两成的小学生没有额外作业，有 37.80% 的小学生还有"半个小时以内"的额外作业，28.72% 的有"半小时到 1 小时"的作业，更有 11.72% 的有"1 到 2 个小时"的作业，3.96% 的有"2 个小时以上"的作业，如此看来，有八成多小学生每天都有额外作业。经过访谈得知，额外作业一部分来源于家长自己加的，一部分是参加各种兴趣班老师留的。有 93.97% 的家长都给孩子买过学习资料，此部分资料也占据了部分小学生应有的课余时光；而且，80.34% 的小学生上过"学前班"，86.37% 的小学生在上兴趣班，都不同程度地表现出家长家庭教育的转移或者缺位现象严重。

如此看来，高考的指挥棒早就波及了小学教育，学校为了追求升学率，将家长和家庭也纳入到升学的轨道，错误地认为这就是"家校共育，家校合作"，要求家长对子女的智能培养与学校保持同步，这点在小学低

[①] 邹强. 中国当代教育变迁研究 [D]. 武汉：华中师范大学，2008：135.

年级阶段表现得更为突出。如此将家庭沦为学校教育的附庸，家长成为老师的"助教""秘书"，家长在不知觉的情况下被动且直接地介入了小学生学习的教学和辅导任务。结果令人担忧，大量的介入占用了家长太多的时间和精力，本来应该有的亲子沟通、游戏玩耍、情绪情感的互动等都靠边站了，于是，家庭成了学校！

（2）学校教育"家庭化"

学校教育家庭化，表现为家庭对学校教育的过度依赖，即认为家长只负责养，而将"养不教，父之过"的原始责任推卸给学校。在访谈中，文化水平相对较低的部分家长流露出"让孩子吃饱穿暖，没病没灾就行了"，别的事情自己也没有时间精力做，更重要的是自己也做不来、做不好，孩子也不会听自己的。"老师说的管用，让老师多说说……"将家庭教育的责任推卸给学校和教师。调查中当问及"教育孩子遇到困惑时，您第一时间会求助谁"，有33.61%的家长表示会向老师"求助"，使得本来教学任务就繁重的老师又成为家庭教育的指导者甚至替代者。在此种观念和行为影响下，更有甚者，一旦孩子有了问题，家长不从自己身上寻找原因，而一味地责备老师和学校，给学校的正常教学任务带来了更大的压力，导致师生矛盾和家校矛盾凸显。在学校中流传着这样一句话："教师难当、学生难教、学校难办。"不可否认的是，造成此结果的根本原因是家庭教育的缺位或不到位。

（二）"错位"的结果

家庭教育的错位使得家庭教育"被学业化"，导致家庭压力增大，家长自嘲为"孩奴"；过度学业任务导致小学生本来应该在课余时间进行的阅读、户外活动时间不足。由此带来的是更多的学业任务给小学生加大了心理压力和困扰。

1. 家庭经济压力大大增加，频生"孩奴"

上海社科院徐安琪在2005年发表的《孩子的经济成本》中曾经推算，家庭为一个0—30岁未婚子女的生养、教育甚至结婚、工作成本，平均支出将达49万元。时至今日，这一支出更是水涨船高。本次调查涉及三省一市（江西省、黑龙江省、山东省和北京市），发放了四万多份调查问卷，有近三成的小学生家长表示家庭教育消费支出负担过重，逾五成小学生家庭仅"刚好能承受"教育支出压力。访谈中进一步发现，仅有不到一成的家庭在教育消费方面有详细计划，五成的家庭没有详细计划，或者根本没有任何计划，七成的家庭没有为孩子留有教育储备基金或只规划了一个大概金额。由此看来，家长给小学生的消费支出非理性投资是必然结果。武汉大学也曾发布过武汉市居民家庭教育开支调查报告，报告显示：教育开支已占到被调查家庭可支配收入的1/3左右，超过40%的家庭感到教育开支负担沉重。与我们本次的调查结果不谋而合。在对家长的访谈中发现，由于教育开支过大，家长对孩子期望值很高，约有95%的家长觉得自己对孩子的付出不能得到合理的回报，常常处于烦恼和焦虑之中。如此看来，过度的教育消费支出投入，其产生的"挤占效应"不仅是有限家庭资源的浪费，更会产生一系列的连锁反应，无形中加大了家长和孩子的心理负担。

2. 家长过度关注学业，成为小学生"压力源"

2010年5月13日，《中国青年报》发表的有关天津市妇联和家庭教育研究会对1000多位家长进行的问卷调查显示，78.90%的家长不同意"孩子学习课本知识是学校的事，家长没必要管得太具体"的说法；59.80%的家长认为"辅导孩子学习是家长的本分"；41.40%的家长认为"学习好是孩子成长中最重要的"。在我们本次的调查中，当问及"你最关心孩子的哪些方面"，"日常学习"被家长排在第三位，前两位分别为健康安全和习惯养成；而孩子"最担心的事"前三位分别是"学习成绩不好"占76.67%，"达不到父母的要求"为44.17%和"不能做自己喜欢的事"为34.39%，而前两项之差高达32.5%。除此，还有20.95%的孩子担心"（家长）给我布置额外的作业"。而在问到小学生"你觉得学习累吗"，仅有四成明确答复"不累"。在这里可能会有两种推测：第一，即使家长没有把孩子的学习成绩排在最关心问题之首，但也并没有让孩子感觉小学学习的轻松、愉快；第二，结合天津的调查，家长显然有点"口是心非"，虽然心里觉得有比学习更重要的事，但是在现实生活中却并没有放松对学习的要求。

除了"学习"这个直接的话题外，小学生的课余生活现状应该更加能反映其学习压力的情况。教育部于 2000 年 1 月 3 日正式下达了《关于在小学减轻学生过重负担的紧急通知》，规定小学生 1—2 年级不再布置家庭书面作业，其他年级家庭书面作业不超过 1 小时。按教育部门规定粗略计算一下，小学生每天在校时间、睡眠时间、各种假期和寒暑假，小学生全年不上课的日子应有大约 149 天。但本次调查发现，小学生的课外阅读和户外活动情况让人堪忧。每天课外阅读时间在 1 个小时以上的小学生比例仅为 14.44%；每天放学后"几乎没有（课外活动时间）"的小学生比例高达 40.03%，而活动时间仅在"半小时以内的"为 25.88%，此两项之和高达六成半。一方面，政府"减负"的目的非常明确，就是要将小学生从过重的学业负担中解放出来；而另一方面，小学生课余时间的增加并不必然带来本该在家庭中完成的课外阅读与户外活动时间的增加。我们不禁要问："时间都去哪了？"调查中有 86.37% 的小学生都在参加各种"兴趣班"，仅有 18.50% 的小学生每天"几乎没有"额外的作业。如此看来，时间的问题就非常好解答了。调查中仅有 13.02% 的家长认为孩子的学习"不累"，家长也与孩子有同感。

综上所述，广大家长对教育参与的积极性高涨，但家庭教育存在着错位、越位与不到位的现象，其结果是：现在家庭的生活空间愈来愈大，但孩子发展空间却愈来愈小；家长对孩子的期望也愈来愈高，但孩子学习的动力却愈来愈小。

家庭教育与学校教育的错位现象绝非偶然，它与社会经济的发展，家长教育观念偏差密切相关。不仅使家庭教育承担了许多本不应该承担的责任，同时也使其应有的功能被遮蔽，从而导致家庭教育的畸形发展。在不少地方，一些家长成为应试教育的主要推手。教育政策减负，实际小学生的学业负担不但没减，反而被家长"加负"，时代的发展要求学生全面发展，家长则只关注孩子的分数，忽视心理健康、思想品德和非智力因素的重要性，可见，家长才是素质教育能否真正实施的重要一环。而造成此现象的根本还是家庭教育的错位！我们以为，在中国当前社会环境下，在高考指挥棒的效应下要完全杜绝家庭教育中错位、转移现象是不现实的事情,也是不可能的事情,但我们可以呼吁更多的父母认识到这一社会现象的危害性,让他们明白家庭教育不仅需要家长积极地参与,更需要家长理性、科学的"归位",为孩子真正创造一种适合"终身教育"和"可持续发展"的环境。

四、"父性教育"趋向弱化

追溯中国的家庭教育史,我们可以了解到,其实对于有着优秀家庭教育传统的中国来说,有很多涉及父性教育的描述。古人用"天下无如父子亲"来描述父子关系的亲密程度,并对父亲的责任定义在一个"教"字,"父当以教为事",要求父亲教好孩子,使其行为规范化,合乎社会要求。[①]三字经中非常经典的一句"养不教,父之过"强调了父亲在教育子女方面担当的责任。而南北朝时期的我国古代家庭教育理论的奠基人颜之推,尤为重视"父教"。他的《颜氏家训》是我国流传下来的最早的家庭教育著作,以丰富的阅历和学识,摆出了教子论、学习论、修身论和治家论,在我国历史上第一次提出了较系统的家教理论,构筑了一个体现中华民族特色的较完整的家教理论体系,也形成了他较为系统的父教思想。

可是进入 20 世纪,由于受家庭分工观念、社会工作压力等诸多因素的影响,父亲更多负责工作和养家,大多数家庭都是由母亲担当教育子女的重任,父性教育逐渐在家庭中趋向弱化。因而有学者提出了"父性教育缺失"一词,它是相对于父性教育含义而得来的概念。从狭义上讲,父性教育是指在家庭教育中,父亲主动承担、实施或提供具有父性角色特征的家庭教育活动,相对于母性教育活动来说,其教育活动具有阳刚、果断、强健有力、理性、不拘小节等特点。所谓"父性教育缺失"一般是指在家庭教育中,父亲在认识或行动上没有重视、给予孩子很少父爱或自动放弃教育孩子权利的行为。

---

① 沈玲玲. 家庭之父性教育探究 [D]. 重庆:重庆师范大学,2011:27.

（一）父亲在承担子女教育责任方面居次要地位

众所周知，中国传统的家庭教育模式为"严父慈母"型，父亲是家庭教育的绝对权威，而母亲只是配角。但是改革开放以来，随着社会转型和经济快速发展，竞争越来越激烈，家庭教育中父母的角色与地位也发生了巨大变化，母亲在家庭教育中的地位越来越重要，而父亲的作用则渐趋弱化。

调查显示，在小学生家庭中仅有32.67%的家庭是由夫妻共同承担教育孩子的责任，而主要由母亲承担教育责任的家庭高达51.98%，由父亲主要承担教育责任的仅占10.57%，这一结果直接揭示了父亲对子女教育的投入不足。在家庭教育方面，家长的自我评价和配偶评价也在一定程度上反映出父亲或母亲在子女的教育问题上所承担的责任，以及由此衍生的家庭角色地位。从家长的自我评价来看，认为自己做得"很好"的母亲比例（20.93%）要高于父亲（17.15%）；从对配偶的评价来看，认为配偶"非常合格"的父亲比例（34.97%）则高于母亲（23.46%）。可见，父亲在承担子女的教育责任方面居次要地位，因而在家庭教育满意度调查中处于劣势，即父亲对自我的评价和配偶评价都不及母亲，说明不论是父亲还是母亲，对于父亲在家庭教育中的角色承担都有着更高的期待。从母亲的角度来说，父亲更多地分担子女教育，能为妻子减轻压力，有利于夫妻之间的和谐；从子女角度来讲，则能感受不同于母爱的父爱。

可以说，父母同时且平等地介入对子女的教育，是最理想的家庭教育模式。比如父亲果敢粗犷的性格品质可与母亲的温柔细腻互补，父亲的理性可与母亲的感性形成互补，父亲的偏重游戏与母亲的偏重照顾形成互补等。总之，在家庭教育中，父亲和母亲既有各自独特的作用和优势，又共同发挥着家庭教育的合力作用。

（二）父亲在亲子沟通方面"量"与"质"都不及母亲

调查中问及最困扰家长的教子问题，选择"工作太忙，没时间管孩子"的父亲占35.56%，高出母亲约8个百分点。可见，相处时间不足的确是制约父亲与子女沟通的一个重要因素。许多国内外相关的报告也不同程度地表明,父亲与儿童相处的时间实在很有限。因而在问及家长与孩子沟通最大的困难时,父亲选择"没有沟通困难"的比例要低于母亲,其中,父亲比例为38.65%,母亲比例为47.45%,同时,选择"孩子不愿对我说心里话"的父亲(15.32%)高于母亲(9.97%)。而在另一道题目中,问及学生"分享心中的小秘密时"首先会找爸爸还是妈妈,64.80%的学生选择找妈妈,仅有23.90%的学生选择找爸爸。这表明子女和父亲的关系相对较为疏远,这也是父亲在子女心目中地位低的一个重要表现。

父亲在亲子沟通方面除了"量"受限外,亲子沟通的"质"也不容乐观。问卷中,我们列举出了关于孩子的8个问题请家长回答,如图5-4-1所示,父亲在所有问题的应答率上均低于母亲,可见父亲对子女的了解远不及母亲深入和全面。

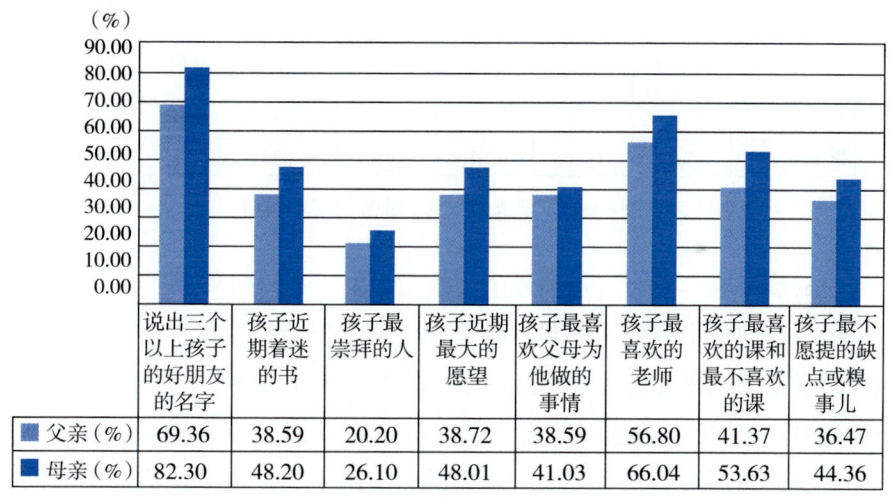

图 5-4-1　父亲/母亲对子女的了解情况

与之形成鲜明对比的是,子女在日常生活中对母亲的了解要多于父亲,并且对母亲的依赖度也高于父亲。我们同样列举了7个关于家长的问题请学生作答,如图5-4-2所示,学生在其中5项上对母亲了解的应答率都要高于父亲,仅在"最喜欢看的电视节目"和"兴趣爱好"两项上对父亲了解的应答率略高于母亲,分析这两个选项,有一个非常明显的共性就是,"兴趣爱好"和"最喜欢看的电视节目"在日常生活中属于非常显性的一个特征,即不用家长刻意告知,学生便能在生活中自己直观观察到。这一方面说明学生对于父亲的了解,可能更多是通过自己观察而非其他途径获得的,这与前面提到的沟通时间少不无关系;另一方面,这也从一个侧面反映出,父亲在自己工作之余,可能用于休闲娱乐的时间要多于母亲,因而导致用于亲子沟通的时间就少了。

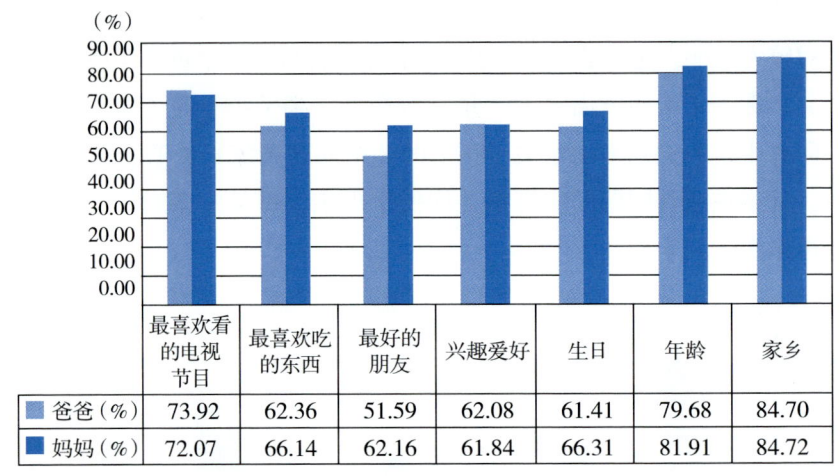

图 5-4-2　子女对父亲/母亲的了解情况

进一步考查学生对父亲和母亲的依恋程度,我们列举了10个常见的生活情境,询问学生遇到这些问题时首先会找谁,结果发现,学生首先选择向母亲求助的概率要远大于父亲。学生仅在"尝试新事物时"和"在学校被欺负时",会更多地选择求助于父亲,而在其他8种情形下,选择首先求助母亲的比例均远高于父亲。这更说明了由于父亲与子女沟通的时间较少,因而缺乏深入的相互了解,从而导致子女对父亲的依恋和信赖程度不及母亲。

毋庸置疑,在所有家庭成员中,母亲是子女出生后第一个最亲近的人。由于儿童对母亲的天然依恋感,母亲与子女相处的时间最多,子女自然更易接受母亲的教诲,也更愿意依恋母亲。然而,随着小学生年级增高且逐渐进入青春期,母性教育往往对子女有了某种束缚,因为母亲对子女的爱有时过于细致刻板,不注意变化。与此相反,父性教育的总体特点是：偏向宽松，抓大放小，该放手就放手，这也非常符合孩子青春期成长的特点。因此，在子女青春期的家庭教育中尤其需要强化父性教育。总体来说，母亲偏向温柔，父亲则较为阳刚，两者只有结合起来，才能在家庭教育中达到平衡。

（三）传统观念和自我角色期待的束缚，不利于父亲角色的完整塑造

传统观念中普遍认为，在子女的教育中，父亲和母亲的角色作用各有不同：母亲大多关注孩子的身心健康和生活状况，主要体现在对子女生活上的精心照料和心理上的温柔呵护；而父亲的主要责任是在外打拼，事业上有所成就进而养家糊口，因而父亲的形象常表现为对家庭的高度责任感和自身的理智、气质、沉稳、自信等优良品质，他们通过自身的这种社会形象来影响子女的社会认知并帮助子女适应社会。也正是基于传统观念对于男性的角色期待，父亲对于自身的角色期待在潜意识中比母亲有着更高的要求，除了要承担养家的重任，他们大多表现出坚强、勇敢、独立，对家人报喜不报忧，有的父亲甚至为了保持权威，刻意与子女保持一定距离。

在我们此次调查中，问及家长"您生病时往往会"这样的问题时，相较于母亲，父亲更倾向于"硬挺着，不愿影响孩子"（14.32%）和"自己休息，叮嘱孩子做好自己的事"（40.95%），而母亲则更倾向于"告诉孩子自己病了，让他帮些小忙"（34.35%），此外，母亲（28.26%）比父亲（19.56%）更能感受到"孩子会主动帮助和照顾我"。这与男性对自我的角色期待不无关系，他们善于把自己"伪装"起来，看似是为了减轻家人的烦恼和负担，实则减少了与家人间的亲密互动，甚至给家人造成一种假象："他"并不需要我们的关心。同样地，在心情不好时，认为"说了更闹心，不如不说"的父亲比母亲也高出4个百分点，认为"家人不会注意到"和"说了他们也不能理解"的父亲比例反而低于母亲，这从侧面反映出男性的一个普遍特征，即男性遇到问题时，多愿意独自解决问题，不愿把负面情绪带到家中，更不愿向家人倾诉，因而对于家人的关注需求低于女性，这也无形中导致了与家人的沟通减少，因而子女对其关心和理解也

要少于母亲。这在前面的一个结论中也有所展现,即父亲与子女的亲子沟通不及母亲,除了陪伴时间的因素外,男性自身的性格特质也是造成子女与父亲之间有距离的关键。

父亲与子女的互动内容也体现着其对自身角色的定位,调查"爸爸经常和孩子一起做的事情有哪些","打闹玩耍"(52.75%)、"一起玩智力游戏"(48.34%)和"一起运动"(39.73%)是选择频率最高的三项,不难看出,父亲更多的是充当子女的玩伴角色,这在以往的研究中也有提及。实验证明,儿童从母亲那里,更多地学习到语言、生活常识、物品用途和艺术形式等,但是从父亲那里,却可以学到更加丰富、宽泛的知识,更全面地认识社会和大自然,并通过实践探索,培养儿童的操作能力和探索精神,丰富儿童的想象力和创造意识。父亲是儿童重要的游戏伙伴,父亲参与儿童游戏,有助于扩大儿童的社会交往范围,丰富儿童的社会活动内容,满足儿童社会交往的各种需要。父亲在进行父性教育时,更多地以平行和平等的方式进行,父亲给予儿童更多的鼓励,而比较少的给予自上而下的直接教导,给儿童更多的掌握交往的机会,这样有助于儿童拓宽自己的知识面,学会更多的社会交往技能,同时也帮助儿童注意识别并正确理解他人的情感,做出合适的行为反应[①]。

除此之外,"一起修理东西"(20.28%)和"讨论军事、科技、政治、历史等话题"(13.52%)等更能凸显男性优势与特征的事情,父亲选择的比例反而相对较低,这或许与学生的年龄有关,同时也可能是由于父亲认为充当玩伴是自己更为重要的角色。而"一起哄妈妈开心"(20.74%)和"共同保守一个秘密"(10.99%)这类偏重情感的事情,父亲也并不常做。对比父亲与男孩和女孩分别常做哪些事情,如图5-4-3所示,相比而言,父亲和女孩更常做"一起哄妈妈开心""共同保守一个秘密""一起尝试新鲜事物""一起聊天、谈心"和"打闹玩耍"等轻松有趣、注重情感沟通的事情,而与男孩更多进行"一起修理东西""一起玩智力游戏""一起运动""讨论军事、科技、政治、历史等话题"诸如此类偏重操作性和

---

① 沈玲玲.家庭之父性教育探究[D].重庆:重庆师范大学,2011:42.

智性的活动，说明父亲在养育儿子或女儿的过程中，的确会扮演不同的角色。国内外的许多相关研究也曾指出，父亲角色的成功与否，尤其对儿童的性别化发展有着巨大的影响。对男孩而言，父亲为其提供了一种男性的基本行为模式，男孩容易形成角色认同感和男性特征，变得坚强、具备独立性和自主性及目标的持久性，形成正确的男性化倾向；而对于女孩而言，父亲则既有榜样作用，又有"参照"作用。女孩将来对男人的认识，在很大程度上是以父亲的形象作为基准，一个父亲是否具备"合格"的男人形象，对女儿将来与异性交往的能力，影响都十分重大。① 因此，不论父亲养育男孩女孩的行为模式是有意识还是无意识，对于子女的性别角色发展都有十分重要的意义。

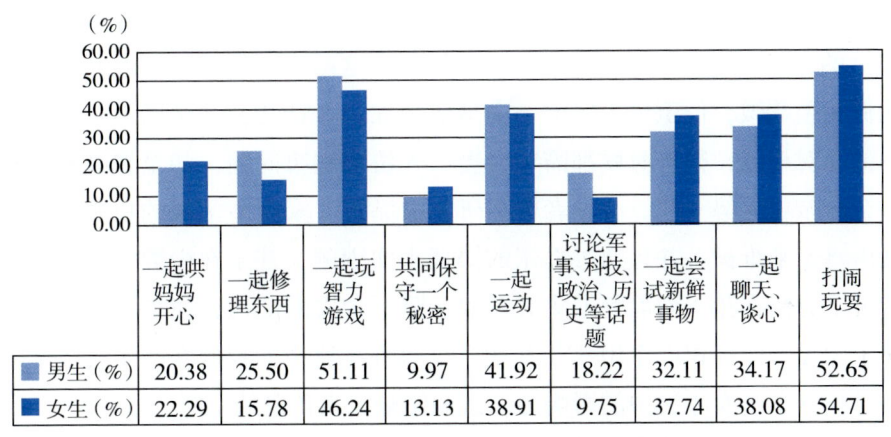

图 5-4-3 父亲常和子女一起做的事情

简言之，传统意义上父亲作为严肃且难以亲近的"家庭支柱"形象，已不再符合当代社会发展需要，尤其不利于塑造父亲丰满的角色。相比之下，母亲除了照顾子女和家庭，还越来越多地参与到社会工作中来，母亲角色形象的变化直接要求父亲除了"主外"，还应更多地参与儿童教养，父亲应脱下严肃的"外衣"，与子女一起玩耍和交谈，与家人多一些亲密互动，并与配偶发挥各自的优势，共同承担起教育子女的重任。

---

① 东子. 中国式父教 [M]. 长春：吉林人民出版社，2008：89.

(四) 父亲在家庭中的亲子影响力不及母亲

男性在家庭中的影响力,一方面是在夫妻关系中建立的,另一方面是在亲子互动中形成的。如果父亲在家庭中缺乏应有的地位,那么他自然也很难施展出父亲的力量,发挥父亲的作用。从调查结果来看,父亲在家庭中的影响力,尤其是对子女的影响力要低于母亲。

比如问及"您家里的重要事情通常是怎么决定的",62.82%的家庭是通过夫妻双方协商决定,30.38%的家庭会听取孩子的意见,总是由父亲或母亲说了算的分别只占很小的比例。当与配偶的教育方法不一致时,大多数父母都会选择"私下再协商",但父亲(7.19%)选择"向对方妥协"的比例要高于母亲(3.51%),同时母亲(16.99%)选择"坚持自己的做法"的比例又高于父亲(15.97%)。尽管在这两道题目中,父亲和母亲的比例相差甚微,但至少表明了一个事实:在当今社会,父亲已不再是家庭中的绝对权威,很多时候都需要夫妻二人协商解决问题,甚至在某些家庭中,母亲更强势一些。有学者曾在研究中提到"家庭中父亲的权威也常常是由母亲来维护,并且通过母亲的协调来实现的。甚至在少数家庭中,母亲说了算,在孩子面前贬损丈夫形象,降低丈夫的威信,使得父亲在教育孩子中无法发挥积极作用[1]"。可见,父亲在家庭中的权威在一定程度上也会影响其在子女心目中的影响力,进而影响父亲角色的发挥。

问及学生"在家里你最听谁的话",除了"谁的都听"(41.03%)和"谁对听谁的"(32.31%)以外,选择"主要听妈妈的话"(18.96%)远高于"主要听爸爸的话"(6.39%)的比例。可见母亲在子女心目中比父亲更具影响力,究其原因,一方面是由于传统的男性中心主义和现代开放、紧张的经济生活使许多父亲为了自己的工作和娱乐有意无意地与孩子拉开了距离,将更多的家庭责任抛给母亲,父亲太少关爱子女不仅缺失了与孩子相处时的天伦之乐,自然也降低了自己在教育子女问题上的权威性,对子女的影响力减弱;另一方面,由于女性的特殊性,母亲的影响包

---

[1] 胡海燕. 浅谈"父性教育"缺失的原因与对策 [J]. 基础教育:月刊, 2008 (8).

括了对子女的孕育、抚养等关键时期，因而母亲长期潜移默化的影响往往大于父亲。此外，母亲相较于父亲而言，感情更加细腻，与子女沟通较多，比父亲更加了解子女的生理和心理需要，并且更有耐心，这是由母亲自身的性别角色决定的。除此之外，女性受教育程度和社会地位的普遍提高，也使得母亲对子女的教育更具权威性，更易产生最佳的教育效果。

综上所述，我们发现，相较于母亲而言，父亲不论是在承担子女的教育责任方面，还是与家庭成员间的互动方面，都呈现出不同程度的角色失衡现象。这也由此影响到父亲在家庭成员中的权威性，一方面，配偶对父亲参与家庭教育的满意度不高；另一方面，父亲在子女心目中的影响力不及母亲。究其原因，除了传统观念的影响以及社会工作压力这些外部因素以外，从父亲自身的原因来看，在教育观念上，有相当一部分父亲并没有意识到自己在子女成长过程中的作用，因而他们想当然地认为：教育孩子是母亲的事，父亲的主要责任就是挣钱养家，他们通常把自己的任务定位在"外"上，即努力工作，养家糊口，保持与外界的各种关系。在教育能力上，相对母亲来讲，父亲获得教子经验的机会较少，这使得他们缺乏教育子女的经验和自信，心有余而力不足，这也间接导致很多父亲在处理子女的教育问题时，缺乏主观能动性，按照母亲说的去做，没有起到父教的作用，也没有强化父亲自身的男性品质，这对于父亲角色形象的完整塑造非常不利。

心理学研究发现，如果父亲不参与到子女的日常教育中，对他们未来成熟的人格构建将造成很大问题。在子女的成长过程中，父亲为其提供力量、支持和依靠，如果子女的教育完全由母亲"包办"，会使男孩女性化，也会使女孩的性格更加柔弱。此外，缺少父性教育的儿童还将面临情感孤独、缺乏安全感、自信心及责任心不足等诸多问题。对已有文献归纳整理，我们不难发现，父性教育对于子女成长的意义具体体现在：帮助子女确定自己的性别角色；促进其社会认知的发展，提高其交往能力，有利于他们的体格发展，有助于其健全人格的形成。除了这些直接的作用以外，父亲高度参与子女的教养活动，还能够通过支持母亲抚育子女从而创建和谐健康的家庭氛围，并间接地对儿童的发展产生积极的影响。

就目前的现实来说,要解决家庭中的父母角色失衡问题,最关键的一步就是要促进父亲的角色投入,进而改善其参与水平。促进父亲的角色投入必须同时从父亲自身以及家庭和社会这三个方面入手。

首先,从父亲自身入手。"内在"的努力因素最为重要,即父亲应先从自身更新观念,增强父性教育意识,提升父性教育能力,这也是目前最为现实易行的途径。

其次,家庭的支持因素也必不可少。从家庭来看,母亲的态度、家庭生活的和谐程度或者婚姻的满意度会影响父亲的角色投入或参与水平。相关的一些研究也证实了这一观点。例如,罗斯·帕克(Ross Parke)和艾斯利·拜特(Ashley Beitel)等人于1993年调查了300名初为父母者,其中父亲均参与育儿工作,结果发现母亲所持的态度与父亲的实际参与水平有关。母亲对父亲的育儿技能和参与活动感兴趣以及对父亲参与水平的评价等都对父亲的参与水平产生影响。因而,母亲作为一个家庭中家庭文化、心理氛围的主导者,应当更多地给予父亲鼓励和支持,而不是以挑剔或抱怨的态度来对待配偶,从而帮助其建立父亲权威,更好地发挥父亲的角色功能。

最后,从社会方面,父亲应从社会获得如母亲一样的养育孩子的机会和权利。比如以社区组织形式开展"父性教育"培训课,但是这一途径目前从实施上还有很大的困难,需要长期不懈的努力。

五、男孩教育

"男孩危机""男孩弱势"的话题一度引起理论界及整个社会的高度关注,虽然从已有研究的视角、内容、结果等方面来看,男孩危机的说法尚缺乏严密的论证,相关的理论研究也不足以得出"男孩危机"的结论,但本次调查中发现,小学男、女生情况的比较也的确显示出了男孩所面临的部分教育问题。

从性别差异来看:智力方面,女孩在青春发育前期,智力发展优于男孩；女孩言语表达、记忆能力较强，男孩的动手、动脑、组织能力较强；女孩趋于墨守成规，男孩创造意识较强；情感方面，女孩感情丰富、细腻，善于表达，男孩情感易冲动，变化大，不善表达；意志方面，女孩自觉性、自制性优于男孩，男孩易草率从事。基于上述特点，无论在学校教育还是家庭教育中，女孩都有更优秀的表现，相比之下，男孩的某些特点与现行教育方式有所偏差，不仅在多方面表现逊色于女孩，而且某些特长也得不到充分发挥。

此外，调查还发现，家庭教育对男、女性别的关注，常着眼于社会化性别角色的角度，如要求男孩勇敢、坚强，女孩温柔、文静，而往往不了解或忽视了由性别差异而带来的心理、情感、性格、行为等方面的不同，继而难以采取更有针对性的教育态度和方式。德国哲学家雅斯贝尔斯曾说："教育活动关注的是，人的潜力如何最大限度地调动起来并加以实现。"[①] 由上述情况可以看出，当前男孩在成长过程中，自身潜能发挥遭遇到束缚，可谓步入到一种被动的教育困境中。

此问题具体到家庭教育中，从教育者和教育方式来看，一方面，作为教育者的父母因角色的失衡对男孩成长带来负面影响；另一方面，正因为家长缺少对男孩自身心理、情感等特点的认识，因而在亲子沟通、教育方式等方面会采取不适宜的应对方式，由此使得男孩在家庭教育中面临一种困境。

（一）父亲角色缺位对男孩成长产生负面影响

家庭中的教育者应该是父母联合主体，因为父亲、母亲因性别、社会角色的不同而具有不同的品质和教育影响。因此，二者角色同等重要且不可替代，不可转移，而且任何一个角色的缺位都会给子女带来负面影响。心理学家格塞尔曾指出，失去父爱是人类情感发展的一种缺陷和不平衡。父亲的行为模式、在家庭里扮演的角色与功能、与子女的交往方式等方面，在儿童的性别角色认同、性别同一性的形成与性别角色社会化过程中

[①] 雅斯贝尔斯. 什么是教育 [M]. 邹进, 译. 北京：生活·读书·新知三联书店, 1991：96.

具有重要的作用。

本研究也对这一问题进行了考查,问及"您家谁主要负责教育孩子",如图5-5-1所示,51.98%的家庭中主要负责人为母亲,32.67%的家庭中主要负责人为父母两人,10.57%的家庭中主要负责人为父亲,另有4.09%的家庭中由祖父母或外祖父母作为子女教育的主要负责人,0.69%的家庭中主要负责人为保姆或其他人。这表明逾五成的家庭中子女教育成为母亲的"独角戏",三成家庭中能够做到父母共同负责子女教育,而父亲担起主要教育职责的家庭仅占一成,很明显地表现出父亲在家庭教育中缺位的现状。

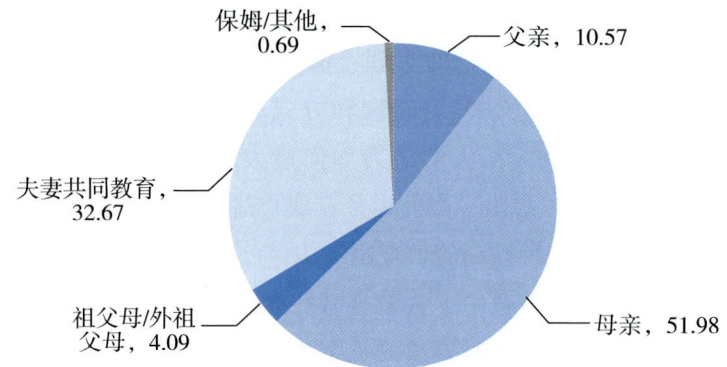

图5-5-1　负责教育子女的家庭成员(%)

对于男孩而言,父教缺失对其成长具有更大的负面影响。首先,从性别角色角度看,弗洛伊德认为男孩在发展过程中会有意识无意识地模仿父亲的角色和行为,从而形成具有鲜明性别特征的行为。社会学习理论则强调榜样的作用,认为父亲为子女提供了一种男性的榜样和行为模式。在父教缺位的情况下,母亲更多地承担着既是母亲又是父亲的角色,这就使得男孩对男性的性别认同弱化,"男孩女性化,过于阴柔,是父教缺位最直接的表现之一"[1]。其次,从行为风格角度看,我们的社会所推崇和需要的男性风格,比如宽容大度的胸怀、坚强果断的行事作风、对女性的尊重和体贴等,往往只有通过父亲和儿子的积极关系才能得以传承。儿子是在对

---

[1] 凌艺. 浅谈家庭教育中"父教缺位"的影响及其应对策略 [J]. 中国家庭教育, 2010 (4).

父亲的动作行为和男性风格的模仿中逐渐长大成为男人的。再次,从反社会行为角度看,对于父教缺失与男孩犯罪之间的关系,哈佛大学的心理学家威廉·波拉克解释说,在没有父亲的情况下,缺乏对孩子的纪律教育和监督,缺乏教育孩子怎样做男人的机会。父亲在帮助男孩控制自己的情感方面起着关键作用,如果没有父亲的指导和带领,男孩遭受的挫折常常导致各种暴力行为和其他各种反社会行为。

此外,如果家庭中父教缺失,那么承担主要教育责任的自然是母亲或祖辈,而作为女性的母亲常是打理家事的能手,因此在生活中面对男孩笨拙的行为时常忍不住代劳,而祖辈老人因隔代抚养则更会过分呵护,可见他们的教养方式很容易存在溺爱现象,具体表现为:过分满足,姑息迁就;包办代替,过分呵护。过度保护,剥夺独立锻炼的机会,这都不利于孩子,尤其是男孩的发展,因为男孩的天性更脆弱、更叛逆、更不愿被束缚,但社会又要求他们必须成为勇敢、刚强、独立、负责的男子汉,而溺爱正是这些品质形成的"天敌"。

本次调查也再次印证了这个问题,显示出无论在生活还是学习中,家长均有对男孩更加溺爱的倾向。从具体数据来看,在生活中,当孩子分内的事向大人求助时,如图5-5-2所示,男孩家长选择"有求必应"的比例高于女孩,而选择"要求孩子自己的事自己做"的比例低于女孩,说明家长对于男孩更易迁就,缺乏原则性。

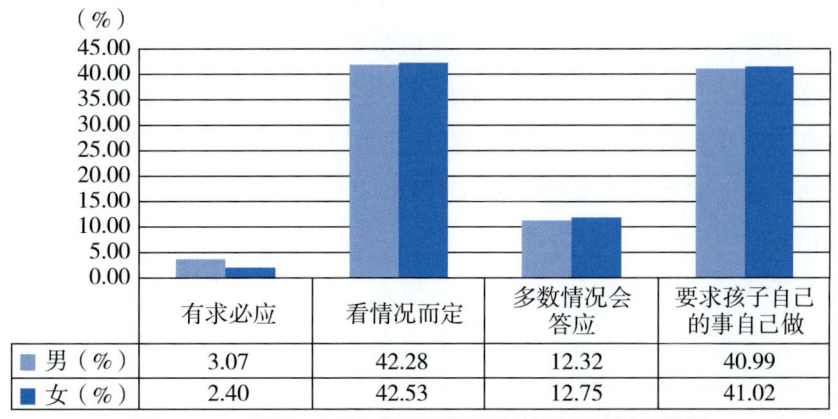

图5-5-2 男孩、女孩分内事得到家长帮助的情况比较

在学习中，学生做完家庭作业后，如图5-5-3所示，男孩家长选择"代孩子检查"和"让孩子先检查一遍，家长再检查一遍"的比例高于女孩，而选择"督促他自己检查"和"随他自己安排"的比例则低于女孩。说明家长在男孩的学习中也易为他代劳。

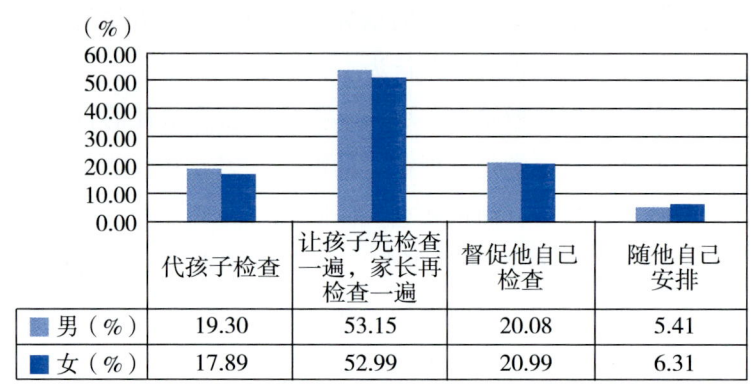

图 5-5-3　家长帮男孩、女孩检查作业的情况比较

综上可见，父教的缺失不能促进男孩在性别及社会化等方面的成长，而且由此还延伸出更易溺爱男孩的问题，这种家庭教育条件及方式给男孩发展带来反向的作用，人为地对其成长造成阻碍，可谓构成一重困境。

（二）男孩不善表达情感降低亲子沟通质量

亲子沟通不仅使亲子关系融洽，还能促进孩子的社会化成长，促进其人格的完善，但亲子沟通会因子女性别差异而有所不同。研究发现，在一些敏感性话题和交友、兴趣等方面的个性话题上，男孩避免与父母沟通的频率高于女孩；在与性有关的话题上，他们都倾向于与同性别的父母谈论。研究也证实女孩善于情绪表达，无论什么样的话题都比男孩更善于向父母袒露[1]。

沟通话题、沟通方式、是否主动沟通三方面是体现亲子沟通质量的核心因素，因此，本文从这三个方面来考查男孩与父母的沟通情况。从具体

---

[1] 杨晓莉，邹泓．青少年亲子沟通的研究[J]．心理与行为研究，2005（1）．

数据来看，如图5-5-4所示，男孩与父母间的话题更多聊"我的学习"（男49.45%，女49.03%）、"学校的事"（男9.05%，女8.39%），而"什么都聊"（男33.94%，女35.83%）的比例也明显低于女孩。可以看出，男孩与父母间沟通话题范围较窄。

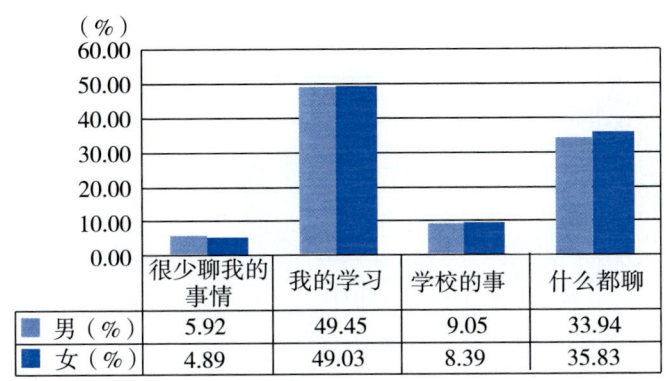

图5-5-4 亲子沟通话题的男女孩比较

亲子沟通中遇到的问题多少及困难程度反映出沟通方式的恰当与否，将男孩、女孩家庭中的亲子沟通问题比较来看，如图5-5-5所示，女孩家长选择"没有时间沟通"和"没有沟通困难"的比例高于男孩，也再次表明女生家庭中亲子沟通情况优于男孩家庭，即使遇到问题，也为客观条件所限，而非亲子双方主观性因素造成；而男孩家长选择"孩子不愿对我说心里话"（男11.51%，女10.69%）"找不到共同感兴趣的话题"（男6.16%，女4.66%）"找不到好的沟通方法"（男28.27%，女27.20%）三者比例均高于女孩，这表明一方面男孩的不善于表达减少了向父母袒露心迹的机会，也影响了父母对自己的深入了解；另一方面因缺乏话题和适宜的沟通方式使得亲子之间难以良好沟通，由此形成恶性循环。

而当孩子面对家长给予的压力时，如图5-5-6所示，女孩选择"和父母沟通，寻求理解"（男36.26%，女45.38%）和"向同学倾诉"（男4.12%，女7.12%）的比例明显高于男生，表明女孩语言沟通能力强于男孩，也更愿意跟家人和同伴交流；而男孩选择"向父母反抗"（男6.67%，女4.51%）和"忍耐"（男46.56%，女37.51%）的比例明显高于女孩，表明男孩较少主动跟家长沟通，也不太懂得如何更好地与家长交流，因此面对大人提出的要求或给予的压力时，要么向家长反抗，要么沉默忍耐，这也不利于身心健康。因此，无论哪种方式都属于不恰当的应对方式，也会给亲子间的情感交流带来阻碍。

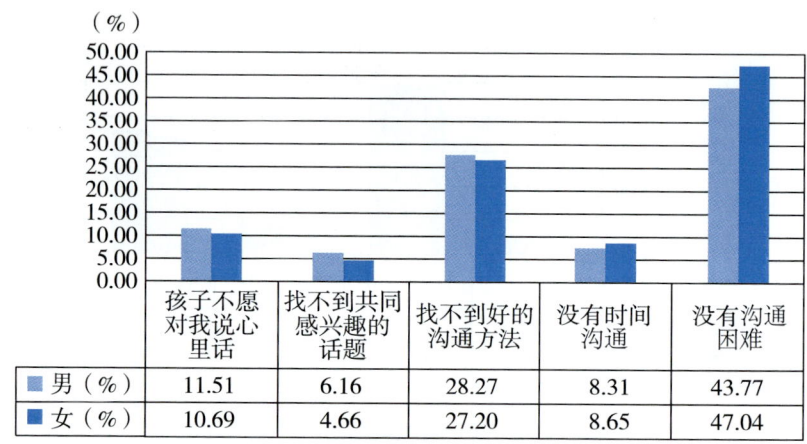

图 5-5-5　亲子沟通困难的男女孩比较

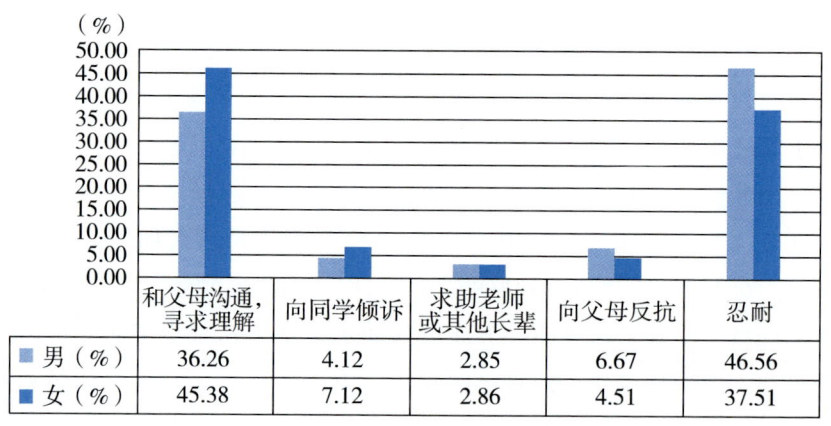

图 5-5-6　男孩、女孩应对压力的情况比较

在亲子沟通中，除了男女孩的表现不同，家长对待男女孩的方式也有所区别。调查发现，当子女发脾气时，如图 5-5-7 所示，男孩家长选择"训斥"和"忍不住动手"的比例高于女孩家长，而选择"冷处理"和"耐心询问"的比例低于女孩家长。可见，家长对待男孩的方式更加严厉，

运用否定或批评的言辞多于女孩。虽然男孩相对不擅表达情绪，但同样有强烈的自尊心，有被尊重、被理解的需要，因此，面对男孩的情绪问题，家长采用强硬的处理方式反而更易激怒对方，也会使男孩感到不被理解而疏远亲子情感。

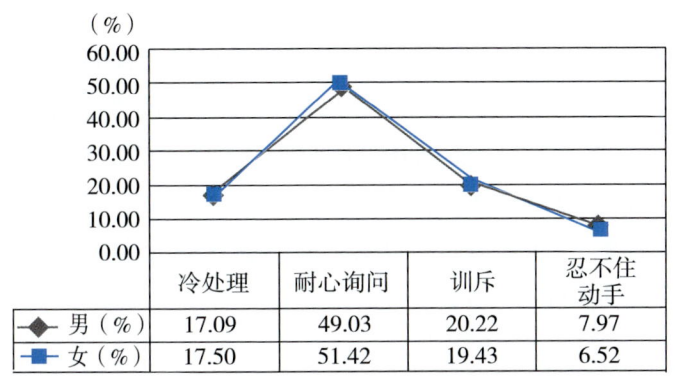

图 5-5-7　家长应对男孩、女孩发脾气的情况比较

总而言之，男孩家庭中的亲子沟通在沟通话题、亲子双方的沟通方式等方面的情况都逊于女孩家庭。这固然有男孩自身特点的原因：从生理结构看，男孩的大脑左半球发育相对女孩较晚，因而由此管辖的语言和交往能力发展也逊于女孩；从社会角色培养和文化观念看，男孩沉着、稳重，较少表露内心细腻的情感，否则会被认为缺乏男子汉气概。这都使得男孩不善于直接表达想法或情感，也不懂得选择时机或适宜的方式与家长交流。

而正因为男孩有上述特点，如果家长在亲子沟通中仍采用随性的沟通态度和方式，则势必难以取得良好的沟通效果，无形中还会淡化情感，也使得男孩不能在日常的亲子交流中获得理解和帮助，从而难以对其发展有所促进。因此，更需要家长了解男生的生理、心理特点，细致观察其喜好、需要或意愿，拓展沟通话题的范围，选择适宜与男生交流的方式，才能提升亲子沟通效果。

（三）家长未关注到男孩内在特征易采用不当教育方式

儿童心理发展的特点及规律是家庭教育的前提和内在依据，这需要教育者不仅要关注到孩子发展的共性特点，更应关注到由性别差异带来的男女生性格、行为、情感等多方面的不同特征。

本次调查也从学习、情感等多个方面显示出男女孩的区别，当孩子独自写作业时，如图5-5-8所示，女孩最不喜欢家长"总给我送吃送喝""不停地催促我""太吵，影响我写作业"，表明女孩独自学习时不喜欢被打扰，而喜欢更为清静的环境；男生则最不喜欢家长"不停纠正、指错"及"总有人盯着"，表明男孩独自学习时不喜欢被大人监督和干涉，而更喜欢拥有自由的空间。

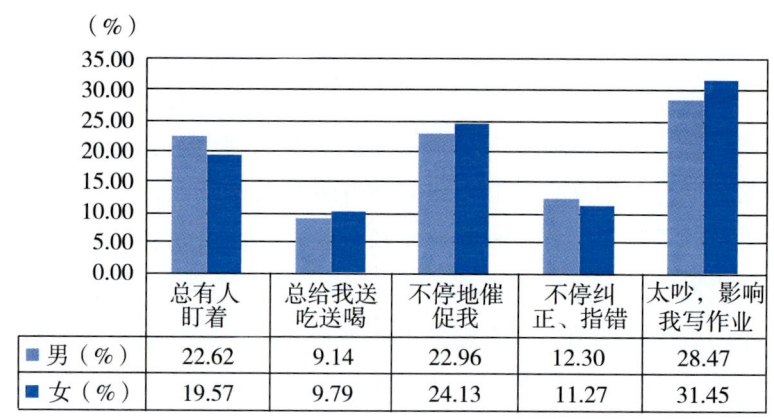

图5-5-8　男孩、女孩写作业时不喜欢的家长陪伴方式的比较

对于感到不满或委屈的事情，男女生也存在差异。如图5-5-9所示，较为明显的几个数据为，女孩选择"误解或冤枉我""不问清情况就批评我"的比例高于男孩，可见女孩情感细腻、敏感，更喜欢得到父母的深入了解或理解；男孩选择"不准我和某个同学玩"的比例高于女孩，再次显示男孩不喜欢被约束和限制，更加向往自由。

此外，对家长了解男孩的程度进行考查，问及"您能回答以下哪些问题"，如图5-5-10所示，家长选择比例较高的三个选项由高到低依次是：

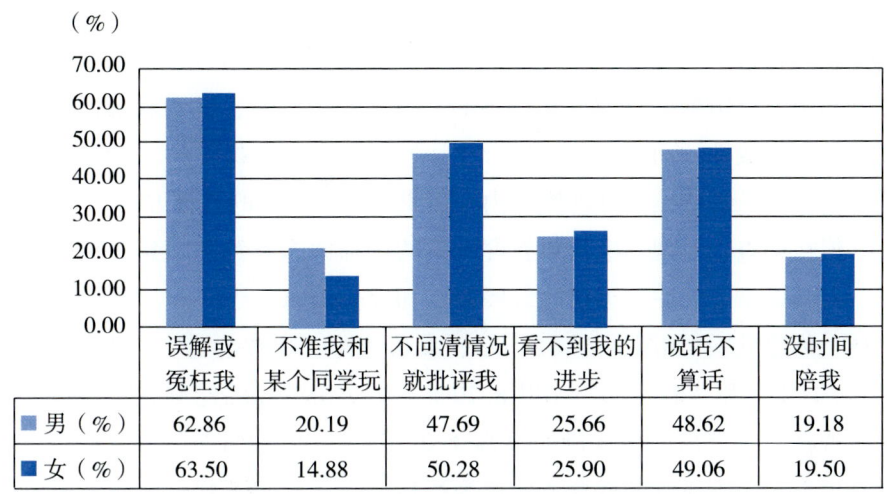

图 5-5-9 男孩、女孩感到不满或委屈的事情

"三个以上孩子的好朋友"的名字"孩子最喜欢的老师""孩子最喜欢的课和不喜欢的课";选择比例较低的选项由高到低依次是:"孩子近期最大的愿望""孩子最不愿提的缺点或糗事儿""孩子最崇拜的人"。由此可见,家长对男孩的了解多为学习、交往类等外在情况,而对于男孩的愿望、心事等内心世界缺乏了解,这自然会影响到亲子沟通的质量和教育方式的有效性。

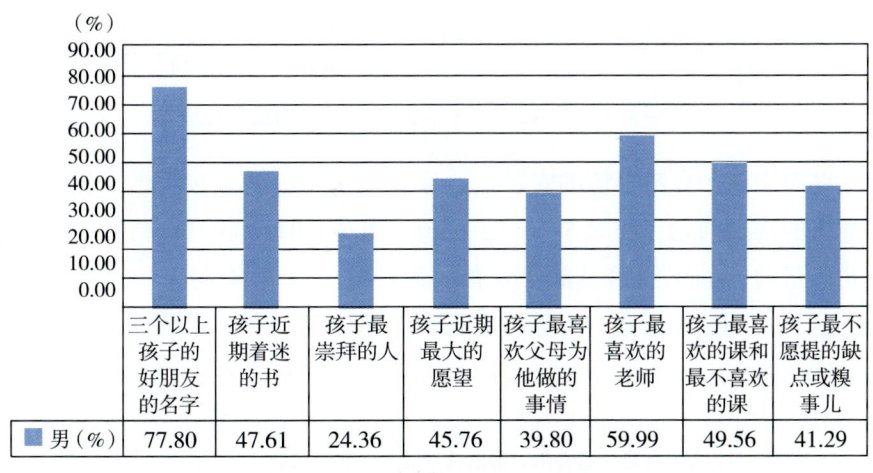

图 5-5-10 家长对男孩的了解情况

可见，提高家庭教育质量必然要关注到儿童的性别差异及男孩内心世界。现代脑科学和心理学等研究已证实，男性和女性的行为方式、性格等的差异主要是由脑结构的差异决定的，男性好奇心强、喜爱观察、活泼好动，具有挑战性；而女性更偏爱合作、遵守秩序、喜欢安静、感情细腻。[①]这也提示家长需依据子女性别及内在需求采用更适宜的教育方式。

但在调查中发现，家长对教育方式的选择并未有意照顾到儿童性别差异，尤其是未能关注到男孩的发展特点和成长需求。当问及"父母对你的管教，你感觉"，如图 5-5-11 所示，女孩选择"比较合适"（男 55.65%，女 60.47%）和"较宽松"（男 8.79%，女 9.03%）的比例高于男孩，而男孩选择"很严厉"的比例明显高于女生（男 30.81%，女 25.18%）。可以看出，男孩感受到的教育方式较为严格，与其自身喜欢自由的意愿有所偏差。

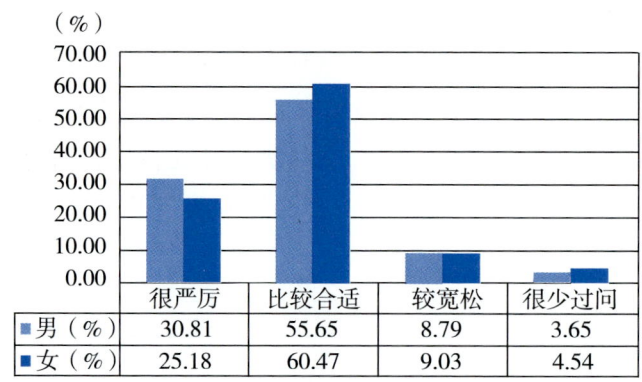

图 5-5-11　男孩、女孩感觉家长管教的宽严程度

在对于孩子自身事情的安排上，家长也未考虑到其自主性。比如对于兴趣班的选报问题，如图 5-5-12 所示，男孩选择"我自己选的""父母和我商量的"的比例明显低于女孩，而选择"父母决定的""老师建议的"的比例则高于女孩。可见，家长对待男孩的教育方式较为独断，在某些事情的决定上没有给予其应有的权利，这与男孩自身喜欢自由、挑战的

---

① 安妮·莫伊尔，戴维·杰塞尔. 脑内乾坤：男女有别之谜［M］. 梁豪，邵正芳，译. 上海：上海译文出版社，2003：125.

性格相左。也再次证明了上题中家长对待男孩教育方式更加严格，同时也再次提示家庭教育的方式必须依据男孩的性格、行为特点而选择，才能事半功倍。

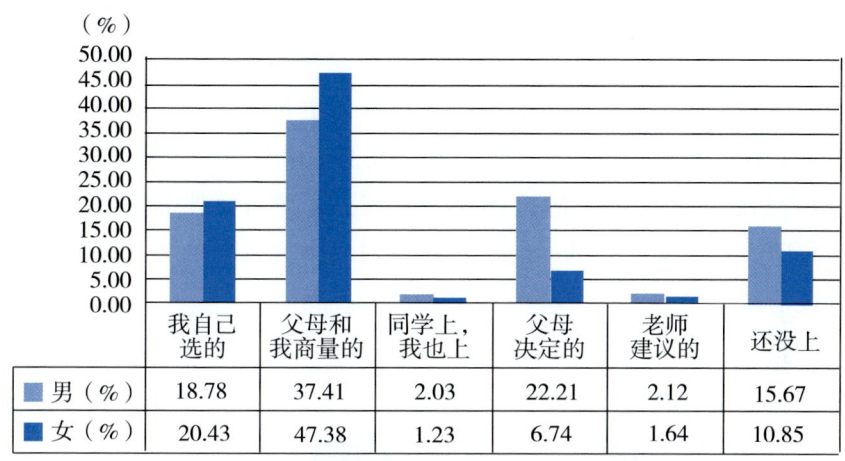

图 5-5-12　男孩、女孩如何选报兴趣班

总之，家长不能深入了解男孩的内在成长规律和自身特点，也就难以采取顺其特点的教育方式，正如前文所提到的，当前的家庭教育主角是母亲，而母亲的教育方式自然带有女性化特点，如关注内容多为子女的衣食等生活、学习诸方面，教育方式主要是语言说教类，且多为静态化，缺少适合男孩的具有挑战性或冒险类等活动，因此，这些方式显然难以促进男孩的成长。

（四）男孩学业呈弱势状态更易引发家长消极教育行为

小学是学生开始正式学习的第一步，此阶段也是学生形成良好的学习习惯、行为习惯和奠定知识基础的关键时期，而这些能力和习惯又对其日后的学业优劣有着极为重要的意义，因此当孩子步入小学，家长对其学习的关注度也随之提高，这不仅关系到对其教育的投入，还影响着家长的教育行为，可以说，关注和帮助子女的学业发展已成为家庭教育的部分内容。

关于男孩的学业情况，本研究主要从学习动机、课外阅读和学业成绩三个学习的核心方面进行考查，结果显示，男孩在上述方面的情况均比女孩差。

从学习动机来看，如图5-5-13所示，当问及"你学习的最主要动力是什么"，女孩多选择"学习很有趣"，这种不需要外在力量迫使的学习动力即为内在学习动机，也说明女孩学习更具有主动性和积极性；而男孩多选择"成绩不好没面子""为了考上好中学""不学就会被批评""可以得到表扬和奖励"的比例高于女孩，这种需要外部诱因激发的学习动力即为外在学习动机，说明男孩学习对内容本身的兴趣较低，学习具有被动性。

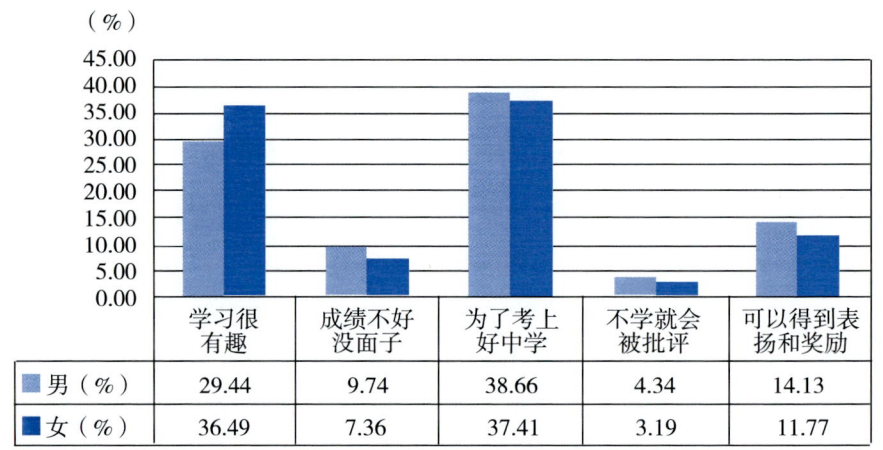

图 5-5-13　男孩、女孩学习动机的比较

学习动机是学业成绩的主要影响因素。多数研究表明，具有内在学习动机的学生学业水平更为优秀，而具有外在学习动机的学生成绩则逊一筹。而将男、女孩的学业水平进行对比，也再次印证了这一点。如图5-5-14所示，学业水平优秀的男女孩比例分别为45.35%和52.11%，女孩比例明显高于男孩；而学业水平为"良""中""差"的学生中，男孩比例均高于女孩，且在学业水平"差"的学生中，男孩比例超过女孩两倍以上，由此可见，女孩整体的学业水平比男孩更优秀。

第五章 热点与讨论

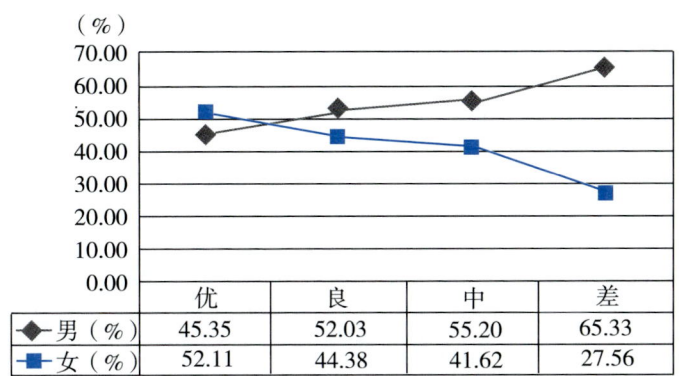

图 5-5-14 男孩、女孩学业水平的比较

课外阅读是课外主动学习的直接表现，也对各科课程学习起着积极的影响作用。对小学生课外阅读时间的调查发现，如图 5-5-15 所示，男孩每天"几乎没有"课外阅读的比例明显高于女孩，而女孩每天课外阅读时间为"半小时到 1 小时"和"1 小时以上"的比例明显高于男孩，可以看出，女孩每天的课外阅读时间大大多于男孩，日积月累自然会影响到学业成绩。

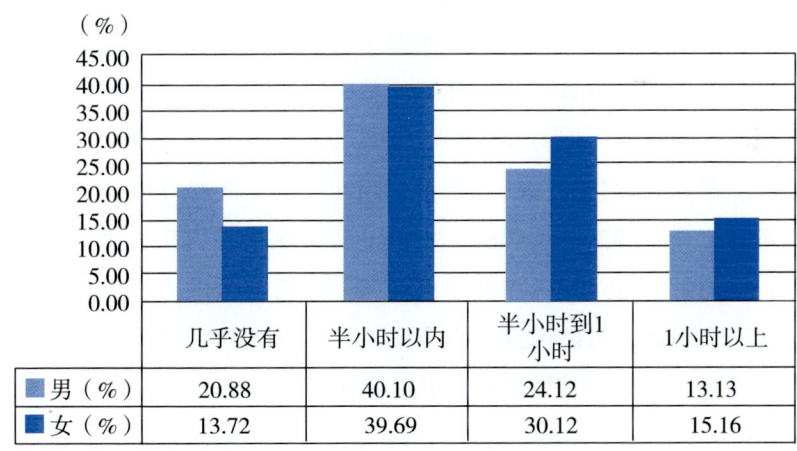

图 5-5-15 男孩、女孩每天课外阅读的时间比较

而将小学生每天课外阅读时间与学业水平交叉发现，如图 5-5-16 所示，每天"几乎没有"课外阅读时间的学生学业水平随成绩的降低呈上升趋势，即成绩越来越差，而每天阅读"半小时到 1 小时"的孩子学业成绩

随学业成绩的降低呈下降趋势,即成绩越来越好。而上题数据也已显示,女孩每天课外阅读时间为"半小时到1小时"和"1小时以上"的比例明显高于男孩,这也再次印证,女孩的学业水平高于男孩。

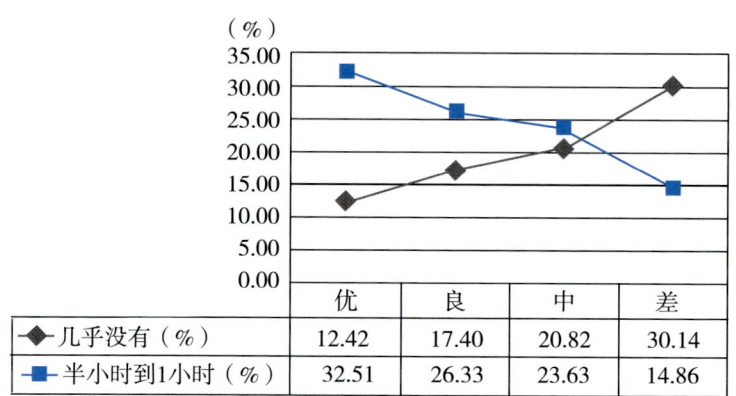

图 5-5-16　学生每天课外阅读时间与学业成绩的关系

已有多项研究表明,男孩学业成绩与女孩相比处于劣势地位,男孩的学业成绩偏低问题已经越来越成为教育领域中一个世界范围的难题。[①] 其实,男孩在学业中表现出的困境并非源于与女生的比较,而是其某些特质被现行教育方式约束或者得不到施展。就学习来说,固然有智力和非智力等多方面因素的影响,但男女生学习方式的差异也不容忽视。男孩更容易接受图表、图像和运动物体的刺激,更倾向于动手实验和操作式的学习方式,而不易接受单调的语言刺激;女孩语言天赋优于男孩,也更倾向于文字及语言类的学习方式。而当前学校里诸多学科的教学方式无一不是以言语教学为主,因此,可以说这种方式顺应了女孩的学习特点,而限制了男孩潜质的发挥,也影响其取得更优异的成绩。

男孩的学业成绩是影响家长教育方式的不可忽视的因素之一。已有研究表明,就读于重点学校的成绩较好的学生,父母常表现出较为积极的教养方式;相反,则父母的负面教养方式表现得更为明显。[②] 本次调查中也

[①] 赵惠,刘涛. 中小学男生学业成就偏低的原因及对策 [J]. 教育科学论坛,2008 (2).
[②] 陈睿. 国内父母教养方式影响因素的研究述评 [J]. 中国家庭教育,2010 (4).

有数据再次证明这一点,以下分别从家长主观的家庭教育评价和客观的教育方式来考查。从家长自我教育评价来看,如图5-5-17所示,面对学业水平优秀的子女,家长选择教育情况"很好"的比例最高,面对学业水平较差的子女,家长选择教育情况"非常不好"的比例最高。

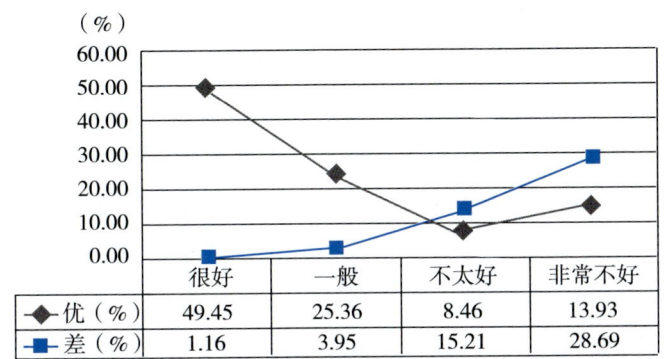

图 5-5-17 家长自我教育评价与子女学业水平的关系

客观来看,当子女发脾气时,如图5-5-18所示,家长采取"冷处理"和"耐心询问"的比例随子女学业水平逐渐降低而降低,即子女成绩越好,家长越会耐心倾听子女心中的委屈、不满,或者给予其独自平复情绪的空间,表现为常采取积极的教育方式,而选择"训斥"和"忍不住动手"的比例则随子女学业水平的降低而升高,表明家长面对成绩较差的子女时,难免会使用否定、批评的言辞甚至动粗,这种不给子女解释机会的方式也会使其感到心里委屈。

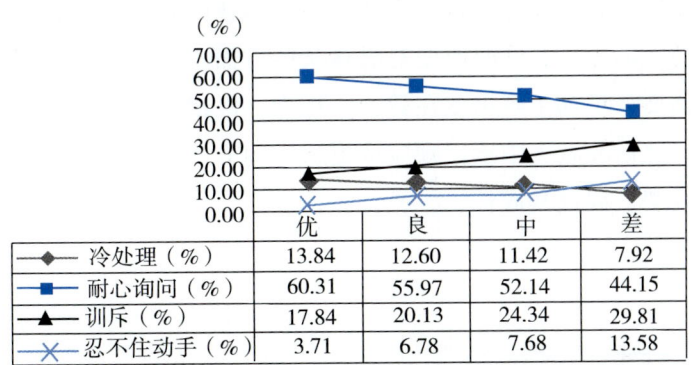

图 5-5-18 家长应对子女情绪的方式与其学业水平的关系

由此可以看出，男孩在学业方面面临的教育困境更为严重，主要表现为男孩自身的学习特点受到当前小学阶段教学方式的约束，由此难以取得优秀的学业成绩，而其学业成绩的弱势又易引发家长消极的教育行为。这会让男孩在小学阶段学习中充满失败的体验，不利于其日后的成长。

综上所述，男孩在现行的家庭教育条件下不能充分展现或发挥出潜能，由此面临一种教育困境，而这也恰恰折射出家庭教育本身的一种困境。由于教育现代化过程中性别角色教育的缺失，使得当前的家庭教育除了承认男孩、女孩的生理差别外，对其他内在差异都缺乏一种清晰的自觉意识，甚至在许多方面可以说是毫无意识，也就更谈不上自觉主动去探究和接受科学的理论指导。结果，家长在教育过程中对他们的关注，并没有成为对具体的男孩和女孩现实生存状态的关注，而是变成了对"孩子"这一同质性整体的普遍关注。这样一来，家长虽然有"因材施教"的意识，但是教育态度和教育方式的着眼点仍然比较模糊，一般多考虑子女性别及社会化性别角色，而很少关注到由性别带来的内在差异，也因此减少了有效地帮助男孩发展的方法和机会，在一定程度上限制甚至封杀了男孩进一步发展的有效空间。[1]

所以，从性别平等的角度出发，需要教育者充分认识到真正的教育平等实质是一种以性别差异为基础的、充分尊重男女生性别差异的非均衡性的平等，在积极为男孩、女孩提供均等机会和享有同等教育资源的同时，更要多关注男孩、女孩因性别不同而带来的内在的真实差异，并根据这种差异采取不同的教育措施。这就意味着对于男孩的教育，家长承认和接受男女发展特点的差异，同时改变对男孩某些方面不满的态度；更为重要的是，家长需要认识和了解男孩在智力、行为、性格、习惯、心理等方面的发展特点，之后在教育中运用顺应或更适宜的方式进行引导，帮助男孩发挥出自身优势，促进其成长。

---

[1] 岳龙．男生性别弱势：教育现代性的内在危机［J］．教育发展研究，2010（15-16）．

六、"上学问题"仍然困扰小学生家长

幼升小要考试、小升初要派位、中考竞争激烈、高考成了独木桥……孩子的每一步成长,似乎都面临激烈竞争,这也让家长的焦虑与日俱增。本次调查的四省市40000多名家长及小学生,他们刚度过"幼升小",又即将面临"小升初",而为"孩子上学/升学担忧"的家长不在少数,已经成为一种普遍现象。

从数据来看,为小升初担忧的家长比例虽比幼升小略微下降,但也占了被调查人数的25.39%,排在"目前最困扰家长的(11项)问题"的第五项,此排名与3—6岁儿童家长"目前最困扰您的育儿问题"排名相比没有变化。进一步从不同年级来考查,"为升学担忧"随小学生年级的升高而直线递增,分别为1年级(13.48%)、2年级(14.93%)、3年级(20.43%)、4年级(22.28%)、5年级(34.07%)、6年级(40.28%)。据推测,随着子女进入中学,此担忧还会进一步加剧。深入了解家长为子女上/升学的担忧的原因,不外乎有两种:即为"能否上学担忧"和"能否上好学校担忧"。对于幼儿园教育来说,尚属于非义务教育阶段,故家长的担忧更多偏重于是否能顺利入园;小学是儿童由"游戏主导"转入"学习主导"的第一步,故家长更关心的是子女可否进入一个具有优质资源的教育教学环境。从不同角度分析,可以看出"上学问题"呈现出不同特点。

(一)"为孩子升学担忧"呈现出明显的地域性差异

本调查涉及三省一市(山东省、黑龙江省、江西省和北京市),其中北京市家长为孩子升学担忧的比例高达32.68%,其他依次为江西省(26.37%)、山东省(21.42%)、黑龙江省(18.10%)。进一步考查市和县的区别,发现"为孩子升学担忧"在城市中较县城更高,分别为26.82%和21.02%,相差5.80%。以北京市海淀区为例,一位家长给我

们看了一份《2014年海淀区小学毕业生综合素质发展水平赋值表》，其中荣誉称号、语数外成绩、音体美成绩、艺术特长、学生干部等都是加分项目。学校按照此表打分，得分较高的学生才有资格参加优先派位。这一串串让家长胆战心惊、头晕眼花的评价项目，怎么能让家长不为孩子升学担忧呢？连小升初都用一项项看似综合发展的项目来评分，那么，毋庸置疑，分数就是"王牌"！家长的焦虑中透露着深深的无奈与叹息。不难发现，其实各地家长对子女升学的担忧之根本原因还在于"教育资源的不均衡发展"。海淀区在北京市属于教育资源较为丰富的地区，此地尚且如此，其他地区省市可见一斑。除了对优质教育资源的争夺外，北京作为首都，家长的生存压力过大，竞争过于激烈，家庭教育投入经费过高，上学成本过大等都是家长忧虑的原因。可见，作为家长个体"为孩子上学担忧"背后还包含了复杂的教育、政治、经济和当地的社会文化因素。

（二）为"孩子升学担忧"不再表现出明显的家庭职业背景性差异

通过对家长背景性资料，如家长受教育程度和职业的分析发现：其一，"为（子女）升学担忧"的比例随家长受教育程度的升高而减弱，此与3—6岁调查的现状表现一致；其二，对于"劳动密集型"职业和"知识密集型"职业的家长来说，此忧虑前者略高于后者，但两者相差微弱。这与3—6岁调查中现状表现大有不同。此前对学龄前儿童家庭教育的本项调查发现"那些处于不利背景，如职业为工人/农民、个体职业者、服务业人员为'孩子上学担忧'的比例远远高于其他人群"[①]。探析此变化的原因，恐与现今社会教育大环境的诸多不确定因素有关，如各地教育升学的指导政策多变，教育市场过度宣传干扰家长视听判断，家长周围群体的干扰，网上各种就学资讯的泛滥等，致使不同职业背景的小学生家长普遍都处于焦虑状态。如访谈中一位常关注家长论坛的家长说"'升学考试''购买学区房''帮忙分析哪个学校更好'这些都是家长群里常讨论的话

---

① 张敬培，等.3—6岁儿童家庭教育现状调查[M].北京：教育科学出版社，2014：78.

题……网络上一点点'小道消息'都能让家长们紧张不已,赶快去核实,生怕孩子失去一次机会,择校、报志愿等也让家长们焦头烂额……",人民网强国论坛近期开展的一项调查也显示,在有子女的被调查者中,有92.80%的家长认为自己对孩子的成长、教育存在焦虑。

(三)"为升学担忧"的焦虑直接助推了"择校"热

饱受争议的"择校"问题,有其多角度、多层面的复杂成因。从教育经济学观点看是研究择校问题的"首要的逻辑起点"①。西奥多·W.舒尔茨把教育投资视为人力资本的核心,突出强调早期教育投资对于个体未来收益的突出贡献。在此观念的影响下,家长们也必然把择校当作一个能直接提高孩子升学概率,提高其未来就业率和工资收益的有效手段之一。而从家长的心理来分析,择校成功显然有为孩子的学业"上保险",缓解为"孩子升学担忧"而产生的焦虑和压力,同时证明自己的"人脉网络""社会资源"和"强大财力"等现实原因。在本次调查中,有20.27%的小学生是通过择校入学的;当问及家长"小升初"是否会择校时,有20.31%的家长答案是肯定的,除此,那些择校态度还不明朗,选择"根据孩子成绩来决定"的占36.46%,选择"顺其自然"的占23.99%。显然,上述家长为孩子择校的可能性还是很大。通过地域比较发现,山东省作为一个"教育大省"来说,其幼升小择校的比例远高于其他地区,为36.56%,约为北京市(17.86%),江西省(14.17%)和黑龙江省(13.95%)的一倍。而对"小升初"家长择校意愿的考查来看,山东省依然领先其他省市,高达31.12%,其次为北京21.42%、江西省15.49%、黑龙江省13.61%。从数据推测,虽然本次调查无法证明"幼升小"择校和"小升初"择校两者间直接的、必然的联系,但可以确信的是,择校产生了如"(家长)为孩子升学担忧"的一贯性特点,成为家长缓解"为孩子上学担忧"的一种选择。

---

① 董辉.多学科视域下的择校研究:进展与启示 [J].全球教育展望,2013(6).

在国外的研究中,学者们多以学生在标准化考试中的"成绩"这个最为普遍、最易度量的学校产出指标,来测度择校的"效能"(effectiveness)。然而,综合各国不同地区的各种研究证据来看①,择校对于学生学业水平的影响是"含混的",至少并未像经济学家所预测的那样显著,这在我们本次的调查中也被再次证明了,"即择校并未让小学生学业水平优秀或良好的比例因此升高,而且,在不同学业表现的维度上,择校生与就近入学、考试入学和其他方式入学的学生相比,都几乎没有特别表现"。因此,对于家长"择校"行为本身而言,其收效仍然具有缓效性和不确定性的特点,故建议家长"投资有风险,择校需谨慎";对于追求社会公平和"教育公平"来说,越来越多大范围调研显示,择校政策对社会分层的影响的确值得警惕。在智利、新西兰等实施较少管制的择校政策的国家,择校的受益者多为家境好、重视子女教育、掌握更多信息的优势家庭;而即使对美国的特许学校而言,也没有证据表明这种管制下的择校方案扭转了公立学校当中的社会分隔状况,而且这种情形在英美新近的一些研究中也同样得以印证。

在对小学生"上学问题"进行相关描述和分析后,提出两点建议。

第一,针对各地区不同的教育需求和特点,制定有地方特色的稳定的经过反复论证和验证的入学、升学政策,可以在同类地区先行试点。切忌一边为小学生减负,各地政策不能切实落实,一边又出台相关的名目繁多的各种升学考核要求和标准,不仅无形中增加家长的心理负担和教育负担,而且间接逼迫学生"十八般武艺样样精通"。故在此方面还期待教育行政主管部门有更大作为。

第二,加强对择校问题的多学科深入研究。择校作为一个政策难题,一直为各方所关注和议论,相关的学术研讨也相对丰富。但整体而言,研究仍处在一个相对浅表的层面而长期未能突破。有学者也指出,我们的择校研究多集中于现象的描述分析,经验性研究未能提升理论层次,而规范

---

① 董辉. 多学科视域下的择校研究:进展与启示 [J]. 全球教育展望, 2013 (6).

性论述也显得简单和草率。① 因此，拓宽对学校问题的教育学研究视角，尝试用人类学、政治学、环境学、法学等多学科视角探究此问题，以期为教育政策的制定提供实操性强的建议。

---

① 董辉. 多学科视域下的择校研究：进展与启示 [J]. 全球教育展望，2013（6）.

第六章

结论与建议

一、基本结论

家庭教育作为一个完整的生态系统，既受到外部环境的影响，其内部因素之间又相互制约，共同发展。本次调查，我们既从纵向上将家庭教育置于社会发展变迁的大背景之下进行探讨，同时又从横向上对家庭教育的几个基本维度进行综合分析。结果显示，小学生家庭教育不仅呈现出整体性的特点与趋势，而且构成小学生家庭教育的各要素也有其各自的特征。

从整体来看，小学生家庭教育现状呈现出家长对家庭教育的重视程度提高、观念不断更新且相对开放的趋势和特点，这与我国当前的社会发展水平相适应和吻合，同时反映出社会发展和变迁对家庭教育的深刻影响。

第一，家庭教育经济投入的加大与社会经济发展水平相适应。从调查数据来看，小学生家庭的经济收入状况多处于当地中等水平，而小学生家庭教育支出占家庭总收入20%以上的接近三成，反映出家长对家庭教育的重视程度之高。

第二，社会的进步与发展推动了人口受教育程度的普遍提高，进而也相应地提升家长的家庭教育素养。对小学生家庭的基本现状调查发现，家长受教育程度为大学专科及以上的占总数的四成左右。父母文化素质的提高，既适应了社会发展的需要，也为提升其教育素养提供了保障。

第三，网络技术的普及使得家庭教育从相对封闭走向开放，亲子关系也随之发生转变。信息化的高速发展能使家长在短时间内获得大量教子知识和信息，这不仅改变着家长的学习方式，也同时改变着青少年的学习方式，因而家长与子女进入了相互学习、平等相待的"文化互喻"时期。这固然是网络时代的一个积极产物，但同时又不可避免地带来一些负面影响，比如大量的"人机互动"代替了人与人之间的交往，使得许多儿童缺乏同伴交往、亲子互动乃至接触大自然的机会，从而造成情感的缺失。

总之，我国当代家庭教育变迁正在由传统家庭教育向现代家庭教育转变，无论是家长的"教育意识"，还是家长的"教育行为"，都在发生着与现代家庭教育相应的变化。

以上我们从纵向上对家庭教育与社会发展变迁二者之间的关系进行了一个整体性探讨，接下来，我们将基于构成家庭教育的三个基本要素（教育环境、教育素养和教育需求），对当前小学生家庭教育的现状特征加以总结。

（一）家长对家庭教育的总体认知不平衡，对发展性因素缺乏关注

在中国的现代化进程中，家庭教育日渐成为一个备受关注的社会现实问题，把子女的教育放在家庭重要的位置上是绝大多数家庭的共识。而家长的教育素养无疑成为提高家庭教育质量的关键，特别是处于社会转型期的父母，他们的知识结构、受教育水平以及思想观念的保守与开放等更是直接关系着子女的成长。本次调查发现，家长不论是对家庭教育的重视程度，还是对于家庭教育的认知和理解，都较以往有着显著的进步。其中尤为突出的一个特点就是，家长对于家庭教育的认知更加全面。

在教育观念上，尊重儿童的独立性和自主性，建立一种民主、平等、互动的亲子关系已经成为现代亲子观、儿童观的基本价值取向，这与传统社会具有明显等级性与依附性的亲子关系有着本质区别。比如家长在检查子女作业、培养子女做家务、选择兴趣班、家里重要事情如何决定、对待时下孩子中流行的网络语言和另类喜好等这些问题上，均不同程度体现出

培养其独立性的意识以及对子女自主性的尊重。其中，比较突出的是，在子女兴趣班的选报上，父母和子女商量的占49.59%，由子女自己选定的占23.10%；在家里重要事情的决定方式上，30.38%的家长会听取学生的意见；遇到学生分内的事让家长帮忙时，41.31%的家长选择"要求孩子自己的事自己做"。这些数据在一定程度上体现了家长在教育观念上的转变。

在家庭教育内容上，与传统家庭教育的伦理型特征相比，当代家庭教育表现出知识型与能力型并重的特征。改革开放以来，人们对于知识的价值更为肯定，这使得家庭教育的内容被注入了知识的时代内涵，智育逐渐成为家庭教育的重要内容。与此同时，人的全面发展也成为时代发展的必然趋势，表现为家庭教育的内容日益丰富。在本次调查中发现，家长对子女教育的内容非常广泛，除了关心学业、安全健康问题，他们对于习惯养成、自理能力、兴趣爱好、人际交往、情绪情感等方面也有不同程度的关注。此外，性教育、财商教育等一些具有显著时代特色的内容也逐渐成为家庭教育内容的一部分。

在教育方式上，家长教育行为显现出一定的专业化水平。本次调查中，家长无论是在子女学习，还是生活、情绪方面，都能采取较为积极、理性的教育方式，比如九成家长会主动管理子女的学习，有七成家长应对子女情绪问题时倾向于采取较温和的方式，家庭氛围较为民主，但在原则性问题上有四成家长能保持权威性。可见，家长这些教育方式在一定程度上表现出对儿童心理和儿童教育规律的把握，有利于家庭教育作用的积极发挥。

在家庭教育环境的营造上，家长除了为子女提供较为丰富的物质环境外，同时也对精神环境有了一定的重视。重点体现在亲子互动、家庭生活丰富与否和亲子角色地位等方面，比如：父亲更多地充当子女的玩伴角色，调查"爸爸经常和孩子一起做的事情有哪些"，"打闹玩耍"（52.75%）、"一起玩智力游戏"（48.34%）和"一起运动"（39.73%）是选择频率最高的三项，这与传统中父亲严厉、刻板的角色形象有很大区别；在家庭活动的组织上，经常组织家庭娱乐活动的占17.92%，逾七成小学生家庭会"偶尔"组织家庭活动。

第六章 结论与建议

此外，在与配偶教子意见不一致时，高达 73.44% 的家长选择"私下再商量"这种比较理性、民主的方式。由此看来，他们既懂得沟通中达成共识，又兼顾了家庭氛围的和谐。

随着家庭教育重要性的日益提高，越来越多家长意识到家庭教育的对象不仅是针对子女，更重要的是提升自身的家庭教育素养。因而，他们擅于利用各种便利的途径学习家庭教育理论和知识，尤其是一部分受教育程度高的家长已经具备一定的反思意识，在教子方面兼收并蓄，能够找到适合自身的教育方式、方法。

尽管家长对于家庭教育各个方面都有不同程度的认知，并表现出了较为积极的教育态度；但是，由于家庭教育本身的复杂性和一些历史性因素的影响，家长对于某些具体问题的认识不够深入，并且缺乏一定的教育技巧。诸如在亲子沟通上，相当一部分家长存在"找不到共同感兴趣的话题"和"找不到好的沟通方法"的困难；在性教育问题上，尽管许多家长已经意识到性教育的重要性，但是在教育内容和教育方法上仍存阻碍；在培养子女独立性方面，尽管有意识但许多家长仍放不开手；家长对子女的心理需求缺乏足够的关注，在对怎么花零花钱的引导上随意性太强等。这些问题的存在，说明家长在教育素养方面尚有很大的提升空间。

除此之外，尽管当今小学生家长对家庭教育格外重视，但是他们对子女的关注仍旧集中在现实性因素，而忽略了发展性因素。从调查结果来看，小学生家长在子女成才观上更偏重于"成才"，而较为忽视子女"成人"的内在需求，它涉及家长对社会所普遍接受的人才观的评价，以及由此衍生而来的家庭教育方式、教育内容的选择和家长时间、精力投入的重点等。具体体现在以下几个方面。

首先，从家长最关心子女的主要方面和最困扰自己的教子问题来看，家长对子女"健康安全"和"日常学习"的关注分别排在第一位和第三位，这两点都属于现实性因素，符合当前独生子女居多的家庭人口现状以及社会对人才评判标准的现实要求。此外，家长主要的教子困扰中，排在第一位的仍是为学生的学习担忧，为升学担忧的家长也不在少数，可见关注子女的学习是一个不容回避的现实问题。其次，从家长对子女学习方面的态度来看，约五成家长将学习作为亲子沟通的主要内容，在选择兴趣班的考虑因素上，超过八成的家长将"我认为有用"和"为升学做准备"作为选择依据；此外，还有占两成的家长不惜成本为子女择校。家长对于子女学习的高度关注，同时也折射出其对子女"成才"的期望之高。

与此同时，家长对子女人际交往、自理能力、性格养成、兴趣爱好、情绪情感等方面的关注度远不及学习，这些因素不仅关乎子女未来的成长与发展，还关乎子女能否成为一个全面发展、身心健康的人。从家长对子女生活方面的教育态度来看，一方面，家长的关注点与子女的需求形成错位，家长对子女情绪情感的关注排在末位，而调查小学生"假如父母要实现你的一个愿望，你希望"，选择比例最高的一项是"爸爸妈妈抽时间听我说说心里话"，占 36.27%，这一对比更凸显出家长对小学生心理需求的忽视。另一方面，家长对于子女性教育、自理能力培养、照顾他人、财商教育等的教育方式及态度也暴露出一些不足，一个普遍的问题就是家长对这些方面的教育意识不足，导致其教育态度和方法欠妥当。这可能是由于家长认为这些能力对于子女"成才"没有太大的帮助和意义。

家长对子女学习的格外关注有一些现实因素的考虑，譬如，分数仍是考核学生的一个重要标准，只有考到高分才可能进入好的中学、大学，乃至找到更好的工作，获得一定的社会经济地位，家长为子女的前途着想只能如此。在现实中，"名小学→名中学→名大学→好工作"似乎已经成为中国孩子发展的理想之路。这种明知追求成绩不好却不得不为之的矛盾，让整个社会对教育改革的呼声越来越高。

（二）家庭教育环境呈现出"三重三轻"的特点

通过对四省市近 40000 份小学生家长和学生的配对问卷的整体分析，发现当今小学生家庭教育环境表现出了"三重三轻"的特点。

第一，重教育投资，轻亲子沟通。本次调查发现小学生家庭教育投资一改 3—6 岁阶段"趋于理性"的消费情况，而显得理性不足，盲目有余。从家长的主观感受来看，调查中表示完全没有教育消费压力的家庭仅占不到三成，而逾五成家庭表示"刚好能承受压力"，两成家庭表示教育花费过大。与3—6岁儿童家庭相比，小学阶段倍感教育消费压力的家庭比例上涨了一成；从家长的客观经济承受能力来看，数据显示在本次调查中有近三成小学生家庭客观上都存在教育花费负担过重的现象。小学是我国免费义务教育阶段，为保证这一政策的有力实施，政府不断加强监管，故小学生教育消费本不应对家庭构成压力，但现实并非如此。为增强子女的竞争力，家庭的非常规教育投入大大增加，如课外班培训费、择校费等都成为小学阶段的重头消费项目。从总体来看，目前家长对子女的教育投资并非"理性"地量入为出，消费中"大手笔"现象增多。

过度的教育消费投资不仅投入了大量金钱，更投入了学生和家长大量的宝贵时间和精力，这显然会相应减少日常亲子互动和沟通。本次调查中，有半数小学生都表示亲子话题中聊得最多的是"我的学习"，有部分小学生明确表示他们希望家长"别老跟我提学习的事"，还有14.52%的小学生希望"家长陪我疯玩一天"，更有36.27%的小学生盼望"爸爸妈妈抽时间听我说说心里话"。而且，调查中确有近六成家庭存在亲子沟通困难，其中缺乏亲子沟通方法技巧的所占比例最大，为28.51%，"孩子不愿对家长说心里话"的占12.25%，没有时间沟通的占8.78%，找不到共同的感兴趣话题的占5.75%。McMaster的家庭功能理论认为，沟通是家庭成员间问题解决的重要途径。成员通过沟通，实现问题解决、角色分工、情感介入和行为控制。[1] 故亲子沟通对于维护亲子关系和家庭功能都具有重要的意义。

第二，重学业支持，轻文体活动。家庭学业支持即父母或抚养者为使自己的子女获得学业进步，在某种家庭教养氛围下，对子女或被监护人在学习过程中提供相关教育支援。[2] 访谈中我们发现，家长通常"先入为主""自然而然"地将学前班、择校和兴趣班的选择作为对子女学业支持的主要内容，期望以此提升子女的学业能力和成绩，并最终获得通向理想学校和光明前途的通行证。数据表明，有近三成小学生通过"择校"进入小

---

[1] 陈淑芬. 家庭功能分析的理论体系简介——家庭功能分析的相关概念 [J]. 中国全科医学，2006（2）.

[2] 韦芳玉，戴春林. 小学生家庭学习支持对学习投入的影响 [J]. 基础教育，2013（6）.

学；有八成小学生上过学前班；有八成小学生正在上兴趣班。然而对于小学生而言，家庭中大量的时间、金钱和精力的投入，是否对学业成绩有高回报呢？答案中充斥着大量的不确定因素。相关分析告诉我们：择校的效果并不理想；学前班并未帮助小学生"赢在起跑线上"，也并未给他们带来显著的学业优势；兴趣班并未对小学生学业成绩产生明显的促进作用。值得警惕的是，若家长对子女学习进行过度"支持"，易给小学生带来更大压力。如广东家庭教育研究会发布调查报告显示：兴趣班课后练习时间大于1小时，或每次参加兴趣班的时间大于3小时的学生，比没有这些压力的同龄学生的焦虑情绪水平和分离焦虑水平更高。因此，家庭教育中绝对不应该过多过早地侵占儿童自由玩耍发展的机会。

与上文中家长对学生学业的大力支持形成鲜明对比的是小学生的课外阅读和户外活动情况令人担忧。首先，从课外阅读来看，我国教育部虽然对小学生每天的阅读时间没有做具体要求，但对阅读量有明确要求。根据专家计算，每天合计课外阅读时间大约应在1小时才能完成小学阶段阅读量的要求。此外，美国"阅读卓越法案"，要求儿童每天应该有一个小时在阅读作业室"工作"。然而，本次调查显示每天"几乎没有"时间阅读的小学生占17.81%，每天有"半小时以内"阅读时间的有40.43%，"半小时到一小时"阅读的有27.32%，每天课外阅读时间在1个小时以上的小学生比例仅为14.44%。可见，有近六成小学生没有完成阅读时间的最低要求。再从户外运动来看，教育部和国家体育总局联合下发的《国家学生体质健康标准》，学生每天锻炼时间应该达到一小时。在访谈中大部分家长和学生都表示，加上学校的体育课，户外活动时间最多每周有三个小时，放学回家后基本就没有时间出去玩了。调查数据也显示，每天放学后"几乎没有（课外活动时间）"的小学生比例高达40.03%，而活动时间仅在"半小时以内的"为25.88%，此两项之和高达65%以上。而大量研究表明，运动锻炼能促进个体认知能力的提高，让人获得振奋的情绪体验，减少情绪上的负担，甚至能减轻因精神压力的偶发事件而造成的心理疾病。对于小学生来说，运动锻炼还能强化其"自我概念"，对自尊产生积极影响，培养良好的竞争意识与协作精神，有助于提高意志力和抗挫折能力。因此，无论学校还是家庭都应尽可能保证小学生足够的户外活动时间。

第三，重课业辅导，轻闲暇教育。家庭教育与学校教育的"错位"，导致小学生家长过于重视对子女的学业辅导。调查中"孩子做完家庭作业后"能完全放手随学生自己安排的家长仅占 5.97%，而完全包办代替的家长占 18.94%。除此，辅助检查如让学生先检查一遍，家长再检查一遍的占 54.39%，督促学生自己检查的占 20.70%。虽然在小学低年级阶段，家长协助或者督促学生检查作业并不失为一种可取的教子方法，但在进一步与年级相关考查中发现，包办代替检查作业的家长比例并没有随子女年级的升高而降低，而是呈现出一种抛物线的趋势，反而在小学二、三、四年级中替学生检查作业的家长比一年级比例还高约 6%，直到六年级比例才降低，但也高达 13.38%。另外，尽管当前学校教育理念并不提倡给学生布置额外的学习任务，然而不少家长也会额外给学生购买学习资料和布置作业。调查显示，从没给学生买过学习资料的家长只占 6.03%；几乎不给学生布置额外作业的家长只占 18.50%。由以上看出，家长"教师化"，家庭"学校化"已成为小学阶段家庭教育的一大问题，这无疑让家庭本应承担的培养学生如何"做人、成人"的责任被削弱，从而导致家庭教育缺位现象较为普遍。

家长对子女课业监督过多、辅导过细显然也会"挤占"小学生接受闲暇教育的机会。本次调查涉及了有关家庭闲暇教育的两项最重要的内容，即家庭成员共聚时光和家庭文化娱乐活动。调查显示，休息时家长做得最多的是看电视、玩电脑或手机，占了总调查人数的 45.63%，"人—机"时间已然成为消磨闲暇时光的重头戏，而几乎每天能全家共进晚餐的家庭不过 66.56%；除此，仅有 17.92% 的家庭表示能经常组织家庭聚会或者外出游玩。而闲暇教育是终身教育的一部分，会让个体在休闲时间有意无意地在信念、情感、态度、知识、技能和行为方面获得成长，并且使个性得以充分自由地发展，这与有目的、有计划的学校教育所获得的成长是不同的。

（三）家长教育方式趋于民主化，但较少关注到子女内在特点

随着社会的发展，人文思潮中"平等、民主、自由"思想的涌入，传统的封建宗法制度和家长制土崩瓦解，亲子关系也发生了根本性的改变，一种符合时代精神的民主、平等的儿童观开始在家庭教育中占据主导地位，体现在教育方式上，即家长以亲子人格平等为基础，尊重子女的意愿和选择，根据其能力水平或特点提出要求。可以说现代家庭的亲子关系已经从"听话"转变到"对话"的模式，本次调查也发现，当今多数家长教育方式趋于民主化，同时在原则性问题上能坚持权威性，但家长对子女内在特点的关注仍显不足。

首先，家长教育方式趋于民主化的特点在子女的学习和生活方面均有体现。

在学习方面，关于课外兴趣班的选报中，有2.28%学生情况为"老师建议的"，1.95%的学生看到"同学上，我也上"，还有23.06%的学生选择兴趣班情况属于"父母决定的"，说明这部分家长在此问题上的教育方式较为专制，不给子女对自己事情的发言权；有49.59%学生表示"父母和我商量的"，显示有近五成的家长会尊重子女的想法，听取他们的意愿；还有23.10%的学生为"我自己选的"，表明家长不但尊重子女的意愿，还给予其独立选择的自由和权利，两项数据合并，可以看出，逾七成家长在此问题上不独断专行，而是乐于跟子女沟通，听取和采纳子女的意见，体现出民主的教育方式。

在生活方面，对于家中重要事情的决定，各有3.40%的家庭分别是"总是父亲说了算"和"总是母亲说了算"，合并数据可见，只有6.80%的家庭中为父亲或母亲一方对家中事务独断选择；而有62.82%的家庭"只是夫妻双方协商"，有30.38%家庭"会听取孩子的意见"，两项相加可见有超九成的家庭中对于重要事情的决定，会尊重家庭成员的意愿和权利，听取家人的意见，鉴于这里侧重的是家中的重要事情，加之小学生因年龄、生活经验所限，因此，家长不可能每件大事都与子女商量，但即使如此，仍有三成家庭会鼓励子女参与协商，倾听他的想法和建议。这种家庭

成员间共同参与、共同讨论、共同决定家庭事务的特点也正是民主型家庭教育方式的体现。

对于小学生来说，并非任何事情都需要民主，尤其是在一些原则性事情上，则需要家长的权威来为子女设置应有的规矩或限定。对于小学生而言，从小养成自己的事情自己做便是一个原则性问题。而对此方面的考查显示，当"孩子分内的事总让您帮忙，您会"怎么做，41.31%的家长选择"要求学生自己的事自己做"，可见这四成家长对于子女自理能力的培养态度坚决，在原则性问题上处理方式权威。而且看到家长的坚持及不可破的底线，子女也一般会放弃依赖他人的念想；还有43.28%的家长选择"看情况而定"，虽然显示这四成家长会根据事情难易和子女能力情况来决定是否提供帮助，但也在一定程度上表明这部分家长在原则性问题上具有摇摆性，容易因子女的恳求而放弃原则。另有12.60%的家长选择"多数情况会答应"，2.81%的家长选择"有求必应"，两者相加，表明有15.41%的家长会对子女百依百顺，满足其各种要求。久而久之，这种溺爱的教育方式易使学生形成任性、自私、依赖的性格和行为习惯。可以看出有将近五成的家长在原则性问题上倾向采用权威的教育方式。

采用理解和民主化教育方式的父母，对子女不是强迫、命令，而是通过摆事实讲道理使其懂得做人的道理，这样动之以情、晓之以理的态度和做法，能使子女心悦诚服地接受，也易加深亲子间的情感关系。同时家长这种温和的态度和做法也给子女提供探索和表达自己的空间，能促进其好奇心、求知欲和自信心的发展。因此，家庭教育需要民主和尊重，还需要家长的权威，因为家长在子女成长阶段既是子女安全生存的保护者，又是其人生启蒙的向导。在需要设立规矩的事情上需要有家长的权威，以坚决、果断的态度引导子女走向正确的发展方向。

其次，家长在教育过程中对子女内在特点的关注仍显不足。

家庭教育方式既体现不同的情感因素，也反映与客观环境的联系，还与亲子间的互动方式有关。[①] 从学生自身的特征来看，孩子是亲子互动中

---

① 陈陈. 家庭教养方式研究进程透视 [J]. 南京师大学报：社会科学版, 2002 (6).

相对稳定、不易改变的被动者,而父母则是互动活动中相对灵活的主动者,这就需要父母根据子女的发展特点,尤其是根据年龄的变化、男女性别的差异,自觉调整和改变原有的家庭教育方式、方法和态度,采取与子女的身心发展和个性特点相适宜的教养态度和行为,以适应他的成长和变化。但在本次调查中发现,多数家长在教育方式上未能做到适时调整,主要表现在未能根据子女性别差异和年龄变化做出恰当应对,即家长未能做到因性施教和因龄施教。

从性别角度而言,现代脑科学和心理学等研究已证实,男性和女性的行为方式、性格等方面有很大差异,男生好奇心强、喜爱观察、活泼好动、向往自由,具有挑战性;而女性更偏爱合作,遵守秩序,感情细腻,善于语言沟通。这些都会影响家庭教育方式的选择和效果,本调查中也发现,家长的教育行为往往未能考虑不同性别子女的内在特点,不管是在给予子女选择机会还是对待其情绪处理问题方面均是如此。在子女可以考虑选择的事情上,比如课外兴趣班的选报,男孩选择"我自己选的"(男18.78%,女20.43%)"父母和我商量的"(男37.41%,女47.38%)的比例明显低于女孩,而选择"父母决定的"(男22.21%,女16.74%)的比例则高于女孩,可见,家长对待男孩的教育方式较为独断,在某些事情的决定上没有给予其应有的权利,这与男孩自身喜欢自由、挑战的性格相左。在情绪释放问题上,比如当子女发脾气时,男孩家长选择"训斥"(男20.22%,女19.43%)和"忍不住动手"(男7.97%,女6.52%)的比例高于女孩家长,而选择"冷处理"(男17.09%,女17.50%)和"耐心询问"(男49.03%,女51.42%)的比例低于女孩家长。可见,家长对待男孩的方式更加严厉,运用否定或批评的言辞多于女孩。虽然男孩相对来说不擅长表达情绪,但同样有强烈的自尊心,有被尊重、被理解的需要,因此,面对男孩的情绪问题,家长采用强硬的处理方式反而更易激怒对方,也会使其感到不被理解而疏远亲子情感,这也说明家长没有认识到男孩内在的发展特点,因而在具体行为上不能做到区别对待。

从年龄角度而言,不同年级的学生在主导活动、智力水平和个性心理特征等方面都有所不同,其发展既有阶段性又有连续性。家长了解和掌握子女的年龄发展特点有着极其重要的意义。一方面，认清年龄差异使得教育更有针对性；另一方面，了解子女每个阶段的特点利于制定教育重点及选取更适宜的教育方式。但本调查显示，家长的教育态度和方式未能与子女的心理发展步调相契合，尤其是在人际交往和亲子沟通方面较为明显。从同伴交往来看，对于是否愿意去同学家小住几天或请同学来自己家住的问题上，随着年级增高，学生回答"我不愿意"的比例随之降低（低、中、高年级依次为34.78%、33.62%和31.13%），表明年龄越大的学生，同伴交往的意愿或需求也更加强烈。已有研究表明，小学高年级阶段也是学生人际交往发展的重要时期。因此随着子女年龄的增大，家长帮其创设同伴交往的机会是必要的。但调查家长的实际教育行为并非如此，表示愿意尝试"拼养"的家长比例随子女年龄升高而逐渐减低（低、中、高年级依次为55.43%、49.33%和47.13%），另有表示"来自己家行，去别人家不妥"的比例（低、中、高年级依次为12.23%、12.31%和12.64%）随年级增高而逐渐提高。可以看出，家长未能随子女年龄变化的需要而采取适宜的方式。从亲子沟通来看，小学生随着年龄增加，知识经验增长，自我意识增强，更乐于接受新鲜事物，并逐步产生自己的评价。因此家长对子女喜欢的新事物的接受程度，也体现出其教育态度和方式是否与子女发展一致。从调查数据来看，家长选择"孩子不愿对我说心里话"（低、中、高年级依次为8.08%、10.17%和10.88%）"找不到共同感兴趣的话题"（低、中、高年级依次为4.15%、4.04%和5.84%）的比例均随年级升高呈上升趋势。可见，认识不到子女的发展特点和成长变化，会直接影响亲子沟通及家庭教育的诸多方面。

综上所述，家长的教育方式逐渐科学化，但在具体的教育行为中因缺乏对子女内在特点的认识和了解，不能做到因性施教和因龄施教，由此也影响了教育效果。

（四）家庭教育需求多元化，处境不利人群亟待关注

家长作为家庭教育的主要承担者，尽管在养育子女的过程中都会形成各自独到的感受、经验和方法，但当他们面临家庭教育困难和困惑时，

也希望获得帮助与指导。由于家长所处地域、受教育程度、家庭经济状况、职业等方面的千差万别,继而使得家庭教育需求呈现出多元化的特征。

从家庭教育需求的内容上看,我们将访谈中收集到的家长教子困扰整理出11项内容,调查数据显示,"孩子的学习"(57.93%)、"孩子的安全健康"(39.94%)、"自身缺乏教子知识和方法"(30.36%),这三项是家长感到最为困扰的教子问题,也是亟须解决和应对的问题。除此以外,家长对"工作太忙,没时间管孩子""孩子缺少同伴""为升学担忧""不知如何与孩子沟通""遇到教子困惑不知向谁求助""家人间的教育观念不一致""祖辈的干预或溺爱""教育的花费过大"等方面也均有不同程度的担忧。而对于更高层次的家庭教育需求,如择校、留学等方面,尽管存在家庭背景差异,但也有相当数量的家长对此有明确意愿。可见,在家长的教育需求中,既有其本身亟待解决的家庭教育基本问题,也有家长为改善子女受教育环境而衍生的更高层次需求,呈现出多元化的特点。

从家长背景来看,其受教育程度决定了他们自身获得与掌握家庭教育相关知识的渠道与能力,家长职业则在很大程度上决定了家庭收入和所拥有的社会资源之间存在差异,因此不同受教育程度和不同职业背景的家长其教育需求也不尽相同。受教育水平较高的家长和从事知识密集型职业的家长其家庭教育多立足于学生未来的成长与发展,他们的教育需求多为提升性、拓展性需求;而受教育程度较低的家长和从事劳动密集型职业的家长多立足于子女当下的学习和生活,其教育需求多为保障性、基础性需求。不难看出,由于家长背景和家庭背景的差异,其家庭教育需求也呈现出多元化的特点。

除了家庭教育需求多元化以外,透过家庭教育需求我们还发现家庭教育中仍旧存在明显的两极分化现象。那些处境不利的家庭(家长为低收入、低学历、从事劳动密集型职业)其教育现状令人担忧。这部分家长不仅经济收入低,而且身处社会底层,因此没有办法获得更多的机会、权利和社会资源来保障其子女享受到优质的家庭教育资源。即使其中部分个体职业者中不乏拥有良好的经济条件,但由于他们自身教育水平有限,而对家庭教育缺乏科学认识,多通过加大教育投资来提高子女的教育质量。这些处境不利人群因自身教育素养所限,对家庭教育问题缺乏科学认知,继而在教育过程中存在诸多误区,如家庭文化氛围不够丰富,家庭教育方式上比较简单。

从家庭文化环境来看,处境不利家庭中文化氛围不足,无论是家长休息时从事读书看报等文化活动的比例,还是家庭共进晚餐、外出游玩、组织聚会的比例均远远低于其他类型家庭。分析其中原因,首先是因为现实条件所限,如经济水平、自由支配时间、家长体力和精力不足等;其次也源于处境不利家庭中家长教育视野有限,对家庭文化氛围在子女发展中的重要性认识不够。从家长教育方式来看,处境不利家长在日常教育时其方式常较为简单、直接,较少关注到子女的内心感受和心理需求。相关数据显示,当学生不听话时,处境不利家长"忍不住动手"的比例相对其他类型家长更高;而在他们眼中,也多将"体罚"作为对子女最严厉的惩罚方式;从家长的教育困惑来看,即便他们意识到自身缺乏育儿知识、不知如何与子女沟通等问题的存在,但缺乏足够的知识储备和社会资源使之提升或改善。即便他们感觉教育花费压力大,为子女升学担忧,但也只能选择继续承受。

可见,处境不利群体在家庭教育过程中遇到的种种困难,并非是简单的家庭教育问题,更是社会经济快速发展所催生的社会性问题。因而,也必须得到社会和政府部门的高度重视。

二、主要建议

(一) 进一步加强家庭教育研究,促进其与教育实践的对接

理论研究的根本目的和任务就是为了指导实践。虽然当前家庭教育相关理论研究成绩斐然,但在本调查中发现,真正能指导家庭教育相关人员和家长的家庭教育活动且运用于实践的理论成果相对不足。因此,我们认

为家庭教育理论研究除了进一步完善家庭教育理论体系,充实家庭教育理论研究队伍外,更应该重视教育理论与实践的对接,促进理论的成果转化。

第一,在理论研究的深度和广度上,家庭教育在教育学领域中一直相对薄弱,如何使其形成一个较为完善的理论体系是教育理论工作者需要思考的问题。就目前人文科学发展的趋势和方向来看,跨学科研究为家庭教育提供了很好的思路。因此,我们不妨借鉴人类学、社会学、心理学等众多学科的研究思路和方法,对研究对象的本质、功能及作用、产生和发展、内部规律和外部规律等一系列重大问题系统阐释,并最终形成其特有的理论模型及范畴。

第二,在研究内容的选定上,尽管目前家庭教育理论研究涉及家庭教育的方方面面,既有学理性探讨也有实践性调研,既有基础性普查也有专题性讨论。但从总体上讲,这些研究多是就理论而理论,其目的性、针对性不足。作为实践性很强的专业,家庭教育理论研究中理应加强"理论与实践相结合"。应遵从"实践中发现问题——运用理论分析并得出相关结论建议——在理论中加以验证和实践"的研究路径;应加大实证性研究的比重,用数据和事实说话;还应将部分家庭教育问题的探讨深入化、系列化,从多个角度,多个方面予以探讨。

第三,在研究力量上,应提倡理论工作者与家庭教育实践人员相互配合的研究模式,从而弥补理论工作者容易脱离实践,一线工作人员易就事论事,缺乏理论分析深度的困局,使家庭教育的理论研究更好地为实践服务。

第四,在研究成果的转化上,可以借鉴其他学科"产、学、研"一体的模式,以项目或课题的形式,将家庭教育理论与研究机构、家庭教育相关部门、家庭教育指导市场运营机构结合在一起,形成合力,进行有规模、有目的、有步骤的家庭教育理论研究及成果转化工作,促进家庭教育理论研究的良性发展。

（二）完善政府职能，加强对家庭教育薄弱环节和弱势群体的关注

从政府层面看，尽管家庭教育在教育体系中的地位和受重视程度还无法与义务教育相提并论，但通过近些年政府的相关政策、法规及相关部门工作部署，不难看出，家庭教育已成为全民教育的重要一环，受到了政府的广泛关注。不可否认的是，在全民教育体系的建立过程中，政府难免出现缺位和失职的情况。本调查发现，家庭教育中家长所面临的诸多现实困惑，如入学问题、择校问题、教育花费过重问题均属于社会问题，理应受到政府的重视，并通过行政手段的干预得以改善。但事实上，政府对这些问题的解决效果不尽如人意。另外，调查还发现一些特殊群体，尤其是处境不利的人群及家庭所面临的家庭教育困惑更为突出，所承受的家庭教育压力更大。作为政府，"实现全民族共同进步"是其工作的根本准则，因此，对处境不利的人群和家庭也理应予以重点关注。

第一，政府应整合相关部门力量对一些较为突出的社会问题进行深入调研与攻关，并制订相关改善方案。如针对入学难和择校问题，需进一步推广和严格执行义务教学阶段适龄入学、就近入学的原则，杜绝权力寻租和权钱交易对教育界的侵蚀，加大优质教育资源的均衡化发展，普遍提高教育水平和质量；针对家庭教育成本过高的问题，政府应加大对教育的投入力度，并通过政策倾斜，对老少边穷地区家庭教育发展予以重点扶持。与此同时，还应加大对教育物价，尤其是义务教育阶段校外教育物价的监管，减轻家长的经济负担。

第二，政府应制定相关政策，提高处境不利家庭及家长的生存环境、社会地位，继而改善目前相对较差的家庭教育状况。通过加大对处境不利人群的就业指导和就业帮扶，为其提供更多、更好的就业机会，从而使其有能力为子女创设良好的生活和教育环境。

第三，充分运用行政手段，发挥民政、教育部门职能为处境不利的家长提供更多家庭教育支持。如划拨专项资金，配备专业人员为特殊儿童群体，尤其是留守儿童、流动儿童家庭进行家庭教育指导；建立地区帮扶机制，鼓励发达地区为非发达地区提供相关家庭教育指导的帮助，其形式可

包括社区家庭教育指导流动站、专业人员轮岗、家庭结对帮扶活动等。

第四，吸纳社会力量参与对处境不利人群及家庭的帮助。积极鼓励和支持慈善机构和个人参与其中，如建立针对某一群体的家庭教育帮扶基金、向特定群体捐赠家庭教育指导的相关宣传资料和设备、鼓励具备专业知识背景的人作为志愿者投入相关工作、以企业援建或共建的形式建立家庭教育指导机构等，调动社会力量共同推进家庭教育的公平化、科学化。

（三）完善以社区为依托的家庭教育指导体系

社区主要由五个要素组成，分别是人口、地域、制度、政策和机构，如学校、公园、居委会都属于社区。它是与民众距离最近，接触最频繁的一个基层政府机构。而家庭作为最基本的社会单位，分布于一个个的社区之中。因此，通过社区进行家庭教育指导具有如下优势：

1. 社区具备汇集诸如政治、文化艺术科学、德育等各方资源的能力。

2. 社区同时也具有相当的财力及组织能力。

3. 社区的众多服务功能中包括了教育功能，即负有提高社区成员的文明素质和文化修养的责任与义务。

4. 社区居民习惯以社区的名义与其他社区的居民沟通，并在自己的社区内互动。在小型居住社区里，人们还会形成相互帮助、相互照应的亲密情感联系。

在开展家庭教育指导工作中，社区有着独特且不可替代的作用。2012年我国公布了《关于指导推进家庭教育的五年规划（2011—2015）》，规划中明确指出，"构建基本覆盖城乡的家庭教育指导服务体系，推进完善基本的家庭教育公共服务"，明确了政府在家庭教育中的地位与责任。那么，如何推进"以社区为依托的家庭教育指导体系"的建立呢？

第一，必须获得上级主管部门的许可和支持。社区作为最基层的政府部门，其主要职责就是执行和实施政府相关政策、法令。因此，以社区为依托的家庭教育指导体系必须获得上级主管部门从政策、资金和人员多方面的支持，这是该项工作得以实施的前提。

第二，必须明确社区在该体系中承担的责任。尽管社区具备一定的社会教育职能,但更多情况下扮演的是联络员和组织者的角色。家庭教育指导的具体的工作则应由专业人员担任。这部分专业人员的来源可包括如下三种:对部分具有相关知识背景的社区工作者进行培训,考核后上岗;与辖区学校、科研机构的合作,提供客座专业指导人员;招募能胜任该工作的志愿者。

第三,必须明确家庭教育指导的目的、对象和内容。以社区为依托的家庭教育指导最基本的目的是对广大家长宣传、普及科学的家庭教育知识,帮助家长掌握科学的家庭教育理念和方法,提高其家庭教育素养,促进儿童的全面发展与进步。服务对象则包括儿童和家长(父母、隔代家长及其他抚养人)。服务内容包括为家长普及不同年龄段儿童的营养健康、心理行为、认知发展等各个方面知识,对家长进行家庭教育相关问题的咨询、评估和建议。

第四,必须确定家庭教育服务的基本形式。社区家庭教育体系可分为普适性和个性化家庭教育指导。普适性家庭教育指导包括专业讲座、资料宣传、家长沙龙等,以普及家庭教育的科学知识和方法为主旨,这应是该体系的基础和常规工作,需定期开展;个性化服务则主要针对有特殊需求的家长,通过面对面咨询、入户指导、网络互动等形式解决其家庭教育困惑。

第五,必须完善对家庭教育指导工作的评估和监督。目前在许多发达地区已经建立起不同规模和形式的社区家庭教育指导机构,如市民家长学校、家庭教育指导站、家庭教育指导中心等。但相关报道和调研发现,许多社区家庭教育机构都处于"只挂牌不办事"或"只宣传不指导"的状态。因此,上级主管部门必须制定统一、规范的监督和评估制度,对社区的家庭教育指导工作予以定期考核,并给予相应的奖励与惩罚;对相关人员实行"考核上岗,评级定岗",通过这种方式保证家庭教育指导工作得以持续、有效地开展。

(四)引导家庭教育指导行业规范化发展,大力促进从业者的专业化水平

在调查结论中我们提到,家长对于家庭教育的认知较为全面,但在具体问题上理解并不深入,因而在教育态度上会存在一些偏差,并且缺乏相应的教育方法。调查家长主要的教子困扰,有三成家长认为"自身缺乏育儿知识和方法",可见构建专业化的指导和学习平台十分有必要。然而在现实中,家长能够求助专业指导的机会并不多,主要原因是为家长提供专业化指导和学习的平台或机构数量不多,且质量良莠不齐,家长对这些平台或机构缺乏信任。因此,建立系统规范的家庭教育服务行业,提供科学有效的家庭教育服务,既是满足家庭教育诉求所需,又是解决家庭教育问题所必需。具体可从以下几方面着手。

首先,强化政府角色,加强政府引导和监督职责,确保家庭教育指导服务的质量。美国对家长参与子女教育的权利和义务做了明确规定,并且颁布《教育法案》《不让一个儿童落后法》,以家庭为基础的"父母教育计划"得到了国家的重视和政府层面的具体落实。美国 PAT(Parent As Teacher,让父母成为教师)国家中心也是一个由政府建立的国家级父母专业化教育机构,为0—5岁儿童家庭提供专门的教育指导服务,成为目前国际上最著名的"亲职教育"机构之一。英国政府于1997年推出以家庭为切入口、以社区为依托、面向早期儿童及其父母的综合服务计划,称为"确保开端计划(Sure Start Program)"。可见,政府的引导和监督职责,在确保家庭教育指导服务的质量,维护教育的公平、公正等方面起到了非常重要的作用。

其次,建立健全自上而下、多元合作的家庭教育服务网络。良性的服务行业发展,需要每个机构都承担起切实的家庭教育指导任务,在职能、目标、形式、内容和资源等方面取长补短、各尽其责。客观地讲,现阶段我国的家庭教育服务尚处于零散、自发、混乱的阶段。本次调查中,家长遇到教育困惑时,求助"专业人员"的机会并不多(仅为4.72%)。虽然一些社会机构开设了相应的家长咨询服务,但在实际操作中多是以营利为目的,机构办学资格无从审核,人员专业性差、流动性大,基本处于无人监管的状态,家长对这些机构也缺乏信任。因此,加强家庭教育服务标准和行业准入、审批和监督管理制度势在必行。政府及教育主管部门必须认识到家庭教育对一个人健康成长的重要意义,切实承担起责任,建立健全由教育部牵头、妇联机关工委等有关部门分工合作的家庭教育工作领导协调机构，对社会上各类家庭教育服务机构、青少年教育培训机构等进行严格的准入审查，建立专业评级定期考核等长效机制。

最后，建立家庭教育指导职业资格认证体系。在调查中，我们发现，一方面家长深感自身缺乏教子知识和方法；另一方面又极少求助专业人员。这一反差更凸显出了目前家庭教育指导不能很好地满足家长教育需求的矛盾。究其原因，由于缺乏相应的认证和监督机制，家庭教育指导和咨询行业的发展几乎是一盘散沙的局面，其中，从业人员专业化程度不足，缺乏有效的资格认证是最为突出的问题。尽管业内也为此有一些尝试，但"证出多门""证书通用性差""证书缺乏权威性"等现象仍较为突出。职业标准及认证机制的开发和运转明显落后于社会需要、就业需要、家长需要。因而，要想实现家庭教育指导行业的专业化、规范化、持续化的发展，建立家庭教育指导职业资格认证体系势在必行。不妨从以下几方面予以考虑：确立专业、权威的家庭教育资格认证，其认证机制可参考我国教师资格认证体系予以实施，由教育主管部门负责，从而确保其职业资格的权威性、专业性；建立规范的职业培训机制，可借鉴美国家庭教育指导师的培训机构设立和师资队伍的组成。此外，家庭教育指导作为一项实践性较强的职业，其资格认证培训的师资也需依据其职业特性予以考量，师资中既应包括教育、心理、社会等学科的专家，也应包括具有丰富一线经验的教育工作者、社会工作者等；构建长效的家庭教育指导从业人员专业化发展方向，家庭教育指导从业人员的素质与家庭教育的质量休戚相关，因此应采取多种方式促进、激励家庭教育指导从业人员的专业化、科学化发展。

（五）大力推进新媒体技术在家庭教育中的应用，促进家庭教育指导网络化

信息化已成为时代发展的主流，世界各国纷纷把发展信息技术作为社会和经济发展的重大战略目标。以计算机信息处理技术为基础，以互联网、卫星网络、移动通信等作为运作平台的新媒体开始迅速发展，并且越来越多地影响着我们的生活。教育领域在这场信息化变革中，也开始加快

了自身的改革步伐，加快教育领域信息化建设。调查中不难发现，在信息化发展的时代洪流下，以及在"终身教育"思想的影响下，伴随着家长受教育程度的提高，家长在教育子女方面的自主意识越来越强，他们越来越减少对"人"的依赖，而倾向于依赖"物"，这个"物"包括电脑网络、手机等智能工具。家长通过自主查询和学习，实现自己对教育知识个性化的需求，并且方便、快捷。因此可以说，家庭教育指导走向网络化、信息化既是时代的需要，更是家长自身的选择。尽管当前家庭教育相关网站数量很多，但在整体上存在质量参差不齐、专业性不足、内容庞杂等问题，不利于家长甄别和选择，使得新媒体"快捷"的优势凸显不出来。

因而，大力推进新媒体技术在家庭教育中的应用，促进家庭教育指导网络化，可从以下两方面着手。

1. 加强家庭教育专业网络平台的建立

目前，尽管家庭教育相关网站数量惊人，但总体上来看存在两大乱象：其一，家庭教育网站鱼龙混杂，专业性不足、商业性过强，这使得一些需要获取家庭教育指导的家长难辨优劣、无所适从，无法得到有效帮助。其二，相关教育、妇幼部门及组织的相关网站没能充分发挥其部门或行业的权威优势，网站内容繁杂，缺乏针对性；或更新缓慢，难以满足家长需求；或转载率高，缺乏原创性内容，因而也很难得到家长信赖。基于以上情况，本研究认为，建立一个以相关职能部门为后盾，专业教育研究机构为依托，家庭教育专业人员为主要建设者的专业、权威的家庭教育网站十分必要，也十分迫切。可将其定位为以家长为主要服务对象的公共服务网站，主要内容包括：权威家庭教育信息发布、不同年龄段家庭教育专业知识、家庭教育指导机构推荐、弱势群体家庭教育指导求助申请、专家与家长互动平台等。在此基础上，还应以网络为平台，广泛开展线下活动，从而使网络能为家长提供更为立体化的指导与帮助。

2. 充分借助移动互联网优势，推动家庭教育移动式学习的发展

移动式学习源于 20 世纪 90 年代末美国卡耐基—梅隆大学 Wireless Andrew 研究项目，此项目是全球范围内第一个移动学习研究项目，随后全球性的移动学习研究就此展开。我国高等学校教育技术协会委员会对移动学

习的定义为：移动学习是指依托目前比较成熟的无线移动网络、国际互联网以及多媒体技术，学生和教师通过利用目前较为普遍使用的无线设备（如手机、PDA、笔记本电脑等）来更为方便灵活地实现交互式教学活动，以及教育、科技方面的信息交流。目前移动式学习在学校教育领域广受推崇，APP、慕课、微课等新的学习形式也应运而生。与基于 PC 的网络学习不同，移动设备具有接收推送信息的特性，这使得移动学习具有智能化、人性化的特性成为可能。另外，"微型化"也是移动学习本质特征之一，课程形式生动活泼、短小精悍十分适用于业余学习。因此，在家庭教育指导中，不妨也可以尝试将移动式学习引入其中，整合各方资源，开发出适合家长学习的家庭教育 APP、慕课和微课等形式，让年轻家长通过他们最为熟悉的技术手段接受家庭教育指导，提升自身的家庭教育素养。

（六）加强家校协作，拓展家校合作新形式

学生成长需要家庭教育和学校教育的合力，因此提高家长教育素养，也离不开学校教育的支持与合作。现有的家校合作形式多是家长学校模式，主要活动为领导和教师讲、家长听的讲座形式，且常是以年级或全校为单位组织，虽然对于家长有一定帮助，但仍缺乏针对性和深入性。因而，探索和拓展家校合作的新模式，对于充分发挥家长学校的作用有着重要的意义。

一方面，可以在现有形式下注入新的内容，比如学校课题组将家庭教育指导与管理列入学校工作和德育工作计划，有序开展家长学校的活动，便于给家长更系统性的指导；另一方面，鉴于当前小学生家长普遍能够熟练应用网络及新媒体技术，因此不妨完善家校合作平台，利用现有的家校合作网络，全面开设家长学校和各种形式的"父母学堂"，整合社会优质师资，给予专业性家庭教育指导与建议。此外，还可加大家长学校与社区的联系，紧密配合支持社区家庭教育工作的开展，比如鼓励一些富有经验的骨干教师走出校门，轮流到社区参与家庭教育指导工作，从而帮助社区更好地服务于有各类需求的家长。

附录 I

小学生家庭教育现状调查问卷
（家长版）

尊敬的家长：

　　您好！为深入了解我国小学生家庭教育现状，中国教育科学研究院家庭教育课题组组织了本次调查。

　　您所选的答案无对错之分，请根据实际情况作答并完成全部题目。本调查完全是为了科学研究而设计，您提供的所有信息将仅用于此，我们将对您的回答内容加以保密，请放心。

　　本问卷包含单选、不定项选择和判断题三种题型，请按要求作答，谢谢您的合作与支持！

中国教育科学研究院家庭教育课题组

2013 年 12 月

基本信息

1. ＿＿＿＿省（直辖市、自治区）＿＿＿＿市（区）＿＿＿＿县
2. 您孩子所在的学校＿＿＿＿＿＿＿＿＿＿年级＿＿＿＿
3. 您是孩子的：①父亲　②母亲　③祖父母/外祖父母　④其他
4. 父亲的文化程度＿＿＿＿；母亲的文化程度＿＿＿＿
   ①高中、中专及以下　②大学专科　③大学本科　④研究生及以上
5. 父亲的职业＿＿＿＿；母亲的职业＿＿＿＿

①公务员　　②企业职员　　③教师、医生、工程师、律师等专业技术人员

④工人/农民　　⑤军人/警察　　⑥服务业人员　　⑦个体职业者　　⑧其他

6. 您的家庭结构是：_____

①父母、孩子组成的核心家庭　　②三代同堂的主干家庭　　③单亲家庭

④再婚家庭　　⑤其他

7. 您家的经济情况在当地属于_____水平。

①较低　　②中等　　③较高

8. 您孩子在班里的学习情况：①优　　②良　　③中　　④差

9. 孩子是否上过学前班：　　①上过　　　　②没上过

10. 父亲的性格特点：

①严谨　②认真　③坚定　④果断　⑤幽默　⑥大度　⑦平稳　⑧随和

11. 母亲的性格特点：

①细致　②敏感　③温柔　④果断　⑤活泼　⑥热情　⑦理性　⑧平和

12. 您认为配偶是合格的家长吗？

①非常合格　　②比较合格　　③不太合格　　④很不合格

13. 您在家庭教育方面做得：　①很好　　② 一般　　③不太好　　④非常不好

14. 您家谁主要负责教育孩子：

①父亲　　②母亲　　③祖父母/外祖父母　　④夫妻共同教育　　⑤保姆/其他

第一部分　单选题

1. 近一年，孩子所有的教育花费占家庭总收入的_____。

①5%以下　　②5%—10%　　③10%—20%　　④20%—30%　　⑤30%以上

2. 孩子的教育花费对于您的家庭来说_____。

①没有压力　　②刚好能承受　　③压力有些大　　④压力非常大

3. 孩子上的小学是如何选择的？

①择校　　②就近入学　　③考试入学　　④其他

4. 给孩子选择兴趣班，除了他的喜好外，您考虑的最主要因素是：

①我认为有用　②参考别人的选择　③孩子放学后无人看管　④为升学做准备

5. 您认为对孩子最严厉的惩罚是什么？

①体罚　　　　　　　　　　　②没收他喜爱的东西或取消他喜欢的活动

③一段时间不搭理他　　　　　④训斥挖苦

6. 孩子做完家庭作业后，您会：
   ①代孩子检查　　　　　　　②让孩子先检查一遍，家长再检查一遍
   ③督促他自己检查　　　　　④随他自己安排

7. 孩子小升初时，您会不会择校？
   ①当然会择校　②还没考虑过　③根据孩子成绩来决定　④顺其自然

8. 您家里的重要事情通常是怎么决定的？
   ①只是夫妻双方协商　　　　②会听取孩子的意见
   ③总是父亲说了算　　　　　④总是母亲说了算

9. 孩子有没有固定负责的一两项家务活儿？
   ①有　　　　　　　　　　　②没有

10. 您对孩子做家务的态度是_____。
    ①只要学习好，做不做都行　②学习忙，做家务浪费时间
    ③年龄太小，不用做家务　　④做家务是女孩的事儿
    ⑤孩子应该做些家务

11. 孩子发脾气时，您通常怎么应对？
    ①冷处理　　②耐心询问　　③训斥　　　④忍不住动手

12. 时下孩子中流行的网络语言、另类喜好，您是否接受？
    ①不能接受　②勉强接受　③接受后再给予引导　④乐于接受

13. （本题包含 2 个小问题，请勿漏填）教育孩子遇到困惑时，您第一时间会求助谁_____；最不会求助谁_____
    ①朋友、同事　②老师　③长辈　④网络、书刊　⑤专业人员　⑥自己摸索

14. 当您与配偶的教育方法不一致时，一般会：
    ①坚持自己的做法　②当孩子面质疑配偶　③私下再协商　④向对方妥协

15. 您生病时往往会：
    ①硬挺着，不愿影响孩子　　　　②告诉孩子自己病了，让他帮些小忙
    ③自己休息，叮嘱孩子做好自己的事　④孩子会主动帮助和照顾我

16. 您是否考虑送孩子留学？
    ①想去，正在准备　②想去，还没有准备　③想想而已　④没有想过

17. 心情不好时，您常常觉得_____。
    ①能感受到家人的支持和关心　　②家人不会注意到
    ③说了他们也不能理解　　　　　④说了更闹心，不如不说

18. 您怎么给孩子零花钱？

①基本不给　　　　②有计划地给　　③他要就给　　　　④高兴时就给

19. 您如何引导孩子使用零花钱？

①由他自由支配　　　　　②告诉他应花在哪

③提醒他有计划地花　　　④引导他进行简单的理财

20. 全家每周共进晚餐的次数为_____。

①几乎没有　　②仅节假日　　③2—3 次　　　④几乎每天

21. 您认为孩子的学业负担重吗？

①很重　　　　②比较重　　　③一般　　　　④不重

22. （本题包含 2 个小问题，请勿漏填）孩子每天完成学校作业需_____；除此之外的学习时间是_____

①几乎没有　　　②半个小时以内　　　③ 半小时到 1 小时

④1 到 2 个小时　　⑤2 个小时以上

23. 孩子分内的事情总让您帮忙，您会_____。

①有求必应　　　　　　②看情况而定

③多数情况会答应　　　④要求孩子自己的事自己做

24. 您家经常组织各种家庭活动吗（如聚会、外出游玩等）？

①经常　　　　②偶尔　　　③从来没有

25. 您是否愿意让孩子在同学家小住几天，或请同学来自己家小住？

①愿意尝试　　②有过这种经历　　③来自己家行，去别人家不妥　　④不愿意

26. 您最爱买哪类图书？

①文学艺术类　　②人文社科类　　③经管励志类　　④科学技术类

⑤儿童读物类　　⑥生活类　　　　⑦教育类　　　　⑧几乎不买

27. 阻碍您进行性教育的主要原因是：

①不好意思　　②不知道教什么　　③不知道怎么教

④孩子还小，没必要教　　⑤没什么阻碍

28. 您与孩子沟通最大的困难是_____。

①孩子不愿对我说心里话　　　②找不到共同感兴趣的话题

③找不到好的沟通方法　　　　④没有时间沟通　　⑤没有沟通困难

第二部分　不定项选择题

下列题目可单选，也可多选，请在相应序号上打"√"。

29. 您给孩子进行性教育的主要内容有哪些？

　　①性别教育　②防范性骚扰　③生命的来源　④性器官卫生保健　⑤几乎没教过

30. 爸爸经常和孩子一起做的事情有哪些？

　　①一起哄妈妈开心　②一起修理东西　③一起玩智力游戏（如下棋、迷宫、数字猜谜等）

　　④共同保守一个秘密　⑤一起运动　⑥讨论军事、科技、政治、历史等话题

　　⑦一起尝试新鲜事物（食物、新地方、新游戏……）

　　⑧一起聊天、谈心　⑨打闹玩耍

31. 您能回答以下哪些问题，请在序号上打"√"。

　　①说出三个以上孩子好朋友的名字　　②孩子近期着迷的书　　③孩子最崇拜的人

　　④孩子近期最大的愿望　　　　　　　⑤孩子最喜欢父母为他做的事情

　　⑥孩子最喜欢的老师　　　　　　　　⑦孩子最喜欢的课和最不喜欢的课

　　⑧孩子最不愿提的缺点或糗事儿

32. 您最关心孩子的哪些方面？（请选择最重要的三项）：＿＿＿＿、＿＿＿＿、＿＿＿＿

　　①人际交往　　②习惯养成　　③日常学习　　④自理能力

　　⑤兴趣爱好　　⑥情绪情感　　⑦性格养成　　⑧健康安全

33. 目前最困扰您的教子问题是什么？（请选择最重要的三项）＿＿＿＿＿＿＿＿、

＿＿＿＿＿＿＿＿、

　　①孩子缺少同伴　　　　　②孩子的安全健康　　　③自身缺乏教子知识和方法

　　④家人间的教育观念不一致　⑤遇到教子困惑不知向谁求助

　　⑥工作太忙，没时间管孩子　⑦教育的花费过大　　⑧为升学担忧

　　⑨不知如何与孩子沟通　　⑩孩子的学习　　⑪祖辈的干预或溺爱

　　⑫基本没有问题

第三部分　判断题

以下观点，您赞同的请打"√"，不赞同的请打"×"

34. 和国内的家庭教育理念相比，我更认同国外的教育理念。　　　　　　（　　）

35. 家庭教育比学校教育更重要，你赞同吗？　　　　　　　　　　　　　（　　）

36. 小学生减负，但实际增加了家长的负担。　　　　　　　　　　　　　（　　）

37. 取消小学1—3年级的英语课，你支持吗？　　　　　　　　　　　　　（　　）

38. 小学生接受了过度的教育，你赞同吗？　　　　　　　　　（　）

39. 小学生都应学习《弟子规》《三字经》等国学经典。　　（　）

40. 孩子的问题往往反映出了家长的问题。　　　　　　　　（　）

41. 孩子成长中的问题是阶段性的，不用管，长大自然就好了。（　）

42. 您认为有知识就能改变命运吗？　　　　　　　　　　　（　）

附录 Ⅱ

小学生家庭教育现状调查问卷
（学生版）

亲爱的同学：

　　你好！这个调查并非要了解你是不是好孩子，而是要了解你在家中是怎样学习和生活的。目的是帮助你和父母更好地相处，让你能更愉快地生活和健康地成长。

回答方法：请依照题目要求，找出最符合自己情况的答案，在对应答案的序号上打"√"。

注意事项：1. 你平时怎样想的，怎样做的，就怎样回答。

2. 不要与同学商量，也不要照抄同学的答案。

3. 每个问题都要回答，请你选择最接近自己情况的那一个。

4. 不明白题目意思，请举手问老师。

5. 修改答案时，要用橡皮擦干净。

中国教育科学研究院家庭教育课题组

2013 年 12 月

基本信息

1. _____省（直辖市）_____市（地区）_____县（市/区）

2. _____学校_____年级

3. 你的性别：①男　　②女

4. 你是否有自己独立的房间：　①是　　②否

5. 你在家是否有专用的书桌：　①是　　②否

附录Ⅱ 小学生家庭教育现状调查问卷（学生版）

第一部分　单选题

1. 休息时，你父母最常做的事情是_____。
   ①读书看报　　　　　②看电视、玩电脑或手机　　③锻炼、健身或美容
   ④朋友聚会、打牌娱乐　⑤休息睡觉

2. 在家里你最听谁的话？
   ①谁的都听　　　　　②主要听妈妈的话　　　　　③主要听爸爸的话
   ④谁对听谁的　　　　⑤谁的也不愿听

3. 你心情不好时，父母通常会察觉吗？
   ①常常　　　　　　　②偶尔　　　　　　　　　　③从不

4. 你上的兴趣班是怎么选的？
   ①我自己选的　　　　②父母和我商量的　　　　　③同学上，我也上
   ④父母决定的　　　　⑤老师建议的　　　　　　　⑥还没上

5. 关于你的话题，父母聊的最多的是_____。
   ①很少聊我的事情　　②我的学习　　③学校的事　　④什么都聊

6. 你认为父母对你最严厉的惩罚是什么？
   ①打我　　　　　　　②没收我喜爱的东西或取消喜欢的活动
   ③不搭理我　　　　　④训斥挖苦

7. 你写作业时，最不喜欢父母做的是：
   ①总有人盯着　　　　②总给我送吃送喝　　　　　③不停催促我
   ④不停纠正、指错　　⑤太吵，影响我写作业

8. 你是否愿意去同学家住几天，或请同学来自己家住？
   ①我愿意，父母也支持　②我愿意，家长肯定不同意
   ③我不愿意　　　　　④有过这种经历

9. 你学习最主要的动力是什么？
   ①学习很有趣　　　　②成绩不好没面子　　　　　③为了考上好中学
   ④不学就会被批评　　⑤可以得到表扬和奖励

10. 父母吵架时你正好在场，他们会_____。
    ①连我一起骂　　　　②不理会我，接着吵　　　　③看见我就不再吵了
    ④停止争吵，并向我解释原因　　　　　　　　　　⑤很少见他们吵架

11. 父母对你的管教，你感觉_____。
    ①很严厉　　②比较合适　　③较宽松　　④很少过问

12. 父母生病时，你通常怎么做？

　　①能自己照顾好自己　　②会主动照顾父母　　③会帮些小忙　　④很少注意到

13. 你觉得学习累吗？

　　①不累　　　　　　　②有点累　　　　　　③一般　　　　　④很累

14. 每天放学后，你参加户外活动的时间是：

　　①几乎没有　　②半小时以内　　③半小时到1小时　　④1小时以上

15. 每天放学后，你读课外书的时间是：

　　①几乎没有　　②半小时以内　　③半小时到1小时　　④1小时以上

16. 父母给你买的学习资料，你觉得：

　　①很有用　　②有点用　　③没什么用　　④几乎不看　　⑤没买过

17. 你的零花钱，通常怎么花？

　　①给多少花多少　　②花一部分，攒一部分

　　③都攒起来不花　　④攒起来，有计划地花

18. （1—2年级回答）身体的某些部位是不能被别人看或者碰的，你知道吗？

　　①不知道　　②父母告诉过我　　③老师讲过

　　④我自己从书或电视上看过　　⑤听同学说过

19. （3—4年级回答）你知不知道再长大些你的身体会发生一些变化（如女孩会来月经，男孩会遗精）？

　　①不知道　　②父母告诉过我　　③老师讲过

　　④我自己从书或电视上看过　　⑤听同学说过

20. （5—6年级回答）假如遇到性侵犯时，你知道怎么自助或求助吗？

　　①不知道　　②父母告诉过我　　③老师讲过

　　④我自己从书或电视上看过　　⑤听同学说过

21. 你最不喜欢父母用哪种方式跟你说话？

　　①总把大人的想法强加给我　　②总把我当小孩　　③不认真听我说话　　④总随意打断我

22. 假如父母要实现你的一个愿望，你希望：

　　①爸爸妈妈抽时间听我说说心里话　　②给我买很想要的东西

　　③别老跟我提学习的事　　④给我一天自由时间　　⑤陪我疯玩一天

23. 如果父母对你要求过高，你感到有压力，一般会：

　　①和父母沟通，寻求理解　　　　②向同学倾诉

　　③求助老师或其他长辈　　　　　④向父母反抗　　　⑤忍耐

附录Ⅱ 小学生家庭教育现状调查问卷（学生版）

第二部分　不定项选择题

24. 你通常从哪些方面感受到父母对你的爱？（最多选三项）
　　①直接告诉我，如"妈妈爱你"　②给我悉心的照顾　　　③给我鼓励和支持
　　④给我买喜欢的东西　　　　　　⑤与我拥抱、亲吻、击掌等　⑥我觉得父母不够爱我

25. 目前父母最关心你的是什么？（最多选三项）
　　①学习　　　　　②健康不生病　　③养成好习惯　　　　④兴趣爱好
　　⑤生活自理　　　⑥思想品德　　　⑦安全问题　　　　　⑧会交朋友

26. 通常父母做什么会让你感到不满或委屈？（最多选三项）
　　①误解或冤枉我　　②不准我和某个同学玩　　③不问清情况就批评我
　　④看不到我的进步　⑤说话不算数　　　　　　⑥没时间

27. 遇到下列情况你首先会找爸爸还是妈妈，请在相应位置打"√"。

	爸爸	妈妈
①受委屈时		
②学习遇到困难时		
③尝试新事物时		
④拿不定主意时		
⑤想买东西时		
⑥遇到挫折时		
⑦闯祸需要补救时		
⑧在学校被欺负时		
⑨被老师请家长时		
⑩分享心中的小秘密时		

28. 下面的问题你能回答哪些，请在相应位置打"√"。

爸爸		妈妈	
①最喜欢看的电视节目		①最喜欢看的电视节目	
②最喜欢吃的东西		②最喜欢吃的东西	
③最好的朋友		③最好的朋友	
④兴趣爱好		④兴趣爱好	
⑤生日		⑤生日	
⑥年龄		⑥年龄	
⑦家乡		⑦家乡	

29. 以下家务活,你经常做哪些?请"√"。
　　①倒垃圾　　　　　　②洗碗　　　　　　③扫地,擦桌子　　　④收拾/准备餐具
　　⑤铺床、叠被子　　　⑥洗简单衣物　　　⑦做简单的饭菜　　　⑧修理简单的东西
　　⑨整理书桌或书柜　　⑩我几乎不做家务

30. 你平时最担心的事有哪些?(最多选三项)
　　①学习成绩不好　　　　　　②达不到父母的要求　　　　③父母总吵架
　　④给我布置额外的学习任务　⑤和同学有矛盾　　　　　　⑥老师不喜欢我
　　⑦不能做自己喜欢的事　　　⑧其他_____(请填写)

31. 你最想和爸爸妈妈说的一句话是:
_____
_____

后　记

本报告为中国教育科学研究院2013年度基本科研业务费专项基金"国菁系列"项目的研究成果，由中国教育科学研究院科技研发中心完成。

本研究从2013年启动，历时近1年。在课题实施的前期，课题组共同对相关问题进行了文献研究，完成了调查问卷设计和调查工作。在研究过程中，课题组成员分工合作，各司其职。张敬培作为课题主持人，主要负责本研究的总体策划、组织协调、实施指导，并负责拟定研究报告的撰写提纲、结构统筹。王书荃在协助张敬培完成上述工作的同时，具体负责立项报告的论证、撰写，问卷的设计、审核，研究报告总体框架的确定，并在数据分析、报告撰写等方面给予具体指导。课题组其他主要成员徐璐、楼晓悦、张立静、李清霞、赵凌云全程参与了课题实施的全过程，日常统筹工作由徐璐负责。

报告撰写的具体分工如下：徐璐撰写第一章、第三章、第四章、第六章的部分内容；楼晓悦撰写第二章家庭教育环境部分和第五章、第六章部分内容；张立静撰写第二章家庭教育态度部分和第四章、第五章、第六章部分内容；李清霞撰写第二章家庭教育方式部分和第四章、第五章、第六章部分内容；赵凌云撰写第二章家庭教育困惑与需求部分和"3—6岁儿童与小学生家庭教育现状比较"部分以及第六章部分内容。

本问卷大量问卷的发放和回收工作得到了本部门苏红艳、金明乐、杨坤和孙嘉应的大力支持；数据库建立和分析则得到了于浩的通力协作。可以说，本报告是团队合作的结果，是集体智慧的结晶。

  本报告还得到了中国教育科学院领导的指导、支持和帮助，得到了相关省区市教育部门负责人、有关单位负责人的大力支持和鼎力帮助，得到了本院多位资深专家的悉心指导。在此，课题组全体成员对所有帮助和支持我们的各位领导、专家和同行，表示深深的感谢！正是由于多方的支持和课题组全体成员的共同努力，课题的调查研究和报告的撰写才得以如期完成。

中国教育科学研究院科技研发中心

2014 年 10 月

出 版 人　　所广一
责任编辑　　夏辉映
版式设计　　孙欢欢
责任校对　　张　珍　金　霞
责任印制　　叶小峰

图书在版编目（CIP）数据

小学生家庭教育现状调查／张敬培等著.—北京：
教育科学出版社，2015.12
（国菁教育调研书系／田慧生主编）
ISBN 978-7-5191-0209-8

Ⅰ.①小… Ⅱ.①张… Ⅲ.①小学生—家庭教育—调
查报告—中国　Ⅳ.①G78

中国版本图书馆 CIP 数据核字（2016）第 016485 号

小学生家庭教育现状调查
XIAOXUESHENG JIATING JIAOYU XIANZHUANG DIAOCHA

出版发行	教育科学出版社		
社　　址	北京·朝阳区安慧北里安园甲 9 号	市场部电话	010-64989009
邮　　编	100101	编辑部电话	010-64989363
传　　真	010-64891796	网　　址	http://www.esph.com.cn
经　　销	各地新华书店		
制　　作	北京金奥都图文制作中心		
印　　刷	保定市中画美凯印刷有限公司		
开　　本	169 毫米×239 毫米　16 开	版　　次	2015 年 12 月第 1 版
印　　张	20.25	印　　次	2015 年 12 月第 1 次印刷
字　　数	266 千	定　　价	62.00 元

如有印装质量问题，请到所购图书销售部门联系调换。